잡담(雜談)과 빙고(憑考)
경기·충청 장토문적으로 보는 조선 후기 여객주인권

잡담(雜談)과 빙고(憑考)
경기·충청 장토문적으로 보는 조선 후기 여객주인권

필자

고민정(高旻廷 Ko, Min-jung) 강원대학교 사학과 강사
김　혁(金赫 Kim, Hyok) 전북대학교 쌀·삶·문명연구소 학술연구교수
안혜경(安惠敬 Ahn, Hye-gyeong) 지역문화연구소 연구위원
양선아(梁善雅 Yang, Son-a) 농촌진흥청 전문위원
정승모(鄭勝謨 Chung, Seung-mo) 지역문화연구소 대표이사
조영준(趙映俊 Cho, Young-jun) 한국학중앙연구원 조교수

잡담(雜談)**과 빙고**(憑考)

초판 인쇄 2013년 6월 20일 **초판 발행** 2013년 6월 30일
글쓴이 고민정·김혁·안혜경·양선아·정승모·조영준
펴낸이 박성모 **펴낸곳** 소명출판 **출판등록** 제13-522호
주소 서울시 서초구 서초동 1621-18 란빌딩 1층
전화 02-585-7840 **팩스** 02-585-7848 **전자우편** somyong@korea.com **홈페이지** www.somyong.co.kr

값 39,000원   ISBN 978-89-5626-849-1 93910
ⓒ 고민정·김혁·안혜경·양선아·조영준, 2013

이 저서는 2008년 정부(교육과학기술부)의 재원으로 한국연구재단의 지원을 받아 수행된
연구임(NRF-2008-361-A00007).

규장각학술총서
02

잡담(雜談)과 빙고(憑考)

경기·충청 장토문적으로 보는 조선 후기 여객주인권

Coastal Trade Brokers and Their Rights in Late Chosŏn Korea

고민정·김혁·안혜경·양선아·정승모·조영준

소명출판

조선시대에 각종 권리의 매매가 활발하게 이루어졌음은 각종 고문서(古文書)를 통해 알 수 있다. 조선 전기에는 주로 토지와 노비에 대한 권리가 사적 소유권의 대종을 이루고 있었으며, 매매는 문기(文記)에 의해, 상속은 분재기(分財記)에 의해 성립되었다. 매매문기는 관(官)의 입안(立案)을 통해 공증(公證)되는 절차를 거쳤으며, 이는 『경국대전(經國大典)』에까지 명문화되어 있었다. 조선 후기에는 공물주인(貢物主人), 도장주인(導掌主人), 여객주인(旅客主人) 등의 각종 주인권(主人權)이 새로운 재산으로 등장하였으며, 그 매매의 증빙 역시 문기에 의해 이루어졌다. 이러한 문기는 일종의 유가증권(有價證券)에 해당하며, 이에 해당 권리를 유통자산(流通資産)으로 이해하기도 한다.

하지만 조선시대에 각종 권리가 창출되고 유통되었던 현상이 과연 제대로 인식되고 있는지에 대해서는 의문의 여지가 있다. 현대에는 매매의 당사자들이 비인격적(impersonal)이라는 특징을 가지기 때문에 부동산이나 주식과 같은 주요 자산에 대한 권리의 창출과 유통을 시장의 형성과 발달로 바로 연결시킬 수 있다. 또한 매매 가격의 변동을 통해 시장에서의 공급과 수요 등에 대한 해석을 시도할 수 있다. 그렇지만 전통시대의 권리 매매에 대해서는 마찬가지 방식으로 접근하기 곤란한 점이 있다.

추상적 의미에서의 '시장'이 성립되어 있지 않은 경우가 많았고, 거

래가 인격적(personal)으로 이루어진 사례가 많았기 때문이다. 특히 왕
실 세력을 비롯한 특권 계층이 거래의 주체로 등장한 경우가 적지 않
았고, 이로 인해 매매가가 시장 가격과 괴리되는 경우가 비일비재했
다. 하지만 조선시대의 자산 거래와 그 가격의 변동에 대한 연구가 아
직 미진하기 때문에, 각종 권리의 매매 현상에 대한 실증적 해명이 본
격적으로 이루어지지는 못하고 있다.

예컨대, 여객주인에 대한 기존 연구에서는 여객주인권이 활발히 매
매되었고 그 가격이 급격히 상승해갔음을 지적한 바 있는데, 그러한
연구 결과를 그대로 신뢰하기에는 여러 가지 문제점이 산견되며, 이는
보다 심층적이고 다면적인 접근이 요구됨을 의미한다. 하지만 여객주
인에 관한 방대한 정보를 개별 연구자가 정리하여 분석하기에는 무리
가 따른다. 그런 문제의식의 연장선상에서, 이 책에서는 조선 후기 서
해안 일대에서 거래된 권리의 하나인 여객주인권(旅客主人權)을 문서
학(文書學)의 차원에서 재검토하고자 하는 데 필요한 기초 자료를 정리
하여 제공한다.

17~19세기의 경기·충청 지역에서는 여객주인의 권리가 창출·유
통·집중되었으며, 때로는 그 권리를 둘러싼 마찰이 빚어지기도 했다.
특히 권리의 소유관계가 불명확한 경우에 소송(訴訟)이 제기되기도 하

는 등의 방식으로 갈등이 표면화되었다. 권리의 형성 또는 이전에는 언제나 '잠재적 갈등'이 내포되게 마련인데, 조선시대의 매매문기에서는 이를 주로 '잡담(雜談)'이라 칭했다. 요즘 한국어에서의 잡담은 흔히 쓸데없이 지껄이는 말이나 중요하지 않은 말로 정의되곤 하지만, 조선 후기 문서에서 일종의 투식(套式)과 같이 표현된 '잡담'은 '딴소리' 또는 '허튼소리'에 해당하며, 구체적으로는 계약 사항을 부정하는 행위를 가리킨다.

그러한 '잡담'이 생기지 않으면 다행이겠지만, 현실은 그렇지 않았다. 일단 '잡담'이 발생하면, 즉 누군가가 매매나 상속의 결과로서 귀속된 소유권에 대하여 승복하지 않고 분쟁을 야기하게 되면, 당사자는 자신의 권리를 입증하기 위해 증빙 수단을 동원하게 된다. 증빙의 대표적인 수단은 지금과 마찬가지로 증인과 문서의 두 가지이다. 오랜 시간이 흐른 후에는 증인을 동원하여 증언하게 하기 어려우므로, 문서의 중요성이 더욱 커질 수밖에 없다. 각종 문기에서 그러한 증빙의 행위를 일컬었던 당대의 표현이 바로 '빙고(憑考)'였다. 이처럼 매매문기를 비롯한 각종 문서는 갈등을 조정하는 과정에서 '빙고'의 수단으로 활용되었으며, 달리 말하자면 갈등의 해결을 모색하는 '소통'의 매개체로서 훌륭한 역할을 수행하고 있었다고 볼 수 있다.

문서의 작성과 활용으로 나타난 조선의 기록문화가 경제행위와 법률행위를 제도화하는 기반이 되었다는 점에서, "잡담과 빙고"는 "갈등과 소통"에 다름 없으며, 또한 문서를 통해 들여다보는 조선 사회를 압축적으로 표현할 수 있는 용어인 것이다. 물론 '잡담'이나 '빙고'는 여객주인 뿐만 아니라 토지, 노비, 도장권, 공인권 등 다른 자산의 매매문기에도 숱하게 등장하는 표현이지만, 그러한 상투어(常套語)를 전면에 내세운 경우는 아마도 이 책에서가 처음이 아닐까 싶다.

이 책이 나오기까지는 오랜 세월과 더불어 많은 연구자의 노력이 소비되었다. 일군의 전문가가 모여 출판이라는 명확한 목표를 향해 달려간 결과라기보다는, 몇 가지 경로로 진행된 성과를 하나의 테마로 엮어 내기 위해 해체한 후 필요에 따라 한 곳으로 집중시킨 것이라고 해야겠다. 경과를 압축하여 소개하면 다음과 같다.

우선 한국학중앙연구원의 지원으로 지역문화연구소에서 진행되었던 공동연구회인 "경기·충청 연안 지역 '장토문적'의 심층 연구 : 역사생태학적 지역 연구를 위한 기초"는 조선시대 포구의 생활사를 입체적으로 조망하고자 하는 시도였다. 이를 통해 규장각에 소장된 장토문적을 한 장 한 장 세밀하게 윤독하는 기회를 가졌는데, 자료의 독해력을 향상시키는 계기를 마련하였을 뿐만 아니라 조선 후기 사회를 분석하는 데 필요한 문제의식도 자연스럽게 배양되었다. 여객주인 관련 자료도 포함되어 있었지만, 여객주인 자체에 대한 연구가 연구회의 목적은 아니었다.

그리고 그와는 별개로 토요타재단의 지원으로 지역문화연구소에서 진행되었던 프로젝트인 "한국 황해안에 있어서의 근세·근대 해촌문서(海村文書)의 역사생태학 : 충청남도 홍성군 성호리문서(星湖里文書)의 정리·해제"가 있었다. 성호리문서는 개인이 소장한 자료이지만, 해당 지역의 사정을 제대로 이해하기 위해서는 역시 장토문적을 포함하여 규장각에 소장되어 있는 자료를 살펴보아야만 했다.

이렇게 각기 진행되었던 개별 사업의 일부를 활용하고 추가 자료를 더하여 '장토문적'에 포함된 '여객주인' 관련 문서라는 단일한 주제로 묶어서 본격적인 자료집 출판 작업을 준비하게 된 것이 서울대학교 규장각한국학연구원 인문한국(Humanities Korea) 사업단의 지원으로 진행한 "규장각 소장 『장토문적(庄土文績)』의 심층 해설 (1) : 여객주인(旅客主人) 편"이었다. 기존 작업에서 승계한 부분에서 오류가 확인되었을 뿐 아니라 일관성이 유지되지 않았다는 점도 문제시되었기 때문에, 경기·충청 지역의 장토문적에서 여객주인에 관한 모든 자료를 새로 읽고 탈초(脫草)·정서(正書)한 후 번역문을 다듬는 작업을 진행하였다. 장토문적과 같은 '성책고문서(成冊古文書)'를 국역까지 포함하여 간행하는 작업은 전무했기 때문에 시행착오도 많았다.

결국 지역문화연구소라는 공간과 인력을 중심으로 하여, 자료의 소장기관이자 한국학 연구의 대표기관인 규장각을 통해 이와 같은 자료집이 출간되기에 이른 것인데, 여기에는 몇 가지 의의가 있다고 자부한다. 우선 매월 1~2차례 진행된 연이은 강독회를 통해 꼬리에 꼬리를 물고 이어졌던 열띤 논쟁과 토론은 자료를 다방면으로 바라보고 그 시대의 삶의 현장에 보다 가까이 다가갈 수 있게 하였다. 그리고 인류학적 현지조사와의 결합은 비록 성공하지는 못하였지만, 그 가능성은 충분히 확인되었다. 이는 향후 이쪽 분야에서 진전될 본격적 연구를 기약할 수밖에 없는 것이지만, 그러한 연구의 진행을 위해서도 이 자료집의 발간은 중간 정리로서의 역할을 충실히 다할 것이다.

또한 원문 텍스트와 번역문을 모두 갖추게 되어 일종의 데이터베이스(DB)가 마련되고 나서는 기존 연구에서는 확인될 수 없었던 여객주인의 여러 면모가 그대로 드러났다. 이는 한국학 연구에서 새로운 방법론을 개척한 사례라고 생각된다. 이 책의 말미에 수록된 논문은 그러한 새로운 시도로서 충분한 의의를 지닐 것이며, 조선 후기 상업을 바라보는 구도의 변화에도 일정한 몫을 할 것으로 기대된다. 물론 이를 위해서는 경기·충청이 아닌 나머지 지역에 대한 후속 연구가 절실한데, 향후 여건이 허락하는 대로 추진할 수 있기를 바라마지 않는다.

　이 책의 출간은 6명의 집필진에 의해 본격화되었지만, 앞서 소개한 세 가지 사업에 부분적으로 짧게 또는 길게 참여하셨던 여러분께 신세를 졌음을 밝히고 싶다. 김자운, 문보미, 안광호, 안승택, 오석민, 오창현, 이민우, 조미은 등 여러 선생님의 협력에 감사드리며, 출판 진행에 이르기까지 함께하지 못한 아쉬움도 크다. 초벌 원고의 교열 과정에서 도움을 주신 양진석, 유현재 선생님께도 감사한다. 정서본 텍스트와 국역본의 곳곳에는 6명의 연구자가 열띤 토론을 거쳐 확정한 글자나 표현이 들어 있다. 그러한 고민의 흔적이 독자에게 그대로 전달될 수 있다면 책을 내는 보람을 느낄 수 있을 것이다. 다만 여전히 남아 있을 오류나 한계에 대해서는 연구 역량의 한계를 인정함과 동시에 아낌없는 질정(叱正)을 기대할 뿐이다.

　끝으로, 출판의 뿌듯함과 기쁨 뒤에 한 가지 아픔이 있었음을 적어 두고자 한다. 이 책의 출간을 앞두고 집필진 중 한 분이신 정승모 선생님께서 작고하셨다. 함께 머리를 맞대고 고민한 세월의 기억과 이제는 다시 뵐 수 없다는 현실이, 남은 5명의 집필진에게는 허전함과 그리움으로 다가온다. 앞으로 더욱더 연구에 매진하는 것만이 고인을 기릴 수 있는 최선의 길이리라 믿는다.

2013년 4월 30일

조영준

| 차 례 |

책을 내면서　003

주요 지명과 위치　013

제1장　경기도장토문적 제88책 —— 015

제2장　경기도장토문적 제89책 —— 103

제3장　충청도장토문적 제5책 —— 215

제4장　충청도장토문적 제6책 —— 279

제5장　충청도장토문적 제12책 —— 285

제6장　충청도장토문적 제19책 —— 295

제7장　충청도장토문적 제22책 —— 343

제8장　충청도장토문적 제34책 —— 355

논문 | 조선 후기 여객주인 및 여객주인권 재론 —— 505
　　　경기·충청 장토문적의 재구성을 통하여

|부록 1|『성호향약』의 「좌목」　534

|부록 2| 「전령」　537

|부록 3|『궁내부각궁소관각항세급주인성책』　541

|부록 4|『군무질』　544

참고문헌　546

일러두기

- 책별 해제나 논문에 표시한 필자는 해당 원고를 책임 집필한 사람이며, 정서본이나 번역본 등 필자의 표시가 없는 것은 모두 공동 검토 및 공동 작업의 결과이다.
- 원문의 이체자는 정서본에서 한쪽으로 통일하였다. 예를 들어, '舡'은 '船'으로, '㝵'은 '等'으로, '塩'은 '鹽'으로, '価'는 '價'로, '数'는 '數'로, '並'은 '幷'으로, '为'는 '爲'로, '笔'은 '筆'로, '亰'은 '京'으로, '実'은 '實'로, '㝵'은 '定'으로, '淂'은 '得'으로, '秊'은 '年'으로 표기하였다.
- 원문의 표현에서 명백한 오류가 확인되는 경우에는 교정 내용을 바로 뒤의 [ ] 속에 넣어 두었다.
- 원문에서 결락된 부분과 판독이 어려운 부분은 구분 없이 '▨'로 표기하였다.
- 문서 중간이나 사이에 찍힌 관인(官印)의 형태나 개수는 따로 표시하지 않았다.
- 화폐 단위의 경우, '전문(錢文)'이라고 되어 있어도 '당오전(當五錢)'임이 명백해 보이는 경우가 있지만, 이를 일일이 명기하지 않고 그대로 두었다.
- 이 책에 수록된 모든 문서의 원본은 현재 서울대 규장각한국학연구원의 인터넷 홈페이지 (http://kyu.snu.ac.kr)를 통해 천연색 이미지 파일의 형태로 언제 어디서나 누구든지 직접 열람할 수 있다.

주요 지명과 위치

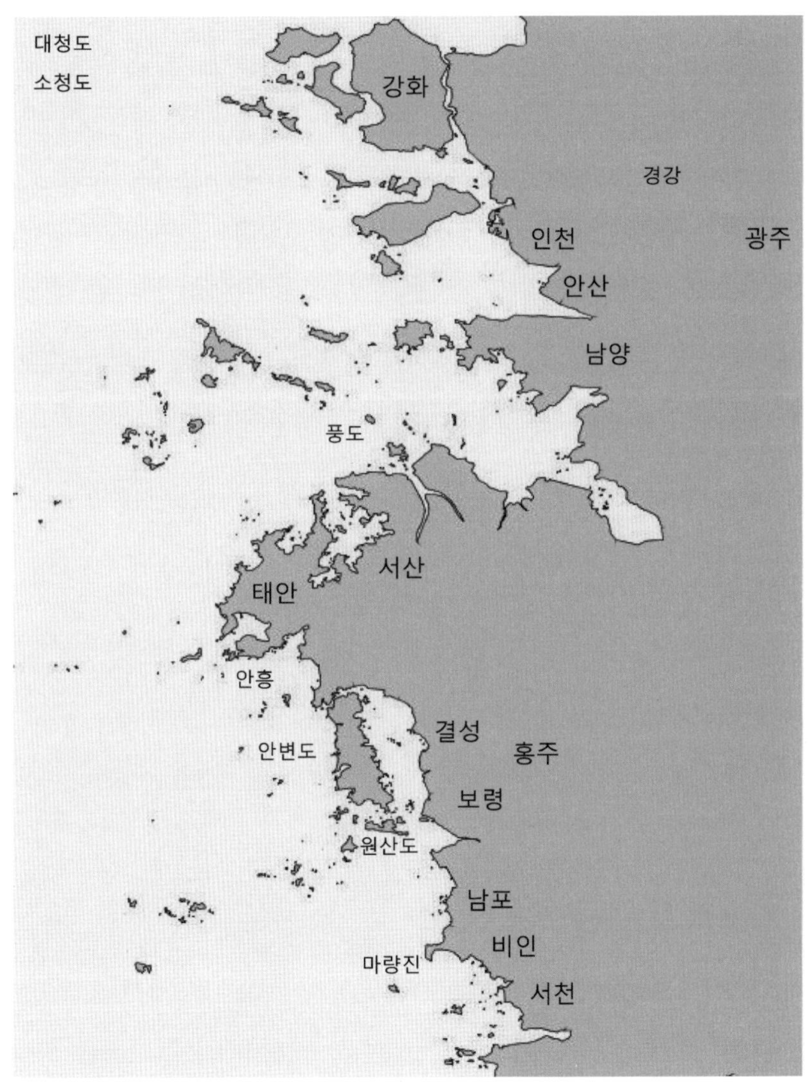

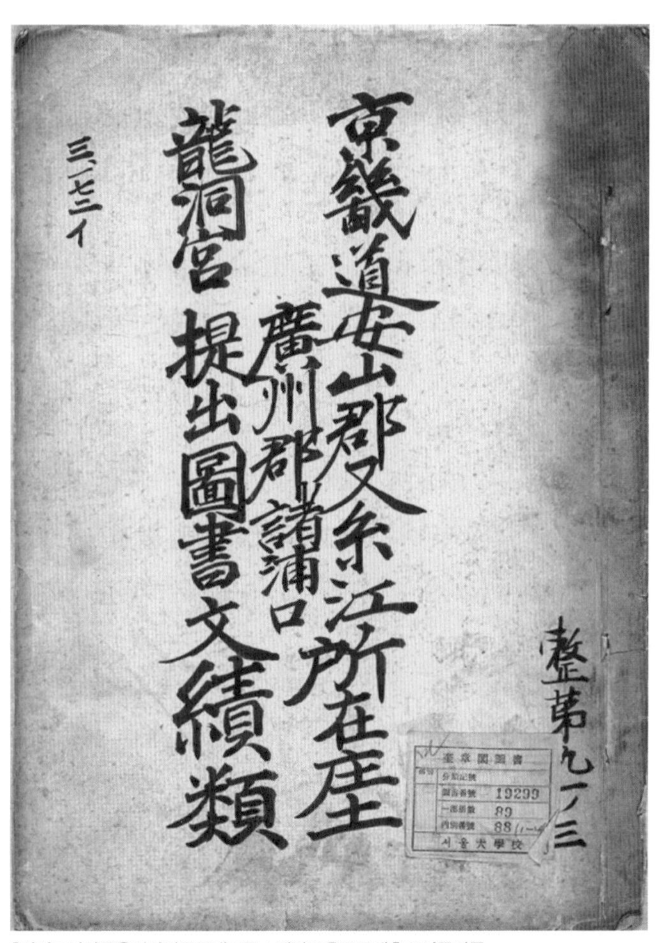

『경기도안산군우경강광주군제포구소재장토용동궁제출도서문적류』
(京畿道安山郡又京江廣州郡諸浦口所在庄土龍洞宮提出圖書文績類)

1. 문서의 종류와 내용

경기도장토문적 제88책은 경기 안산과 광주 일대의 포구를 중심으로 형성된 여객주인권(旅客主人權)의 매매상황을 살펴볼 수 있는 각종 고문서를 묶어 놓은 것이다. 이 책에 수록된 고문서는 본래 용동궁(龍洞宮)의 소유였는데, 1908년 각궁사무정리소(各宮事務整理所)에 제출되었고 임시재산정리국(臨時財産整理局)의 분류를 거쳐 현재의 모습을 갖추게 되었다. 전체 문서는 46건으로 알려져 있었으나 '16번 문서의 첨지'를 별도로 분류하면 모두 47건이 된다.

수록된 문서는 매매문기(賣買文記), 소지(所志), 선주인명단(船主人名單), 불망기(不忘記), 반분문기(分半文記) 등 다양한 종류로 구성되어 있으나, 양적으로는 경강주인(京江主人)의 업(業)을 거래하는 매매문기가 다수를 차지하고 있다. 문서가 생산된 시기도 역시 17~19세기에 포진되어 있는데, 양적으로는 19세기에 작성된 것이 대부분이며 작성시기가 분명치 않은 것도 있다. 이들의 대상 지역은 크게 경기 안산(安山)과 광주(廣州), 수원 풍도(豊島)와 소청(小靑)·대청(大靑), 충청 고마수영(雇馬水營)과 보령(保寧)으로 삼분할 수 있겠으나, 이와 인접한 인천(仁川), 강화(江華), 남양(南陽)의 일부 지역이 포함되기도 하였다. 이를 시기 및 지역에 따라 분류하여 정리하면 〈표 1〉과 같다.

〈표 1〉에 제시한 문서는 그 성격에 따라 매매문기(賣買文記) 36건, 소지(所志) 4건, 선주인명단(船主人名單) 2건, 불망기(不忘記) 1건, 분반문기(分半文記) 1건, 사록(斯錄) 1건, 배지[牌旨] 1건, 경강기지목록(京江基地目錄) 1건으로 분류할 수 있다. 이 중 연도를 명확히 알 수 없는 3건을 제외하

〈표 1〉

분류	번호	시기	종류	내용
〈Ⅰ〉	15 · 21	1668	매매문기	김일선이 김유굴에게 광주 · 안산 주인의 업을 방매
	22	1669	소지	김유굴이 존위에게 주인권의 인준을 요청
	19	1672	매매문기	김유굴이 강세주에게 광주 · 안산 주인의 업을 방매
	20	1703	소지	강두복이 한성부에 주인권의 인준을 요청
〈Ⅱ〉	14	미상	매매문기	강우문이 주인의 업을 방매
	17	1688	매매문기	이찬이 양시홍에게 인천 · 안산 · 강화에 거처하는 여객에 대한 주인의 업을 방매
	18	1689	소지	양시홍이 한성부에 주인권의 인준을 요청
	16	1763	매매문기	양정표가 강상태에게 인천 · 안산 · 강화에 거처하는 여인에 대한 주인의 업을 방매
	16-1	1776	분반문기	압구정의 어염선에 대해서 이운대가 강상태와 분반분식을 다짐
〈Ⅲ〉	29	1809	매매문기	강인철이 김재려에게 안산 · 광주 주인의 업을 방매
	28	1814	매매문기	이양순이 전득경 외 2인에게 안산 · 광주 경강주인의 업을 방매
	27	1815	매매문기	김재려가 김진덕에게 안산과 광주 경강주인의 업을 방매
	26	1829	매매문기	김형신이 이생원에게 안산 · 광주 경강선주인의 업을 방매
	24	1831	매매문기	이생원댁이 마기윤에게 안산 · 광주 경강주인의 업을 방매
	25	1831	배지	이생원이 춘쇠에게 매매 권한을 위임
	12	1831	매매문기	마기윤이 신참판댁에게 안산 · 광주 경강선주인의 업을 방매
	11	1842	매매문기	신참판댁이 이상주댁에게 안산 · 광주 주인의 업을 방매
	8	1843	매매문기	이상주댁이 장현우에게 안산 · 광주 주인의 업을 방매
	13	1848	매매문기	장현우가 안산 · 광주 주인의 업 방매
	9	1861	매매문기	임재형이 이판부사댁에게 안산 · 광주 주인의 업을 방매
	5	1862	매매문기	이판부사댁이 안산 · 광주 주인의 업을 방매
	7	1876	매매문기	이영원이 김판서댁에게 안산일읍주인을 방매
	4	1880	매매문기	박감목관댁이 안산 · 광주의 경강주인의 업을 방매
〈Ⅳ〉	43	1821	매매문기	양후기가 풍도 선주인 1/3을 방매
	38	1821	매매문기	양후기가 풍도 · 대청 · 소청의 1/3을 방매
	44	1834	매매문기	유정기가 풍도 선주인의 업 1/3을 환퇴
	45	1835	매매문기	양민보가 김우정에게 풍도 주인의 업을 방매
	40	1839	매매문기	김영관이 풍도주인의 업 중 1/3을 방매

분류	번호	시기	종류	내용
	36	1851	매매문기	이판부댁이 양덕호에게 소청·대청·풍도 주인의 업을 방매
	46	1873	매매문기	양주원이 김승지댁에게 풍도의 선주인의 업을 방매 및 환퇴
	39	1873	매매문기	양덕호가 김판서댁에게 풍도·소청·대청 주인의 업을 방매
	41	1874	매매문기	양주원이 김참판댁에게 풍도·대청·소청 선주인의 업을 방매
	37	1876	매매문기	김판서댁이 조수산댁에게 풍도와 소청·대청의 주인을 방매
	42	1876	매매문기	이병우가 풍도의 염상·염선주인을 방매
	10	1878	매매문기	조수산댁이 풍도·소청·대청의 경강주인의 업을 방매
	35	1881	불망기	양보여 등이 임진태에게 풍도주인의 일에 대한 분쟁 해결을 위해 작성해줌
〈Ⅴ〉	3	1885	매매문기	임오위장댁이 안산·광주·풍도·소청·대청 경강선주인의 기업을 방매
	2	1890	매매문기	임사과댁이 풍도·대청·소청·안산·광주 주인의 업을 방매
	1	미상	기지목록	안산·광주·풍도의 경강기지 목록
〈Ⅵ〉	34	1774	매매문기	이태성이 김종하에게 고마수영·보령 여객주인의 여를 방매
	33	1775	매매문기	김종하가 김택우에게 고마수영·보령 여객주인의 물을 방매
	32	1791	매매문기	김택우가 양윤기에게 고마수영·보령 여객주인의 역을 방매
	30	1794	소지	양윤기가 형조에 주인권의 인준을 요청
	31	1818	사록	양윤기가 각 물종에 대한 구문의 예리를 작정
〈Ⅶ〉	6·23	미상	선주인명단	선주 및 선인의 명단

면 17세기 7건, 18세기 7건, 19세기 30건으로 구성되어 있다.

매매문기 중에서 결락으로 인해 연대를 알 수 없는 14번 문서는 내용상 1688년에 작성된 17번 문서보다 시기적으로 앞서며 거래대금을 은자(銀子)로 지불하였다는 점에서 17세기의 것으로 추정 가능하다. 따라서 매매문기는 17세기에 3건, 18세기에 4건이 작성되었으며 그 외의 것은 모두 19세기에 작성되었다. 이들 문기에서는 여객주인지업(旅客主人之業) 내지는 경강주인지업(京江主人之業)으로 표현되는 여객주인권(旅客主人權)을 방매 대상으로 하고 있다. 그런데 문기 내에서 방매 대상을 표현하는 방식은 시기적으로 변화하고 있음이 포착된다. 17세기 광주와 안산 지역의 거래를 보면 김일선(金一善)은 동생의 채무를 대신 갚기 위하여 조상으로부터 전래해온 주인의 업을 김유굴(金有屈)에게 양일간 두 차례에 걸쳐 매매하였다. 이때 작성된 문기를 보면 방매대상을 광주와 남양에 거주하는 여인(旅人) 12명으로 한정하였고 여인의 성명과 함께 구체적인 취급물종을 거론하였다. 또한 이찬(李鑽)과 양시흥(梁時興)의 거래에서도 그 대상을 인천과 안산, 강화에 거주하는 여인 9명으로 한정하는 모습을 보여준다.

이러한 상황은 18세기가 되면 지역적으로 차이를 드러내어 방매대상을 지칭하는 방식이 특정 인물과 지역으로 양분되는 모습을 보인다. 1763년 양정표(梁庭彪)가 강상태(姜尙兌)에게 인천과 안산주인을 방매하는 과정을 보면 이전시기와 동일한 방식으로 매매가 이루어졌다. 그런데 충청 일부지역에서는 방매대상으로 여인을 지칭하지 않고 특정 지역으로 거론하고 있다. 이태성(李泰成)이 김종하(金宗河)에게 여객주인권을 방매하는 과정을 보면 그 대상을 충청 고마수영과 보령 지역으로 설정하고 있기 때문이다. 또한 김종하가 김택우(金宅禹)에게 여객주인권을 방매하는 과정이나 김택우가 양윤기(梁潤基)에게 방매하는 과정에서도 이와 동일한 모습이 나타난다. 이는 특정 인물을 중심으로 방매하던 방식에서 벗어나 지역 단위로 권역을 설정한다는 점에서 이전과는 확연한 차이가 있다. 19세기에 이르면 모든 지역에서 지역 단위로 매매대상을 설정하면서 취급물종 및 그 역할에 대한 내용을 함께 기재하는 방식을 취하였다. 그래서 대부분의 경우 "경기 안산·광주 여러 섬과 포구의 상선·어염·각곡과 기타 각색 물종과 여인이 경강에 내왕하는 데 따른 주인의 업"으로 정형화되었다. 이와 함께 구체적인 기지에 대한 목록이 부기되기도 하였다. 즉, 방매대상을 지역으로 표기하고 있으나 '안산일읍주인(安山一邑主人)' 등으로 광범위하게 포괄한 경우 문서 하단에 한글로 지역명을 일일이 열거하는 형태를 띠었다.

소지는 모두 4건으로 17 · 18세기에 2건씩 작성되었으나 이를 인준해 준 기관은 시기마다 차이가 있다. 1688년 김유굴은 김일선으로부터 광주와 안산 석두리(石頭里)의 여객주인권을 매득한 후에 존위(尊位)에게 소지를 올려 그 권리를 인정받았다. 4년 뒤 강세주(姜世周)는 김유굴로부터 동일한 권리를 매득하여 응역(應役)하였으며 강세주의 아들 강두복(姜斗福)은 1703년 한성부로부터 여객주인권에 대한 소유를 인정받았다. 애초에 김유굴이 존위로부터 여객주인권에 대한 권리를 인정받았다는 사실은 이러한 권리가 마을 단위의 차원에서만 인정받을 수 있었던 것임을 짐작하게 한다. 그런데 강두복의 경우 관으로부터 인준 받았다는 점에서 적어도 이 시기에는 마을차원이 아니라 국가차원에서 그 권리를 보호해주었음을 알 수 있다. 이와 동일한 맥락에서 18세기 후반 양윤기는 김택우로부터 충청 고마 · 보령 일대의 여객주인권을 매득하고 형조로부터 입지를 받았다.

매매문기와 입지 외에는 선주인명단, 불망기, 분반문기, 사록, 배지, 경강기지목록이 있다. 선주인명단은 말 그대로 선주인과 여인에 대한 명단인데 2건이 실려 있으며 화명문기(花名文記)라고 하기도 한다. 6번 문서에는 선주(船主) 신자복(申自福) 이하 11명, 선주 신인선(申仁善) 이하 42명, 선주 차선귀(車善貴) 이하 24명을 기재하여 도합 77명에 대한 인물 정보가 있다. 23번 문서에는 이보다 적은 18명이 기록되어 있으며 선주는 김지심(金志心)이다. 불망기는 1881년 양보여(梁甫汝)와 양인여(梁仁汝)가 임진태(林晋泰)에게 써 준 것으로 자세한 내막은 알 수 없으나, 남

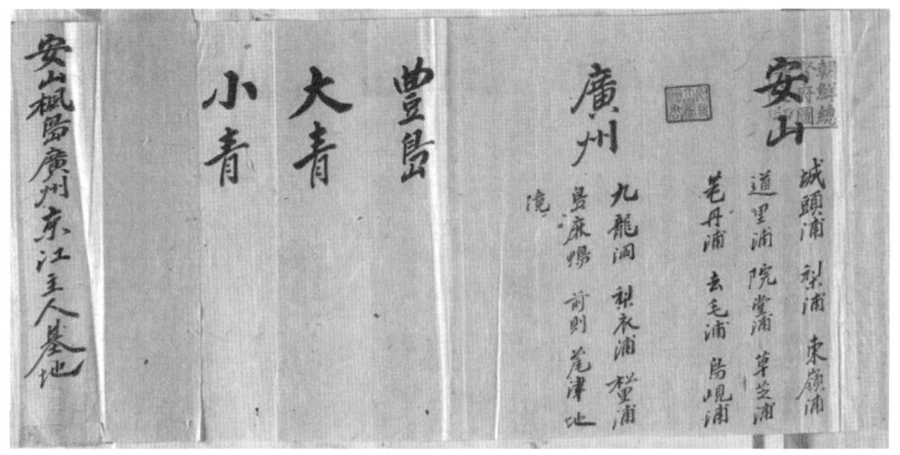

경기도장토문적 제88책, 1번 문서

양 풍도주인의 일로 분쟁이 있었고 이를 해결하기 위해 문서를 작성하였을 것으로 보인다. 분반문기는 16번 문서의 첨지로 분류되어 있었으나 16번 문서와는 다른 성격을 지니고 있어서 따로 분류하였다. 여기에는 1776년에 이운대(李雲大)와 강상태(姜尙兌)가 압구정(鴨鳩亭) 어염선의 경우에 한하여 그 이익을 분반분식(分半分食)하기로 정하는 내용이 담겨져 있다.

사록은 구문(口文)을 규정해 놓은 문서이다. 구문은 본래 여객주인이 거래를 주선한 대가로 받는 일종의 중개수수료를 의미하며 여객주인의 업은 구문의 수취를 목적으로 하였다. 구문은 통상 거래가의 1/10으로 정해져 있다고 알려져 있으나 이 문서를 통해 경강선여각주인(京江船旅閣主人)과 충청도 고마, 보령, 풍도의 상인들은 주요 거래 품목에 따라 구체적인 규례를 정하여 적용하고 있었음이 확인된다. 그 내용을 살펴보면 미곡과 잡곡은 매섬[每石]마다 1돈[錢] 5푼[分], 소금은 매섬마다 1돈, 생물어곽(生物魚藿)은 매냥(每兩)마다 1돈 등으로 물종에 따라 정하였다. 또한 상선(商船)의 크기를 대(大)·중(中)·소(小)로 구분하여 매행보(每行步)당 미곡 3섬·2섬·1섬씩 받았다.

배지는 일종의 위임장으로 1831년 이생원댁이 안산·광주의 여객주인권을 매득하기에 앞서 노(奴) 춘쇠(春釗)가 그 권한을 대행하도록 써 준 것이다. 이 책에는 노(奴)가 주인을 대행하여 거래에 참여하는 횟수가 10회로 나타나는데 배지는 25번 문서 1건만 남아있다. 이러한 현상은 19세기에만 나타나는 것으로 노(奴)가 모두 방매자로 나서고 있다는 점이 특징적이다. 경강주인기지목록은 안산과 광주 및 풍도의 기지를 기록하여 둔 것으로 이 책의 첫 장에 해당된다. 기지는 기존 논의에 따라 두 가지로 정의할 수 있는데, 하나는 포구 및 여각 그리고 각종 유통기구를 지칭하는 것으로 보는 견해(李榮昊 1985 : 125)이고 다른 하나는 여객주인업의 영업 관할범위를 지칭하는 것으로 보는 견해(高東煥 1998 : 328~329)이다. 후자에 의하면 기지 내에서는 여객주인이나 강상(江上)의 시전이 독점적인 유통권을 행사할 수 있었고 그 이외의 지역에서 자유로운 매매가 허용되었다. 이러한 기지는 안산에 9곳, 광주에 4곳이 존재하며 풍도, 대청, 소청은 각각 독립되어 설정되었다.

2. 지역에 따른 소유권의 변화와 특징

이 책의 주요 무대가 되는 곳은 크게 광주와 안산, 풍도와 소·대청, 충청 고마와 보령의 세 권역으로 구분된다. 앞서 제시한 〈표 1〉에서

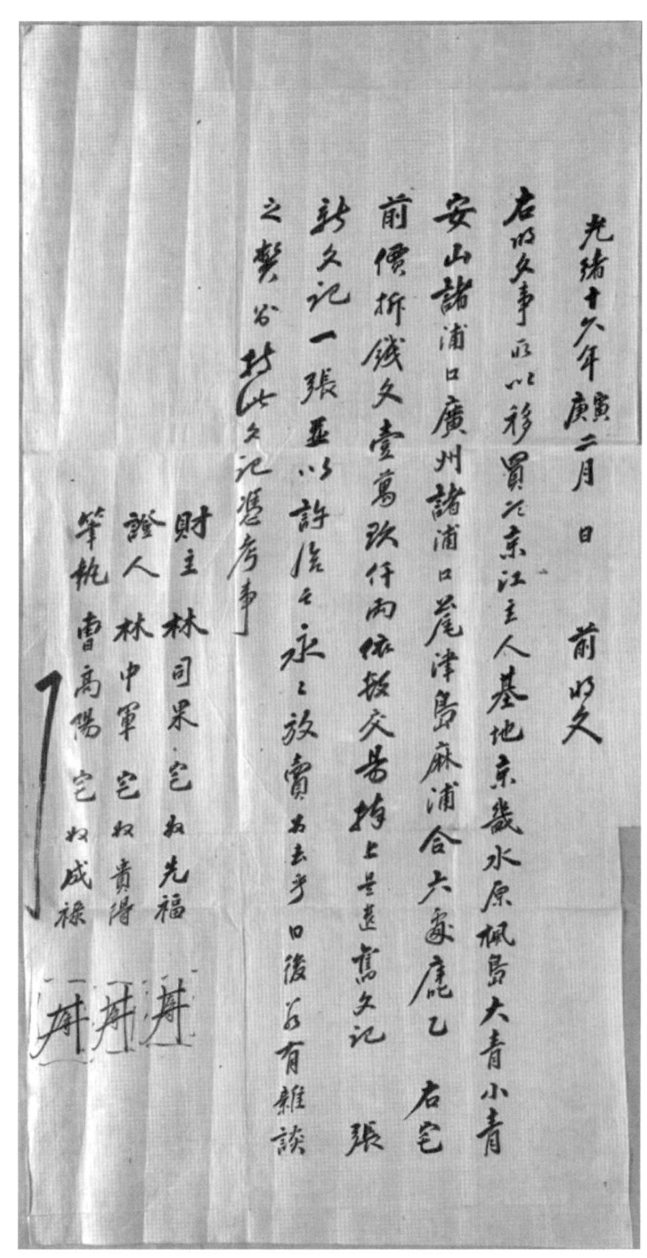

光緒十六年庚寅二月 日　前以文

右明文事段以移買於京江主人基地京畿水原楓島大青小青
安山諸浦口廣州諸浦口蓋津島麻浦合六處鹿乙　右宅
前價折錢文壹萬玖仟兩依數交易捧上長遠鴆文記　張
新文記一張並以許給之永之放賣出去乎日後若有雜談
之弊呑此文記憑考事

財主　林司果宅奴先福　[手決]
證人　林中軍宅奴貴酉　[手決]
筆執　曹高陽宅奴成祿　[手決]

경기도장토문적 제88책, 2번 문서

〈Ⅰ〉~〈Ⅶ〉로 문서를 분류한 것은 시기와 지역에 따른 소유권의 변화를 좀 더 쉽게 이해하기 위해서이다. 〈Ⅰ〉과 〈Ⅱ〉는 17~18세기에 광주와 안산 지역의 여객주인권 매매상황을 보여주는 것인데 이들은 각기 다른 경로를 거쳐 매매되었다. 〈Ⅲ〉은 〈Ⅰ〉과 〈Ⅱ〉가 하나로 수렴된 이후의 상황을 보여주며 〈Ⅳ〉는 19세기 풍도의 상황을 나타낸다. 〈Ⅴ〉는 광주와 안산 및 풍도가 하나의 소유권으로 통합된 뒤의 상황을, 〈Ⅵ〉는 충청 지역의 상황을 보여준다. 끝으로 〈Ⅶ〉는 다른 문서와의 연결고리를 찾아내기 어려운 것을 모아 두었다.

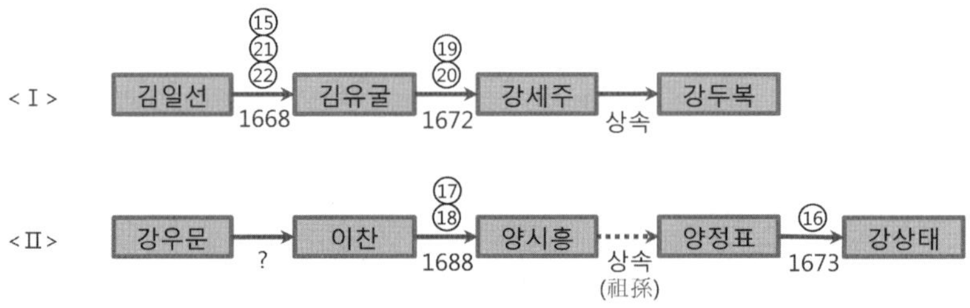

　　〈Ⅰ〉과 〈Ⅱ〉를 통해 17~18세기 광주와 안산에서의 소유권 변화 상황을 보면 두 개의 흐름이 존재한다. 〈Ⅰ〉은 광주와 남양에 거주하는 여인을 접대하는 주인권을 방매하는 모습인데 소유주가 두 번 바뀌었다. 1668년 김일선(金一善)은 동생 김이선(金二善)이 진 빚을 대신 갚기 위해 조상으로부터 전래해온 여객주인권을 동성사촌인 김유굴(金有屈)에게 매도하였다. 그로부터 4년 후에 김유굴은 이 권리를 강세주(姜世周)에게 전문 50냥을 받고 양도하였다. 〈Ⅱ〉는 인천과 안산, 강화에 거주하는 여인(旅人)을 접대하는 주인권을 매매하는 것인데 이찬(李鑽)이 강두복(姜斗福)으로부터 매득하였다가 부채를 상환하라는 채주(債主)의 독촉으로 인해 1688년 양시흥(梁時興)에게 매매하였다. 이후로부

터 이 권리는 양시홍의 집안에서 상속되다가 손자인 양정표(梁庭彪) 대
에 이르러 강상태(姜尙兌)에게 방매되는 모습을 보여준다.

〈Ⅰ〉과 〈Ⅱ〉에서는 모두 세 번의 입지가 작성되었는데 이는 임진왜
란 이후부터 가사와 전답의 매매가 백문(白文)으로 이루어졌던 경향과
는 다른 측면의 모습이다. 즉, 가사와 전답의 매매가 그 자체로서 공신
력을 갖던 사회적 분위기와 달리 존위 내지는 관의 처분을 통해 소유
권에 대한 권리를 공증 받고 있기 때문이다. 이들이 소지를 올려 입지
를 요청한 사유를 김유굴이 존위에게 올린 소지의 내용을 통해 살피면
크게 두 가지로 나타난다. 첫 번째는 사촌 간의 거래로 인해 가문 내부
에서 일어날 수 있는 분쟁을 미연에 차단하기 위해서였고 두 번째는
해당 여인이 내도(來到)하였을 때 생길 수 있는 잡담에 대해 대비하기
위한 것이었다. 강두복이 상속을 통해 획득한 주인권에 대해 입지를
요청한 것이나 양시홍이 매득을 통해 얻게 된 주인권에 대해 입지를
요청하는 것도 모두 이와 같은 맥락으로 만일의 사태에 대비한 후고(後
考)에 그 목적이 있었다.

〈Ⅲ〉은 〈Ⅰ〉·〈Ⅱ〉의 이후 상황으로 19세기 광주와 안산의 경강주
인권의 소유권 변화를 나타낸다. 〈Ⅰ〉·〈Ⅱ〉의 주인권은 강인철(姜仁

喆)에게 상속을 통해 전래되었던 것으로 보이는데 강인철이 김재려(金載麗)에게 이 소유권을 넘기는 과정을 통해 그간의 변화를 엿볼 수 있다. 우선 각기 다른 경로를 통해 소유권이 변화였던 〈Ⅰ〉·〈Ⅱ〉의 주인권이 통합되어 하나의 권리로 매매되고 있는 점을 눈에 띤다. 이는 본문기(本文記)가 광주와 안산이 함께 기재되어 있는 것과 인천과 함께 기재되어 있는 것으로 구분되어 존재하고 있다는 점을 통해 알 수 있다. 다만 인천주인과 광주 수상주인을 앞서 다른 곳으로 팔았다는 단서조항이 있기 때문에 앞서 살핀 〈Ⅰ〉·〈Ⅱ〉의 주인권이 한꺼번에 거래되고 있는 상황은 아니다. 여기에서 하나의 권리로 묶여진 주인권은 이로부터 약 80년간 동일한 형태로 거래되었다. 또한 이 거래에서는 1~2명의 증인을 세우는 일반적인 형식에서 벗어나 그보다 배가 많은 5명의 증인을 세우고 있다는 점이 특징적이다.

이 권리는 이양순(李良淳)과 전득경(全得景)의 거래를 통해 다시 나타나기 때문에 그간에 김재려가 이양순에게 양도하였을 것으로 추측할 수 있다. 이 거래에서는 매득인은 한 사람이 아니라 세 사람이 등장하고 있으며 매매가에 1/3에 해당하는 금액을 각출하여 권리를 획득하였다. 그 후로부터 광주와 안산의 주인권은 전득경, 김재려, 김진덕(金鎭德), 김형신(金亨信), 이생원댁(李生員宅), 마기윤(馬起潤), 신참판댁(申參判宅), 이상주댁(李尙州宅), 장현우(張鉉禹), 임재형(林載亨), 이판부사댁(李判府事宅), 이영원(李永元), 김판서댁(金判書宅), 박감목관댁(朴監牧官宅) 등으로 소유주가 변화되었다. 매매가는 1809년부터 1815년까지 850~900냥선으로 거래되었고 1831년부터 1862년까지 약 30년간은 1,100냥으로 고정되었으나 1876년 이후로는 1,500냥, 3,700냥 등으로 급격한 오름세를 나타낸다.

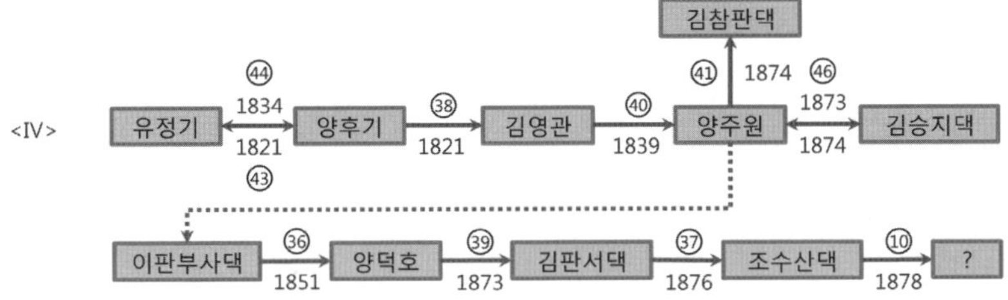

〈Ⅳ〉는 19세기 풍도와 소·대청의 소유권 변화상황을 나타낸 것이다. 풍도와 소·대청은 그 소유권이 1/3씩 분할되는 모습이 관찰되는데 이는 양후기(梁厚基)에서 비롯된 것이다. 양후기는 1821년 유정기(劉正基)와 김영관(金永寬)에게 이 지역을 1/3씩 나누어 방매하였다. 이후 유정기가 매득한 권리는 양후기에게 환퇴되었으나 김영관이 매득한 권리는 양주원이 김승지에게 방매하였다가 환퇴한 후 양주원에 의해 김참판댁(金參判宅)으로 방매되었다. 이 과정에서 매매가는 대략 250냥으로 정해져 있었으나 1874년 김참판댁이 매득할 때는 이전가격보다 두 배가량 급등한 600냥에 거래되었다.

이외에도 풍도와 소대청에는 앞서 언급한 것과는 다른 형태의 거래가 하나 더 형성되어 있었다. 문기에서는 풍도와 소대청으로만 방매대상을 한정하고 있기 때문에 이전에 1/3씩 분할 방매되는 것과 어떤 상관관계에 놓여 있는가 하는 부분에 대해서는 별도의 고찰이 요구된다. 다만 그 상황을 살펴보면 1851년부터 1878년까지 4번의 거래가 있었으며 소유주는 이판부댁(李判府宅)을 시작으로 양덕호(梁德鎬), 김판서댁(金判書宅)을 거쳐 조수산댁(趙銖山宅)으로 변하였다. 이 경우 매매가는 일정하게 유지되지 않고 거래가 이루어질 때마다 급등하여 1851년 680냥이었던 것이 1878년에는 4,000냥에 거래되었다.

현재의 지도에 표시한 풍도의 위치

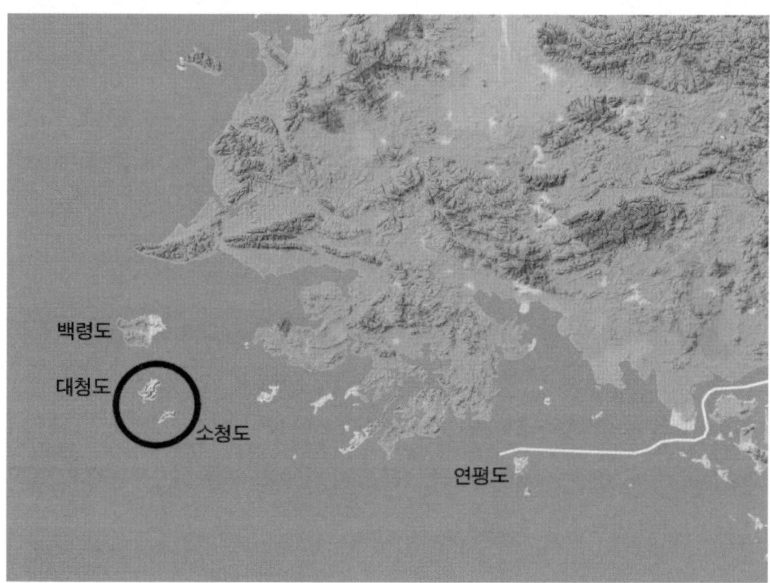

현재의 지도에 표시한 소청도·대청도의 위치

＜V＞ <Ⅰ>·<Ⅱ>·<Ⅲ>·<Ⅳ> ┈┈ 임오위장댁 ③ 1885 ? ┈┈ 임사과댁 ② 1890 ?

〈V〉는 19세기 광주와 안산, 풍도와 소대청이 하나의 권리로 통합된 상황을 나타낸다. 1885년 임오위장댁(林五衛將宅)에서 방매하는 대상을 보면 각기 다른 경로를 통해 소유권이 이전되던 지역들이 하나의 단위로 통합되어 있음을 알 수 있다. 그리고 이 이후로는 동일한 형태가 유지하는 데 이러한 형태는 아마도 1880~85년 사이에 형성되었을 것으로 추정된다. 이 시기의 매매문기에서는 수급자의 직함이 생략되는 형태로 나타나기 때문에 소유권의 변화 실태를 고찰하는데 어려움이 있다. 따라서 임사과댁(林司果宅)에 의해 이루어진 거래에서도 매득자가 직접적으로 표기되지 않았기 때문에 누구에게 이 권리를 넘겼는지 알 수 없다. 다만 이 책을 최종적으로 소유했던 곳이 용동궁임을 감안한다면 일단 용동궁이라 추측할 수 있겠으나 이 거래 뒤에 용동궁의 소유가 되었을 가능성도 배제할 수는 없다.

＜VI＞ 이태성 ③④ 1774 → 김종하 ③③ 1775 → 김택우 ③⓪③①③② 1791 → 양윤기

〈VI〉는 18세기 충청 고마수영과 보령의 소유권 변화를 나타낸다. 이 지역에 대한 최초의 거래는 1774년 이태성(李泰成)이 김종하(金宗河)에게 소유권을 이전하는 가운데 이루어졌다. 이곳은 본래 다른 곳과 하나의 권역으로 묶여 있었기 때문에 이전의 거래와 관련된 문기는 넘겨받지 못하였고 이전의 거래문기에서 해당 지역을 배탈한 뒤 새로운 매매문기[時文記]를 작성되었다. 그 후로는 하나의 권역으로 매매가 이루어져서 1년 뒤에 김종하는 동성사촌인 김택우(金宅禹)에게 그 소유권을 넘겼

다. 그리고 16년 뒤 김택우가 양윤기(梁潤基)에게 이 지역의 권리를 방매하는 것이 이 책을 통해 볼 수 있는 마지막 거래이다. 양윤기는 매매를 통해 소유권을 획득한 뒤 통상적으로 입안을 받아야 하는 시기보다는 다소 늦은 3년 뒤에 형조로부터 권리에 대한 입지를 받았다. 이 지역에 대한 매매가는 3번의 거래에서 줄곧 모두 500냥으로 유지되었다.

그런데 이 지역은 충청도인데도 불구하고 경기도로 분류되어 있으므로 이 책의 다른 지역과 어떤 연관성이 있을 것이라는 추론을 가능하게 한다. 그러나 앞서 살펴본 것처럼 소유권의 변화는 경기도의 다른 지역과 달리 독립적인 권역으로 움직이고 있으므로 이를 통해 연관성을 살펴보기는 어렵다. 다만 하나의 단서가 있다면 마지막으로 이 지역의 권리를 가지게 된 양윤기라는 인물이다. 양윤기가 이 책에서 등장하는 것은 고마수영과 보령의 소유권을 매매하는 것 외에 경강선 여각주인과 충청 수영·보령, 남양 풍도의 상고·선인들이 각 물종에 대한 구문의 예리(例利)를 작정하는 사록에서이다. 이 사록은 3읍의 두인(頭人)과 경강주인이 작정한 것으로 이때의 경강주인이 양윤기이다. 그 때문에 경기 남양 풍도와 충청도 지역이 동일한 구문의 규례를 사용하고 있는 것은 확실히 알 수 있으나 지역 간 관계를 고찰하기에는 미흡한 점이 많으므로 좀 더 면밀한 검토가 필요할 것으로 보인다.

이 책은 조선 후기 경기 및 충청지역에서부터 경강으로 각종 물종을 유통시키는 과정에서 형성·발전된 여객주인권의 실제적인 모습을 관찰할 수 있다는 점에서 그 의의가 있다. 경기 안산과 광주는 시기별로 여객주인권의 소유변화를 상세하게 밝힐 수 있으며 충청 고마와 보령, 풍도와 소대청은 각각 18·19세기에 한하여 그 소유권을 추적할 수 있다. 그 외에도 주인의 업을 수행하는 과정이나 소유권을 가운데 두고

88책 문서관계도

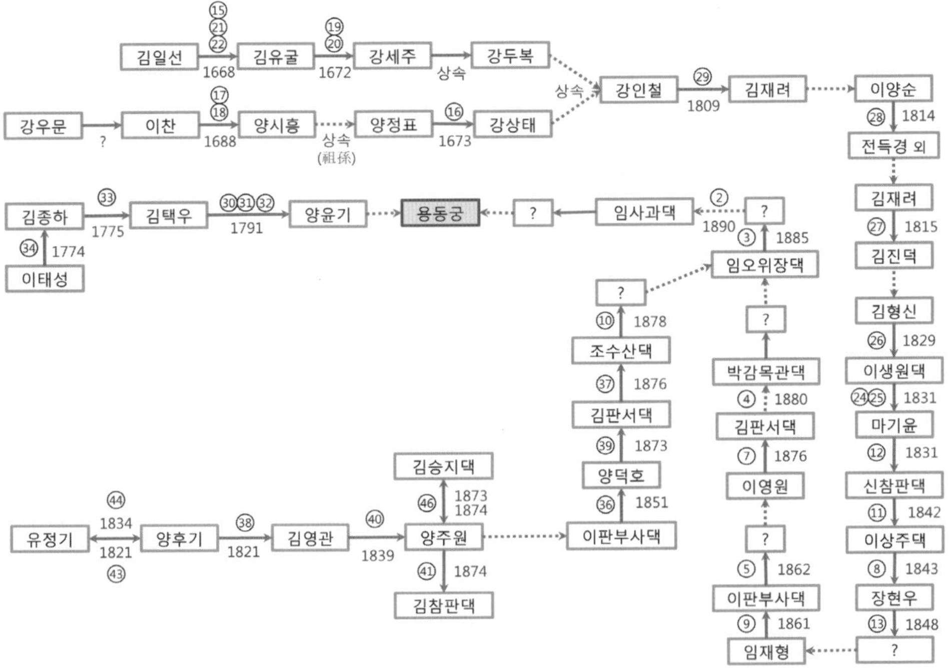

※ 네 자리 숫자는 연도. 동그라미 속 숫자는 문서 번호. 물음표는 장토문적만으로 해명될 수 없는 부분을 의미. 점선은 추정

일어났던 각종 분쟁 및 해결과정을 간접적으로 조명해 볼 수 있다. 그러나 이 책이 용동궁에서 제출한 것임에도 불구하고 그와 직접적인 관련성을 찾아보기 어렵고 오히려 용동궁으로 소유권이 귀속되기 전의 상황만 보여주고 있기 때문에 궁방과의 직접적인 관계를 규명하기 위해서는 별도의 논의가 필요할 것으로 보인다.

(고민정)

○ 경기도장토문적 88책, 문서번호 1, 安山楓島廣州京江主人基地

安山楓島廣州京江主人基地

安山　城頭浦 梨浦 東嶺浦

　　　道里浦 院堂浦 草芝浦

　　　芚丹[舟]浦 去毛浦 島[鳥]峴浦

廣州　九龍洞 梨衣浦 松里浦

　　　島麻鴨 前則 甕津 地

　　　境

豊島

大靑

小靑

○ 경기도장토문적 88책, 문서번호 2, 京江主人權賣買文記

光緒十六年庚寅二月　　日　　　前明文

右明文事段以移買次京江主人基地京畿水原楓島大靑小靑

安山諸浦口廣州諸浦口甕津島麻浦合六處麈乙　右宅

前價折錢文壹萬玖仟兩依數交易捧上是遣舊文記　張

新文記一張幷以許給而永永放賣爲去乎日後若有雜談

之弊則持此文記憑考事

　　　　　　財主 林司果宅 奴先福【左寸】

　　　　　　證人 林中軍宅 奴貴得【左寸】

　　　　　　筆執 曺高陽宅 奴成祿【左寸】

○ 경기도장토문적 88책, 문서번호 3, 京江船主人權賣買文記

　　光緖十二年乙酉七月　日　　　前明文

右明文事段京畿安山廣州豊島小大靑等處京本商同口文幷乾口

文京江船主人基業移賣[買]次右人前價折錢文壹萬肆仟肆

佰兩依數交易捧上是遣安山廣州舊文記貳拾貳張豊島與

大靑小靑舊文記拾柒張此五處文記合參拾玖張新文記壹度幷

以永永放賣爲去乎日後若有子孫族屬中雜談是非之弊則此文記憑考卞

正事　　　　　　　　　　財主 林五衛將宅 奴甲亐【左寸】

　　　　　　　　　　　　證人 崔生員宅 奴一得【左寸】

　　　　　　　　　　　　筆執 廉生員宅 奴順福【左寸】

○ 경기도장토문적 88책, 문서번호 4, 京江主人權賣買文記

光緒六年庚辰五月　　日　　　　前明文

右明文事段無他京畿安山廣州等地諸浦口京江主人本商京商船主人基業以移賣[買]

次價折參仟柒佰兩依數捧上是遣舊文記貳拾張新文記壹張并爲右人前永

永放賣爲去乎日後若有是非之弊以此文記憑考事

　　　　　　　財主 朴監牧官　宅奴順乭【左寸】

　　　　　　　證人 崔義三【手決】

　　　　　　　筆執林晋爕【手決】

○ 경기도장토문적 88책, 문서번호 5, 京江主人權賣買文記

同治元年壬戌正月二十一日　　　　前明文

右明文事段要用所致京畿安山諸島諸浦及廣州水下梨串

聲串商船魚鹽各穀及其他各色物種旅人來往於京江主人

之業右人前價折錢文壹仟壹佰兩依數交易捧上是遣本文

記拾陸丈及牌旨三度斜出三張并以永永放賣爲去乎日

後若有是非之弊是去等以此文記憑考事

　　　　　　　　財主 李判府事宅奴道文【左寸】

　　　　　　　　證人 金周炫【手決】

　　　　　　　　筆執 金麟柱【手決】

○ 경기도장토문적 88책, 문서번호 6, 船主人名單

船主 申自福

　　池甘山【手決】

　　金同伊【手決】

　　金一富

　　金金實伊順萬

　　崔蚕同

　　金實伊【手決】

　　崔

　　秋崇同【手決】

　　姜重泰【手決】

　　徐世萬【手決】

　　韓世老【手決】

船主 申仁善

　　弟澄善【手決】

　　李二才【手決】

　　金一男【手決】

　　李山伊【手決】

　　梁世安【手決】

　　金萬章【手決】

　　金有土里【手決】

　　梁　郁

　　梁玉善【手決】

梁應起

梁乭金【手決】

文碩貴【手決】

金碩才【手決】

文碩萬【手決】

金相道

林順千【手決】

文　鶴【手決】

林有才

金奉遠【手決】

金日白【手決】

金業實【手決】

尹遠命【手決】

鄭乭同【手決】

金乭山

金漢善【手決】

金洒弘【手決】

朴伯連【手決】

金大善【手決】

文遠金【手決】

高起泰【手決】

姜甲實【手決】

金萬載【手決】

許壽昌【手決】

金遠伊【手決】

宋連鎬【手決】

張奉伊【手決】

金富貴【手決】

金㫆金【手決】

金大奉【手決】

崔順伯【手決】

金德善【手決】

船主 車善貴

金海尙【手決】

金山伊【手決】

金守連

姜海江【手決】

車賢生

文泰峯【手決】

高萬貴

車萬雨【手決】

趙云伊【手決】

任再昌【手決】

任萬一【手決】

趙聖才

鄭賢奉【手決】

金致面

李萬才

金弘金【手決】

嚴漢昌

朴德中　裵後曾

金世再　金有太

金連伊　趙萬才

○ 경기도장토문적 88책, 문서번호 7, 船主人權賣買文記

光緒二年丙子閏五月　日金判書 宅 明文

右明文事段要用所致故京幾[畿]安山一邑主人右宅價折錢文壹仟伍佰兩依受[數]

　　　　　牌旨三張斜出三張

交易捧上是遣舊文記拾柒張新文記一張幷以永永放賣爲去乎日後若有雜談

是非之獘則以此文記告官卞呈[正]事

　　　　　　　財主 李永元【手決】

　　　　　　　證人 金明柱【手決】

　　　　　　　　黃君甫【手決】

　　　　　　筆執 崔君瑞【手決】

〈追記〉 셤마압 옹진 지경일

　　　솔이옷

　　광쥬비옷

　　　옥기도

　　　비나물

죠귀날이

마암도

안산셩머리

둔밤이

능말

베슬곳지

시지

도리도

○ 경기도장토문적 88책, 문서번호 8, 京江主人權賣買文記

道光二十三年癸卯二月　日張鉉禹　　　前明文
右明文事段切有用處京畿安山廣州兩邑諸島諸浦
商船魚鹽各穀及其他各色物種旅人來往於京江主人
之業右前價折錢文壹仟壹佰兩依數捧上是遣本文記
十三張中廣州水上前文記已爲移買於他處是遣廣州水下
梨廘串聲串面及牌旨三度斜出三度幷以永永放賣爲去
乎日後子孫族屬中若有雜談則持此文記告官卞呈[正]事
　　　　　　財主 李尙州宅奴二璧【手決】

　　　　　　證人 馬仁植【手決】

　　　　　　筆執 崔永豊【手決】

○ 경기도장토문적 88책, 문서번호 9, 京江主人權賣買文記

咸豊元年辛亥二月　日李判府事宅 前明文

右明文事段移買次京畿安山廣州諸島諸浦商船魚鹽各穀及其他各色

物種旅人來往於京江主人之業右人前價折錢文壹仟壹佰兩依數捧上是

遣本文記拾伍張中廣州水上本文記前日已爲移賣[買]於他處是遣廣州水下梨

串聲串面主人之業及牌旨參度斜出三度幷以永永放賣爲去乎日後如有

是非之弊則以此文記憑考事

財主 林載亨【手決】

證筆 李德三【手決】

成時彦【手決】

○ 경기도장토문적 88책, 문서번호 10, 京江主人權賣買文記

光緒四年戊寅四月　日　　前明文

右明文事段以[移]買次京畿南陽楓島水原小大

淸[靑]三島京江主人之業右人前價折錢文肆

仟兩依數奉[捧]上是遣舊文記拾玖張新文壹

張幷以永永放賣爲去乎日後若有是

非是去業[等]以此文記憑告[考]事

　　　財主趙銖山宅 奴在釗【手決】

　　　證人韓允根【手決】

　　　筆執申永信【手決】

○ 경기도장토문적 88책, 문서번호 11, 京江主人權賣買文記

　道光二十二年壬寅三月　日李尙州　宅奴二壁前明文

右明文事段切有用處京畿安山廣州兩邑諸島諸浦商船魚鹽各穀及其

他各色物種旅人來往於京江主人之業右宅價折錢文壹仟壹佰兩依數捧上

是遣本文記安山廣州幷付柒度斜出貳度仁川安山幷付五度斜出一度牌旨二度合拾肆度

幷以永永放賣爲去乎日後良中若有雜談是去等以此文記告官卞正者

　　　　　　　財主申參判宅奴莫山【手決】

　　　　　　　　　　證人 尹昌孫【手決】

　　　　　　　　　　筆執 馬起潤【手決】

〈追記〉 광쥬 구용동

　　　　　섬마압

　　　　　솔이웃

　　　　　비웃

　　　안산 옥기도　　능말

　　　　　비나물　　베슬고지

　　　　　조기날이　시지

　　　　　셩머리　　도리셤

　　　　　둔밤니

○ 경기도장토문적 88책, 문서번호 12, 京江船主人權賣買文記

　　道光十一年辛卯八月十八日申參判宅奴莫山　　　前明文
右明文事段切有用處李生員宅奴春釗處買得京畿安山廣州兩邑諸
島諸浦米穀魚鹽各色物種商船去來口文所食京江船主人之業右
宅價折錢文壹千壹百兩依數交易捧上是遣本文記十度牌旨一張斜出三度
幷以永永放賣爲去乎日後良中若有雜談是去等以此文記告官卞正
者

自筆財主馬起潤【手決】

證人尹昌孫【手決】

金繼賢【手決】

○ 경기도장토문적 88책, 문서번호 13, 京江主人權賣買文記

　　道光二十八年戊申正月　　日　　　　前明文
右明文事段切有用處京畿安山廣州諸島諸浦商船魚鹽各穀及其
他各色物種旅人來往於京江主人之業右前價折錢文壹仟壹佰兩依數捧
上是遣本文記十四張中廣州水上前文記已爲移買於他處是遣廣州水下
梨串聲串面及牌旨三度斜出三度幷以永永放賣爲去乎日後子
孫族屬中若有雜談則持此文記告官卞呈[正]事

財主張鉉禹【手決】

證人李英錫【手決】

筆執許興【手決】

○ 경기도장토문적 88책, 문서번호 14, 船主人權賣買文記

▨▨▨▨▨▨▨▨▨▨▨▨▨▨▨▨▨▨

右明文爲臥乎事段要用所致以矣祖上傳　　　(※ '上傳'과 '幷以' 사이에

來接對▨▨▨▨▨▨▨▨▨▨幷以　　　'後所生'이 추기되어 있음)

銀子拾肆兩交易依數捧上爲遣同人處永永

放賣爲去乎後次良中遠近族類中如有雜

談爲去等持此文告官卞正事

　　　　　旅人主自筆 姜遇文【手決】

　　　　　訂同姓三寸 姜成立【手決】

　　　　　證人前判官 洪起濂【手決】

〈籤紙〉 인쳔문긔

○ 경기도장토문적 88책, 문서번호 15, 船主人權賣買文記

康熙七年戊申十一月十八日金有屈前明文

右明文爲臥乎事段矣弟二善亦竴家銀子諸處貸用

爲白遣備洽[給]無路逃走之後同銀主呈法司矣母矣身等乙侵責

故以勢不得已祖上傳來廣州居旅人公起先及子公男五兄弟果

南陽勿入皮面居旅人徐莫卜弟莫實同里居李順男兄弟又

同里居旅人姜砒男三兄弟合拾貳名等前後所生幷以價折

銀子拾三兩伍戔乙依數交易捧上爲遣同人處永永放

賣爲乎矣後此㳄良中同生中雜談隅有去等持此文記
告官卞正事

旅人主　金一善【手決】

訂同生妹夫 崔種【手決】

訂人　　楊三吉【手決】

○ 경기도장토문적 88책, 문서번호 16, 船主人權賣買文記

乾隆二十七年癸未十月十五日姜尙兌前明文
右明文爲要用所致以矣祖父生時買得爲
在右道仁川浦人船商旅客等果安山居旅
人鄭欣金其四寸鄭欣同欣男鄭莫男鄭士男鄭
定云等子孫及江華居林金等乙京江主人之業乙接對
爲白如可勢不得已右人處價折錢文陸拾兩依
數交易捧上爲白遣本文記二度及呈官立旨
幷以永永放賣爲白去乎日後良中同生子孫
族屬中如有雜談是去乃或有某人雜談
是去等持此文記告官卞正事

財主 梁庭彪【手決】

證人 崔道弘【手決】

筆執　　姜後聖【手決】

○ 경기도장토문적 88책, 문서번호 16-1, 分半文記

丙申九月二十四日　　姜尙兌前明文

右明文事段廣州安山偃造里上下面漁鹽船

中上面段同人處旣已給價買得是在

果下面鴨鳩亭段漁鹽船來泊是去

等除良浮費分半分食爲乎矣日後良中

若有彼此間背約紛爭之弊是去等

持此文記告官卞正事

　　　　分半主　李雲大【手決】

　　　　證人　姜載文【手決】

　　　　筆　　趙泰恒【手決】

○ 경기도장토문적 88책, 문서번호 17, 船主人權賣買文記

康熙二十七年戊辰十二月二十五日梁時興前明文

右明文爲臥乎事段矣身亦他矣負債多有乙仍于債

主每每督捧是乎等以勢不得已出身同內居姜愚文處

給價買得接對爲在仁川居旅客人鄭龍金伊其

弟莫男及安山居鄭欣金其四寸鄭欣同欣男鄭莫男　　　（※ 許景立이 추기되어 있음）

鄭士男鄭定云等捌人及江華居林金伊等乙同人

處價折錢文陸拾兩乙依數交易捧上爲遣後所生

及本文記壹度幷以永永放賣爲去乎此後良中同

生子孫族屬中如有雜談之弊是去乙等以此文記告

官卞正爲白乎事

財主 李鑽【手決】

證人 李起英【手決】

證人 李業宗【手決】

筆執 金夏重【手決】

〈追記〉李鑽買得於姜斗福而李鑽買得文記一丈闊失

○ 경기도장토문적 88책, 문서번호 18, 所志

西部麻浦契居內禁衛梁時興

右謹陳所志矣段同契居李贊伊處仁川旅人八名重價買得爲白

如乎此與奴婢田畓買得有異乙仍于不得斜出是白在果重價買得

不告法府事甚虛疎是白乎等以買得文記粘連仰訴爲白去乎▨

旨成給以憑後考爲白只爲

行下向敎是事

漢城府 處分

　康熙二十八年十一月　日所志

堂上【押】

〈題音〉依願立旨

　　　以爲後考

之地

十七日

○ 경기도장토문적 88책, 문서번호 19, 京江主人權賣買文記

壬子三月十一日　姜世周　前明文

右明文事段切有用處買得爲在廣州諸面

旅客等京江往來時主人之業果安山石頭里蕉魚箭

主中船商船等旅客等公起先及子公男五兄弟金武金

朴占男金有三金孝男姜耆男四兄弟李順男兄弟柳

聖輝等前後所生幷以同人處價折錢文伍拾兩

依數捧上爲白遣買得文記壹度立旨壹丈幷

以永永放賣爲白去乎日後或有同生子孫族屬是去

乃某人雜談是去等持此文記告官卞正事

　　　旅主金有屈【手決】

　　　證人金建伊【手決】

　　　筆執　張善才【手決】

○ 경기도장토문적 88책, 문서번호 20, 所志

西部居姜斗福

右謹陳所志矣段粘連文記所付廣州安山等船商旅客主人之役矣

父生時壬子年分金有屈處給價買得至今無弊應役是白如乎同

買得文記粘連仰訴爲白去乎立旨成給以爲後考之地爲白只爲

行下向敎是事

漢城府 處分

癸未三月　日所志

堂上【押】

〈**題音**〉立旨成

　　　　給

　　　　　十八日

〈**追記**〉姜世周子斗福

○ 경기도장토문적 88책, 문서번호 21, 旅客主人權賣買文記

康熙七年甲戌十一月十九日金有屈前明文

右明文爲臥乎事段矣弟二善亦尊家銀子諸處貸用爲

白遣備給無路逃走之後同銀主宅呈法司矣母矣身等乙侵責

故勢不得已祖上傳來廣州諸面旅客等京江往來時主人

之業果安山石頭里鱐魚箭主中船商船等旅客公起先及子

公男五兄弟果金武金朴占男金有三金孝男姜莈男四兄弟李

順男兄弟柳聖輝等前後所生幷以船業資生時旅客主

人業價折銀子貳拾兩依數交易捧上爲遣永永放賣爲

乎矣後此次良中同生族屬間雜談隅有去等持此文記

告官卞正事

　　　　　　旅客主金一善【手決】

　　　　　　　證人李厚建【手決】

　　　　　筆執金信鍊【手決】

○ 경기도장토문적 88책, 문서번호 22, 所志

　　　　洞內居金有屈【左寸】

右謹陳所志矣段矣身亦上年十一月分同姓四寸金一善處廣州諸面旅客等京江往來時

主人之業果安山石頭里鰱魚箭主中船商船等旅客公起先及子公男五兄弟果金武金朴占男

金有三金孝男姜蒞男四兄弟李順男兄弟柳聖輝等前後所生并以船業資生時旅客主人

之業乙勢不得已事欲爲放賣爲白去乙准價買得爲白如乎日後其同生等不知如此之端

爲白遣同旅人來到時雜談爲㢱喩良置後考次立旨成給爲白只爲

行下向敎是事

尊位　處分【押】

　　己酉二月　　　日所志

〈題音〉旣已准價買得則有

　　　　何雜談是旀設爲雜談

　　　　是去等告官重治向事

　　　　　　初二日

船主 金志心【手決】

　長子金世明

　　　金善男【手決】

　　　趙大金【手決】

　　　高汝昌【手決】

　　　金士元【手決】

　　　張方亇赤【手決】

　　　金大金【手決】

　　　金枝萬【手決】

　　　金丙善【手決】

　　　朴善男【手決】

　　　金萬金【手決】

　　　白一升【手決】

　　　朴善泰【手決】

二發　金成謂【手決】

　　　金在堅【手決】

　　　金順伊【手決】

　　　金重萬【手決】

○ 경기도장토문적 88책, 문서번호 24, 船主人權賣買文記

道光十一年辛卯七月　日馬起潤　　前明文
右明文事段金亭祖金亨信處買得安山一邑諸島
諸浦商船魚鹽米穀及其他各色物種旅人來往
果廣州諸島諸浦商船魚穀鹽及其他物種旅人
來往合兩邑之商船旅人之來往於京江主人之業右宅
價折錢文壹千壹百兩依數捧上是遣本文記段廣
州安山幷付五度斜出貳丈仁川安山幷付五度斜出壹丈合
合拾貳度幷以成文永永放賣爲去乎仁川主人則已賣於
他處是遣廣州水上主人則亦賣於他處故以此意措辭成文
永永放賣爲乎矣日後良中子孫族屬中若有雜談則
以此明記憑考事

　　　　　　　　　財主李生員宅奴春釗【左寸】
　　　　　　　　同證　金亨信【手決】
　　　　　　　　　弟　亨成【手決】
　　　　　　　　筆執　尹昌孫【手決】
〈追記〉追牌子壹丈

○ 경기도장토문적 88책, 문서번호 25, 牌旨

奴春釗處
無他宅安山主人買得於金

亨信處矣切有緊急事此主人

欲爲斥賣願買人處準價捧

上納宅後此牌子導良成文以

給宜當事

上典 李【手決】

○ 경기도장토문적 88책, 문서번호 26, 船主人權賣買文記

　　道光九年己丑二月　　日李生員宅奴春釗前明文

右明文事段切有用處故父親買得京畿安山統一邑諸浦諸島

米穀魚鹽各色物種商船去來及廣州統一邑諸浦口仁川統一邑

諸浦口旅人往來各物種口文所食京江船主人之業右宅前價折

錢文玖百兩依數交易捧上是遣本文記斜出合拾壹度幷以

永永放賣是乎矣廣州水上船及仁川一邑段前前主人背綻頉斥

賣故玆以措辭成文以納爲去乎日後良中子孫族屬中若

雜談之弊則持此文記告官卞正事

財主金亨信【手決】

證四寸金亨祖【手決】

同生金亨成【手決】

訂筆李春根【手決】

嘉慶二十年乙亥四月　　日金鎭德前明文

右明文事段切有用處故右人前爲業安山一邑諸浦諸島商船魚鹽米穀及其他各

色物種旅人來往果廣州諸島諸浦商船魚鹽米穀及其他各色物種旅

人來往合兩邑之商船旅人之來往於京江主人之業乙右人前價折錢文捌百

伍拾兩依數交易捧上爲遣本文記段廣州安山幷付四度斜出二張果

仁川安山幷付四度斜出壹張合拾度幷以成文爲乎矣仁川主人則已賣於他處爲

遣廣州則水上主人段亦賣於他處故以此意措辭成文永永放賣爲去乎日後良

中子孫族屬中若有還退是非雜談之弊則持此文記告官卞正事

自筆 財主 金載麗【手決】

證人 金璇【手決】

吳允益【手決】

崔聖大【手決】

○ 경기도장토문적 88책, 문서번호 28, 京江主人權賣買文記

嘉慶拾玖年甲戌二月　　日全得景李長春姜錫圭前明文

右明文事段切有緊用處從前楓枝里在安山一邑諸浦諸島商船魚鹽米穀

及其他各色物種旅人來往果廣州諸浦諸島商船魚鹽米穀及其他各色物

種旅人來往合兩邑之商船旅人之往來於京江主人之業乙右人前價折錢文捌

百伍拾兩依數交易捧上爲遣本文記段廣州安山幷付三度斜出三張果仁川安

山幷付三度斜出一張合九度幷以成文爲乎矣仁川主人則已賣於他處廣州水上主人

段置亦賣於他處故以此意措辭成文永永放賣爲去乎日後若有還退是非雜談則
持此文記告官卞正事

自筆財主李良淳【手決】

證人林春遇【手決】

趙命而【手決】

〈**追記**〉三人各出買得同事次

○ 경기도장토문적 88책, 문서번호 29, 京江主人權賣買文記

嘉慶十四年己巳十二月　　　日金載麗前明文

右明文事段切有用處祖上傳來爲業安山一邑諸浦諸島商船魚鹽米穀及其他各色物

種旅人來往果廣州諸浦諸島商船魚鹽米穀及其他各色物種旅人來往合兩邑之商

船旅人之來往於京江主人之業乙右人前價折錢文捌佰伍拾兩依數交易捧上爲遣本文記

段廣州安山幷付三度斜出二張果仁川安山幷付三度斜出一張合九度幷以成文爲乎

矣仁川主人則已賣於他處爲遣廣州則水上主人段亦賣於他處故以此意措辭成文永永放

賣爲去乎日後良中子孫族屬中若有還退是非雜談之弊則持此文記告官卞正事

財主 姜仁喆【手決】

證人 車啓成【手決】

孫錫奎【手決】

趙行允【手決】

朴大根【手決】

安壽起【手決】

筆執 姜忠說【手決】

○ 경기도장토문적 88책, 문서번호 30, 所志

西部土亭里居梁潤基

右謹陳所志矣段矣身以▨▨▨忠淸道雇馬水營保寧旅客主人之業金

宅禹處給價伍佰兩買得而日後或有他窺▨之弊是白良置立旨成給

爲憑後之地爲只爲

行下向敎是事

刑曹　處分

　　　甲寅四月　日所志

堂上【押】

〈題音〉立旨成給

　　　事 初九日

後錄

▨▨▨

○ 경기도장토문적 88책, 문서번호 31, 斯錄

斯錄

右爲斯錄成標事段

無他京江船旅閣主人

與忠淸道水營保寧

南陽豊島等地商賈

船人各物種口文例利

磨鍊作定爲去乎日後

三處船人商賈雜談之弊

則立旨文卷斯錄憑考之

意成斯錄以給事

京江船旅閣主人例給件記

　　　米每石頭口文壹戔伍分 米穀雜穀同

　　　鹽每石頭口文壹戔

　　　生物魚藿每兩頭口文壹戔

　　　雇卜船價船則主人例利

　　　大船則每行步米參石

　　　中船則　　米貳石

　　　小船則　　米壹石

依例作定後出給事

　成標則三邑頭人與京

　江主人更磨鍊作定

　○ 水營人　李根浩【手決】幷他賣

　○ 保寧人　洪景旭【手決】

南陽豊島人　金聖禧【手決】

戊寅四月廿九日江主人梁潤基【手決】

○ 경기도장토문적 88책, 문서번호 32, 旅客主人權賣買文記

乾隆五十六年辛亥九月二十七日梁潤基前明文

右明文事段切有用處忠淸道雇馬水

營保寧旅客主人之役買得於同姓四寸

宗河前買得隨行是如可右人前價

折錢文伍佰兩依數捧上爲遣本文記

貳張幷以永永放賣爲去乎日後良

中同生子孫族屬中如有雜談則

以此文記告官卞正事

　　　　　旅客主人主金宅禹【手決】

　　　　　　證人 嚴思謙【手決】

　　　　筆執　　　鄭德恒【手決】

○ 경기도장토문적 88책, 문서번호 33, 旅客主人權賣買文記

乾隆四十年乙未四月初十日金宅禹前明文

右明文事段切有用處故忠淸道雇

馬水營保寧旅客主人之物李泰

成處賣[買]得是如可同姓四寸宅禹

前價折錢文伍佰兩依數捧上爲

遣本文壹張幷以永永放買[賣]爲乎

矣日後同生族屬中若有雜談

是去等此文記　告官卞正事

自筆旅客主人同姓四寸兄金宗河【手決】

〈**追記**〉九張 동이

○ 경기도장토문적 88책, 문서번호 34, 旅客主人權賣買文記

乾隆三十九年甲午十二月二十日金宗河前明文

右明文事段要用所致右人前忠淸道

雇馬水營保寧旅客主人之旅賈[價折

錢文伍佰兩依數交易捧上爲遣

本文記段他文書幷付以時文記壹丈幷

以永永放賣爲乎矣日後同生子孫

中若有雜談則此文記以告官卞

正事

　　　　　旋客主人 李泰成【手決】

　　　　　　證人 姜敏興【手決】

　　　　　　筆　辛聖恒【手決】

○ 경기도장토문적 88책, 문서번호 35, 不忘記

光緖七年辛巳三月　日林晋泰前不忘記

右不忘記事段南陽楓島主人等事兩門

從從有多言故如是不忘記爲去乎

日後我兄弟子孫三四寸爲古若有

是非侵漁之弊則賊律告官

卞呈[正]事

　　　　　　梁甫汝【手決】

　　　　不忘記主弟仁汝【手決】

○ 경기도장토문적 88책, 문서번호 36, 船主人權賣買文記

咸豐元年辛亥十二月　　日 梁德鎬前明文

右明文事段所移以買次水原小大淸楓島諸島

浦口本商船商土里地物種魚鹽乾魚到京

江時京商果土地之物種到京江則本商一

體同口文納上而右人前價折錢文陸佰捌拾兩依

數奉[捧]上是遣本文記拾陸張新文記壹張幷以永永

爲去乎日後若有是非之弊則以此文記

憑告事

　　　　　財主 李判府宅奴童伊【手決】

　　　　　證人 朴敬玉【手決】

　　　　　筆執 金春化【手決】

〈追記〉庚戌二月分秋曹訟費錢合用文參佰捌拾伍兩

　　　　　　　　　伍戔伍分

○ 경기도장토문적 88책, 문서번호 37, 船主人權賣買文記

光緒二年丙子二月　　日趙銖山宅明文

右明文事段所以移買次京畿南陽豊島

水原小大淸三島主人右人前價折錢文

參仟陸佰兩依數奉[捧]上是遣本文記拾

捌張新文記壹張幷以永永放賣爲去乎

日後是非之弊則以此記憑告事

　　　　財主 金判書宅奴龍伊【手決】

　　　　證人 朴永煥【手決】

　　　　筆執 趙淵根【手決】

○ 경기도장토문적 88책, 문서번호 38, 船主人權賣買文記

道光元年辛巳九月　　　日　　　前明文

右明文事段切有緊用處祖上傳來水原楓島

大靑小靑三分一衿條價折錢文貳佰伍拾兩依

數交易捧上爲遣永永放賣爲去乎本文記段

他文書幷付故不得許給而日後子孫族屬中如

有雜談則此文記告　官卞正事

　　　　　　　　　　材[財]主　梁厚基【手決】

　　　　　　　　　證佐　　　岷錫【手決】

　　　　　　　　　筆執　　李枝茂【手決】

○ 경기도장토문적 88책, 문서번호 39, 船主人權賣買文記

同治十二年癸酉五月　日　　　金判書　宅明文

右明文事段所以買次京畿南陽豊島水原小大淸三島主人

之業京江到泊本商船商土里之物種乙京商伊羅道

將載于到泊京江則本商一體口文爲去乎右人前

價折錢文貳仟參佰兩依數奉[捧]上是遣本文記拾柒張

新文記壹張幷以永永放賣爲去乎日後若有

是非之弊是去業[等]以此文記憑告事

　　　　財主梁德鎬【手決】

　　　　證人金周敬【手決】

　　　　筆執金敬德【手決】

○ 경기도장토문적 88책, 문서번호 40, 船主人權賣買文記

道光十九年己亥十二月二十六日　　　　　前明文

右明文事段京畿水原楓島一境主人之業中三分一衿條不得已折價

貳佰肆拾兩依數交易捧上爲遣本文記參張幷以永永放賣爲

去乎日後雜談則持此文記憑考事

　　　　　　　財主 金永寬【手決】

　　　　　　　訂人 梁珉寶【手決】

　　　　　　　筆執 宋義秀【手決】

〈背面〉文記

　　　　端童主人

○ 경기도장토문적 88책, 문서번호 41, 船主人權賣買文記

同治十三年甲戌七月　　　日金參判　　宅　　　前明文

右明文事段要用所致京畿水原楓島大小靑基地船主人之業

乙金承旨宅前還退買得是多可勢不得已右宅前價折錢

文陸佰兩依數交易捧上是遣本文記伍度新文記壹張幷以永

永放賣爲去乎日後子孫族屬中若有雜談之弊則以此文記

告官卞正事

　　　　　　　財主梁柱元【手決】

　　　　　　　證人李仁植【手決】

筆執金天圓【手決】

○ 경기도장토문적 88책, 문서번호 42, 船主人權賣買文記

光緒二年丙子五月　日　　前明文

右明文段切有緊用處故楓島廳鹽商鹽船主人乙右前價折錢文

肆拾兩依數交易捧上爲遣新文記壹張永永放賣爲去乎日後

若有是非之弊則持此文記憑告[考]事

自筆旅主 李秉禹【手決】

○ 경기도장토문적 88책, 문서번호 43, 船主人權賣買文記

道光元年辛巳九月日　　　前明文

右明文事段切有緊用處祖上傳來水原楓島船主人

三分一衿價折錢文貳佰伍拾兩依數交易捧上

爲遣永永放賣爲去乎本文記段他文書幷付故不

得許給而日後子孫族屬中如有雜談則此文記告

官卞正事

材[財]主梁厚基【手決】

證侄　　　岷錫【手決】

筆執　　李枝茂【手決】

○ 경기도장토문적 88책, 문서번호 44, 船主人權賣買文記

道光十四年甲午四月二十七日　　前明文

右明文事段水原豊島船主人之業參分之壹價折

錢文貳佰伍拾兩辛巳年分買得是白加尼本

主還退之道是非紛紜故勢不得已本價依受[數]

捧上爲遣本文記壹丈并以永永還給爲去乎

日後子孫族屬中若有雜談則此文記憑考事

　　　　　　　　　　財主 劉正基【手決】

　　　　　　　　　　證筆 姜世一 喪不着

○ 경기도장토문적 88책, 문서번호 45, 船主人權賣買文記

道光十五年乙未二月初二日金禹鼎前明文

右明文事段京畿水原楓島一境主人之業祖上傳來是加可

勢不得已價折錢文貳佰伍拾兩依數交易捧上

爲遣本文記貳張并以權賣爲乎矣三分一衿條不得許

給之意成手記事

　　　　　　財主 梁珉寶【手決】

　　　　　　筆執 姜彝洽【手決】

〈**追記**〉癸亥秋分家火中二衿舊文書燒火故如是火宅奉祀付并

　　　　納成標于此文記中傳之于子孫事

　　　　　　標主梁召史【右手掌】

同治十二年癸酉六月　日金承旨　宅前明文

右明文事段要用所致京畿水原楓島壹境船主人之業金永寬

處買得是加可勢不得已右宅價折錢文參佰兩依數交易是

白遣本文記肆度新文記壹度幷以永永放賣爲去乎日後若

有子孫族屬中雜談之弊則持此文記憑考事

財主 梁柱元【手決】

證人 朴永浩【手決】

筆執 金義鉉【手決】

〈追記〉甲戌七月二十七日貳佰玖拾柒兩梁柱元【手決】

還退印

○ **경기도장토문적 88책, 문서번호 1, 안산·광주·수원 경강주인기지 목록**

안산(安山)·풍도(楓島)·광주(廣州)에 있는 경강주인의 기지(基地)

안산(安山) : 성두포(城頭浦) 이포(梨浦)　　　동령포(東嶺浦)

　　　　　　도리포(道里浦) 원당포(院堂浦) 초지포(草芝浦)

　　　　　　둔주포(芚舟浦) 거모포(去毛浦) 조현포(鳥峴浦)

광주(廣州) : 구룡동(九龍洞) 이의포(梨衣浦) 송리포(松里浦)

　　　　　　도마압(島麻鴨)[예전에 옹진(甕津)에 속했음]

풍도(豊島)

대청(大靑)

소청(小靑)

○ **경기도장토문적 88책, 문서번호 2, 경강주인권 매매문기**

광서 16년 경인(1890) 2월　일　　　앞 명문

이 문기를 작성하는 것은, 이매(移買)하기 위하여 경강주인기지 경기(京畿)

수원(水原)의 풍도(楓島)·대청(大靑)·소청(小靑), 안산(安山)의 여러 포구(浦口),

광주(廣州)의 여러 포구(浦口), 옹진(甕津)의 도마포(島麻浦) 일대 도합 여섯 곳을 위의 댁에게 전문 19,000냥으로 값을 정하여 액수대로 교역하여 받고, 구문기(舊文記) 장을 신문기(新文記) 1장과 함께 허급(許給)하고 영구히 방매하니, 일후(日後)에 만약 잡담(雜談)의 폐단이 있으면, 이 문기를 가지고 빙고(憑考)하기 위함이다.

재주(財主) 임사과댁(林司果宅) 노(奴) 선복(先福) 【좌촌】

증인(證人) 임중군댁(林中軍宅) 노(奴) 귀득(貴得) 【좌촌】

필집(筆執) 조고양댁(曹高陽宅) 노(奴) 성록(成祿) 【좌촌】

끝.

○ 경기도장토문적 88책, 문서번호 3, 경강선주인권 매매문기

광서 12년 을유(1885) 7월 일   앞 명문

이 문기를 작성하는 것은, 경기(京畿) 안산(安山), 광주(廣州), 풍도(豊島), 소청(小靑), 대청(大靑) 등지 경상(京商)·본상(本商)의 동구문(同口文)·건구문(乾口文)을 받는 경강선주인의 기업(基業)을 이매(移買)하기 위하여 위의 사람에게 전문 14,400냥으로 값을 정하여 액수대로 교역하여 받고, 안산(安山)·광주(廣州)의 구문기 22장, 풍도(豊島)·대청(大靑)·소청(小靑)의 구문기 17장, 이 다섯 곳의 문기, 도합 39장을 신문기 1장과 함께 영구히 방매하니, 일후에 만약 자손 족속 중에 잡담이나 시비의 폐단이 있으면 이 문기를 가지고 빙고하고 변정(卞正)하기 위함이다.

재주(財主) 임오위장댁(林五衛將宅) 노(奴) 갑돌(甲乭) 【좌촌】

증인(證人) 최생원댁(崔生員宅) 노(奴) 일득(一得) 【좌촌】

필집(筆執) 염생원댁(廉生員宅) 노(奴) 순복(順福) 【좌촌】

끝.

○ 경기도장토문적 88책, 문서번호 4, 경강주인권 매매문기

광서 6년 경진(1880) 5월 일   앞 명문

이 문기를 작성하는 것은, 다름이 아니라 경기(京畿)의 안산(安山), 광주(廣州) 등지 여러 포구(浦口)의 경강주인(京江主人) 및 본상(本商)·경상(京商) 선주인(船主人)의 기업(基業)을 이매(移買)하기 위하여 3,700냥으로 값을 정하여 액수대로 받고, 구문기 20장을 신문기 1장과 함께 위의 사람에게 영구히 방매하니 일후에 만약 시비의 폐단이 있으면 이 문기를 가지고 빙고하기 위함이다.

재주(財主) 박감목관댁(朴監牧官宅) 노(奴) 순돌(順乭) 【좌촌】

증인(證人) 최희삼(崔羲三) 【수결】

필집(筆執) 임진섭(林晉爕) 【수결】

끝.

○ 경기도장토문적 88책, 문서번호 5, 경강주인권 매매문기

동치 1년 임술(1862) 정월 21일   앞 명문

이 문기를 작성하는 것은, 긴요하게 쓸 데가 있어서 경기(京畿) 안산(安山)의 여러 섬과 포구, 광주(廣州) 수하(水下) 이곶(梨串)·성곶(聲串)의 상선(商船)·어염(魚鹽)·각곡(各穀) 및 기타 각색 물종(物種)과 여인(旅人)이 경강(京江)에 내왕(來往)하는 데 따른 주인의 업(業)을 위의 사람에게 전문 1,100냥으로 값을 정하여 액수대로 교역하여 받고 본문기(本文記) 16장 및 배지[牌旨] 3장을 사출(斜出) 3장과 함께 영구히 방매하니 일후에 만약 시비의 폐단이 있으면 이 문기를 가지고 빙고하기 위함이다.

　재주(財主) 이판부사댁(李判府事宅) 노(奴) 도문(道文) 【좌촌】

　증인(證人) 김주현(金周炫) 【수결】

　필집(筆執) 김인주(金麟柱) 【수결】

○ 경기도장토문적 88책, 문서번호 6, 선주인 명단

선주(船主) 신자복(申自福)

　　지감산(池甘山) 【수결】

　　김동이(金同伊) 【수결】

　　김일부(金一富)

　　최천동(崔舂同)

　　김실이(金實伊) 【수결】

　　최(崔)

　　추숭동(秋崇同) 【수결】

　　강중태(姜重泰) 【수결】

　　서세만(徐世萬) 【수결】

　　한세노(韓世老) 【수결】

선주(船主) 신인선(申仁善)

　　아우(弟) 징선(澄善) 【수결】

　　이이재(李二才) 【수결】

김일남(金一男)【수결】

이산이(李山伊)【수결】

양세안(梁世安)【수결】

김만장(金萬章)【수결】

김유토리(金有土里)【수결】

양욱(梁郁)

양옥선(梁玉善)【수결】

양응기(梁應起)

양돌쇠(梁乭金)【수결】

문석귀(文碩貴)【수결】

김석재(金碩才)【수결】

문석만(文碩萬)【수결】

김상도(金相道)

임순천(林順千)【수결】

문학(文鶴)【수결】

임유재(林有才)

김봉원(金奉遠)【수결】

김일백(金日白)【수결】

김업실(金業實)【수결】

윤원명(尹遠命)【수결】

정돌동(鄭乭同)【수결】

김돌산(金乭山)

김한선(金漢善)【수결】

김쇄홍(金洒弘)【수결】

박백련(朴伯連)【수결】

김대선(金大善)【수결】

문원쇠(文遠金)【수결】

고기태(高起泰)【수결】

강갑실(姜甲實)【수결】

김만재(金萬載)【수결】

허수창(許壽昌)【수결】

김원이(金遠伊)【수결】

송연호(宋連鎬)【수결】

장봉이(張奉伊)【수결】

김부귀(金富貴)【수결】

김꺾쇠(金틐金)【수결】

김대봉(金大奉)【수결】

최순백(崔順伯)【수결】

김덕선(金德善)【수결】

선주(船主) 차선귀(車善貴)

김해상(金海尙)【수결】

김산이(金山伊)【수결】

김수련(金守連)

강해강(姜海江)【수결】

차현생(車賢生)

문태봉(文泰峯)【수결】

고만귀(高萬貴)

차만우(車萬雨)【수결】

조운이(趙云伊) 【수결】

임재창(任再昌) 【수결】

임만일(任萬一) 【수결】

조성재(趙聖才)

정현봉(鄭賢奉) 【수결】

김치면(金致面)

이만재(李萬才)

김홍금(金弘金) 【수결】

엄한창(嚴漢昌)

박덕중(朴德中)　배후증(裵後曾)

김세재(金世再)　김유태(金有太)

김연이(金連伊)　조만재(趙萬才)

○ **경기도장토문적 88책, 문서번호 7, 선주인권 매매문기**

광서 2년 병자(1876) **윤 5월　일 김판서댁**(金判書宅) **명문**

이 문기를 작성하는 것은, 긴요하게 쓸 데가 있어서 경기(京畿) 안산(安山) 1읍(一邑)의 주인(主人)을 위의 댁에게 전문 1,500냥으로 값을 정하여 액수대로 교역하여 받고 구문기 17장, 신문기 1장, 배지 3장을 사출 3장과 함께 영구히 방매하니 일후에 만약 잡담과 시비의 폐단이 있으면 이 문기를 가지고 관에 고하여 변정하기 위함이다.

재주(財主) 이영원(李永元) 【수결】

증인(證人) 김명주(金明柱) 【수결】

황군보(黃君甫) 【수결】

필집(筆執) 최군서(崔君瑞) 【수결】

끝.

〈추기〉 광주 : 섬마압 (옹진 지경일) 솔이웃 배웃 옥기도 배나물 조기날이 마암
　　　　도

　　　　안산 : 성머리 둔밤이 능말 벼슬곳이 새재 도리도

○ 경기도장토문적 88책, 문서번호 8, 경강주인권 매매문기

도광 23년 계묘(1843) 2월　일 장현우(張鉉禹)앞 명문

이 문기를 작성하는 것은, 절실하게 쓸 곳이 있어서 경기(京畿) 안산(安山) ·
광주(廣州) 양읍(兩邑) 여러 섬과 포구의 상선(商船) · 어염(魚鹽) · 각곡(各穀) 및
기타 각색 물종과 여인(旅人)이 경강(京江)에 내왕(來往)하는 데 따른 주인(主
人)의 업을 위의 사람에게 전문 1,100냥으로 값을 정하여 액수대로 받고 본문
기 13장 중 광주(廣州) 수상(水上)의 전문기(前文記)는 이미 다른 곳으로 이매(移
買)하였기에 광주(廣州) 수하(水下) 이곳(梨串) · 성곶면(聲串面)의 본문기 및 배
지 3장을 사출 3장과 함께 영구히 방매하니 일후에 자손 족속 중에서 만약 잡
담이 있으면 이 문기를 가지고 관에 고하여 변정하기 위함이다.

재주(財主) 이상주댁(李尙州宅) 노(奴) 이벽(二璧) 【좌촌】

증인(證人) 마인식(馬仁植) 【수결】

필집(筆執) 최영풍(崔永豊) 【수결】

○ 경기도장토문적 88책, 문서번호 9, 경강주인권 매매문기

함풍 1년 신해(1861) 2월　일 이판부사댁(李判府事宅)앞 명문

이 문기를 작성하는 것은, 이매(移買)하기 위하여 경기(京畿) 안산(安山)·광주(廣州) 여러 섬과 포구의 상선(商船)·어염(魚鹽)·각곡(各穀)과 기타 각색 물종과 여인(旅人)이 경강(京江)에 내왕(來往)하는 데 따른 주인(主人)의 업을 위의 사람에게 전문 1,100냥으로 값을 정하여 액수대로 받고 본문기 15장 중에 광주(廣州) 수상(水上)의 본문기는 전일(前日)에 이미 다른 곳으로 이매(移買)하였고 광주(廣州) 수하(水下) 이곳(梨串)·성곳(聲串面) 주인의 업에 대한 본문기와 배지 3장을 사출 3장과 함께 영구히 방매하니 일후에 만약 시비의 폐단이 있으면 이 문기로써 빙고하기 위함이다.

　　재주(財主) 임재형(林載亨) 【수결】

　　증필(證筆) 이덕삼(李德三) 【수결】

　　　　　성시언(成時彦) 【수결】

○ 경기도장토문적 88책, 문서번호 10, 경강주인권 매매문기

광서 4년 무인(1878) 4월　일　　　앞 명문

이 문기를 작성하는 것은, 이매(移買)하기 위하여 경기(京畿) 남양(南陽)의 풍도(楓島), 수원(水原)의 소청(小淸)·대청(大淸) 세 섬의 경강주인의 업을 위의 사람에게 전문 4,000냥으로 값을 정하여 받고 구문기 19장을 신문기 1장과 함께 영구히 방매하니, 일후에 만약 시비가 있으면 이 문기로써 빙고하기 위함이다.

　　재주(財主) 조수산댁(趙銖山宅) 노(奴) 재쇠(在釗) 【수결】

증인(證人) 한윤근(韓允根)【수결】

필집(筆執) 신영신(申永信)【수결】

끝.

○ 경기도장토문적 88책, 문서번호 11, 경강주인권 매매문기

도광 22년 임인(1842) 3월   일 이상주댁(李尙州宅) 노(奴) 이벽(二璧)앞 명문

이 문기를 작성하는 것은, 절실하게 쓸 곳이 있어서 경기(京畿) 안산(安山)·광주(廣州) 양읍(兩邑) 여러 섬과 포구의 상선(商船)·어염(魚鹽)·각곡(各穀) 및 기타 각색 물종과 여인(旅人)이 경강(京江)에 내왕(來往)하는 데 따른 주인(主人)의 업을 위의 댁에 전문 1,100냥으로 값을 정하여 액수대로 받고 안산(安山)·광주(廣州)가 함께 기재되어 있는 본문기 7장, 사출 2장, 인천(仁川)·안산(安山)이 함께 기재되어 있는 본문기 5장, 사출 1장, 배지 2장, 도합 14장을 함께 영구히 방매하니 일후에 만약 잡담이 있으면 이 문기로써 관에 고하여 변정하기 위함이다.

재주(財主) 신참판댁(申參判宅) 노(奴) 막산(莫山)【좌촌】

증인(證人) 윤창손(尹昌孫)【수결】

필집(筆執) 마기윤(馬起潤)【수결】

〈추기〉 광주 : 구용동 섬마압 솔이웃 배웃

안산 : 옥기도 배나물 조기날이 성머리 둔밤이 능말 벼슬곶이 새재

도리섬

○ 경기도장토문적 88책, 문서번호 12, 경강선주인권 매매문기

도광 11년 신묘(1831) 8월 18일 신참판댁(申參判宅) 노(奴) 막산(莫山)앞 명문

이 문기를 작성하는 것은, 절실하게 쓸 곳이 있어서 이생원댁(李生員宅) 노(奴) 춘쇠(春釗)에게서 매득한 경기(京畿) 안산(安山)·광주(廣州) 양읍(兩邑) 여러 섬과 포구의 미곡(米穀), 어염(魚鹽), 각색 물종, 상선(商船)의 거래 구문을 먹는 경강선주인(京江船主人)의 업을 위의 댁에 전문 1,100냥으로 값을 정하여 액수대로 교역하여 받고, 본문기 10장, 배지 1장을 사출 3장과 함께 영구히 방매하니 일후에 만약 잡담이 있으면 이 문기로써 관에 고하여 변정하기 위함이다.

　자필(自筆) 재주(財主) 마기윤(馬起潤)【수결】

　증인(證人) 윤창손(尹昌孫)【수결】

　　　　김계현(金繼賢)【수결】

○ 경기도장토문적 88책, 문서번호 13, 경강주인권 매매문기

도광 28년 무신(1848) 정월　일　　　앞 명문

이 문기를 작성하는 것은, 절실하게 쓸 곳이 있어서 경기(京畿) 안산(安山)·광주(廣州) 어러 섬과 포구의 상선(商船)·어염(魚鹽)·각곡(各穀) 및 기타 각색 물종과 여인(旅人)이 경강(京江)에 내왕(來往)하는 데 따른 주인(主人)의 업을 위의 사람에게 전문 1,100냥으로 값을 정하여 액수대로 받고, 본문기 14장 중에 광주(廣州) 수상(水上)의 전문기는 이미 다른 곳으로 이매(移買)하였고 광주(廣州) 수하(水下) 이곶(梨串)·성곶면(聲串面)의 본문기 및 배자 3장을 사출 3장과 함께 영구히 방매하니 일후에 자손 족속 중에 만약 잡담이 있으면 이 문기를

가지고 관에 고하여 변정하기 위함이다.

　　재주(財主) 장현우(張鉉禹)【수결】

　　증인(證人) 이영석(李英錫)【수결】

　　필집(筆執) 허홍(許興)【수결】

○ **경기도장토문적 88책, 문서번호 14, 선주인권 매매문기**

▨▨▨▨▨▨▨▨▨▨▨▨▨▨▨▨▨▨▨▨▨▨▨

이 문기를 작성하는 것은, 긴요하게 쓸 데가 있어서 나의 조상으로부터 전래되어 접대하던▨▨▨▨▨▨▨▨▨▨▨▨(후소생)과 함께 은자(銀子) 14냥으로 교역하고 액수대로 받고, 동인(同人)에게 영구히 방매하니 후차(後次)에 원근(遠近)의 족류 중에 만약 잡담이 있으면 이 문기를 가지고 관에 고하여 바로 변정하기 위함이다.

　　여인주(旅人主) 자필(自筆) 강우문(姜遇文)【수결】

　　증(證) 동성삼촌(同姓三寸) 강성립(姜成立)【수결】

　　증인(證人) 전판관(前判官) 홍기렴(洪起濂)【수결】

〈첨지〉 인천문기

○ 경기도장토문적 88책, 문서번호 15, 선주인권 매매문기

강희 7년 무신(1668) 11월 18일 김유굴(金有屈)앞 명문

이 문기를 작성하는 것은, 나의 아우 이선(二善)이 존가(尊家)의 은자를 빌려 여러 곳에 썼으나 갚을 길이 없어 도망간 후에 그 은자의 주인이 법사(法司)에 호소하여 나의 모친과 나를 추궁하므로 형세가 부득이하여 조상으로부터 전래된 광주(廣州)에 거처하는 여인(旅人) 공기선(公起先)과 아들 공남(公男) 5형제와 남양(南陽) 물입피면(勿入皮面)에 거주하는 여인(旅人) 서막복(徐莫卜)의 아우 막실(莫實), 같은 마을에 거주하는 이순남(李順男) 형제, 또 같은 마을에 거처하는 여인(旅人) 강갓남(姜㐒男) 3형제, 도합 12명 등을 전후 소생과 함께 은자 13냥 5전으로 값을 정하여 액수대로 교역하여 받고 동인(同人)에게 영구히 방매하되, 후차(後次)에 동생(同生) 중에 잡담하는 구석이 있으면 이 문기를 가지고 관에 고하여 변정하기 위함이다.

　여인주(旅人主) 김일선(金一善)【수결】

　증(證) 동생매부(同生妹夫) 최종(崔種)【수결】

　증인(證人) 양삼길(楊三吉)【수결】

○ 경기도장토문적 88책, 문서번호 16, 선주인권 매매문기

건륭 27년 계미(1763) 10월 15일 강상태(姜尙兌)앞 명문

이 문기를 작성하는 것은, 긴요하게 쓸 데가 있어서 나의 조부가 생전에 매득한 우도(右道) 인천(仁川) 포인(浦人)·선상(船商)·여객(旅客) 등과 안산(安山)에 거주하는 여인(旅人) 정흔금(鄭欣金)과 그의 사촌 정흔동(鄭欣同), 흔남(欣

男), 정막남(鄭莫男), 정사남(鄭士男), 정정운(鄭定云) 등의 자손과 강화(江華)에 거주하는 임금(林金) 등을 경강주인(京江主人)의 업을 접대하다가, 형세가 부득이하여 위의 사람에게 전문 60냥으로 값을 정하여 액수대로 교역하여 받고 본문기 2장을 관에 올린 입지와 함께 영구히 방매하니, 후일에 동생(同生) 자손 족속 중에 만약 잡담이 있거나 혹은 누구라도[某人] 잡담이 있으면 이 문기를 가지고 관에 고하여 변정하기 위함이다.

　재주(財主) 양정표(梁庭彪) 【수결】

　증인(證人) 최도홍(崔道弘) 【수결】

　필집(筆執) 강후성(姜後聖) 【수결】

○ 경기도장토문적 88책, 문서번호 16-1, 분반문기

병신(1776) 9월 24일 강상태(姜尙兌)앞 명문

　이 문기를 작성하는 것은, 광주(廣州) 안산(安山) 언조리(偃造里) 상·하면(上下面)의 어·염선(漁鹽船) 중에서 상면(上面)은 위의 사람에게 이미 값을 주고 매득하였고 하면(下面) 압구정(鴨鳩亭)은 어염선이 내박(來泊)하거든 부비(浮費)를 제하고 분반분식(分半分食)하되, 일후에 만약 피차간에 배약(背約)이나 분쟁(紛爭)의 폐단이 있으면 이 문기를 가지고 관에 고하여 변정하기 위함이다.

　분반주(分半主) 이운대(李雲大) 【수결】

　증인(證人) 강재문(姜載文) 【수결】

　필(筆) 조태항(趙泰恒) 【수결】

○ 경기도장토문적 88책, 문서번호 17, 선주인권 매매문기

강희 27년 무진(1688) 12월 25일 양시흥(梁時興)앞 명문

이 문기를 작성하는 것은, 제가 타인에게 빌린 부채가 많이 있는 탓에 채주(債主)가 매번 독촉하므로 형세가 부득이하여, 동내에 거처하는 출신(出身) 강우문(姜愚文)에게 값을 주고 매득하여 접대하던 인천(仁川)에 거처하는 여객인(旅客人) 정용금이(鄭龍金伊)와 (허경립(許景立)) 그의 아우 막남(莫男) 및 안산(安山)에 거주하는 정흔금(鄭欣金)과 그의 사촌 정흔동(鄭欣同), 흔남(欣男), 정막남(鄭莫男), 정사남(鄭士男), 정정운(鄭定云) 등 8인과 강화(江華)에 거주하는 임금이(林金伊) 등을, 위의 사람에게 전문 60냥으로 값을 정하여 액수대로 교역하여 받고 후소생(後所生)을 본문기 1장과 함께 영구히 방매하니, 차후에 동생(同生) 자손 족속 중에 만약 잡담의 폐단이 있으면 이 문기를 가지고 관에 고하여 변정하기 위함이다.

　재주(財主) 이찬(李鑽) 【수결】

　증인(證人) 이기영(李起英) 【수결】

　증인(證人) 이업종(李業宗) 【수결】

　필집(筆執) 김하중(金夏重) 【수결】

　〈추기〉 이찬(李鑽)이 강두복(姜斗福)에게서 매득하였으나, 이찬이 매득문기 1장을 서실(閪失)하였음.

○ 경기도장토문적 88책, 문서번호 18, 소지

서부(西部) 마포계(麻浦契)에 거주하는 내금위(內禁衛) 양시흥(梁時興)

삼가 이 소지를 아뢰는 것은, 동계(同契)에 거주하는 이찬이(李賛伊)에게서 인천(仁川) 여인(旅人) 8명을 중가(重價)에 매득하였는데 이는 노비나 전답을 매득한 것과 다르므로 사출(斜出)을 얻지 못했으나 중가(重價)에 매득하고 법부(法府)에 고하지 않는 일은 심히 허소(虛疎)하므로 매득문기를 점련(粘連)하여 우러러 호소하니 입지(立旨)를 성급(成給)하여 증빙을 삼아 후고(後考)하도록 명령하실 일입니다. 한성부에서 처분해주시기 바랍니다.

강희 28년(1689) 11월   일 소지

당상 【압】

〈뎨김〉 원하는 대로 입지(立旨)하여 후고(後考)할 것. 17일.

○ 경기도장토문적 88책, 문서번호 19, 경강주인권 매매문기

임자년(1672) 3월 11일 강세주(姜世周)앞 명문

이 문기를 작성하는 것은, 절실하게 쓸 곳이 있어서 매득했던 광주(廣州) 여러 면 여객 등의 경강 왕래시 주인(主人)의 업과 안산(安山) 석두리(石頭里) 소어전주(蘇魚箭主), 중선(中船), 상선(商船) 등의 여객인 공기선(公起先)과 아들 공남(公男) 5형제, 김무쇠(金武金), 박점남(朴占男), 김유삼(金有三), 김효남(金孝男), 강엇남(姜旕男) 4형제, 이순남(李順男) 형제, 유성휘(柳聖輝) 등을 전후 소생과 함께 동인(同人)에게 전문 50냥으로 값을 정하여 액수대로 받사옵고, 매득문기

1장, 입지 1장과 함께 영구히 방매하오니 일후에 혹시라도 동생(同生) 자손 족속이나 누군가(某人)의 잡담이 있으면 이 문기를 가지고 관에 고하여 변정하기 위함이다.

여주(旅主) 김유굴(金有屈) 【수결】

증인(證人) 김건이(金建伊) 【수결】

필집(筆執) 장선재(張善才) 【수결】

○ **경기도장토문적 88책, 문서번호 20, 소지**

서부(西部)에 거주하는 강두복(姜斗福)

삼가 이 소지를 아뢰는 것은, 점련문기에 첨부한 광주(廣州) 안산(安山) 등지의 선상여객주인(船商旅客主人)의 역을 저의 아버지가 살아있을 때인 임자년(1672)에 김유굴(金有屈)에게 값을 주고 매득하여 이제까지 응역(應役)에 폐단이 없었사옵고, 그 매득문기를 점련하여 우러러 호소하오니 입지(立旨)를 성급(成給)함으로써 후고(後考)의 여지로 삼도록 명령하실 일입니다. 한성부에서 처분해주시기 바랍니다.

계미년(1703) 3월　일 소지

당상 【압】

〈뎨김〉 입지를 성급할 것. 18일.

〈추기〉 강세주 아들 두복

○ 경기도장토문적 88책, 문서번호 21, 여객주인권 매매문기

강희 7년 갑술(1668) 11월 19일 김유굴(金有屈)앞 명문

이 문기를 작성하는 것은, 나의 아우 이선(二善)이 존가(尊家)에서 은자를 빌려 여러 곳에 썼으나 갚을 길이 없어 도망간 후에 그 은자의 주인댁에서 법사(法司)에 호소하여 나의 모친과 나를 추궁하므로 형세가 부득이하여 조상으로부터 전래된 광주(廣州) 여러 면 여객 등의 경강(京江) 왕래시 주인(主人)의 업과 안산(安山) 석두리(石頭里) 소어전주(蘇魚箭主), 중선(中船), 상선(商船) 등의 여객(旅客)인 공기선(公起先)과 아들 공남(公男) 5형제와 김무쇠(金武金), 박점남(朴占男), 김유삼(金有三), 김효남(金孝男), 강엇남(姜旕男) 4형제, 이순남(李順男) 형제, 유성휘(柳聖輝) 등과 전후 소생을 아우르는, 선업(船業)으로 자생(資生)할 때의 여객주인의 업을 은자 20냥으로 값을 정하여 액수대로 교역하여 받고 영구히 방매하되, 후차(後次)에 동생(同生) 족속 간에 잡담하는 구석이 있으면, 이 문기를 가지고 관에 고하여 변정하기 위함이다.

　여객주(旅客主) 김일선(金一善) 【수결】

　증인(證人) 이후건(李厚建) 【수결】

　필집(筆執) 김신련(金信鍊) 【수결】

○ 경기도장토문적 88책, 문서번호 22, 소지

동내(洞內)에 거주하는 김유굴(金有屈) 【좌촌】

삼가 이 소지를 아뢰는 것은, 제가 작년(1668) 11월에 동성(同姓) 사촌 김일선(金一善)이 광주(廣州) 여러 면 여객 등의 경강(京江) 왕래시 주인(主人)의 업과

안산(安山) 석두리(石頭里) 소어전주(蘇魚箭主), 중선(中船), 상선(商船) 등의 여객(旅客)인 공기선(公起先)과 아들 공남(公男) 5형제와 김무쇠(金武金), 박점남(朴占男), 김유삼(金有三), 김효남(金孝男), 강엇남(姜旕男) 4형제, 이순남(李順男) 형제, 유성휘(柳聖輝) 등과 전후 소생을 아우르는, 선업(船業)으로 자생(資生)할 때의 여객주인의 업을 형세가 부득이한 일로 방매하옵고자 하여 준가(准價) 매득하였더니, 일후에 그 동생(同生) 등이 이와 같음을 모를 경우가 있사옵기에, 여인(旅人)이 내도(來到)할 때 잡담하올 지라도 후고(後考)할 수 있도록 입지를 성급하도록 명령하실 일입니다. 존위께서 처분해 주시기 바랍니다. 【압】

기유년(1669) 2월　일 소지

〈뎨김〉 이미 준가(准價) 매득하였으니, 어찌 잡담이 있을 것이며, 설령 잡담이 있더라도 관에 고하여 엄히 다스릴 것. 2일.

○ 경기도장토문적 88책, 문서번호 23, 선주인 명단

선주(船主) 김지심(金志心) 【수결】
장자(長子) 김세명(金世明)
　　　김선남(金善男) 【수결】
　　　조대금(趙大金) 【수결】
　　　고여창(高汝昌) 【수결】
　　　김사원(金士元) 【수결】
　　　장방마치(張方亇赤) 【수결】
　　　김대금(金大金) 【수결】

김지만(金枝萬) 【수결】

김병선(金丙善) 【수결】

박선남(朴善男) 【수결】

김만금(金萬金) 【수결】

백일승(白一升) 【수결】

박선태(朴善泰) 【수결】

이발(二發) 김성위(金成謂) 【수결】

김재견(金在堅) 【수결】

김순이(金順伊) 【수결】

김중만(金重萬) 【수결】

○ 경기도장토문적 88책, 문서번호 24, 선주인권 매매문기

도광 11년 신묘(1831) 7월 일 마기윤(馬起潤)앞 명문

이 문기를 작성하는 것은, 김형신(金亨信)에게서 매득한 안산(安山) 1읍(一邑) 여러 섬과 포구의 상선(商船)·어염(魚鹽)·미곡(米穀) 및 기타 각색 물종과 여인(旅人)이 내왕(來往)하는 것과 광주(廣州) 여러 섬과 포구의 상선(商船)·어염(魚鹽)·각곡(各穀) 및 기타 물종과 여인(旅人)이 내왕하는 것을 합친 양읍(兩邑)의 상선(商船)·여인(旅人)이 경강(京江)에 내왕하는 데 따른 주인(主人)의 업을 위의 댁에 전문 1,100냥으로 값을 정하여 액수대로 받고 본문기는 광주(廣州)·안산(安山)과 함께 기재되어 있는 것 5장, 사출 2장, 인천(仁川)과 안산(安山)이 함께 기재된 것 5장, 도합 12장을 아울러 성문(成文)하여 영구히 방매하니, 인천주인(仁川主人)은 이미 다른 곳으로 방매하였고, 광주(廣州)의 수상주

인(水上主人)도 다른 곳으로 방매하였으므로 이러한 뜻으로 조사(措辭) 성문(成文)하여 영구히 방매하되, 일후에 자손 족속 중에서 만약 잡담이 있으면 이 명기(明記)를 가지고 빙고하기 위함이다.

    재주(財主) 이생원댁(李生員宅) 노(奴) 춘쇠(春釗) 【좌촌】

    동증(同證) 김형신(金亨信) 【수결】

        아우 형성(亨成) 【수결】

    필집(筆執) 윤창손(尹昌孫) 【수결】

〈**추기**〉 배자[牌子] 1장을 붙였음.

○ 경기도장토문적 88책, 문서번호 25, 배지

노(奴) 춘쇠(春釗)에게

다름이 아니라 댁에서 김형신(金亨信)에게 매득한 안산주인(安山主人)을 절실하게 쓸 일이 있어서 이 주인을 매득하기 원하는 사람에게 척매(斥賣)하고자 하니, 준가(準價)하여 받아서 댁에 들인 후, 이 배자[牌子]에 따라 성문(成文)해주는 것이 의당(宜當)함.

    상전(上典) 이(李) 【수결】

도광 9년 기축(1829) 2월　일 이생원댁(李生員宅) 노(奴) 춘쇠(春釗)앞 명문

이 문기를 작성하는 것은, 절실하게 쓸 곳이 있어서 부친이 매득한 경기(京畿) 안산(安山) 1읍 전체의 여러 포구와 섬의 미곡(米穀)·어염(魚鹽)·각색 물종의 상선(商船) 거래와 광주(廣州) 1읍 전체의 여러 포구, 인천(仁川) 1읍 전체의 여러 포구에서 여인(旅人)이 왕래할 때 각 물종의 구문을 먹는 경강선주인(京江船主人)의 업을 위의 댁에 전문 900냥으로 값을 정하여 액수대로 교역하여 받고 본문기와 사출을 합한 11장을 아울러 영구히 방매하되, 광주(廣州) 수상(水上) 선(船)과 인천(仁川) 1읍은 전일에 이전 주인이 배탈(背脫)하여 척매하였으므로 이로써 조사(措辭) 성문(成文)하여 들이고 일후에 자손 족속 중에 만약 잡담하는 폐단이 있으면 이 문기를 가지고 관에 고하여 변정하기 위함이다.

　재주(財主) 김형신(金亨信) 【수결】

　증인(證人) 사촌(四寸) 김형조(金亨祖) 【수결】

　　　　동생(同生) 김형성(金亨成) 【수결】

　증필(證筆) 이춘근(李春根) 【수결】

가경 20년 을해(1815) 4월　일 김진덕(金鎭德)앞 명문

이 문기를 작성하는 것은, 절실하게 쓸 곳이 있어서 내가 전에 생업으로 삼던 안산(安山) 1읍 여러 포구와 섬의 상선(商船)·어염(魚鹽)·미곡(米穀) 및 기타 각색 물종과 여인(旅人)의 내왕(來往), 광주(廣州) 여러 섬과 포구의 상선·어염·미곡 및 기타 각색 물종과 여인(旅人)의 내왕을 합친 양읍(兩邑) 상선(商船)·여인(旅人)이 경강을 내왕하는 데 따른 주인의 업을 위의 사람에게 전문 850냥으로 값을 정하여 액수대로 교역하여 받고, 본문기는 광주(廣州)와 안산(安山)이 함께 기재된 것 4장, 사출 2장과 인천(仁川)과 안산(安山)이 함께 기재된 것 4장, 사출 1장을 합한 10장을 아울러 성문(成文)하되, 인천주인(仁川主人)은 이미 다른 곳으로 팔았고 광주(廣州) 수상주인(水上主人)도 다른 곳으로 팔았기에 이러한 뜻으로 조사(措辭) 성문(成文)하여 영구히 방매하니 일후에 자손 족속 중에 만약 환퇴·시비·잡담의 폐단이 있으면 이 문기를 가지고 관에 고하여 변정하기 위함이다.

   자필(自筆) 재주(財主) 김재려(金載麗) 【수결】

   증인(證人) 김선(金璇) 【수결】

        오윤익(吳允益) 【수결】

        최성대(崔聖大) 【수결】

○ **경기도장토문적 88책, 문서번호 28, 경강주인권 매매문기**

가경 19년 갑술(1814) 2월 일 전득경(全得景)·이장춘(李長春)·강석규(姜錫圭)앞 명문

이 문기를 작성하는 것은, 절실하게 쓸 곳이 있어서 종전에 풍지리(楓枝里)에 있던 안산(安山) 1읍 여러 포구와 섬의 상선(商船)·어염(魚鹽)·미곡(米穀) 및 기타 각색 물종과 여인(旅人)의 내왕(來往), 광주(廣州) 여러 섬과 포구의 상선·어염·미곡 및 기타 각색 물종과 여인(旅人)의 내왕을 합친 양읍(兩邑)의 상선(商船)·여인(旅人)이 경강(京江)에 내왕하는 데 따른 주인(主人)의 업을 위의 사람들에게 전문 850냥으로 값을 정하여 액수대로 교역하여 받고, 본문기는 광주(廣州)와 안산(安山)이 함께 기재되어 있는 것 3장, 사출 3장과 인천(仁川)과 안산(安山)이 함께 기재되어 있는 것 3장, 사출 1장을 합한 9장을 아울러 성문(成文)하되, 인천주인(仁川主人)은 이미 다른 곳으로 팔았고 광주(廣州) 수상주인(水上主人)도 다른 곳으로 팔았기 때문에, 이러한 뜻으로 조사(措辭) 성문(成文)하여 영구히 방매하니 일후에 만약 환퇴·시비·잡담이 있으면 이 문기를 가지고 관에 고하여 변정하기 위함이다.

　　자필(自筆) 재주(財主) 이양순(李良淳) 【수결】

　　증인(證人) 임춘우(林春遇) 【수결】

　　　　조명이(趙命而) 【수결】

〈추기〉 세 사람이 이 일로 각출(各出)하여 매득하였음.

○ **경기도장토문적 88책, 문서번호 29, 경강주인권 매매문기**

가경 14년 기사(1809) 12월　일 김재려(金載麗)앞 명문

이 문기를 작성하는 것은, 절실하게 쓸 곳이 있어서 조상으로부터 전래되어 업으로 삼던 안산(安山) 1읍 여러 포구와 섬의 상선(商船)·어염(魚鹽)·미곡(米穀) 및 기타 각색 물종과 여인(旅人)의 내왕(來往), 광주(廣州) 여러 포구와 섬의 상선·어염·미곡 및 기타 각색 물종과 여인(旅人)의 내왕을 합친 양읍(兩邑)의 상선(商船)·여인(旅人)이 경강(京江)을 내왕하는 데 따른 주인(主人)의 업을 위의 사람에게 850냥으로 값을 정하여 액수대로 교역하여 받고, 본문기는 광주(廣州)와 안산(安山)이 함께 기재되어 있는 것 3장, 사출 2장과 인천(仁川)과 안산(安山)이 함께 기재되어 있는 것 3장, 사출 1장을 합한 9장을 아울러 성문(成文)하되, 인천주인(仁川主人)은 이미 다른 곳으로 팔았고 광주(廣州) 수상주인(水上主人)도 다른 곳으로 팔았기 때문에 이러한 뜻으로서 조사(措辭) 성문(成文)하여 영구히 방매하니 일후에 자손 족속 중에 만약 환퇴·시비·잡담의 폐단이 있으면 이 문기를 가지고 관에 고하여 변정하기 위함이다.

  재주(財主) 강인철(姜仁喆) 【수결】

  증인(證人) 차계성(車啓成) 【수결】

        손석규(孫錫奎) 【수결】

        조행윤(趙行允) 【수결】

        박대근(朴大根) 【수결】

        안수기(安壽起) 【수결】

  필집(筆執) 강충열(姜忠說) 【수결】

○ 경기도장토문적 88책, 문서번호 30, 소지

서부(西部) 토정리(土亭里)에 거주하는 양윤기(梁潤基)

삼가 이 소지를 아뢰는 것은, 제가 ▨▨▨로 충청도(忠淸道) 고마수영(雇馬水營)·보령(保寧) 여객주인(旅客主人)의 업을 김택우(金宅禹)에게 500냥의 값을 주고 매득하였으므로, 일후에 혹시라도 여타의 엿보는 폐단이 있더라도, 입지를 성급하여 빙후(憑後)의 여지로 삼도록 명령하실 일입니다. 형조에서 처분해 주시기 바랍니다.

  갑인년(1794) 4월　일 소지

  당상 【압】

〈뎨김〉 입지를 성급할 것. 9일.

후록(後錄)

▨▨▨

○ 경기도장토문적 88책, 문서번호 31, 사록

사록(斯錄)

이 사록(斯錄) 성표(成標)하는 것은, 다름이 아니라 경강선여각주인(京江船旅閣主人)과 충청도(忠淸道) 수영(水營)·보령(保寧), 남양(南陽) 풍도(豊島) 등지의 상고(商賈)·선인(船人)의 각 물종에 대한 구문(口文)의 예리(例利)를 마련(磨鍊) 작정(作定)하니, 일후에 세 곳의 선인(船人)·상고(商賈)가 잡담하는 폐단이 있으면 입지·문권·사록을 빙고할 뜻으로 사록을 작성하여 주기 위함이다.

경강선여각주인 예급발기[例給件記]

쌀 매 섬 두구문(頭口文) 1전 5푼 (미곡과 잡곡은 같음)

소금 매 섬 두구문 1전

생물어곽(生物魚藿) 매 냥 두구문 1전

고복선(雇卜船) 가선(價船)은 주인(主人)이 예리(例利)한다.

대선(大船)은 매 행보(行步) 쌀 3섬

중선(中船)은 쌀 2섬

소선(小船)은 쌀 1섬

의례(依例) 작정(作定)한 후에 출급할 것.

성표(成標)는 세 읍의 두인(頭人)과 경강주인이 다시 마련하여 작정함.

　　　　○ 수영인(水營人) 이근호(李根浩)【수결】(다른 것과 함께 꾧)

　　　　○ 보령인(保寧人) 홍경욱(洪景旭)【수결】

남양(南陽) 풍도인(豊島人) 김성희(金聖禧)【수결】

무인(1818) 4월 29일 강주인 양윤기(梁潤基)【수결】

끝.

○ 경기도장토문적 88책, 문서번호 32, 여객주인권 매매문기

건륭 56년 신해(1791) 9월 27일 양윤기(梁潤基)앞 명문

이 문기를 작성하는 것은, 절실하게 쓸 곳이 있어서 충청도(忠淸道) 고마수영(雇馬水營)·보령(保寧) 여객주인(旅客主人)의 역을 동성(同姓) 사촌 종하(宗河)로부터 매득하여 수행하다가, 위의 사람에게 전문 500냥으로 값을 정하여 액수대로 받고 본문기 2장과 함께 영구히 방매하니, 일후에 동생 자손 족속 중에 만약 잡담이 있으면 이 문기를 가지고 관에 고하여 변정하기 위함이다.

여객주인주(旅客主人主) 김택우(金宅禹)【수결】

증인(證人) 엄사겸(嚴思謙)【수결】

필집(筆執) 정덕항(鄭德恒)【수결】

○ 경기도장토문적 88책, 문서번호 33, 여객주인권 매매문기

건륭 44년 을미(1775) 4월 10일 김택우(金宅禹)앞 명문

이 문기를 작성하는 것은, 절실하게 쓸 곳이 있어서 충청도(忠淸道) 고마수영(雇馬水營)·보령(保寧) 여객주인(旅客主人)의 물(物)을 이태성(李泰成)에게 매득했다가, 동성(同姓) 사촌 택우(宅禹)에게 전문 500냥으로 값을 정하여 액수대로 받고 본문기 1장과 함께 영구히 방매하되, 일후에 동생 족속 중에 만약 잡담이 있으면 이 문기를 가지고 관에 고하여 변정하기 위함이다.

자필(自筆) 여객주인(旅客主人) 동성사촌형(同姓四寸兄) 김종하(金宗河) 【수결】

〈추기〉 9장 동이　　　(※ '동이'는 36번 문서에 등장하는 노명(奴名)과 일치함)

○ 경기도장토문적 88책, 문서번호 34, 여객주인권 매매문기

건륭 39년 갑오(1774) 12월 20일 김종하(金宗河)앞 명문

이 문기를 작성하는 것은, 긴요하게 쓸 데가 있어서 위의 사람에게 충청도(忠淸道) 고마수영(雇馬水營)·보령(保寧) 여객주인(旅客主人)의 여(旅)를 전문 500냥으로 값을 정하여 액수대로 교역하여 받고, 본문기는 다른 문서와 함께 붙어 있어서 시문기(時文記) 1장과 함께 영구히 방매하되, 일후에 동생 자손 중에 만약 잡담이 있으면 이 문기를 가지고 관에 고하여 변정하기 위함이다.

여객주인(旅客主人) 이태성(李泰成) 【수결】

증인(證人) 강민흥(姜敏興) 【수결】

필집(筆執) 신성항(辛聖恒) 【수결】

○ 경기도장토문적 88책, 문서번호 35, 불망기

광서 7년 신사(1881) 3월　일 임진태(林晋泰)앞 불망기

이 불망기를 작성하는 것은, 남양(南陽) 풍도주인(楓島主人) 등의 일로 두 집안에서 종종 말이 많은 까닭에 이와 같이 불망기를 작성하니, 일후에 우리 형제 자손 삼사촌(三四寸)하고 만약 시비·침어(侵漁)의 폐단이 있으면 적률(賊律)로 관에 고하여 변정하기 위함이다.

　양보여(梁甫汝) 【수결】

　불망기주(不忘記主) 아우 인여(仁汝) 【수결】

　끝.

○ 경기도장토문적 88책, 문서번호 36, 선주인권 매매문기

함풍 1년 신해(1851) 12월　일 양덕호(梁德鎬)앞 명문

이 문기를 작성하는 것은, 이매(移買)하기 위하여 수원(水原) 소청(小淸)·대청(大淸)·풍도(楓島) 등 여러 섬 포구의 본상(本商), 선상(船商)이 토리지(土里地) 물종(物種)·어염(魚鹽)·건어(乾魚)를 싣고 경강(京江)에 이를 때에 경상(京商)과, 토지(土地)의 물종(物種)이 경강(京江)에 이르면 본상(本商)이 일체로 같은 구문(口文)을 납상(納上)하는 것을 위의 사람에게 전문 680냥으로 값을 정하여 액수대로 받고 본문기 16장, 신문기 1장과 함께 영구히 (방매)하니, 일후에 만약 시비의 폐단이 있으면 이 문기를 가지고 빙고하기 위함이다.

　재주(財主) 이판부댁(李判府宅) 노(奴) 동이(童伊) 【수결】

　증인(證人) 박경옥(朴敬玉) 【수결】

필집(筆執) 김춘화(金春化) 【수결】

끝.

〈**추기**〉 경술(1850) 2월에 형조의 소송비용으로 모두 전문 385냥 5전 5푼을
썼다.

○ 경기도장토문적 88책, 문서번호 37, 선주인권 매매문기

광서 2년 병자(1876) 2월   일 조수산댁(趙銖山宅) 명문

이 문기를 작성하는 것은, 이매(移買)하기 위하여 경기(京畿) 남양(南陽) 풍
도(豊島)와 수원(水原) 소청(小淸)·대청(大淸) 세 섬의 주인을 위의 사람에게 전
문 3,600냥으로 값을 정하여 액수대로 받고 본문기 18장, 신문기 1장과 함께 영
구히 방매하니 일후에 시비의 폐단이 있으면 이 문기를 가지고 빙고하기 위함
이다.

재주(財主) 김판서댁(金判書宅) 노(奴) 용이(龍伊) 【수결】

증인(證人) 박영환(朴永煥) 【수결】

필집(筆執) 조연근(趙淵根) 【수결】

끝.

○ 경기도장토문적 88책, 문서번호 38, 선주인권 매매문기

도광 1년 신사(1821) 9월 일   앞 명문

이 문기를 작성하는 것은, 절실하게 쓸 곳이 있어서 조상으로부터 전래된 수원(水原) 풍도(楓島)·대청(大靑)·소청(小靑)의 1/3깃[衿] 조로 전문 250냥으로 값을 정하여 액수대로 받고 영구히 방매하니, 본문기는 다른 문서와 함께 붙어 있어서 허급할 수 없으며, 일후에 자손 족속 중에 만약 잡담이 있으면 이 문기로 관에 고하여 변정하기 위함이다.

　재주(財主) 양후기(梁厚基)【수결】

　증인(證人) 조카 민석(岷錫)【수결】

　필집(筆執) 이지술(李枝茂)【수결】

○ 경기도장토문적 88책, 문서번호 39, 선주인권 매매문기

동치 12년 계유(1873) 5월 일 김판서댁(金判書宅) 명문

이 문기를 작성하는 것은, 이매(移買)하기 위하여 경기(京畿) 남양(南陽) 풍도(豊島)와 수원(水原) 소청(小淸)·대청(大淸) 세 섬의 주인의 업을, 경강(京江)에 도박(到泊)하는 본상(本商), 선상(船商)의 토리(土里) 물종(物種)을 경상(京商)이라도 장차 실어서 경강(京江)에 도박하면 본상(本商)과 구문(口文)을 일체(一體)로 하여, 위의 사람에게 전문 2,300냥으로 값을 정하여 액수대로 받고 본문기 17장, 신문기 1장과 함께 영구히 방매하니 일후에 만약 시비의 폐단이 있으면 이 문기로써 빙고하기 위함이다.

　재주(財主) 양덕호(梁德鎬)【수결】

증인(證人) 김주경(金周敬) 【수결】

필집(筆執) 김경덕(金敬德) 【수결】

끝.

○ 경기도장토문적 88책, 문서번호 40, 선주인권 매매문기

도광 19년 기해(1839) 12월 26일   앞 명문

이 문기를 작성하는 것은, 경기(京畿) 수원(水原) 풍도(楓島) 일경(一境) 주인의 업 중에서 1/3깃 조를 부득이 240냥으로 값을 정하여 액수대로 교역하여 받고, 본문기 3장과 함께 영구히 방매하니 일후에 잡담이 있으면 이 문기를 가지고 빙고하기 위함이다.

재주(財主) 김영관(金永寬) 【수결】

증인(證人) 양민보(梁珉寶) 【수결】

필집(筆執) 송의수(宋義秀) 【수결】

〈뒷면〉 단동주인(端童主人) 문기(文記)

○ 경기도장토문적 88책, 문서번호 41, 선주인권 매매문기

동치 13년 갑술(1874) 7월   일 김참판댁(金判書宅)앞 명문

이 문기를 작성하는 것은, 긴요하게 쓸 데가 있어서 경기(京畿) 수원(水原) 풍도(楓島)·대청(大靑)·소청(小靑) 기지(基地) 선주인(船主人)의 업을 김승지댁(金承旨宅)에서 환퇴하여 매득하였다가 형세가 부득이하여 위의 댁에 전문 600냥

으로 값을 정하여 액수대로 교역하여 받고 본문기 5장, 신문기 1장과 함께 영구히 방매하니, 일후에 자손 족속 중에 만약 잡담의 폐단이 있으면 이 문기를 가지고 관에 고하여 변정하기 위함이다.

　　재주(財主) 양주원(梁柱元) 【수결】
　　증인(證人) 이인식(李仁植) 【수결】
　　필집(筆執) 김천원(金天圓) 【수결】

○ 경기도장토문적 88책, 문서번호 42, 선주인권 매매문기

광서 2년 병자(1876) 5월　일　　　앞 명문

이 문기를 작성하는 것은, 절실하게 쓸 곳이 있어서 풍도(楓島)의 염상(鹽商)·염선주인(鹽船主人)을 위의 사람에게 전문 40냥으로 값을 정하여 액수대로 받고 신문기 1장으로 영구히 방매하니, 일후에 만약 시비의 폐단이 있으면 이 문기를 가지고 빙고하기 위함이다.

　　자필(自筆) 여주(旅主) 이병우(李秉禹) 【수결】
　　끝.

○ 경기도장토문적 88책, 문서번호 43, 선주인권 매매문기

도광 1년 신사(1821) 9월　일　　　앞 명문

이 문기를 작성하는 것은, 절실하게 쓸 곳이 있어서 조상으로부터 전래된 수원(水原) 풍도(楓島) 선주인 중에서 1/3깃을 전문 250냥으로 값을 정하여 액수대로 교역하여 받아 영구히 방매하고, 본문기는 다른 문서와 함께 붙어 있어서 허급할 수 없으니 일후에 자손 족속 중에 만약 잡담이 있으면 이 문기를 가지고 관에 고하여 변정하기 위함이다.

　　재주(財主) 양후기(梁厚基)【수결】

　　증인(證人) 조카 민석(岷錫)【수결】

　　필집(筆執) 이지술(李枝茂)【수결】

○ 경기도장토문적 88책, 문서번호 44, 선주인권 매매문기

도광 14년 갑오(1834) 4월 27일　　　앞 명문

이 문기를 작성하는 것은, 수원(水原) 풍도(豊島) 선주인(船主人)의 업 3분의 1을 전문 250냥으로 값을 정하여 신사년(1821)에 매득하였더니, 본주(本主)의 환퇴하는 방법으로 시비를 다투는 까닭에, 형세가 부득이하여 본래 가격을 액수대로 받고 본문기 1장과 함께 영구히 방매하니, 일후에 자손 족속 중에 만약 잡담이 있으면 이 문기를 가지고 빙고하기 위함이다.

　　재주(財主) 유정기(劉正基)【수결】

　　증필(證筆) 강세일(姜世一) 상중이라 수결하지 않음

○ 경기도장토문적 88책, 문서번호 45, 선주인권 매매문기

도광 15년 을미(1835) 2월 2일 김우정(金禹鼎)앞 명문

이 문기를 작성하는 것은, 경기(京畿) 수원(水原) 풍도(楓島) 일경(一境) 주인(主人)의 업이 조상으로부터 전래되어 왔으나 형세가 부득이하여 전문 250냥으로 값을 정하여 가격대로 교역하여 받고, 본문기 2장과 함께 권매(權賣)하되 1/3깃 조(의 본문기)는 허급할 수 없기 때문에 수기(手記)를 작성하기 위함이다.

　　재주(財主) 양민보(梁珉寶)【수결】

　　필집(筆執) 강이흡(姜彛洽)【수결】

〈추기〉 계해년(1863) 추분에 집에 불이 나서 2깃의 구문서를 소실하였기에 이와 같이 불난 집에 봉사(奉祀) 조로 부치고 더불어 이 문기에 표(標)를 만들어 붙이니 자손에게 전할 일이다.

　　표주(標主) 양조이[梁召史]【우수장】

○ 경기도장토문적 88책, 문서번호 46, 선주인권 매매문기

동치 12년 계유(1873) 6월　일 김승지댁(金承旨宅)앞 명문

　이 문기를 작성하는 것은, 긴요하게 쓸 데가 있어서 경기(京畿) 수원(水原) 풍도(楓島) 일경(一境) 선주인(船主人)의 업을 김영관(金永寬)으로부터 매득하였다가 형세가 부득이하여 위의 댁에 전문 300냥으로 값을 정하여 액수대로 교역하고, 본문기 4장, 신문기 1장과 함께 영구히 방매하니 일후에 만약 자손 족속 중에서 잡담의 폐단이 있으면 이 문기를 가지고 빙고하기 위함이다.

　　재주(財主) 양주원(梁柱元)【수결】

　　증인(證人) 박영호(朴永浩)【수결】

　　필집(筆執) 김희현(金羲鉉)【수결】

　　끝.

〈**추기**〉 갑술년(1874) 7월 27일 297냥 양주원(梁柱元) 【수결】

환퇴. 끝.

제2장 경기도장토문적 제89책

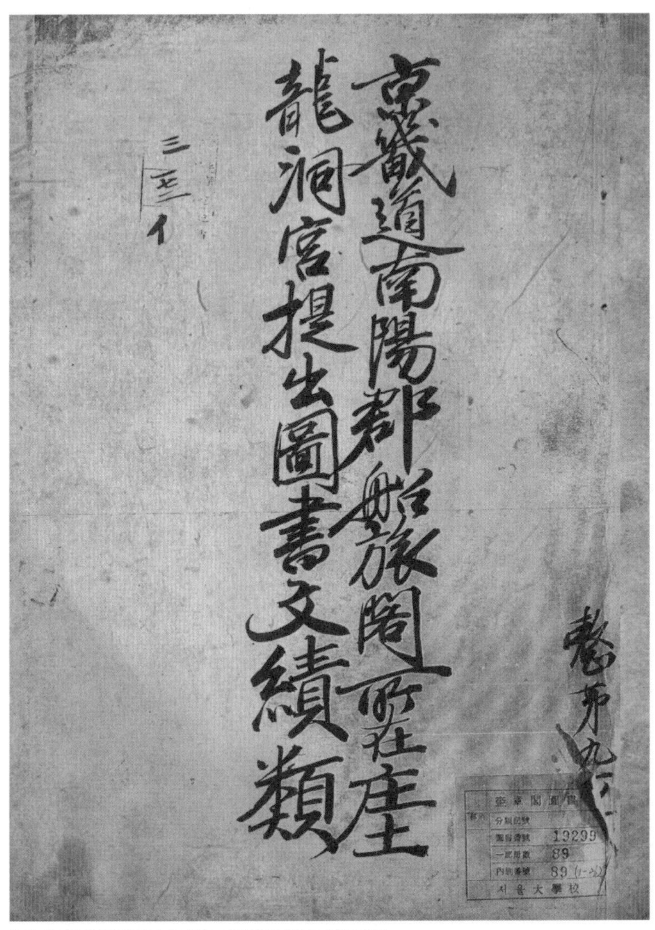

『경기도남양군선여각소재장토용동궁제출도서문적류』
(京畿道南陽郡船旅閣所在庄土龍洞宮提出圖書文績類)

경기도장토문적 제89책은 남양군 선여각(船旅閣) 소재 장토에 관하여 용동궁에서 제출한 도서 문적들을 모아놓은 것이다. 이 책에는 동일한 지역 혹은 권리에 대한 매매 내력을 보여주는 총 26건의 고문서가 포함되어 있다. 문서의 대부분은 경기도 남양부 일대의 여러 섬과 포구에 거주하는 여인(旅人)과 선인(船人)들에 대한 주인권 매매문기이며, 그밖에 주인권 소유관계를 둘러싼 소송 내용을 기록한 등급 4건과 관련 소지 3건, 또 선인들의 화명문기(花名文記), 별급문기(別給文記), 대동문기(大同文記), 선척도안이 각각 포함되어 있다. 문서의 내용 중에는 당진, 해미 두 읍의 여객·선주인권과 관련된 부분도 등장하지만, 이에 대한 개별 문서는 포함되어 있지 않다. 해당 문서는『내수사장토문적(內需司庄土文績)』(奎 19307)의 제20책인『용동궁에 관한 문적류(龍洞宮ニ關スル文績類)』에 들어 있다. 제89책의 문서들에 대해 시간의 흐름에 따른 소유권 변화 및 관련 사건의 추이를 정리하고, 시기별 주인권 내용의 변화를 파악하는 두 가지 방식으로 검토함으로써 18,9세기 조선 상업 발전의 양상을 이해하는 데 다가갈 수 있을 것으로 본다.

1. 시간적 추이에 따른 소유권 변화와 관련사건

제89책의 문서들은 1700년에 시작되어 1870년 용동궁으로 추정되는 곳으로 소유권 전매 가 이루어지면서 끝난다. 시간적 흐름에 따른 소유권자의 변화가 문서의 차례와 일치하지 않기 때문에 먼저 문서를

〈표 1〉

분류	번호	시기	종류	주요 내용
〈Ⅰ〉	6	1700	매매문기	민자귀가 김해민에게 남양 제도의 여인을 전문 50냥에 방매함
	7	1727	별급문기	김해민이 아들 득대에게 남양 제도 여객을 별급함
	8	1727(?)	화명문기	선주인 명단(7번 문서에 이어져 있음)
	11	1746	매매문기	유돌모지 거주 선인 6명이 김득대를 주인으로 하여 스스로를 여인으로 자매(自賣)함
〈Ⅱ〉	9	1774	소지	김득대 사후 처 도조이가 김금매에게 환퇴한 후 입지를 요청하기 위해 한성부에 올린 소지
	10	1774	기지 목록	9번 문서의 후록으로, 남양 주인의 기지를 기록함
	12	1774	소지	김득대 사후 처 도조이가 김금매에게 환퇴한 후 입지를 요청하기 위해 형조에 올린 소지
	13	1774	기지 목록	12번 문서의 후록으로, 남양 주인의 기지를 기록함
	1	1783	매매문기	도조이가 백성운에게 남양여객선주인의 업을 전문 200냥을 받고 방매함
	3	1783	형조등급	1번 문서에 대한 도(김)조이의 환퇴 소송에서 백성운이 승소하여 형조로부터 관련 내용의 등급을 받음
	2	1784	추급문기	도조이가 소송 과정에서 백성운으로부터 85냥을 추가로 더 받았음을 확인함
	21	1784	형조등급	남양 강주인으로서 백성운이 대동선세와 관련하여 김천경을 상대로 승소한 과정을 형조에서 등급해 줌
	5	1787	한성부등급	도조이가 백성운 사후 그 아비 백세채를 상대로 한 환퇴소송에서 승소한 후 한성부에서 등급을 받음
	4	1787	형조등급	5번 문서 이후 백세채가 남양선주인을 되찾기 위해 도조이를 상대로 올린 소송에서 승소한 내력을 형조에서 등급해 줌
〈Ⅲ〉	20	1802	절반 문기	백인이 남양 제도 여객주인의 업 절반을 조천흡에게 375냥을 받고 방매함
	19	1804	매매문기	백명유(백인), 조천흡이 남양 제도 여객주인의 업을 박성준에게 750냥에 방매함
	18	1808	매매문기	박성준·이창배가 남양 제도 여객주인의 업을 임성번에게 전문 850냥을 받고 방매함(2월)
	17	1808	매매문기	임성번이 남양 제도 여객주인의 업을 전문 900냥을 받고 이인광에게 방매함(7월)
	16	1811	매매문기	이인광이 남양 제도제포의 여객주인의 업을 천문옥에게 전문 1,100냥을 받고 방매함(9월 10일)
	15	1811	매매문기	천문옥이 남양 제도제포 여객주인의 업을 전문 1,100냥 받고 조운에게 방매함(9월 20일)
	14	1811	소지	15번 문서의 내용에 대해 입지를 성급해달라는 조운의 소지
〈Ⅳ〉	26	1860	매매문기	조행민이 조상 전래의 남양 및 당진·해미 제도 제포 여객주인의 업을 전문 4,900냥을 받고 천의현에게 방매함
	23	1867	매매문기	천의현이 26번 문서의 권리를 전문 10,000냥을 받고 이승업에게 방매함
	24	1870	매매문기	이승업이 23번 문서의 권리를 전문 10,000냥을 받고 방매함
〈Ⅴ〉	22	?	선척도안	남양부사의 이름으로 정리된 남양 각 포 선척 도안
	25	?	대동문기	전주인 마포 백백린이 타동 김성숙에게 이매한 후 마포 동민의 간청으로 마포 원매인(願買人)에게 750냥에 환퇴가 이루어지게 되었음을 밝힘

시간에 따른 사건의 순서로 재배치하는 것이 효과적이라고 판단된다. 이 과정에서 문서는 소유권과 관련하여 몇 개의 그룹으로 분류할 수 있으며, 〈표 1〉로 정리할 수 있다.

〈표 1〉에서 〈Ⅰ〉의 문서들은 18세기 초의 문서들로, 제89책에 수록된 남양부의 여러 섬과 포구에 대한 여객주인권의 초기 상황을 보여주고 있다. 6번 문서를 보면 해당 지역의 주인 권리는 17세기에 이미 형성되어 있었고, 이때 권리의 주된 내용은 '여인(旅人)'으로 표현되었다. 1700년 민자귀가 김해민에게 방매한 남양 제도의 여인은 그가 소유한 해당 지역 여인의 일부였다. 이렇게 형성된 권리는 1727년 김해민의 아들인 김득대에게 별급된다(7번 문서). 김득대는 물려받은 것 외에도 1746년 60냥을 주고 남양 유돌모지에 거주하는 조정두 등 여섯 선인의 주인권을 획득하였다(11번 문서).

〈Ⅱ〉의 문서들은 김득대 사후 그의 아내인 도조이가 남편의 주인권을 물려받아 여객 접대를 업으로 하다가 여러 가지 사유로 이를 처분하는 과정에서 발생한 여러 차례의 소송과 관련된 소지 및 등급들이다. 1774년 소금업으로 인한 경제적 위기에서 도조이는 김금매에게 여객주인의 업을 임대해주었다가 환퇴하면서 이 내용을 법사(法司)에서 확인받기 위한 소지를 올리게 되는데, 이와 관련된 문서들이 4건이다(9, 10, 12, 13번 문서). 한성부와 형조 각각에 소지를 올렸으며, 각 소지에는 해당 주인권이 적용되는 남양부의 제도가 기록되어 있는 기지목록이 후록으로 첨부되어 있다. 도조이는 1783년, 다시 경제적 어려움으로 다른 마을에 거주하는 양달하에게 150냥을 받고 팔았다가 환퇴한 후 같은 마을 백성운에게 200냥을 받고 매도하게 된다(1번 문서). 〈Ⅱ〉에서는 이 1번 문서가 소유권 매매와 관련된 기본 문서이며, 나머지 문서들은 백성운과 도조이가 여객주인권의 환퇴를 놓고 벌인 분쟁과 소송에 관련된 것들이다. 3번 문서는 백성운이 승소하여 형조로부터 발급받은 등급이며, 2번 문서는 이 소송 과정에서 도조이가 백성운으로부터 두 차례에 걸쳐 85냥을 더 받았다는 사실과 차후 분쟁을 만들지 않겠다는 약속을 담은 확인서이다. 하지만 백성운과 도조이의 쟁송은 백성운의 사망 이후 도조이가 그의 아버지인 백세채를 상대로 환퇴 소송을 제기함으로써 계속되었는데, 이 과정에서 한성부에서는 도조이가(5번 문서), 형조에서는 백세채가 승소하는(4번 문서) 등 법사(法司)에 따라 결과가 엎치락뒤치락하는 중에 결국 최종 승자인 백세채에게 권리가 넘어가게 되었다. 이 승소 결과 1번 문서의 뒷면에 '효주(爻周)라는 두 글자를 얻었으니 거론치 말라'는 형조 당상의 배탈을 기록하게 되었다. 21번 문서는 백성운이 남양강주인의 역을 매득한 이후 대동선 수수료 징수의 문제로 김천경 등과 벌인 소송에서 백성운이 승소하였다는 형조의 등급이다. 이 소송의 상황은 5번 문서 내 도조이의 초사 중에 언급되고 있는데, 21번 문서에서는 백성운이 해당 권리를 매입한 출처가 서오장이라는 인물로 되어 있어 서로 차이가 있다.

〈Ⅲ〉과 〈Ⅳ〉의 문서들은 하나의 주인권에 대한 매매 내력과 관련되어 한 그룹으로 보아도 무방하지만, 시기적으로 거래에서 50년의 시차가 있으며 당진·해미 지역을 포함하는 등 기지(基地)가 확대되는 변화를 주목해 두 그룹으로 구분했다. 19세기 초반 여객주인권은 한 소유자에게 보유되는 기간이 매우 짧게 나타나고 있다. 〈Ⅴ〉의 문서들은 시기를 구체화시킬 수 없어서 배치하기 애매한 것들이다. 하지만 25번 문서는 내용상 〈Ⅱ〉의 4번 문서 뒤와 〈Ⅲ〉의 20번 문서 앞일 가능성이 높다. 우선 그 내용에 거래 가격이 750냥이고 전(前) 주인이 백백린으

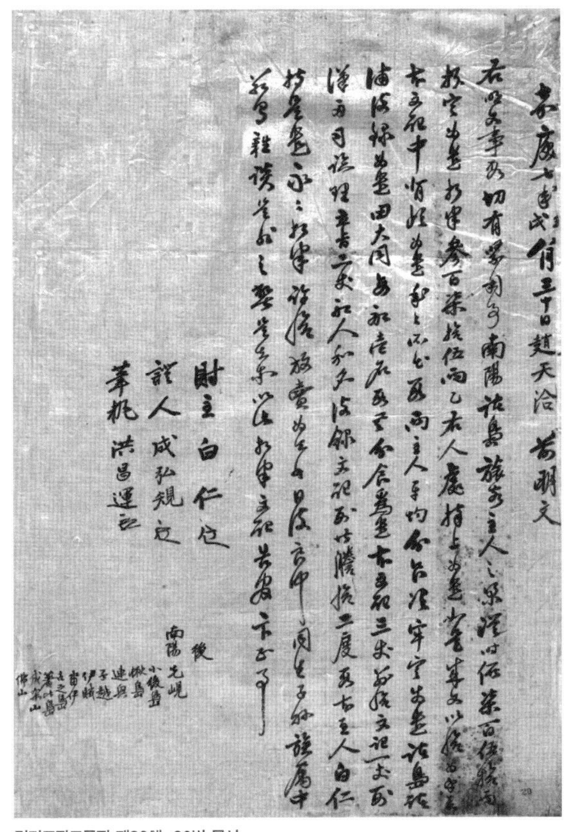

경기도장토문적 제89책, 20번 문서

로 나와 있으며, 18번 문서에서 이전(移轉) 대상 문서로 등장하고 있는 점 등이 근거가 될 만하다. 한편, 25번 문서의 내용을 보면 여객주인의 업은 주인권 소유자 본인에게만 중요한 것이 아니라, 주인권이 행사되는 강변 마을 주민들에게도 매우 중요한 문제였음을 알 수 있다. 주민들의 생계가 여객들과의 상업적 관계와 유통과정 속에서 해결되었기 때문에 주인권이 다른 마을 사람에게 넘어가게 되자 마을 대동 차원의 환퇴 노력을 기울이게 된 것이다.

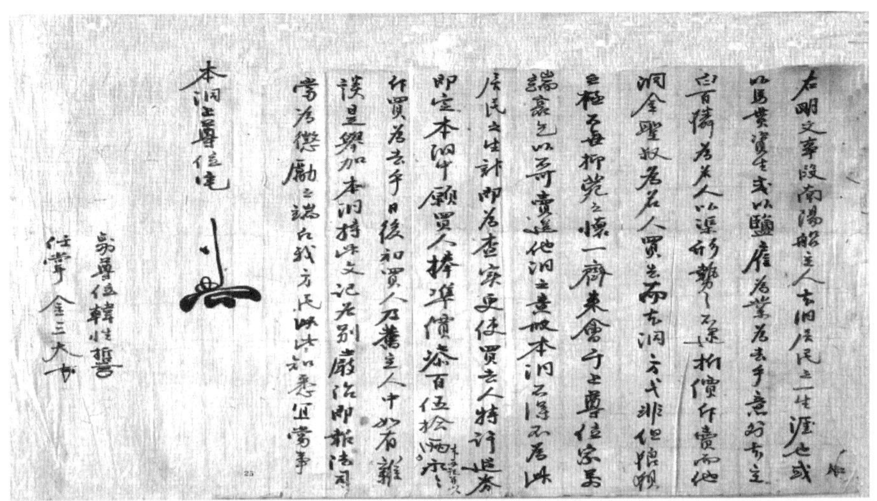

경기도장토문적 제89책, 25번 문서

〈Ⅱ〉에서 백세채에게 돌아갔던 남양여객주인권은 이후 백백린, 백인, 백명유 등의 소유자들을 거쳐 19번 문서에서 박성준에게 방매된다. 이들의 성씨와 각 거래에서 매도 대상 문건의 수를 고려했을 때 백백린과 백인은 백세채의 자손일 가능성이 높다.

백인은 20번 문서에서 보는 것처럼 같은 동내 조천흡에게 주인권의 절반을 매도하였다. 때문에 원 문서인 1번 문서의 뒷면에 이에 대한 내용이 배탈되었다. 불과 2년 후에는 백명유와 조천흡 두 사람의 명의로 나뉘었던 주인권이 동일한 가격으로 박성준에게 함께 팔리게 되었다. 이 과정에서 매도 문건의 수나 소유자 변동에 대한 아무런 설명도 없는 점을 고려했을 때, 백명유는 백인의 또 다른 이름으로 추측해 볼 수 있다. 이로부터 4년 후인 1808년, 18번 문서에는 박성준과 소유권을 공유한(동재주(同財主)) 이창배가 매매문기의 매도인으로 함께 등장하고 있다. 1808년에는 두 번의 거래가 이루어졌는데, 거래가는 50냥이 증가

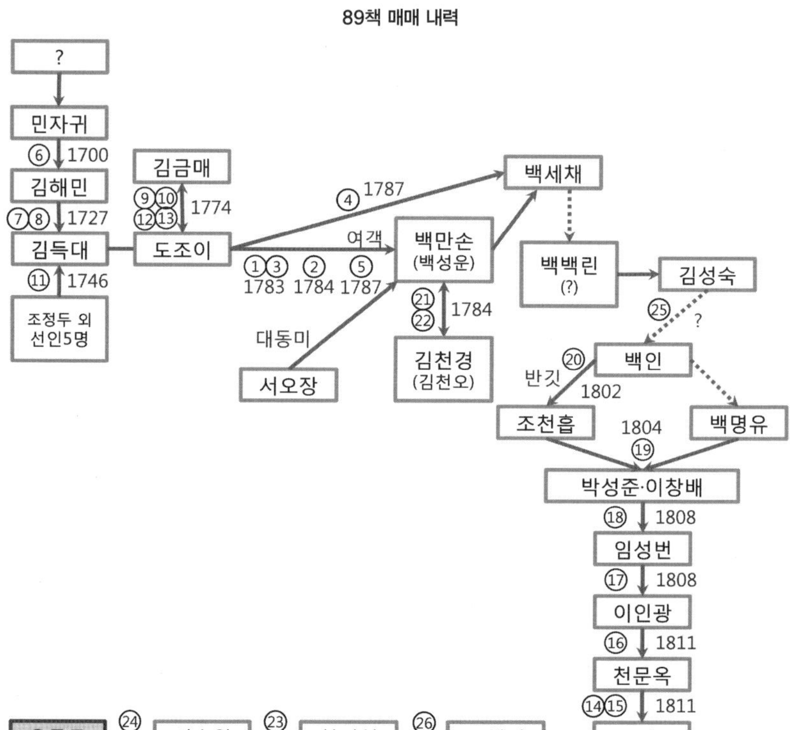

※ 네 자리 숫자는 연도. 동그라미 속 숫자는 문서번호. 물음표와 점선은 장토문적만으로는 해명될 수 없는 부분을 의미

되었고, 매득자는 한 사람으로 모아졌다. 3년 후인 1811년에는 이전 거래에 비해 200냥이 증가된 액수로 두 차례에 걸쳐 거래가 이루어졌는데, 특히 15번 문서에서 보듯이, 천문옥이 이인광으로부터 매득하여 조운에게 방매하는 데는 불과 10일의 시차가 있을 뿐이다. 14번 문서는 조운이 이 거래 내용에 대하여 관의 입지를 요청하여 올린 소지다.

〈Ⅳ〉는 조운의 매득으로부터 50년이 지난 후 그 자손 조행민이 주인권을 매도한 26번 문서로부터 시기상 최종적인, 1870년의 24번 문서까지 포함한다. 여기서는 남양부 제도만이 아니라 당진과 해미의 제도제포에 대한 여객주인권까지 포함됨으로써 거래되는 주인권의 대상이 확대되었다. 이 그룹의 매매 문서들에는 명문의 맨 앞에 매득자의 이름이 기록되어 있지 않다. 그러나 본문 중에 누구로부터 매득했는지를 밝혀둠으로써 매매의 전후관계를 파악할 수 는 있다. 마지막 24번 문서에는 매도자인 이승업의 이름은 있으나 이를 매득한 사람은 기록되지 않았다. 그러나 89책을 제출한 주체가 용동궁임을 고려했을 때 이를 최종 매득한 인물은 결국 용동궁과 관련된 존재일 것으로 추측된다. 다만, 실제로도 남양 제도제포 주인권 매매가 1870년 이후 더 이상 이루어진 것이 없는지 확인되지 않은 상태이기 때문에 24번 문서의 직접 매득자를 용동궁으로 단정하기에는 어려움이 따른다.

2. 여객 · 선주인 명칭과 권리 내용의 변화

경기도장토문적 제89책의 문서들은 앞에서 밝힌 것처럼 남양부 제도제포의 여객주인권이라는 동일 권리와 관련된 문건들이다. 하지만 각 시기별로 주인권의 구체적 내용에는 변화가 있었던 것처럼 보이며, 주인의 명칭에서도 여주인, 여객주인, 선주인, 상선주인, 강주인 등 다양한 양상이 나타난다.

89책 최초의 문서인 6번 문서는 남양의 선현, 소후도, 추도, 연흥, 자월, 이적, 답이, 고지도, 저비도, 성가산, 불산, 돌천 등의 여인(旅人)을 그들과 주인 관계에 있던 민자귀가 김해민에게 매도하고 그 수에 따라 50냥을 대가로 받은 내용을 기록한 것이다. 이를 보면 애초에 11번 문서와 유사한 여러 여인들이 함께 기록된 주인권 설정 문기가 있었고, 그중 일부인 해당 지역 여인들에 대한 권한만 넘겨준 것이다. 그리고 원 문기에는 넘겨준 이들의 이름을 뒷면에 효주 처리하기로 하였다. 비슷한 시기인 7번 문서에서는 여인 대신 여객(旅客)이라는 명칭이 사용되고 있어서 이 둘은 같은 대상을 가리키는 표현임을 알 수 있다. 그리고 11번 문서의 내용을 통해 처음 여인-주인의 관계 형성은 주인이 되는 유력자가 여인 혹은 선인이 가지고 있는 배에 대한 값을 쳐줌으로써 이루어지며, 이를 근거로 주인이 해당 선척의 선인 및 그 자손과 그들의 상업 활동에 대해 영원히 배타적 권리를 갖는 계약임을 알 수 있다. 이들 18세기 초반의 문서에 기록된 주인권의 내용은 비교적 단순하다. 초기의 여객주인은 응식(應食) 등 여객의 접대와 거래의 편의를 도모해주는 과정에서 구문 등의 이익을 챙기는 것으로 보인다.

그런데 18세기 후반이 되면 여객주인이라는 명칭 대신 여객선주인 혹은 상선주인(商船主人), 강상선주인이라는 명칭이 나타난다(1,2번 문서). 그리고 여기에서의 이익은 수수료로서, 겨울에서 봄에 이르는 기간의 곡물 징수로 확보된다. 〈Ⅱ〉에서 나타나는 기타 주인 명칭에 '남양강주인'이 있는데, 대동미와 사대부 댁 곡물 이송과 관련된 일을 도와주고 수수료를 받았다. 특히 대동선의 경우 배 1척당 쌀 1섬으로 관례화 되어 있었던 것으로 보인다. 같은 시기 같은 권리에 대한 서로 다른 소송 관련 문서로서, 〈Ⅱ〉의 4번 문서에서 백성운은 도조이에게게서 남양선주인의 역을 200냥에 매득하였으며, 21번 문서에서는 백성운이 남양강주인의 역을 서오장에게서 역시 비싼 값에 매득하였다고 되어

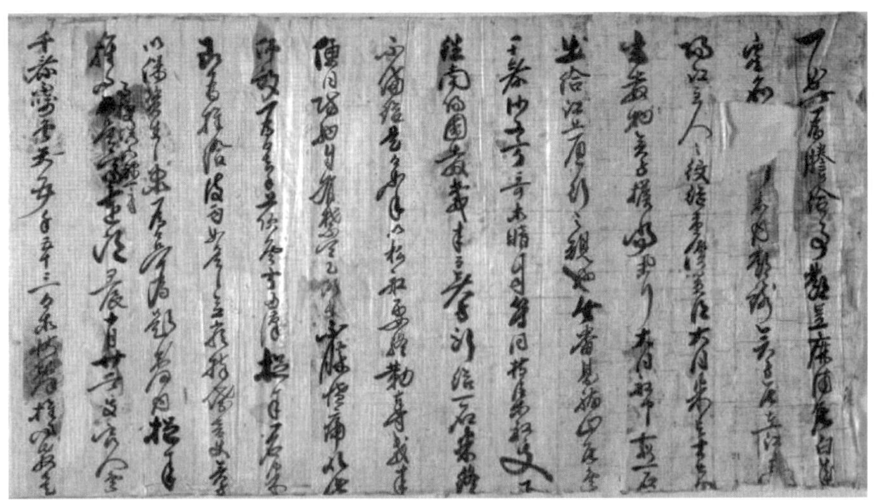

경기도장토문적 제89책, 21번 문서, 부분

있다. 백성운은 이 사실을 바탕으로 김천경과 형조에서 소송하여 승소하였다. 그런데 5번 문서에서 도조이의 진술 가운데 21번 문서에 대한 내용이 있는바, 백성운이 서오장으로부터 매득하였다는 남양강주인이 실제로는 도조이에게 매득한 남양선주인과 같은 것임을 알 수 있다. 다시 말해 강주인과 선주인이 같은 개념이며, 더불어, 같은 문서에 도조이가 남양여객주인의 역을 환퇴해 줄 것을 바란다는 문장이 있는 것을 볼 때, 여객주인 역시 같은 역할 혹은 권리를 나타내는 용어로 받아들여졌음을 알 수 있다.

19세기로 접어들면서 나타나는 매매문기에는 여객주인의 업에 대하여 구체적으로 명시한 내용이 나타난다. 〈Ⅲ〉의 19번 문서부터 그룹 Ⅳ의 여러 문서들에서는 남양 일읍 여러 섬의 어염, 어물 등과 지토선, 상고선의 미곡타조 등 각종 물종, 그리고 춘추전세 등 각종 세미(稅米) 등을 실어와 경강에 도박할 때 관례에 따라 두루 간검(看檢)하는 것이 여객주인의 업이라 규정하고 있다. 이는 18세기 중반 도조이의 문건에서 나타나는 '여객 접대'의 업과 비교했을 때 그 내용이나 역할이 매우 달라져 상당 부분 유통과정의 공정성이나 상품의 질을 보증하는 공적 역할을 떠맡고 있는 것처럼 보인다. 이런 측면에서 보면 22번 문서의 남양 각 포 선척도안에서 지역별 선척의 소유자, 규모, 세금 등에 대한 세부적 내용을 기록하고 선척주인의 관할 대상과 역가(役價)에 대한 문건에 남양부사가 공적으로 서압한 점을 이해할 수 있다.

　앞서 정리한 내용들을 고려해 볼 때, 18세기 후반에는 주인권이 그 이전 시기에 보이는 특정 여인(旅人)에 대한 개별적 권리 관계에서 벗어나 일정 지역범위에 속한 관련 활동 대상자 모두를 포괄하는 지역 중심의 상업적 권리로 확대되었음을 알 수 있다. 그리고 19세기 중반을 넘어서면 26번 문서에서 나타나는 것처럼, 인접한 2~3개 행정 구역을 아우르는 넓은 지역에 대한 권리로 여객주인권의 규모가 확대되는 경우도 있었음을 알 수 있다.

(안혜경)

○ 경기도장토문적 89책, 문서번호 1, 旅客主人權賣買文記

乾隆四十八年癸卯九月二十四日白成雲　前明文

右明文事段切有用處南陽諸島諸浦旅客船主人之

業乙矣夫世傳之物女矣身亦爲接對自生是如可

今以要用所致以價折錢文貳百兩依數捧上爲遣

本文記二丈別給文記一丈刑漢兩司論理立旨二丈

船人和名後錄文記幷以永爲放賣爲去乎日後雜

談之弊則此文記告官卞正事

　　　　　　　　旅客主都召史 (左手掌

　　　　　　證人 金宅禹【手決】

　　　　　　　辛聖說【手決】　　　　　　　　※전체문서 위에 크게

　　　　　　　金龍獜【手決】　　　　　　　　　　"爻爻" 표시함.

　　　　　　　盧元昌【手決】

　　　　　筆執 金珍彬【手決】

〈背面〉

丁未十月　日

白世彩相訟得次爻周二字勿論

堂上　　　　　郎廳

南陽旅客船主人以七百五十兩結價爲遣折半三百

七十五兩段洞里居趙天洽處捧上爲遣折半

文書成給印　　本主自筆 白　仁【手決】

○ 경기도장토문적 89책, 문서번호 2, 旅客主人權賣買文記

　　乾隆肆拾玖年甲辰正月十一日白成雲　前明文

右明文事段年前以勢不已之事南陽諸島商船主人之業土亭

梁哥處捧歇價百五十兩錢文斥賣是如可厥後還爲退出矣又有

切迫之故乙仍于右人處折價貳百兩欲爲放賣矣而年老女人未識法理誤

聽他人之指嗾更欲還退便到則呈訴相訟是如可終歸于非理自在於落科

則所當自懲而無壓之心實以難制又嗾梁哥原售互相橫侵之計

是如可明法之下不容售計乙仍于又歸于落科則前後設計悔不

可追兺不喩右人特以洞內相厚之誼初相訟時錢文四十兩加給故受

之爲遣再次起訟時錢文四十五兩又給故受之則合計加捧錢文捌拾

伍兩是如乎永以使無訟之意如是成文爲去乎日後如有雜談是去等

持此文記告官卞正事

　　　　　　　　旅客主 都氏【左手掌】

　　　　　　　證人 偲姪 金宅禹【手決】

　　　　　　　　　　李泰成【手決】

　　　　　　　筆執 金珍彬【手決】

※전체문서 위에 크게
"爻周"라고 표시함.

刑曹爲謄給事節呈麻

浦居金召史名呈所志內矣

女夫家累代居於麻浦以南

陽船主人累代爲資生是

白加尼去月良中以要用所

致捧價一百八十餘兩是白遣

斥賣於洞內居白萬孫是白乎

矣矣女寡居之後夫家世業

任自斥賣事有所如何盆不

喻當此窮歎之時萬無以資生

之道乙仍于今月初六日備價欲

爲還退是乎則白萬孫言內雖

呈狀實無還退之意云此必是侮

矣女之然也且江上船主人所食

穀物不過出於春冬之間而渠旣

已去今兩月之間所得食穀物至

於三十餘石之多矣雖以邊利

言之本價一百八十餘兩之邊猶有

過餘矣渠雖歇價買得是乎乃

本主旣已一朔之內準價還退是

乎則豈有如許相持之理乎伏乞

參商敎是後同白萬孫捉致官

庭嚴明分付是白遣受價後同本

文記段還給於矣女之意特爲行

下爲只爲所志據題辭內必有

苗脉另加查實當上着押踏印

癸卯十一月十四日壇下隷二房是

齊連次癸卯十一月十五日隻馬兵

萬孫不喩白成雲年三十三

白等狀辭推問敎是臥乎在亦腰

牌相考爲白乎旀矣身居在江頭

之致如干船業資生矣去九月分

洞內居狀女媤侄金小義爲名人

來言矣身曰吾之叔母南陽船主

人去八月分土亭居梁哥處捧價

一百五十兩放賣矣叔母以爲價之太少

是如還退他處欲爲斥賣之計汝

若願買則以二百兩錢買得無妨云故

矣身信聽狀女與梁哥之言矣身

家庄盡賣以二百兩成文買得今冬

若干錢兩與租石間得用矣狀女不

知何許人之衝動敎誘是乎喩忽

他準價還退亦爲白乎矣大抵凡物

買賣旣爲定限則寒進暑退

任意爲之豈可成說乎矣身之言

若不聽施則當初居間指示人狀女

之侄梁哥捉來推問教是乎則

眞僞可以洞燭明査處決俾無橫

罹之弊敎事連次同日元告金召

史年七十二白等矣身所懷已悉於

原狀中是白在果所謂南陽船

主人卽女矣家夫世傳之物早喪

家夫無他子女而矣女此主人擔當

隨行是白加可今八月分鄕客鹽石

多有見失而備給無路梁哥處以

一百五十兩放賣矣更以思之價本之

太少梁哥處還去月分隻漢處

捧錢一百八十五兩永永放賣之後生

涯永絶故道路呼哭則洞內之人憐其

矣女之可矜某某人出斂得給本價

故女矣身持本價還推則隻漢過限

是如終不還退以給故有此發狀是

白置旣是買賣數月伏乞官敎是

準價還退以爲料生之地敎事堂

上郞廳着押踏印是齊連次癸卯

十一月十六日題辭內已於原狀知其殊

常故有所論題矣初旣以百五十兩放

賣是如可更捧添價於渠可謂惟適所

欲是去乙今也又聽他人之指嗾敢生

還退之計者渠雖年過七十焉得

免反覆賣買之律是旀況渠招
中洞人憐其情境出斂還退云者
尤萬萬可笑所當依法治罪是乎矣
特爲安除此題辭詳布分付退
送堂上着押踏印是齊連次隻白
成雲追呈所志內金召史之非纏起
訟矣身橫罹之狀旣已洞燭無餘是
白在果此如本以恃其年老若是橫侵
比比有之是白乎所日後如有復踵前習
是白良置本文案謄給以爲憑考
之地所志據隻白成雲處文案謄
給印　　　　　　　癸卯十一月　　日
堂上【押】　　　　郎廳【押】

○ 경기도장토문적 89책, 문서번호 4, 刑曹謄給

刑曹爲謄給事節呈麻浦居白世彩名呈所
志內矣身居在江村旅客爲業故矣子萬孫生時
癸卯年分爲人指示南陽船主人之役給價二百兩
買得於都召史處無弊隨行矣都召史本以奸惡
之女忽生無據之心買賣過一年後甲辰年分称以
權賣還退爲言是白去乙矣子以過限不然之意責之
不退則都召史爲人發囑其時呈狀本曹見屈落訟

再呈本曹又爲落訟則都召史尙無奈何逐日肆惡

於矣子同船主人雖以永賣當初二百兩本價太少一百

加給則更勿是非是如萬端肆惡懇乞岙不喩至於

結項之擧故矣子不可與强悖女人相較兩次八十五兩

加給後以更勿侵漁之意俱證筆捧手標而其後四

年之間更無他說矣今年正月十五日矣子萬萬孫不幸身

死則都召史與證筆人等符同締結誣呈京兆同船

主人之役勒給一百六十兩還退以去後持準價放賣於

矣子買得時明文中證筆是在金珍彬處是白如乎

都召史難辨還退二百八十五兩本價備給當然而價本

中以一百二十五兩公然成給已極無據是白遣以金珍

彬所爲言之內矣子生時此主人成文買得時渠以筆

執詳知其買賣顚末而矣子死後指嗾都召史

誣呈京兆減價還退後渠仍買得隨行者豈不

無據乎以此推之都召史與金珍彬符同之事明若

觀火是白乎旀且一言可卜事段都召史若與矣子

旣有權賣還退之約則矣子買得周年之間元無

此等說話加捧八十五兩後以更勿是非之意成給手

標以至四年而亦無一言半辭矣矣子身死後如是

呈狀推知豈不萬萬無據乎不勝憤痛擧實仰

訴於明政之下爲白去乎上項都召史金珍彬捉來査

實嚴處敎是後矣身所買船主人之役卽爲推給

俾無空失之弊事據手決同都女金漢置捉來

查問堂上着押踏印丁未六月卄四日塤下隷二房是

齊連次同月卄六日隻都召史年七十一扈衛軍官

金珍彬年六十四元告白世彩年六十二白等矣徒

告隻多有所惶實難口招再明日內彼此原情

書納計料而如過此日是白去等重治督納敎事

名下手寸着名堂上郎廳着押踏印是齊連次同

月卄八日隻都召史姪子金汝成年卄二白等女矣身

之夫生時南陽船主人之役以世傳之業多年對答

是白如可身死後女矣身仍爲人對答矣癸卯年女矣

身有緊啓事同主人之役捧價錢文一百六十兩放賣

於土亭居梁達夏處矣未過數月同里居白萬孫

來言曰汝之生涯只此船主人之業是白去乙此業若永賣

於梁哥處則汝之食根永絶是如乎不如還退於梁哥

權賣於吾是如乎吾若權賣而待汝備價卽爲還給則

於汝豈不幸乎多般敎誘之說實有情勢之不得故

懇乞於梁哥還退而以一百六十兩權賣於白萬孫處而

明文中以二百兩書錄事段閭巷間凡百買賣時明文

中增價乃是俗例侤不喻亦欲無梁哥之日後公然

還退以本價復賣於白萬孫處之所是白如乎如此事狀

推問於其時證筆諸人等處則可以洞燭是白乎旀其後

女矣身懇辛備價往見白萬孫而依相約還退則萬

孫過去不爲退給之計假称渠之買來後與船漢訟卞於

刑曹每船一行次一石式加定之功及浮費之說非吾所知汝

當依約退給云則萬孫背約而不爲退給故女矣身不勝無

遽之狀呈狀本曹而冤屈是白乎所女矣身每以更

呈之意言及則萬孫亦人也自知其背約無狀之事錢文十五

兩分兩側備給是白遣每以姑待後日退給是白如可千萬

意外萬孫身死是如故往見萬孫之父與妻而具無事狀而

還退云則萬孫之世彩及其妻之進而排却者甚於萬孫

故不勝憤惋呈狀漢城府則世彩敢佈巧欺之說其子生

時矣身一次呈狀時備給四十兩再次呈狀又給四十五兩而

捧矣身手記是如故同納招是白如可其矣奸狀莫逃於

詳查嚴處之下依法照律而自官退給是白去乙白哥不

知自戕作以二百兩及八十五兩等說誣罔呈訴是白如乎此是

明政之下京兆訟稟矣身所納其矣僞造文記考覽敎是

則白世彩誣称之狀眼下難掩是白如乎其罪狀依律

遠配俾懲奸民倖望起訟之地敎事同日隻金珍彬年

更推白等凡謂橫侵者世或有之而豈有如狀者白哥之

萬萬無據者乎矣身與白成云有所相親矣癸卯年分

成云來謂矣身曰吾有南陽船主人買得於都召史之事

是如乎汝爲證筆亦爲白去乙矣身依其言果爲書給明文

而本價一百六十兩中以二百兩增價書塡事因白成云

所動而亦有民間規例故書給矣今年漢城府其人等以

此事相訟時推捉其時證筆人等查問而其中亦有都

召史處八十五兩備給時手記而矣身亦爲着名是白如乎

原主人買賣成文時矣身書給着名的實是白遣至於

都召史處八十五兩手記中筆執雖是矣身之名是白乎

乃矣身元無見聞之事是白乎等以詳見其字劃着名則

此非矣身之所書所着故具由納供則官家敎是使矣身

所書於他紙更着於他紙較準則字劃與着名霄境

不侔故白哥僞造文記欺罔官家之罪綻露無餘故漢

城府敎是依法照律矣白哥含憾於矣身之意想渠

身之被罪有此橫侵之狀豈不無據乎情由參商敎是

後白哥之不爲懲戢肆然起鬧非理誣罔之罪照法嚴

處俾杜後弊敎事同日元告白世彩年白等矣身所惶已

陳於原狀中是白在果大抵矣子萬孫癸卯年分南陽船主

人之役都召史處給價二百金買得擧行矣都召史本來

奸惡女人忽生無據之心買賣周年後稱以權賣還退爲

言是去乙以其過限不給之意責之不爲還退則都召史爲人敎

囑兩次呈狀本曹未免落訟則都召史勢無奈何逐日到

門肆惡曰船主人敢以永賣當初二百兩極甚太少一百兩加給

則更勿是非是如萬端懇乞百般肆惡甚至於結項之擧故

矣子不可與奸惡女人相較兩次八十五兩加給後以更勿侵

漁之意俱證筆捧手標而其間四年之內更無他說矣今年

正月矣子萬孫身死則都召史與證筆人等符同謀議以矣

子萬孫加給八十五兩手標中證筆着名僞造樣誣訴京兆本

價二百八十五兩內勒給一百六十兩還退仍爲捧準價放賣於

金珍彬處是白如乎都召史此主人之役敢爲還退二百八十五

兩備給事理當然而本價中一百二十兩公然減給已極無據

是白遣金珍彬事言之矣子生時都召史處加給八十五兩捧手

標中渠以證筆分明着名而呈京兆推卞時珍彬與證人金

遇漢元告都召史符同以非渠等着名納招後減價奪取不

賣之物渠仍買得者寃痛所爲萬萬凶狼是白乎旀設如渠言

矣身若有僞造之心則以矣身許多情密者着名之不暇書而還

可以都召史之侄子金宅禹爲其參證乎澤過取此主人之

役其矣身叔母都召史二百兩捧價放賣時明文中證參是白

遣八十五兩加捧時宅禹亦爲參證而推卜京兆時互相符

同和應變行還奪放賣於金珍彬處後餘私分食之事

明若觀火是白乎旀且一無可卜者加捧價本事姑捨之癸卯

年都召史此主人矣子處捧價二百兩明文昭昭斑斑是白遣

元無權賣還退文券則賣買五年減價還退其可成說乎

此必是金宅禹金珍彬等指嗾都召史作俑之致是白乎等

以不勝憤寃玆以仰訴於明政按法之下參商敎是後金

宅禹金珍彬杖問得情照律嚴治後同船主人之役還爲

推給俾無空失之弊敎事名下着名堂上郎廳着押踏印

是齊連次題辭內此係大訟而告隻互相自是其矣

等所謂本曹及京兆良中決券八丈使之現納同船主人

買賣文券八十五兩加給文券幷一依現納堂上着押踏印

是齊連次七月初二日隻都召史侄子金汝成年更推白等

矣身依手決船主人買得文券現納而執置典當士夫

家出用錢爲矣右宅今方遭喪故姑不得推納某條

推出今月初八日內現納而如過此日是去等嚴治背

納敎事着名堂上郎廳着押踏印是齊連次同月廿

一日題辭內取考告隻及金哥原情更閱癸卯冬

白哥處決給是在謄給文案則彼此曲直居然

可知旀除良凡係訟理一從文券施行之外無他道

理當初白萬孫處船主人買賣之時價錢二百兩捧

上昭哉於明文中而詞證俱備結之以永爲放賣則

可信文跡莫過於此都召史招內以爲元價只捧一百

六十兩而以二百兩書錄事段買賣時文券中增價乃

是俗例是如爲是乃此則語不成說欲巧爲拙何

則都召史果有還退之心則以二百兩與受樣成文是如

可來頭還退之時欲何以處之而增價來給是乙喻

此尤都女語塞之一端돗不喻凡買賣還退之法非但

有定限當初放賣時設有退給之相約是良置無語

酬酢無憑可考永賣文跡昭然可據撥以訟訴有不可

取無憑而推可據是遣果是應退之納則自癸卯至

今爲五年之間何無一言半辭是如可又於萬孫身死

之後招內呈訴於京兆是旀都女及金哥然以白哥

追給是在八十五兩文記中字樣着名不同於當初文

記爲執言之端是乃元告狀中以爲都女與其侄金

宅禹互相和應放賣於初次筆執金珍彬處是如

則近來人心詐俗間出所謂八十五兩手記書給時安知

不故賣其筆跡以爲成頭還退之話柄是旀況萬孫

旣故之後問覓無據此亦非可擬之一端乎以此以彼都

召史之專聽金珍彬之抑囑非此無據之事者節節綻

露乙仍于此訟段元告白世彩處從文券決給爲在

果上項都召史之非理好訟之罪不可以無錢女人有所

寬與以此遲晩取招後照律爲旀金珍彬段以當初白萬

孫買取時筆執誘引都女起訟於萬孫身故後以廉

價勒退爲渠取剩者其心所在極其巧惡大體言之

都女雖是本多便同影子珍彬自初參淺喑成囁矢
則渠雖啄長安敢發明乎一體遲晚取招後照律爲乎
矢都召史及金珍彬段曹內姑爲保授堂上着押踏印
是齊連次同月卄三日隻都召史年金珍彬年元告白
世彩年更推白等都召史矢身段南陽船主人之役
狀者子白萬孫生時癸卯年分捧價二百兩成文永賣
而初無還退之文跡事爲旀還退之約忽生萬一之計非理
起訟勒退是白如可今無因白哥呈所先後非無奸
情綻露則矢身焉得免非理之罪乎遲晚納招依法處
置敎是白乎旀金珍彬矢身段矢身都召史等相訟一所實
非矢身預知之事而此主人之役當初告隻買賣時明文中
矢身以筆執參涉矢都召史相訟於京兆時矢身招去自
官白哥之所納八十五兩加給文書中矢身着名與否詳問
敎是故矢身現其厥文書着名則果非矢身所着故以不
知爲對而已矢今無白哥混呈矢身至於此境是白去乎
事實雖如此題辭內辭意旣如是嚴截則矢身焉得免
抑囑都召史非理起訟之罪乎幷只遲晚納招依法處
置敎是白乎旀元告白世彩矢子段旣已得訟則所捧價
錢一百七十五兩豈可遲納乎明日內備納計料而如過此
日是白去等重治背徵敎事名下着手寸着名堂上郎廳着
押踏印是齊連次同日題辭內旣已遲晚幷只照律堂
上着押踏印是齊連次大典通編內非理主訟者杖一
百流三千里律文內隨從其減一等名例云三流同爲一減
亦爲有置都召史段杖一百流三千里金珍彬段流三

千里罪良中減一等杖一百徒三年幷只私罪堂上着押

踏印是齊連次同月廿五日元告白世彩年隻都召

史年更推白等白世彩矣身段矣身今番特蒙明證

之照洞決給敎是故前還退之時所捧船主人價一百

七十五兩還給於都召史處是遣本文記推去爲白去乎

後考施行而日後如有更侵之事文案亦爲謄給爲

白乎旀都召史矣身段旣已落訟故前日還退時所給

前日百七十五兩今日官前捧去後考施行敎事各着名手

寸堂上郎廳着押踏印是齊連次同日題辭內旣已

納賂則有放送堂上着押踏印是▨▨是乎等以元告

白世彩隻後考次原文案謄給印

　　　　　丁未七月　　日

堂上【押】　　　　　　郎廳【押】

○ 경기도장토문적 89책, 문서번호 5, 漢城府謄給

之後女矣身連綿隨行是白加尼有緊用▨▨▨

主人之役斥賣於土亭居梁達厚處捧價一百

六十兩而放賣矣洞里居白萬孫爲名漢軍▨▨▨

女之斥賣主人之役來言女矣身曰主人之役若爲永

賣於梁達厚則日後無以還退更若還退轉賣

於吾則後必有以本價退給之地矣累次言及乙

仍于女矣身甘聽白哥之敎說果爲還退於梁哥

仍爲放賣於白哥處矣昨年秋以從前價還

退之給價則白哥彼日此日是白如可偶然身死而

其父與其妻仍執肆惡不爲還給之狀萬萬無

據是白乎等以玆敢仰訴爲白去乎上項白哥父

及其妻幷爲捉來依約還退推給使矣女身

狀女以爲支保之地爲白只爲行下向敎是事漢

城府處分丁未二月初一日堂上題辭內放賣之

時旣無還退之手記則不可以無語相約年久請

退是乎矣所訴如此白哥試爲捉來推卜堂上

着押是齊塡下二房是齊連次同月初三日

隻業武白世彩年六十二元告都召史年孫良

人金大孫年廿三白等此訟難以行起是白乎等以

矣徒等俱以明日內原情書納草料爲白去乎相

考敎是後處決敎事各着名堂上郎廳着押

踏印是齊連次同月初四日隻白世彩年白等世

間非理起訟無端橫侵之類或有之豈有如狀女都

召史之萬萬無據者乎矣子萬孫今時南陽船主人癸卯

年分給價二百兩成文買得於狀女處無弊隨行矣

狀女之心術不正一自斥賣主人之後常懷怏怏之心甲辰

年分僞稱權賣以還退之矣訴呈秋曹理屈落

訟再呈秋曹又爲見落之後勞無奈何公然來到用惡

辱說曰主人雖有斥賣價本太少生道絶望[亡]本價

外八十兩錢加給則此後更勿言詰是如萬端肆惡

至於結項之境故矣子不勝憂患之心而價雖太多

不與年老寡女相較甲辰年分不得已初給四十兩再

次四十五兩合爲八十五兩加給後以後更勿侵之意

又捧手標于今四年終無一言半辭矣不幸矣子

今正月十五日良中身死則狀女忽生不測之計称以

矣子生時還退以給成文是如誣呈其果成說乎

當初永賣文券加給八十五兩後捧水標與

刑曹得決後謄給文案昭昭明明一次取考教是乎則

狀女之奸狀自可綻露是白如乎伏乞此女非理之罪

依法照律以杜日後紛拏訟庭之弊爲白乎旀矣身子

婦段一自喪夫之後病勢危劇不得待令是白如乎矣

身旣已對訟則矣身子婦有無罪所可論是如乎明

查處分之地望良白只爲着名堂上郎廳着押踏印是齊

連次同日元告都召史年白等女矣身所懷略陳於

原狀中是白在果女矣夫生時南陽旅客船主人之

役多年對答是白如可不幸身死之後女矣身仍爲

對答是白加尼有緊用處萬不得已癸卯年分同

主人之役斥賣於土亭居梁達厦處是白乎則同

里居白萬孫來言曰此主人之役若爲永賣則喪

夫狐女何以聊生乎還退於梁哥而爲賣於吾是

如可日後汝若備價則退給亦爲白乎所女矣身急

於喪債雖或放賣而若無此役則生道爲難甘聽

萬孫之言而同主人之役還退於梁哥權賣於白萬

孫是白如可女矣身懇章備價依初約還退於萬孫

則萬孫以爲自吾買得此役之後與龍山使船人金天京

相訟於秋曹每船一石式受所事定式是白如乎汝若欲還退則

秋曹訟卜時所費并以備給亦爲白乎所女矣身答

以此是吾之媤家世傳之物故依汝所約而還退而已

一石米定式之事非吾所知是如相詰之狀同里諸人

無不目見耳聞是白如乎萬孫身死故往見萬孫之

父與妻而還退爲言則亦如萬孫之言卽不爲退給

是白如乎當初若無萬孫之還退言說則女矣身雖曰

迷劣豈有還退於梁哥減價權賣於萬孫之理乎

此不多卜女矣身與萬孫上年分還退事相詰之狀

一番推聞於同里人則白萬孫背約之事萬孫之

父與妻幸其萬孫之已死不爲退給之罪各別重治後

同主人之役則爲推還俾爲繼先人舊物亦使貧寒

狐女得爲俾存之地敎事着手寸堂上郞廳着押踏

印是齊連次二月初八日題辭內手標相考後查實證筆

堂上着押踏印是齊連次二月十二日良人金珎彬年

六十四閑良金宅遇年四十四李泰成子閑良天必年

三十一白等因狀女都召史之呈狀與白成雲之父世

彩以南陽旅客還退事有所相訟於本府爲有如乎

白成雲買得於主人之後同都召史又捧八十五兩以

後勿雜談之事成給改成明文時汝矣等俱以證筆

各着名是如爲有臥乎所成文中果是着名是喩

其間眞僞隱諱除良從實直告亦推問敎是臥乎

在亦筆執金珎彬矣身段洞內居獨女都召史亦

去癸卯年分其矣所業南陽旅客主人之役

捧價一百六十兩斥賣於土亭里居梁達厦
處是白如可又因白成雲之敎誘還退轉
賣於白哥處是乎矣其所還退轉賣者
都召史聽其白哥之後而還退所納果以
一百六十兩彼此興成是白乎乃其明文
中以二百兩賣買樣增價書錄乃是常漢
輩例規是白如乎今此其矣等相訟時白哥
父世彩所納文記中甲辰正月之都召史之
又捧八十五兩於白哥時矣身之名載錄
捧筆執云者實非矣身筆跡着名岉不
喩今於官前當初成文及追後筆跡官敎
是捧矣身手書較準於兩次文記書劃筆法
敎是白乎則甲辰追成之手標非矣身
所書着名之狀明驗可狋敎是白置矣身所懷
不過如斯是白置相考處置爲白乎旀證人
金宅遇矣身段狀女都召史則矣身三寸姼母
是白如乎今見白世彩所納手記中甲辰正
月日又加捧八十五兩故勿更侵之明文改成
給時矣身以證參着名是如爲白有如乎若
有改成給手標則矣身雖是迷劣今此
呈狀時白等挽留於姼母乎今此白世彩
追捧手記云者實非言外岉不喩矣身名下
之所着標跡亦非矣身之所着名是白置明查
處決敎是白乎旀李天必矣身段矣父以金

得身病方在危境故矣身代現納招爲白

在果矣父本以目不知書又不知謄書爲

不喩聞此官差出來之言則都召史與白

漢主人價成文時元無參證是如爲白乎

等以矣身父前日他人處所貸着名之手標

今於官前現納爲白去乎相考處置敎事

各着名堂上郞廳着押踏印同日更白世

世彩年六十二白等今此筆執人金珎

彬證人兩漢之招觀之則甲辰年又給

八十五兩於都召史處捧明文是如之境自

歸誣罔若然則主人之還退一款姑勿論

追成文券必也僞造文記是遣汝矣原

情中都召史之初呈刑曹時給四十兩再

呈刑曹時又給四十五兩是如爲乎乃則聞

元告都召史及證筆等招辭則又曰以

還退之宜呈狀刑曹亦是一次而已元無

再呈是如則汝矣身原情措語無非粧撰無

非隱諱一一直招亦推問敎是臥乎在亦

今者證筆各人等招辭中追後成給文

記俱非其矣等之着名是如爲乎則無論覈卜是

白乎乃其所追捧之文記乃矣子成雲生時

所捧之明文本非矣身親自所捧是白乎旀矣身

原情所志內兩次刑曹之告狀事段都召史初呈

矣子成雲於刑曹是白遣再呈云者都召史又

呈追訴於刑曹是白如可不爲據訟因官分付

則地自外退斥是白乎等以矣身以無識之人

以此追呈所志謂之兩次呈狀泛然納招是白乎乃

若不給八十五兩則矣身何如是擧實納招乎大

抵證筆各人等之以不知納侤音於官前

者萬萬無狀是白置追成明文僞造一款罪

矣身之所爲是白置明政處決敎事着名

堂上郞廳着押踏印同日元告都召史年七

七十一更推白等女矣身年過七十以無依

狐女依白哥之子成雲當初所約欲爲還退

之意呈狀刑曹矣白哥背斥其當初相約

以增價還退爲言蔑視女矣身無笏之

孤弱無意還退乙仍于賣買不過一朔之

間呈于刑曹是白如可女矣身因弱落訟是

白如乎今又卞呈本府有此究覈之中今於

官前白哥父世彩招辭中女矣身兩次刑

曹呈狀時初給四十兩再給四十五兩是如爲白

臥乎所大抵一百五十兩興成之主人賣買還退

事爭詰時一呈則給四十兩再呈則又給四十五兩

則其若五六次呈狀則所謂加給至於本價中之

加外是白乎旀賣買爲去乎女矣身處兩次八十

五兩改成文記之成給云者今始初聞是白乎

旀今於證筆各人等之招辭觀之是白良置白

世彩欺瞞官前欲爲背約而不爲退給者明若

觀火是白置伏乞白世彩僞造改文記抵刺
肆惡之罪如法嚴治爲白遣女矣身南陽旅
客主人之役段則令還退決給於女矣身處
使無依狐女得以生活之澤事積善處分
敎事着手寸堂上郎廳着押踏印稟目
依題辭取考告隻證筆招辭及兩張買
賣文記則都召史賣梁哥而聞白成雲
之言還退梁哥旋賣成雲則其間必有委折
厺不喩又況賣買未過數朔都召史不爲
追給呈狀成雲於秋曹亦必有苗脈是
去乙今此世彩招辭及追後文記中都女
以價本之太歇欲徵八十兩捧價故不得已
加給八十五兩云云彼之所徵只是八十兩則
豈有所徵外不給五兩之理哉以此追之
八十五兩加給之說自歸誣罔是遣以文記
論之一事賣買豈有兩張文記是乎旀設有
兩張是良置初成文記時證筆皆是再
成文記時證筆則字樣着名宜無差錯
是去乙此則不然字樣顯有草熟之辦
異着名亦有點畫之差爽故使筆
執證叅人改書改着於他紙則與初文
記相符而再次文記則不同是遣其矣
招內再次成文時元無與聞之事云其僞造
之狀推此可知是乎旀大抵白成雲作此

兩件事蔑視都女年老孤弱背約還
退而欲杜日後呈官之弊也不然則旣賣
於梁哥之物緣何故而還退因賣於白哥
之理乎成雲生存則固當嚴杖取服而旣
已身死法無可施之路是遣世彩雖有事
情推歸於已死之成雲誠所謂可欺以其
才是如乎同主人之役準價追給俾絶紛紜
之弊未前何如愚見如此惟在裁處焉稟郎
廳堂上着押踏印丁未二月十四日題辭內主
人之役都召史初賣梁哥後賣白哥故以其
有還退之相約也推以事理灼然無疑爺不
喩白哥價中加給八十五兩之說自歸誣罔
不一其端都召史之欲推者不過八十兩則
白哥之數外加給云者必無是理爺不喩證
參諸人皆以初不着名納價筆跡相左僞
造分明則此語窮乃反推諉於已死之其
子者節無據白哥段以僞造文記照律
從欲以懲奸民欺侮孤寡之習主人之役
依初約以本價還退以給宜當向事堂上着
押踏印大典通編內僞造文記奸詐顯著
者杖一百流三千里亦爲有置白世彩段杖一
百流三千里私罪檢律郭着名堂上郎廳着
押踏印丁未二月十六日題辭內旣已遲晚照
律從願姑亭拘留待納贖放送爲旀凡於

文記增價懸錄自是例規一從證筆執所
告本價還退堂上着押踏印丁未二月十六日
隻白世彩年元告都召史孫子金大孫年
白等隻白世彩矣身段贖錢肆拾貳兩自
願備納爲白乎旀南陽旅客主人本價壹百陸
拾兩及加給錢拾伍兩合壹百七十五兩官前
沒數捧去爲白遣主人文記貳張別給文
記壹張立旨貳張船人處和名後錄文記
幷以幷爲出給於元告孫金大孫處爲白乎旀
買得文記壹張及僞造文記壹張段官前爻
周出給爲白去乎後考施行爲白乎旀元告都
召史孫金大孫矣身段置主人本價壹百陸拾
兩及加捧錢拾伍兩合壹百柒拾伍兩段今
於官前沒數出給於白世彩處爲白遣本
文記貳張別給文記壹張立旨貳張船人和
名文記給爻周是在放賣文記壹張與其矣等
僞造文記壹張幷以官前無遺推去爲白去乎
後考施行敎事各着名堂上郎廳着押踏
印同日承發所行僞造文記事照律是在白世彩
杖一百流三千里贖錢肆拾貳兩內贖所肆兩貳爻除
實錢參拾柒兩移記印堂上郎廳着押
踏印是齊後考次元告都召史處文案
謄給印

堂上【押】

○ 경기도장토문적 89책, 문서번호 6, 旅客主人權賣買文記

康熙三十九年庚辰二月初十日金海敏前明文

右明文事段慘遭父喪葬事諸需備出

無路乙仍于不得已南陽先峴小後島楸

島蓮興子越伊賊畓伊古之島著比島成

架山佛山柳乙池旡川等旅人設數價折錢

文伍拾兩論定捧上爲遣永永放賣爲乎

矣本文記段他旅人幷付乙仍于許給不

得後背爻周爲去乎日後良中同生子孫

族屬中如有雜談是去等持此文記告

官卞正事

      旅主 閔者貴【手決】

      證人 崔論伊【手決】

        崔男諸之【手決】

      筆執 朴枝世【手決】

○ 경기도장토문적 89책, 문서번호 7, 分財記(旅客主人權別給文記)

雍正五年丁未四月二十四日子得大處別給成文

右文爲別給事閪者貴處買得爲在南陽

先峴小後島楸島蓮興子越伊賊畓伊古之島

成架山佛山著比島柳乙池旅客等買得本文記

壹丈幷以永永許給爲去乎日後良中他子枝

中如有雜談相爭之弊是去等持此文記告

官卞正事

  旅客主 父

  證人 許仁先【手決】

  筆執 朴鳳元【手決】

○ 경기도장토문적 89책, 문서번호 8, 船主人名單

船主 李馬當【手決】

船主 朴七善【手決】

船主 白減立【手決】

船主 高尙明

 高尙龍【手決】

 曹貴才【手決】

 朴毋金【手決】

 金金伊【手決】

 咸凡致【手決】

 洪厚邑種【手決】

 金檢同【手決】

廉尙元【手決】

陳夢致【手決】

○ 경기도장토문적 89책, 문서번호 9, 所志

麻浦居都召史【右寸】

右謹陳所志矣段女矣夫金得大世傳之業南陽船人旅客主人資生是如可矣

夫身死後女矣身亦爲旅客接待生涯是白如乎去戊子年分女矣身慘遭母喪

過葬無路乙仍于同里居金金每處船人旅客分賞姑後以還退事金石

相約是白遣錢文五十兩貸用矣今方同本錢如數還給是白遣旅客文記果爲

推尋是乎矣近來人心莫測之時文券旣久移授他人而來則亦不無日後雜

談之慮是乎等以同本文記貼連後錄仰訴爲白去乎　參商教是後前後文

記　題事立旨成給以爲憑施之地爲白只爲

行下向教是事

漢城府　處分

　　　甲午四月　日所志

堂上【押】

〈題音〉後日憑考

　　　次依所致

　　　題給事

　　　五月十五

○ 경기도장토문적 89책, 문서번호 10, 後錄

後
南陽先峴
　小後島
　楸　島
　連　興
　子　越
　伊　賦
　畓　伊
　古之島
　著比島
　成架山
　佛　山
　柳乙池
　旕　川
　　際

○ 경기도장토문적 89책, 문서번호 11, 旅客主人權賣買文記

乾隆十一年丙寅四月十九日金得大 前明文

右文爲矣徒等所在處南陽柳旕某只居生故以船業自生是去乎

載鹽麻浦到則元無主人故今爲右人前價船次錢文陸

拾兩捧上爲遣子子孫孫永爲旅人爲去乎日後若有背远

之弊是去等此文告官卞正事

    筆執 崔弘道【手決】   趙廷斗【手決】   黃夢伊【手決】

                       鄭丁金【手決】   李日先【手決】

                       張齊奉【手決】   李順才【手決】

○ 경기도장토문적 89책, 문서번호 12, 所志

    麻浦居都召史【右寸】

右謹陳所志矣段矣夫金得大世傳之業南陽船人旅客主人自生是白如可矣夫身死後

女矣身亦爲旅客接待生涯是白如乎去戊子年分女矣身慘遭母喪過葬無路乙仍于洞里

居金金每處旅客船人分贊姑賣後以還退事金石相約是白遣錢文五十兩貸用矣今方同本

錢如數還給是白遣旅客文記果爲推尋是乎矣近來人心莫測之時文券旣久移授他人而來則

亦不無日後雜談之慮是乎等以同本文記貼連後錄仰訴爲白去乎 參商敎是後 特爲立

旨成給以爲憑施之地爲白只爲

行下向敎是事

刑曹　處分

    甲午四月　日所志

堂上【押】

〈題音〉文券旣已還

    移則必立旨

    向事

      十八日

○ 경기도장토문적 89책, 문서번호 13, 後錄

後

南陽 先峴

　　小後島

　　楸　島

　　連　興

　　子　越

　　伊　賦

　　畓　伊

　　古之島

　　著比島

　　成架山

　　佛　山

　　柳乙池

　　亐　川

　　花　梁

　　　際

○ 경기도장토문적 89책, 문서번호 14, 所志

麻浦居趙　憚

右謹陳所志矣段矣身京畿南陽一邑諸面諸島諸浦水魚魚鹽

柴穀商賈商船及春秋田大同三手米各種等物旅客主人之業

買得於千文玉處是如乎前後文案帖連仰訴爲白去乎　參商敎

是後後考次立旨成給之地千萬望良爲只爲

行下　向敎是事

堂上【押】

　　　　　　　　辛未九月　日 所志

〈題音〉憑考次

　　　立旨成

　　　給

　　　　　廿四

○ 경기도장토문적 89책, 문서번호 15, 旅客主人權賣買文記

嘉慶十六年辛未九月二十日趙憚前明文

右明文事段李寅光處京畿南陽一邑所

係諸面諸島諸浦氷魚魚鹽柴穀商賈商船

及春秋田大同三手米各種等物旅客主人之

業買得資生是如可切有用處右人前價折

錢文壹千壹百兩依數捧上爲遣本文記柒張

別給文記壹張立旨貳張謄給壹張和名文記

壹張趙天洽折半文記壹張麻浦大同文記

壹張幷以永永放賣爲去乎日後同生子孫族屬

中若有雜談之弊則以此文記告官卞正

事

　　　　財主 千文玉【手決】【印】

　　　　證人 李寅光【手決】

　　　　　　金相霖【手決】

　　　　　　朴再純

　　　　筆執 金龍鎭【手決】

○ 경기도장토문적 89책, 문서번호 16, 旅客主人權賣買文記

嘉慶十六年辛未九月初十日千文玉前明文

右明文事段林盛蕃處京畿南陽一邑所係諸

面諸島諸浦氷魚魚鹽柴穀商賈商船及春秋

田大同三手米各種等物旅客主人之業乙買得

資生是如可切有用處右人處價折錢文壹仟壹

佰兩依數捧上爲遣本文記陸度別給文記壹張

立旨貳張膽給壹張和名文記壹張趙天洽折半文記

壹張麻浦大洞文記壹張幷以永永放賣爲去乎日後

同生子孫族屬中若有雜談之弊則持此文記告官卞正事

　　　　　財主 李寅光【手決】

　　　　　證人 奇順哲【手決】

　　　　　　　金龍鎭【手決】

　　　　筆執 金相霖

○ 경기도장토문적 89책, 문서번호 17, 旅客主人權賣買文記

嘉慶十三年戊辰七月二十八日李寅光前明文
右明文事段要用所致以京畿南陽壹邑內先峴榮興大阜島伊作乘璜柳
毛池花梁燕飛島汾陽里豊島西七面等諸島船魚鹽靑石魚氷魚
船及地土商考[賣]米穀打租各種等物果春秋田稅大洞[同]三稅米等載來
京江到泊時依例看檢旅客主人之業乙右人前價折錢文玖佰兩
依數捧上爲遣本文記伍張別給記壹張刑漢兩司論理立音[旨]貳張船人
和名壹張等[謄]給壹張趙天洽折半文記賣買壹張麻浦大洞文籍壹張幷
永永放賣爲去乎日後良中同生子孫族屬中若有雜談則
持此文記告官卞正事
          南陽船旅客主人財主 林盛蕃【手決】
                  證人 鄭宗賢【手決】
                  證人 太聖珉【手決】
                     㐀重玉
      筆執   李昌培【手決】

○ 경기도장토문적 89책, 문서번호 18, 旅客主人權賣買文記

嘉慶十三年戊辰二月二十日林盛蕃前明文
右明文事段要用所致以京畿南陽一邑內仙峴靈興大阜島伊雀柳某
地花梁燕飛島分陽里豊島西七面等諸島船魚鹽靑石魚氷魚船
及地土商賈米穀打租各種等物果春秋田稅大同三稅米等載來京江到泊

時依例看檢旅客主人之業乙右人前價折錢文捌百伍拾兩依數交易

捧上爲遣本文記四丈別給記一丈刑漢兩司論理立旨二丈船人和名一丈

贍給一丈趙天洽折半賣買文記一丈麻湖[浦]大洞文籍一丈幷以永永放賣爲去

乎日後良中同生子孫族屬中如有雜談之弊是去等持此文記告官卞正

事

自筆 財主 朴聖俊【手決】

同財主 證人 李昌培【手決】

證人 白興仁

○ 경기도장토문적 89책, 문서번호 19, 旅客主人權賣買文記

嘉慶九年甲子十月十六日朴聖俊前明文

右明文事段要用所致以京畿南陽一邑內仙峴靈興大部島伊籍柳某地花梁燕

飛島分陽里豊島西七面等諸島船魚鹽靑石魚氷魚船及地土商賈米穀打租各種

等物載來果田稅大同三稅米京江到泊時依例看檢旅客主人之業乙右人前價折錢

文柒百伍拾兩依數交易捧上爲遣本文記三丈別給文記一丈刑漢兩司論理立旨二

丈船人和名贍拾[給]丈二折半趙天洽文記一丈幷以永永放賣爲去乎日後良中同生子孫族屬中如

有雜談是非之弊是去等持此文記與大洞文籍告官卞正事

南陽船旅客財 主白命 裕【手決】

同財主趙天洽【手決】

證人　太聖珉【手決】

洪逸元【手決】

朴宗仁【手決】

尹仁哲【手決】

車廷煌【手決】

筆執　洪昌運【手決】

後

南陽諸島

先峴

小後島

楸島

連興

子越

伊賊

畓伊

古之島

著比島

成架山

佛山

柳乙池

亏川

際

嘉慶七年壬戌八月三十日趙天洽　前明文

右明文事段切有緊用事南陽諸島旅客主人之業從時價柒百伍拾兩

折定爲遣折半參百柒拾伍兩乙右人處捧上爲遣如是成文以給爲乎矣

本文記中背頉爲遣年年所出段兩主人平均分食次牢定爲遣諸島諸

浦後錄爲遣田大同每船壹石段無分食爲遣本文記三丈別給文記一丈刑

漢兩司論理立旨二丈船人和名後錄文記刑曹謄給二度段本主人白仁

持是遣永永折半許給放賣爲去乎日後良中同生子孫族屬中

若有雜談是非之弊是去等以此折半文記告官卞正事

財主 白仁【手決】

證人 成弘䂓【手決】

筆執 洪昌運【手決】

後

南陽 先峴

　小後島

　楸島

　連興

　子越

　伊賊

　畓伊

　古之島

　著比島

成架山

○ 경기도장토문적 89책, 문서번호 21, 刑曹謄給

刑曹爲謄給事節呈麻浦居白成

雲亦▨▨▨志內節該矣身居在江上南

陽江主人之役給重價買得大同米與士夫

宅穀物矣身擔當擧行大同船中每一石

出給江上通行之規也今番則龍山居金

千景沙工方哥等暗自符同持渠船隻下

往南陽國穀載來而矣身所給一石米終

不備給是白如乎以私船要路勒奪載來

便同防納自有禁定乙仍于不勝憤痛以此

仰訴爲白去乎上項金方兩漢捉來一石米

卽爲推給後勿如是之意嚴捧侤音使矣身

以保資生之業爲白只爲題辭內捉來

推問事據塡下隷一房是齊連次甲辰十月卄二日隻良人金

千景不喩金天五年五十三白等狀辭推問敎是

臥乎在亦號牌相考爲乎旀矣身居在江上

船業資生是白如乎矣身船隻每年兩次下

往南陽載來國穀者于今二十三年之久而無

一人稱以江主人來言者是白加尼忽於日昨狀者

稱以南陽江主人責徵一石米故矣身以爲

無前之事忽至言詰極爲虛誑是如云則
狀者有何意思是喻如是呈狀是白如乎矣身同
是江民則他邊例給一石米有何所惜而不
給是白乎旀狀辭中所謂防納之說亦爲孟
浪以私船暗自往來則似或稱以防納是白乎
矣矣身則大船二隻國穀載來二十三年
則豈曰防納乎今此狀者忽生不測之心誣呈法
司若是眩亂者亦是無狀是白置明査處決
俾無日後橫侵之弊敎事連次同日元告白
成雲白等矣身所懷畧陳於元狀中是白在
果矣身南陽江主人之役重價賣買者每
船一石米得食之致也各江船主人例給一石
米而猶獨隻漢耳亦稱以二十餘年無前之
例例給一石米終不備給使重價買得之人
至於失業之境豈不至怨乎矣身前主人
捉來査問果無捧食之事則矣身退去爲此
爲白遣若有捧食之例則卽爲推給俾無日
後愆期之弊敎事堂上郞廳着押
踏印是齊連次甲辰十月卄四日題辭內買
賣文書現納前主人捉來取招堂上着押踏
印是齊連次甲辰十月卄五日前主人良人
徐五長年五十三白等號牌相考爲白乎
旀矣身南陽江主人之役多年隨行是
白如可近因貧窮斥賣是白如乎矣身隨行

之時同金千五處每船一石一斗式受食

的實是白置查問卞何敢扶抑於其間或

從實納招相考處置敎事連次同日元告

白成雲年更推白等矣身南陽江主人買得文

書現納亦敎是白乎乃以貧寒之致典當於

他處故未及現納爲白乎㫆前主人旣已

多年受食納招則矣身見失豈不至冤乎

一一推給敎事連次同日隻金千五年更

推白等所謂前主人徐哥之言節節無狀

渠以前主人矣身處年年受食一石一斗

米是如爲白乎乃矣身二十餘年南陽稅穀

載運而初無與徐哥相對事是白乎則

矣身處年年受食之說自歸誣罔是白遣狀者

與徐哥無賴輩作倘到于曹門欲爲作

梗此豈非謀議欲導之事也今此徐哥以

面目不知之人矣身處每年一石米受食

是如云者豈不萬萬無據之甚者明査處決

俾無些少空橫罹之弊敎事堂上郎廳

着押踏印是齊連次甲辰十月廿六日堂上題辭內前主人

捧招照然隻旣已謀議爲辭則不可以言

說決給文書卽爲現納連次同月廿七題

辭內前主人以買賣仍爲納招且其文

書膽給昭然則當船金天五之無

是事納供者極爲無嚴決杖二十

度稅米段依例備給事分付堂

上着押踏印是齊連次甲辰十一月初七日麻

浦居元告白成雲亦呈所志內矣身特

蒙明決之澤不必更所是白乎其後或有是

非之弊是白良置後考次文案謄給以爲

憑後之地爲只爲所志據堂上題辭內

依願謄給事據元告白成雲處文案謄

給印

　　　　　　甲辰十一月　　日

堂上【押】　　　郎廳

○ 경기도장토문적 89책, 문서번호 22, 南陽各浦船隻都案

南陽各浦船隻都案

私奴守千漁採船壹隻住禾尺只面稅壹兩

良人金加之小小船壹隻住旀知串面稅壹兩八戔

私奴崔時男小船壹隻住旀知串面稅肆兩

船人黃夢伊小船壹隻住旀知串面稅肆兩

私奴二太小小船壹隻住屯知串面稅貳兩

良人李金伊漁採艇壹隻住屯知串面稅壹兩

良人朴奉賢小小船壹隻住麻道面稅貳兩

良人金成伯小小船壹隻住新理面稅貳兩

良人林日罗小船壹隻住新理面稅肆兩

良人崔奉伊小船壹隻住新理面稅肆兩

良人金福先漁採艇壹隻住新理面稅五戔

良人李愛先小小船壹隻住新理面稅貳兩

良人金九月金小小船壹隻住分偰里面稅壹兩四戔

良人李時老味小小船壹隻住分偰里面稅貳兩

私奴金伊小小船壹隻住分偰里面稅貳兩

良人金九月金小小船壹隻住分偰里面稅貳兩

良人金世長小船壹隻住西如堤面稅貳兩

良人朴京才小船壹隻住西如堤面稅參兩

私奴甲成小小漁艇壹隻住西如堤面稅伍戔

良人金順老味小小船壹隻住西如堤面稅壹兩二戔

私奴李三伊小小漁艇壹隻住西如面稅壹兩

良人明德順小小漁艇壹隻住西如堤面稅壹兩

良人金時孫小小漁艇壹隻住西如堤面稅伍戔

良人崔好孫小船壹隻住西如堤面稅肆兩

良人池判三小小船壹隻住西如堤面稅貳兩

良人金平男小小漁艇壹隻住松山面稅壹兩

船人金京畿金小小漁艇壹隻住松山面稅伍戔

良人徐汗希小小船壹隻住細串面稅貳兩

良人尹三福小小船壹隻住大阜面稅貳兩伍戔

良人許乭毛治小小船壹隻住大阜面稅貳兩

良人鄭得南小小船壹隻住大阜面稅貳兩

良人時老味小小船壹隻住大阜面稅貳兩

良人鄭欣男小小船壹隻住大阜面稅貳兩

私奴申男伊漁採艇壹隻住大阜面稅伍戔

牧子申番才小小船壹隻住大阜面稅貳兩

良人金弼伊小小船壹隻住大阜面稅貳兩

良人鄭加卽伊小漁艇壹隻住大阜稅五戔

私奴車日奉小小漁艇壹隻住大阜面稅伍戔

私奴朴德直小小漁艇壹隻住大阜面稅壹兩

良人趙納先小船壹隻住大阜面稅肆兩

良人文善澤小小船壹隻住大阜面稅貳兩

良人安貴孫小小漁艇壹隻住大阜面稅伍戔

牧子文五千小小漁艇壹隻住大阜面稅壹兩

良人李先伊小小漁艇壹隻住大阜面稅伍戔

良人盧山叔小小漁艇壹隻住大阜面稅伍戔

水軍張斗永小小漁艇壹隻住大阜面稅八戔

良人李萬金小小漁艇壹隻住大阜面稅伍戔

牧子崔尙男小小船壹隻住大阜面稅壹兩

良人許夢治小船壹隻住大阜面稅肆兩

良人趙相金小船壹隻住大阜面稅貳兩

良人李先伊小船壹隻住大阜面稅貳兩

良人鄭必三小船壹隻住大阜面稅肆兩

良人崔險立小船壹隻住大阜面稅壹兩五戔

良人洪起男小船壹隻住大阜面稅肆兩

良人林老郎伊小船壹隻住大阜面稅肆兩

良人李碩乭伊小船壹隻住大阜面稅貳兩伍戔

良人李二才小船壹隻住大阜面稅壹兩伍戔

良人申斗間小船壹隻住大阜面稅壹兩五戔

良人金旕福小小漁艇壹隻住大阜面稅五戔

良人洪起男小船壹隻住大阜面稅參兩

良人李今先小小船壹隻住大阜面稅壹兩

良人白碩松小船壹隻住靈興稅肆兩

良人李先伊小船壹隻住靈興稅貳兩

良人徐先伊小船壹隻住靈興稅貳兩

良人李乭破只小船壹隻住靈興稅貳兩

良人申白中小小漁艇壹隻住靈興稅五戔

良人金甲才小船壹隻住靈興稅貳兩

良人丁時才小船壹隻住靈興稅貳兩

良人丁時才小小漁艇壹隻住靈興稅壹兩五戔

良人金甲成小小漁艇壹隻住小忽稅壹兩

良人李二才小船壹隻住小忽稅參兩

良人姜必先中船壹隻住伊作稅柒兩

良人姜占同小船壹隻住伊作稅貳兩五戔

良人裵岳山小船壹隻住伊作稅肆兩

良人金太位小船壹隻住伊作稅貳兩

良人金貴金小船壹隻住伊作稅肆兩

良人李二太小船壹隻住伊作稅參兩

良人秋日隱先小船壹隻住伊作稅參兩

良人金斗里金小船壹隻住伊作稅肆兩

良人李三必小小船壹隻住伊作稅壹兩

良人李春星小小船壹隻住伊作稅壹兩

良人姜岩面小小船壹隻住伊作稅貳兩

良人裵宗叔小船壹隻住伊作稅貳兩

良人黃明業小船壹隻住伊作稅貳兩

良人朴占金小船壹隻住伊作稅肆兩

良人鄭日乭小船壹隻住伊作稅肆兩

良人金占乭小船壹隻住伊作稅肆兩

良人姜先才小小船壹隻住伊作稅壹兩

良人金莫男小小漁艇壹隻住伊作稅五戔

良人林潛昌小船壹隻住靈興稅貳兩

良人崔之平小船壹隻住靈興稅貳兩

本府春秋大同田稅毋論地土京江船隻主人

役價米壹石太壹石捧上印

行府使【押】

○ 경기도장토문적 89책, 문서번호 23, 旅客主人權賣買文記

同治六年丁卯十二月　日　　前明文

右明文事段趙行珉處買得京畿南陽一邑所係諸面諸

島諸浦氷魚魚鹽柴穀商賈商船及春秋田大同三手米

各種等物旅客主人之業果忠淸道唐津海美兩邑諸

面諸島諸浦魚鹽柴穀商賈商船旅客主人之業乙資

生是加可要用所致右人前價折錢文壹萬兩依數捧上是遣

南陽本文記玖度別文記壹度立旨貳度謄給壹度和名文

記壹度趙天洽半折文記壹度麻浦大洞文記壹度唐津海美

兩邑本文記拾度刑曹謄給壹度漢城府謄給壹度都合貳

拾捌度幷以永永放賣爲去乎日後子孫族屬中若有雜談則

以此文記憑考事

財主 千義賢【手決】

證人 韓應祥【手決】

筆 林完植【手決】

〈**背面　皮封**〉南陽主人文券

○ 경기도장토문적 89책, 문서번호 24, 旅客主人權賣買文記

同治九年庚午十二月　日　　前明文

右明文事段千義賢處買得京畿南陽一邑所係

諸面諸島諸浦氷魚魚鹽柴穀商賈商船及春秋田大同三

手米各種等物旅客主人之業果忠淸道唐津海美兩

邑諸面諸島諸浦魚鹽柴穀商賈商船旅客主人之業

乙資生是加可要用所致右人前價折錢文壹萬兩依數

捧上是遣南陽本文記拾度別文記壹度立旨貳度謄給壹

度和名文記壹度趙天洽折半文記壹度麻浦大洞文記

壹度唐津海美兩邑文記拾度刑曹謄給壹度漢城

府謄給壹度都合貳拾玖度新文記壹度幷以永永

放賣爲去乎日後子孫族屬中若有雜談則以此文

記憑考事

財主 李承業【手決】

證人 金致會

筆 閔致達【手決】

〈**背面　皮封**〉南陽主人文券

○ 경기도장토문적 89책, 문서번호 25, 旅客主人權賣買文記

右明文事段南陽船主人本洞居民之一生涯也或

以馬賁資生或以鹽雇爲業爲去乎意外本主

白百隣爲名人以渠形勢之不深折價斥賣而他

洞金聖叔爲名人買去而本洞方民非但狼狽

之極不無抑菀之懷一齊來會于上尊位家萬

端哀乞以不可賣送他洞之意故本洞不得不爲以

居民之生計卽爲査實更使買去人特許退券

卽定本洞中願買人捧準價柒百伍拾兩本文記幷以永永

斥買爲去乎日後初買人及舊主人中如有雜

談是擧加本洞持此文記各別嚴治卽報法司

當爲懲勵之端凡我方民以此知悉宜當事

本洞 上尊位宅【押】

副尊位 韓性哲【手決】

任掌 金三大【手決】

○ 경기도장토문적 89책, 문서번호 26, 旅客主人權賣買文記

咸豊十年庚申十二月十二日　　　　前明文

右明文事段千文玉處買得祖上傳來之業京畿南陽一邑所係諸面諸島諸浦水魚魚

鹽柴穀商賈商船及春秋田大同三手米各種等物旅客主人之業果忠淸道唐津海美兩邑

諸面諸島諸浦魚鹽柴穀商賈商船旅客主人之業乙資生是白加可要用所致右人前價

折錢文肆仟玖佰兩依數交易捧上是遣南陽本文記捌度別文記壹度立旨貳度謄給壹度和名

文記壹度趙天洽半折文記壹度麻浦大同文記壹度果唐津海美兩邑本文記拾度刑曹謄給壹度漢城府謄給壹度都合貳拾柒度

乙并以永永放賣爲去乎日後良中子孫族屬中若有雜談則持此文記憑考事

財主 趙行珉【手決】

證人 朴景錫【手決】

韓景文【手決】

筆執 姜世一【手決】

○ 경기도장토문적 89책, 문서번호 1, 여객주인권 매매문기

건륭 48년 계묘(1783) 9월 24일 백성운(白成雲)앞 명문

이 문기를 작성하는 것은, 절실하게 쓸 곳이 있어서 남양(南陽) 여러 섬 여러 포구 여객선주인(旅客船主人)의 업을, 제 남편의 세전지물(世傳之物)을 제가 접대로 자생(自生)하다가 이제 긴요하게 쓸 데가 있어서 전문 200냥으로 값을 정하여 액수대로 받기로 하고 본문기 2장, 별급문기 1장, 형조와 한성부 양사(兩司)의 논리(論理) 입지(立旨) 2장, 선인(船人) 화명(和名) 후록 문기와 함께 영구히 방매하니 일후 잡담의 폐단이 있거든 이 문기로 관에 고하여 변정하기 위함이다.

여객주(旅客主) 도조이[都召史] 【좌수장】

증인(證人) 김택우(金宅禹) 【수결】

신성설(辛聖說) 【수결】

김용린(金龍獜) 【수결】

노원창(盧元昌) 【수결】

필집(筆執) 김진빈(金珍彬) 【수결】

〈뒷면〉

정미(1787) 10월　일

백세채(白世彩)가 소송하여 다음 효주(爻周) 두 글자를 얻었으니 논하지 말 것.

당상(堂上) 낭청(郎廳)

남양(南陽) 여객선주인(旅客船主人)을 750냥으로 결가(結價)하고 절반 375냥은 동리에 사는 조천흡(趙天洽)에게 받고 절반문서(折半文書)를 성급함. 끝.

본주(本主) 자필(自筆) 백인(白仁) 【수결】

○ 경기도장토문적 89책, 문서번호 2, 여객주인권 매매문기

건륭 49년 갑진(1784) 정월 11일 백성운(白成雲)앞 명문

이 문기를 작성하는 것은, 연전(年前)에 형세가 부득이하여 남양(南陽) 여러 섬의 상선주인(商船主人)의 업을 토정(土亭)의 양가(梁哥)에게 헐값 150냥 돈을 받고 척매(斥賣)하였다가 그 후에 되물려 받았고, 또 절박한 까닭이 있었기에 위의 사람에게 200냥으로 값을 정하여 방매하였으나 연로한 여인이 법리를 미처 몰라서 다른 사람의 지주(指嗾)를 잘못 듣고 다시 환퇴하고자 곧바로 가서 정소(呈訴)하여 상송(相訟)하다가 마침내 이치에 닿지 않아 저절로 패소하게 되니, 스스로 징계해야 함이 마땅한 바이나 만족할 줄 모르는 마음을 실로 제어하기 어려워 또 양가(梁哥)를 부추겨 원래대로 팔아 서로 횡침하려는 계획이었으나 명법지하(明法之下)에 팔려는 계획이 용납되지 못하고 또 패소하게 되었으므로, 앞뒤의 계획 세움이 후회스럽고 따를 수 없을 뿐 아니라, 위 사람이 특별히 동내의 서로 두터운 정으로 첫 소송 당시 전문 40냥을 더 주어서 그것을 받고 재차 소송할 때 전문 45냥을 또 주어 그것을 받은 즉, 합하여 계산하면 더해서 받은 전문이 85냥이었으며, 영원히 소송할 뜻이 없다는 것으로써 이와 같

이 문서를 작성하니, 일후 만약 잡담이 있으면 이 문기를 가지고 관에 고해 변정하기 위함이다.

　여객주(旅客主) 도씨(都氏) 【좌수장】

　증인(證人) 시질(媤姪) 김택우(金宅禹) 【수결】

　　　　이태성(李泰成) 【수결】

　필집(筆執) 김진빈(金珍彬) 【수결】

○ 경기도장토문적 89책, 문서번호 3, 형조 등급

형조(刑曹)에서 원안을 베껴 발급하는 것임

마포(麻浦)에 거주하고 있는 김조이[金召史]가 이번에 올린 소지(所志)의 내용은 다음과 같다.

　저의 시댁은 여러 대에 걸쳐 마포에 거주하면서 남양선주인(南陽船主人)으로서 대대로 생계를 이어왔습니다. 지난 달에 긴요하게 쓸 데가 있어서 이 주인에 대한 권리를 180여 냥을 받고서 동내(洞內)에 사는 백만손(白萬孫)에게 팔았습니다. 제가 과부가 된 뒤이므로 시댁에서 세업(世業)을 임의로 판 일에 대해서 어떻게 할 수 없었던 것일 뿐만 아니라, 이 같은 흉년인 때를 당하여 살아갈 방도가 전혀 없으므로 이번 달 초 6일에 돈을 마련해서 주인권(主人權)을 환퇴(還退)하려고 하자, 백만손이 '비록 소장을 올린다고 해도 진실로 환퇴할 의사가 없다'고 하였습니다. 이것은 필시 저를 업신여겨서 그런 것입니다. 게다가 강가의 선주인이 버는 곡물은 봄과 겨울 사이에 나오는 것에 불과한데, 이미 지난 달과 이번 달 2달 사이에 그가 벌어들인 곡물이 30여 섬씩이나 되니, 이자만 따지더라도 오히려 본가(本價)인 180여 냥을 넘음이 있습니다. 그가 비록 헐가(歇價)로 사들일 수 있었지만 원 주인이 한 달 안에 제 값을 쳐서 주고 되물리고자 하는데, 어떻게 이와 같이 버틸 이유가 있겠습니까? 삼가 간절히 바라건대 살펴 헤아려주신 뒤에 이 백만손(白萬孫)을 관정(官庭)에 붙잡아다가 엄격하고 분명하게 분부하시어 그 값을 받은 뒤에 본문기(本文記)를 저에게 돌려주라는 내용으로 특별히 처분해주시기 바랍니다.

소지에 적힌 제사(題辭)에는, "필시 실마리가 있을 것이니 사실을 더욱 각별히 조사하라"고 하였다. 당상(堂上)이 착압(着押)하고 관인을 찍음. 계묘년(1783) 11월 14일. 예이방(隷二房)을 아래에 기재함.

계묘년(1783) 11월 15일에 피고인 마병(馬兵) 만손(萬孫) 또는 백성운(白成雲)(나이 33세)은 다음과 같이 진술하였다.

아룁니다. 소장의 내용에 따라서 추문하신다고 하였으므로 요패(腰牌)를 확인하였습니다. 저는 강 머리에 살았기 때문에 약간의 선업(船業)으로 먹고 살았습니다. 지난 9월에 동내에 사는 원고(原告)의 시조카인 김소의(金小義)라는 사람이 저에게 와서 말하기를, '우리 숙모께서 남양선주인(南陽船主人)을 지난 8월에 토정(土亭)에 사는 양가(梁哥)에게 값 150냥을 받고 팔았습니다. 그런데 숙모는 값이 너무 적다고 여겨서 환퇴하여 다른 곳에 팔아치울 작정입니다. 만일 당신이 사기를 원한다면 200냥에 사도 무방할 것입니다'라고 했습니다. 그래서 저는 원고와 양가의 말을 곧이듣고 저의 집안 장토를 모두 팔아서 200냥에 문서를 작성하여 사들였으며, 그 때문에 올 겨울에 약간의 돈과 곡식을 얻어 썼습니다. 그런데 원고는 터무니없게도 갑자기 그 이전의 값을 주고 환퇴하겠다고 합니다. 대저 모든 물건의 매매는 이미 기한을 정한 뒤이고 더위가 물러가고 추위가 다가왔는데 그것을 임의로 하는 것이 어찌 말이 되겠습니까? 만약 제 말이 곧이들리지 않으신다면, 당초에 거간(居間)인 원고의 조카와 양가를 붙잡아 와서 추문하시어야 진위(眞僞)를 밝히 아실 수 있을 것입니다. 밝히 처결하여 부당한 폐해가 없도록 해주십시오.

계속해서 같은 날에 원고 김조이(나이 72세)가 제출한 초사(招辭)는 다음과 같다.

아룁니다. 저의 의견은 이미 원장(原狀)에 다 실려 있습니다. 이른바 남양선주인은 제 남편에게 대대로 전하여져서 물려진 것입니다. 일찍이 남편을 잃고 다른 자녀도 없이, 제가 이 주인을 맡아서 수행해오다가 금년(1783) 8월에 향객(鄕客)의 소금에 손실을 본 게 많았지만 마련해 줄 길이 없어서 주인권을 양가에게 150냥에 팔았습니다. 그런데 다시 생각해보니 값이 너무 적었으므로 양가에게 되물렸습니다. 지난달에 피고에게 돈 185냥을 받고 완전히 판 뒤에 생계가 완전히 끊어졌으므로 도로에서 소리 내어 울고 있는데, 동내 사람이 그런 저의 가련함을 불쌍히 여겨서 몇몇 사람들이 돈을 내어 모아 원금을 줄 수 있었으므로 저는 원금을 가지고 가서 되물리고자 하니, 피고가 기한을 넘겼다고 하며 끝내 환퇴해주지 않아서 이렇게 소장을 올리게 되었습니다. 이미 매매가 이루어진 지 서너 달이 지났으므로 삼가 바라건대 관에서 원래의 값대로 되물려서 이것으로 살아갈 수 있도록 하여주십시오.

당상(堂上)과 낭청(郎廳)이 착압(着押)하고 관인을 찍음.

연이어 계묘년(1783) 11월 16일에 내린 제사(題辭)의 내용에 "이미 원장(原狀)에서 그것이 수상하다는 것을 알았기 때문에 이치를 따져 제사를 내린 바 있었다. 애초에 150냥으로 방매한 뒤에 다시 그에게서 더 많은 값을 받았으니 이것은 원고가 바라던 것대로 되었다고 할 만하다. 그런데 지금 또 다른 사람에게 사주를 받아서 감히 되물릴 마음이 생겼으니, 그녀가 비록 나이가 70살이

넘었지만 어찌 반복하여 매매하는 것을 금지하는 법령을 모면할 수 있겠는가? 하물며 그의 진술 중에 마을사람이 그 처지를 불쌍히 여겨 출렴(出斂)해주어서 되물리고자 하였다는 말은 더욱 전혀 말이 안 된다. 마땅히 법에 의거하여 죄를 다스려야 할 것이지만, 특별히 잠시 보류하여 둔다. 이 제사에 상세히 분부를 내려 퇴송(退訟)한다"고 하였다. 당상(堂上)이 착압(着押)하고 관인을 찍음.

연이어 피고 백성운이 뒤미처 올린 소지의 내용은 다음과 같다.

김조이가 이유 없이 송사를 일으켜 제가 근거 없이 재앙을 당하였던 사정은 이미 남김없이 잘 살펴보았습니다. 이와 같이 그 연로함을 믿고 이 같이 멋대로 법을 어기는 일이 연이어 있었으니, 일후에 만일 이전 습관을 다시 밟는 일이 있더라도 본 문안을 베껴 발급해서 증빙의 근거로 삼도록 하여 주십시오.

이 소지에 의거하여 피고 백성운에게 원 문안을 베껴 발급하는 것임. 끝.

계묘년(1783) 11월   일

당상(堂上) 【압】 낭청(郎廳) 【압】

○ 경기도장토문적 89책, 문서번호 4, 형조 등급

형조(刑曹)에서 원안을 베껴 발급하는 것임

이번에 마포(麻浦)에 거주하는 백세채(白世彩)가 올린 소지의 내용은 다음과 같다.

저는 강촌(江村)에 거주하면서 여객(旅客)을 업(業)으로 삼았습니다. 제 아들 만손(萬孫)은 그가 생존하였던 계묘년(1783)에 남양선주인(南陽船主人)의 역을 값 200냥을 주고 도조이[都召史]로부터 사들여서 탈 없이 수행하여왔습니다. 그런데 도조이는 본디 간악한 여자로서 갑자기 턱없는 마음을 먹고 매매한 지 1년이 지난 뒤인 갑진년(1784)이 되었을 때에 주인권은 임시로 판 것이었으므로 환퇴(還退)하겠다고 하니 제 아들은 기한이 지나 그럴 수 없다고 하면서 책망하고 되물려주지 않았습니다. 그러자 도조이는 다른 사람에게 부탁하여 본조(형조(刑曹))에 소장을 올렸으나 패소하였고 이후에 다시 본조에 소장을 올렸지만 다시 패소하였습니다. 어쩔 수 없게 된 도조이는 날마다 저의 아들에게 멋대로 행패를 부리고 이 선주인(船主人)을 팔았지만 당초에 받은 200냥의 원금이 매우 적다고 하면서 100냥을 더 주면 다시는 시비를 걸지 않겠다고 갖가지로 사악하게 굴며 간절히 바랐을 뿐만 아니라 이 일 때문에 죽으려고 자신의 목을 매는 지경에까지 이르렀습니다. 제 아들은 강퍅한 여자와 겨루어 버틸 수가 없어서 두 차례에 걸쳐서 85냥을 더 준 뒤에, 다시는 침탈하지 말라는 내용으로 증필(證筆)을 갖춘 수표(手標)를 받았고 그 뒤 4년 동안 다시 다른 말이 없었습니다.

그런데 금년(1787) 정월 15일에 제 아들 만손이 불행히 죽자 도조이가 증필(證筆)과 짜고서 경조(京兆)(한성부(漢城府))에 무고하게 소장을 올려서 이 선주인의 역을 160냥에 억지로 주고 환퇴하여 간 뒤에 원래 값대로 제 아들에게 팔았을 때 앞의 명문에서 증필이었던 김진빈(金珍彬)에게 팔았다고 합니다. 도조이는 환퇴(還退)할 때 285냥의 본래 값을 갖추어주는 것이 당연하다는 것을 변별치 못하고, 원금 중에서 125냥으로 공공연히 작성해 주었으니 이는 극히 근거가 없습니다. 다시 김진빈의 행위에 대해서 말한다면 제 아들이 살았을 적 이 주인권을 문서로 작성하여 사들일 때에 그는 필집으로 참여하였으므로 그 매매 전말을 상세히 알면서도 제 아들이 죽은 뒤에 도조이를 부추겨서 경조에 근거 없이 소장을 올렸고, 값을 깎아 환퇴한 뒤에는 그가 그 권리를 사서 수행한 것은 어찌 근거가 없다고 하지 않을 수 있겠습니까? 이것을 미루어보면 도조이가 김진빈과 서로 짜고 한 통속이 되었다는 것은 명약관화(明若觀火)합니다. 게다가 한 마디로서 변별할 수 있는 일은 도조이가 제 아들과 이미 임시로 팔고 되물려 주겠다는 약속이 있었다면, 어째서 제 아들이 그것을 산 지 만 1년 동안 애초에 이런 이야기를 하지 않았고, 85냥을 더 받은 뒤에 다시 시비하지 말라는 내용으로 수표를 작성해 주었던 때로부터 4년 동안 일언반구도 없다가 제 아들이 죽은 뒤에 이 같이 소를 올리는 것을 미루어 본다면 어찌 전혀 근거 없는 일이 아니겠습니까? 분통함을 참지 못하고 사실을 들어 밝은 정사를 베푸시는 아래에서 우러러 호소하오니, 위의 도조이와 김진빈을 잡아와서 사실을 조사해서 엄중히 처리하신 뒤에 제가 산 선주인의 역을 즉시 찾아주어서 헛되이 잃어버리는 폐해가 없도록 해주십시오.

수결에 따라서 위의 도씨 년과 김씨 놈을 붙잡아 와서 조사하여 추문할 것이다. 당상(堂上)이 착압(着押)하고 관인을 찍음. 정미년(1787) 6월 24일. 예이방(隷二房)을 아래에 적어 넣었다.

연이어 같은 달 26일에 피고 도조이(나이 71세), 호위군관(扈衛軍官) 김진빈(나이 64세)과 원고 백세채(나이 62세)가 진술한 초사(招辭)는 다음과 같다.

아룁니다. 우리들 원고와 피고는 매우 당황스러워서 구두진술이 참으로 어려우니 모레까지 피차의 원정(原情)을 써서 납부할 작정입니다. 만일 이 날을 넘기는 일이 있거든 망기(忘記)를 문서 뒤에 써서 납부할 것입니다.

이름이 있고 그 아래에 수촌(手寸)하고 착명(着名)하였다. 당상(堂上)과 낭청(郎廳)이 착압(着押)하고 관인을 찍음.

연이어 같은 달 28일에 피고 도조이의 조카 김여성(金汝成)(나이 22세)이 진술한 초사(招辭)는 다음과 같다.

    제 남편이 살아 있었을 때에 남양선주인(南陽船主人)의 역은 대대로 물려받은 업으로 여러 해 동안 수행하여 왔고 남편이 죽은 뒤에는 제가 남을 부려서 수행해왔습니다. 계묘년(1783)에 제가 긴급한 일이 있어서 이 주인의 역을 전문 160냥을 받고 토정(土亭)에 사는 양달하(梁達夏)에게 팔았는데, 서너 달이 지나지 않아 같은 마을에 사는 백만손(白萬孫)이 와서 말하기를, "당신의 생계는 단지 이 선주인의 업뿐이거늘, 이 업을 양가(梁哥)에게 영원히 팔아버린다면 당신이 먹고 살 근원이 영원히 끊어지니 양가에게서 되물려 나에게 임시로 파는 것만 못합니다. 나에게 만일 임시로 판다면 당신이 값을 마련하기를 기다렸다가 환급해줄 것이니 당신에게 어찌 다행이 아니겠습니까?"라고 하였습니다. 그가 여러 가지 말로 유혹하며 설득하므로 어쩔 수 없이 양가에게 가서 간절히 사정하여 되물리고서, 다시 만손에게 160냥에 임시로 팔았습니다. 그런데 200냥으로 명문(明文)에 써서 기록한 것은 여항(閭巷)에서 여러 가지 물건을 매매할 때 명문에 값을 올려 기록하는 속례(俗例)일 뿐만 아니라, 양가가 이 다음에 공공연히 원금으로 되물려서 백만손에게 파는 일이 없도록 하기 위함이었습니다. 이러한 사정은 그때 증필(證筆)을 포함하여 여러 사람을 추문(推問)하시면 알아낼 수 있을 것입니다.

    그 뒤에 제가 간신히 그 값을 마련하여 백만손에게 가서 만나 약속한대로 환퇴하려하자, 만손이 갑자기 되돌려주지 않을 생각으로 그는 그것을 산 뒤에 형조에서 뱃사람과 송사가 벌어진 결과 모든 배가 한 번 운행할 때마다 한 섬씩 늘릴 책략과 그곳에 소용되었던 비용에 대해서 거짓으로 말하기에, 그것은 내가 알 바 아니며 너는 마땅히 약속에 의거해 물려주어야 한다고 말하니, 만손은 약속을 어기고 물려주지 않았습니다. 저는 이런 근거 없는 상황을 견디지 못하여 본조에 소장을 올렸고 억울하였으므로 저는 매번 다시 소장을 올리겠다는 뜻을 말하니, 만손도 사람인지라 자신이 약속을 어긴 일이 형편없는 것임을 스스로 알고 두 차례에 걸쳐 15냥씩을 주고 매번 잠시 후일을 기다렸다가 물려주겠다고 말하다가 천만 뜻밖에 만손이 죽었습니다.

그래서 만손의 아버지와 처에게 가서 만나 모두 경황이 없는 상황에서 물려줄 것을 말하니 만손의 아버지 세채(世彩)와 그의 처가 나서서 물리치는 것이 만손보다 더 심했습니다. 때문에 분통함을 이기지 못하고 한성부에 소장을 올렸더니 세채가 감히 교묘히 거짓말을 해대며 그 아들이 살아 있을 때 제가 처음 소장을 올렸을 때 40냥을 주었고, 재차 소장 올렸을 때 또 45냥을 주고서 저의 수기(手記)를 받았다는 초사(招辭)를 제출했다가, 상세한 조사와 엄한 처결의 결과 그의 간악한 실상이 드러나서 법률에 의거해 관에서 물려주었습니다.

그런데 백가(白哥)는 스스로를 해치는 것인 줄도 모르고 200냥 및 85냥 등의 이야기를 지어 내어 거짓으로 소장을 올렸습니다. 여기 밝은 정사의 아래인 경조의 소송에서 그의 위조문기를 올리니 살펴보시면 백세채가 무고하게 말한 상황을 눈앞에서 덮기 어려울 것입니다. 그 죄상을 법률에 의거해 멀리 유배하여 간악한 백성이 요행을 바라고 소송을 일으키는 것을 징계해 주십시오.

같은 날에 피고 김진빈이 두 번째 추문에 대해서 진술한 초사(招辭)는 다음과 같다.

무릇 멋대로 침범하는 일이 세상에 혹 있다고는 하지만 어찌 원고인 백가처럼 전혀 근거 없이 구는 것만한 일이 있었겠습니까? 저는 백성운과 서로 친하였기 때문에 계묘년(1783)에 성운이 제게 와서 이르기를, "내가 남양선주인을 도조이로부터 매득할 일이 있으니 네가 증필이 되어 달라"고 하였고, 저는 그의 말에 따라서 명문을 써주었습니다. 본가인 160냥을 200냥으로 값을 높여 써준 것은 백성운이 추동한 것이지만 또한 민간의 규례가 있기에 써 준 것입니다. 금년에 한성부에서 그들이 이 일로 송사할 때에 그 당시 증필인(證筆人) 등을 잡아다 조사하여 물었습니다. 그중 에도 도조이에게 85냥을 마련하여 줄 때의 수기(手記)가 있었으며 저도 착명한 것 으로 되어 있습니다. 그런데 원주인이 매매하고 문서를 작성할 때에 제가 그것을 써 주고 착명한 것은 사실이지만 도조이에게 준 85냥의 수기 중에서 필집으로 제 이름 이 있는 것은 제가 원래 보고 들은 일도 없습니다. 그 수기의 자획과 착명을 상세히 살펴보았더니 그것은 제가 쓴 것도, 제가 착명한 것도 아니므로 사유를 갖추어 초사 를 제출합니다. 관가께서는 저에게 다른 종이에 다시 쓰고 착명하게 하여 비교하니, 자획과 착명이 전혀 같지 않아서, 백가가 문기를 위조하고 관가를 속인 죄가 남김없 이 탄로 났기에 한성부에서는 법률에 의거해야 할 것입니다. 백가는 제 생각에 의심 을 품고 자신이 죄를 입을 지도 모른다고 생각하고 이런 근거 없이 침해하는 일이 있었으니 어찌 근거 없지 않겠습니까? 사정을 살펴주신 뒤에 백가가 멋대로 말썽을 일으키고 이치에 맞지 않게 속인 죄를 일벌백계하도록 법률에 비추어 엄히 처결하 여 뒤의 폐단을 막아주십시오.

같은 날 원고 백세채가 진술한 초사(招辭)는 다음과 같다.

아룁니다. 제가 아뢸 바는 이미 원래 소장의 내용 가운데에 다 있습니다. 대체로 제 아들 만손은 계묘년(1783)에 남양선주인의 역을 도조이에게서 200냥 값을 주고 사서 거행하였습니다. 도조이는 본래 간악한 여자로서 갑자기 터무니없는 마음을 내어서 매매 1년 뒤에 임시로 맡았다고 하면서 되물려 줄 것을 말하기에 그 기한이 넘어서 줄 수 없다는 내용으로 책망하며 되돌려주지 않았습니다. 그러자 도조이는 다른 사람에게 사주를 받아서 두 차례에 걸쳐 본조(형조)에 소장을 올렸지만 패소 를 면할 수 없게 되니 그녀는 형세가 어쩔 수 없자 날마다 문 앞에 와서 행패를 부리

며 말하기를. ‘선주인을 감히 영원히 팔기에는 당초 200냥은 극히 적으니 100냥을
더 주면 다시는 시비를 걸지 않겠다며 갖가지로 간절히 빌며 온갖 행패를 부렸고 심
지어 죽고자 목을 매달기에 이르렀습니다. 제 아들은 간악한 여인과 겨룰 수가 없어
서 두 번에 걸쳐 85냥을 더 준 뒤에 다시 침어하지 말라는 내용으로 증필을 갖추어
수표를 받았고 그 뒤 4년 동안 다시 다른 말이 없었습니다.

금년(1787) 정월에 저의 아들 만손이 죽자 도조이가 증필인 등과 짜고서 제 아들
만손이 85냥을 더 준 수표에서 증필의 착명이 위조라고 하며 경조(한성부)에서 속
여서 송사를 벌여 본가(本價) 285냥 중에 160냥을 억지로 주고 환퇴하고 나서, 기준
가를 받고 김진빈에게 방매하였습니다. 도조이는 이 주인의 역을 감히 환퇴하려면
285냥을 갖추어주는 것이 사리에 당연한 것인데, 본가 중 120냥을 드러내놓고 줄여
주는 것은 매우 근거가 없습니다. 김진빈에 대해서 말하자면 제 아들이 살았을 때
도조이에게 85냥을 더 주고받은 수표 중에는 그가 증필로서 분명히 착명하였던 것
입니다. 그런데 경조의 소송에서 진실을 가릴 때에 진빈이 증인인 김우한(金遇
漢)과 원고인 도조이와 서로 짜고서 그들의 착명이 아니라고 초사를 납부한 뒤에 값
을 깎아서 ▨▨▨ 그가 팔지 않을 물건을 그가 사들인 것은 원통하고 그 행한 것이
너무나 흉악합니다. 설령 그의 말과 같이 제가 만약 위조할 마음이 있었다면 제가
허다한 친밀한 사람에게 착명하게 하여 문서에 빈틈을 만들어 환퇴당하지 않았을
것이니 어찌 도조이의 조카 김택우(金宅禹)를 그 참증(參證)으로 삼았겠습니까? 택
우는 곧 이 주인의 역을 그의 숙모 도조이가 200냥을 받고 팔 때의 명문(明文)에서
증참(證參)이었고, 85냥을 더 받을 때에도 택우가 또한 증인이어서, 경조에서 시비
를 가릴 때 서로 한통속으로 화응(和應)하여 바꾸어 행하고 김진빈에게 환퇴 방매
후 여분을 사적으로 나누어 먹은 일이 명약관화하며 변명할 것도 하나 없습니다. 원
금을 얹어 받은 일은 고사하고 계묘년(1783) 도조이가 이 주인인 제 아들에게 200냥
을 받은 명문이 뚜렷합니다. 원래 권매 환퇴가 없는 문권인데 매매 5년 만에 값을 줄

여 환퇴함이 어찌 말이 되겠습니까? 이것은 필시 김택우, 김진빈 등이 도조이를 부추겨서 허수아비로 만든 것입니다. 분통함을 이기지 못해 이에 밝은 치하에 소를 올렸으니 법에 따라 참상(參商)하신 후 김택우, 김진빈을 곤장을 때리고 심문해 사정을 알아내서 법에 비추어 엄히 다스린 후 동 선주인의 역을 돌려주어 공실(空失)의 폐가 없게 하실 일입니다.

이름 아래에 착명하였다. 당상(堂上)과 낭청(郎廳)이 착압(着押)하고 관인을 찍음.

연이어 내린 제사의 내용은 다음과 같다.

이 관련자들이 소송을 하여 원고와 피고가 서로 자신이 옳다고 하고, 그들이 말하는바 본조 및 경조 판결문서가 8장이라 하니, 그들로 하여금 해당 선주인 매매문권을 지금 납부하게 하고, 85냥을 주라는 문권도 지금 납부하게 하라.

당상(堂上)이 착압(着押)하고 관인을 찍음.

연이어 7월 초2일에 피고 도조이의 조카 김여성을 다시 추문하니 그녀가 진술한 초사(招辭)는 다음과 같다.

아룁니다. 저는 수결에 따라 선주인 매득 문권을 현납(現納)해야 하나 사대부가에 전당을 잡히고 돈을 내어 쓰니, 이 댁이 지금 막 상을 당한 고로 잠시 동안 부득이 추납할 수 없어 ▨▨ 금월 초 8일 이내에 찾아 현납하고, 만약 이 날짜가 넘어가면 약속을 어긴 것을 엄히 다스릴 일입니다.

착명(着名)하였음. 당상(堂上)과 낭청(郎廳)이 착압(着押)하고 관인을 찍음.

연이어 같은 달 21일 제사는 다음과 같다.

　　원고와 피고를 조사해 살피고 김가의 원정을 다시 살펴보니, 계묘년(1783) 겨울에 백가에게 처결하고 발급했던 등급 문안에 피차의 곡직(曲直)이 그대로 나와 있어서 알 수 있을 뿐 아니라, 무릇 소송과 관련한 이치는 한가지로 문권을 따라 시행하는 것 외에는 다른 도리가 없다. 당초 백만손에게 선주인을 매매할 때에 값으로 200냥을 받은 것이 명문 중에 분명하고, 글과 증인을 구비하여 마무리 지어졌으니 영원히 방매한다는 것을 믿을 만하다. 글의 흔적도 이에서 벗어나지 않으니, 도조이의 초사 중 원가로 다만 160냥을 받았다고 하면서 200냥으로 써넣은 일은 매매시 문권 중 가격을 올린 것으로, 이것이 속례라고 하나 이것은 말도 되지 않는다. ▨▨ 솜씨도 졸렬하니 왜인가 하면, 도조이가 정말로 환퇴할 마음이 있었다면, 200냥을 받은 것처럼 문서를 만들었다가 나중에 환퇴시 어디에 처리하든지 올린 값으로 불러주기를 ▨▨▨, 이를 깨달으면 더욱 도녀의 말은 ▨▨의 일단일 뿐 아닌가? 무릇 매매하였다가 되물르는 법은 오직 기한이 있어서 당초 팔 때 되무른다는 상호 약속을 설정했더라도 말을 주고받음이 없고 그만둠이 없으면 영원히 판 문적이라고 생각할 만하므로 분명하게 근거가 있다고 생각하여 소송을 제기한 것으로 받아들일 수 없고 증거 없이 추문한 것으로 의거할만하다. 과연 환퇴에 의한 되물림이라면 계묘년에서 지금까지 5년 동안 어찌 한 마디 말도 없다가, 만손이 죽은 뒤에 경조에 소를 올렸으며, 도녀와 김가가 그렇게 백가가 추급해준 85냥 문기 중 착명 글자 모양이 당초의 문기와 같지 않다고 트집 잡는 단서가 되었지만, 원고의 소장 중에 도녀와 그 조카 김택우가 서로 화응해 첫 번째 때 필집인 김진빈에게 방매한즉, 근래 인심이 거짓되고 저급함이 간혹 드러나니 소위 85냥 수기를 써서 줄 때 고의로 그 필적을 팔아 환퇴의 ▨▨▨ 시초를 이루려하지 않았는지 어찌 알겠는가. 하물며 만손이 이미 죽은 후에 근거 없음을 찾는 것, 이것도 의심해 볼만한 일단이 아니겠는

가. 이런저런 것으로써 도조이의 ▨▨는 김진빈의 억측(抑嘱)이 터무니없는 일이 아님이 한 마디 한 마디 탄로가 났기에 이 소송은 원고 백세채에게 문권에 따라 결급하고, 위 도조이의 비리 ▨송의 죄는 돈이 없는 여인으로서 관용을 베풀어줄 바가 있다고 할 수 없다. 이로써 자백하게 하고 초사를 얻어낸 뒤에 법에 따라 처리하며, 김진빈은 당초 백만손이 사들일 때 필집을 ▨행하고 도녀가 만손이 죽은 후에 기송하여 헐가로 강제로 되물림에 그가 나머지를 취한 것은 그 마음이 극히 교악(巧惡)하다. 요점만 말하면 도녀는 모름지기 그림자(影子) 진빈과 짜고서 처음부터 ▨▨▨ 시초를 이루었으니 그가 ▨▨▨ 어찌 발명(發明)하겠는가? 마찬가지로 자백하게 하고 초사를 얻어낸 뒤에 법에 비추어보되, 도조이 및 김진빈은 형조 내에서 잠시 보수(保授) 할 것.

당상(堂上)이 착압(着押)하고 관인을 찍음.

연이어 같은 달 23일에 피고 도조이, 김진빈 원고 백세채 다시 추문할 때 초사를 납부하였다.

도조이가 진술한 초사는 다음과 같다.

저는 남양선주인의 역은 원고의 아들인 백만손이 살아있던 계묘년(1783) 200냥을 받고 문서를 작성하여 영원히 방매하였고 처음부터 되물린다는 내용은 없었습니다. 되물리겠다는 약속은 갑자기 생긴 뜻밖의 계략이며, 이치 없이 송사를 일으켜서 강제로 되물렸다가 이제 ▨▨ 백가가 앞뒤의 사리를 밝혀 제출함으로 인해 간교한 마음이 없지 않음이 탄로났으니 제가 어찌 비리(非理)의 죄를 면할 수 있겠습니까? 자백하여 초사를 취하였으니 법에 의거해 처치하십시오.

김진빈이 진술한 초사는 다음과 같다.

저는 도조이 등의 상송에서 한 가지는 실지로 제가 미리 알고 있었던 일이 아닙니
다. 이 주인의 역은 당초 원고와 피고가 매매할 때 명문 중 제가 필집으로 참여하였
고, 도조이가 경조에 상송할 때 제가 불려가서 관에서 백가가 제출한 바 85냥 가급
문서 중 저의 착명 여부를 상문하신 까닭에 저는 그 ▨▨ 문서착명을 본즉 과연 제
가 쓴 것이 아니기에 모르는 것으로 대답했을 뿐입니다. 지금 백가가 이어 올린 ▨
▨▨ 제가 이 지경에 이르렀습니다. 사실이 모름지기 이와 같고 제사 내의 뜻도 이
같이 엄절하니 제가 도조이를 사주해 비리 기송한 죄를 어찌 면할 수 있겠습니까?
다만 자술서를 바치니 법에 의거해 처치하십시오.

원고 백세채가 진술한 초사는 다음과 같다.

제 아들이 이미 승소하였으니 받은 값 175냥의 납부를 어찌 지체할 수 있겠습니
까. 내일 안에 헤아려 비납하게 하시고 이 날이 지나거든 징수를 거부하는 것[背徵]
으로 무겁게 다스려 주십시오.

그 아래에 수촌(手寸)을 하고 착명(着名)하였다. 당상(堂上)과 낭청이 착압(着
押)하고 관인을 찍음.
연이어 같은 날 제사는 다음과 같다.

이미 자복하였으니 아울러 법규를 적용해야 할 것이다.

당상(堂上)이 착압(着押)하고 관인을 찍음.
연이어 제사를 내리기를,

『대전통편(大典通編)』내 비리소송을 한 자는 장(杖) 100대, 유(流) 3,000리이나 율문 내 그 한 등급을 감하는 명례에 이른 3류도 똑같이 1등급을 감한다고 한 것에 따라, 도조이는 장 100대, 유 3,000리, 김진빈은 유 3,000리 죄에서 한 등급을 감해서 장 100대, 도형(徒刑) 3년으로 아울러 단지 사죄(私罪)로 할 것.

당상(堂上)이 착압하고 관인을 찍음.
연이어 같은 달 25일에 원고 백세채와 피고 도조이가 다시 추문하였다.
백세채가 진술한 초사는 다음과 같다.

저는 제가 금번에 특별히 명증하게 비추어 살핌을 입어 결급해주신 까닭에 이전 환퇴 할 때 받은 선주인가 175냥을 도조이에게 환급하고 본문기를 찾아왔기에 뒤에 고찰하여 시행하고 일후에 만일 다시 침책하는 일에 대비하여 문안을 등급해 주십시오.

도조이가 진술한 초사는 다음과 같다.

저는 이미 낙송하였기에, 전일 환퇴할 때 준 바, 전날 175냥을 금일 관전(官前)에서 받아가니 후고를 시행하실 일입니다.

각각 착명(着名)하고 수촌(手寸)하였음. 당상(堂上)과 낭청이 착압하고 관인을 찍음.
연이어 같은 날 제사는 다음과 같다.

이미 뇌물을 바쳤으니 방송함.

당상(堂上)이 착압하고 관인을 찍음.

▨인 것으로, 원고 백세채와 피고가 뒤에 고찰하도록 원문안을 베껴서 발급함.

정미년(1787) 7월   일

당상 【압】 낭청 【압】

○ 경기도장토문적 89책, 문서번호 5, 한성부 등급

▨▨▨▨▨ 한 뒤에 제가 계속해서 수행해왔는데 긴요하게 쓸 곳이 있어서 ▨▨주인의 역을 토정에 사는 양달하(梁達厦)에게 팔고서 160냥의 값을 받았습니다. 동리에 사는 백만손이라는 놈이 제가 주인의 역을 팔았다는 말을 듣고 저에게 와서 말하기를, "만약 주인의 역을 양달하에게 영원히 팔아버린다면 일후에 되물릴 수 없을 것이다. 만일 그것을 되물려서 나에게 판다면 뒤에 반드시 원래의 값대로 되물려 줄 것이다"라고 여러 번 언급하였기 때문에 저는 백가의 감언이설을 곧이듣고 결국 양가에게서 되물려서 백가에게 팔았습니다.

작년 가을에 되물리기 위해서 종전 가격대로 돈을 주려했더니, 백가는 차일피일 미루다가 우연히 죽었습니다. 그런데 그의 아버지와 처가 사악한 마음을 먹고 되물려주지 않고자 하였으므로, 이것은 전혀 근거 없는 일이기에 이에 감히 소장을 올립니다. 위의 백가 아버지와 처를 함께 잡아와서 약속에 따라서 되물려 찾아주어서 제가 외로운 여자로서 살아갈 수 있도록 행정처분을 내려주십시오. 한성부에서 처분하여 주십시오.

정미년(1787) 2월 1일에 당상의 제사는 다음과 같다.

팔 때에 되물린다는 내용의 수기(手記)가 없었으며 말없이 서로 약속하고 있다가 세월이 오래 지나서 물려줄 것을 청하고 있다. 소송한 것이 이와 같으니 백가를 일단 잡아와서 심문하라.

당상(堂上)이 착압(着押)함. 예이방을 아래에 써넣음.
연이어 같은 달 초3일에 피고인 업무(業武) 백세채(나이 62세), 원고 도조이, 손자 양인 김대손(나이 23세)이 초사를 납부하였다.

아룁니다. 이 소송은 시작하기 어려우므로 저희들은 내일까지 원정을 써서 제출하겠으니 대충 살펴보시고 상고하신 뒤에 처결하여주십시오.

각자 착명함. 당상(堂上)이 착압(着押)하고 관인을 찍음.
연이어 같은 달 초 4일에 피고 백세채가 진술한 초사는 다음과 같다.

세간에 비리로 송사를 일으켜서 무단히 횡침하는 부류가 혹 있다고는 해도 어찌 원고 도조이와 같이 전혀 근거 없는 일이 있겠습니까? 제 아들 만손은 현재의 남양 선주인을 계묘년(1783)에 200냥 값을 주고 원고로부터 문서를 작성하여 매득하고 폐해 없이 수행해왔습니다. 원고의 심술이 하나로 바르지 못해 스스로 주인의 역을 척매한 후에 항상 원망하는 마음(앙앙지심)을 품고 있었습니다. 갑진년에 임시로 판 것이라고 거짓으로 칭하면서 되물리려 했습니다. 형조에 소송을 올렸으나 이치가 바르지 못해 패소하고, 다시 형조에 올렸으나 또다시 패소를 당한 뒤에 어쩔 수 없게 되자 공연히 와서 악을 쓰며 욕을 하며 말하되, "비록 주인을 팔았지만 값이 본래 터무니없이 적었고 살 방도가 끊어졌으니 원금 외에 80냥을 더 주면 이후에 다시 힐난하지 않겠다"고 하며 온갖 사악을 행하며 목을 매는 지경에 이르렀습니다. 그런 까닭에 제 아들이 근심하고 염려하는 마음을 이기지 못해 가격이 비록 매우 많지만 연로한 과부와 겨룰 수가 없어서 갑진년에 부득이 처음에는 40냥, 재차 45냥, 합하여 85냥을 더 준 뒤에 이후에는 다시 침어하지 않겠다는 뜻의 수표를 받았고 지금까지 4년 동안 일언반구도 없었습니다. 불행히 우리 아들이 금년(1787) 1월 15일에 죽자 원고는 갑자기 불측한 계략을 내어 제 아들이 생전에 환퇴한다며 문서를 만들어 주었다고 하면서 무고하게 소를 올렸으니, 이것이 과연 말이 됩니까? 당초에 영원히 팔겠다는 문권, 85냥을 더 준 뒤에 받은 수표, 형조에서 승소한 뒤에 받은 등급 문안이 분명하니, 이것들을 한번 취하여 살펴보시면 원고의 간악함이 저절로 탄로날 것입니다. 엎드려 빌건대, 이 여인의 비리로 송사를 일으킨 죄를 법률에 의거해 살펴보시고 일후에 분란과 송사의 폐단이 없도록 해주십시오. 제 며느리는 한번 남편을 잃은 후 병과 근심으로 극히 위태로워서 대령할 수 없습니다. 제가 이미 송사에 응하였으니, 제 며느리를 무죄로 논할 바가 있습니다. 밝게 조사하시어 처분을 바랍니다.

착명하였음. 당상(堂上)과 낭청이 착압(着押)하고 관인을 찍음.
연이어 같은 날에 원고 도조이가 진술한 초사는 다음과 같다.

제가 아뢸 바는 원래의 소장 가운데에 대략 진술되어 있습니다. 저의 남편 살아있을 때 남양여객선주인의 역을 다년간 응대하였다가 불행히 죽은 뒤에 제가 응대해왔는데, 긴요히 쓸 곳이 있어서 하는 수 없이 계묘년에 이 주인의 역을 토정에 사는 양달하에게 팔았습니다. 그런데 같은 마을에 사는 백만손이 내게 와서 말하기를, "이 주인의 역을 만약 영원히 팔아버린다면 남편을 잃은 과부가 어떻게 연명을 할 수 있겠습니까? 양가에게서 되물리고 나에게 팔았다가 당신이 만약 값을 준비한다면 퇴급해 주겠습니다"라고 하였습니다. 제가 초상 빚에 급하여 비록 팔았지만 이

역이 없으면 살 길이 어렵다고 여겨서 만손의 말을 곧이듣고 이 주인의 역을 양가에게 되물려서 백만손에게 임시로 팔았습니다. 이후 제가 애써 값을 마련해 처음 약속대로 만손에게서 되물리려 하니, 만손은 "내가 이 역을 매득한 후 용산 사는 뱃사람 김천경과 매 선당 1섬씩 받는 일을 정식으로 하는 것으로 형조에서 소송 중인데, 당신이 되물리기를 원한다면 형조에서 소송시 비용을 아울러 준비해 주시오"라고 하였습니다. 이때 저는 "이것은 나의 시가의 세전지물로 당신이 약속한 바에 의거해 되물리려 할 뿐이다. 1섬의 쌀을 정식으로 하는 일은 내가 알 바 아니다"고 하였습니다. 서로 힐난하는 것을 마을의 여러 사람들이 눈으로 보고 귀로 듣지 않은 바가 없습니다. 그런데 만손이 죽었기에 만손의 아비와 처를 만나 되물리겠다는 말을 하니, 역시 만손과 같이 물려주지 않았습니다. 당초에 만약 만손이 되물린다는 말이 없었다면 제가 비록 미열하다고 해도 어찌 양가에게서 되물려서 값을 깎아 만손에게 임시로 팔 리가 있겠습니까? 이것은 변명할 것이 많지 않습니다. 저와 만손이 작년에 되물리는 일로 서로 힐난한 정황을 한번 동리인에게 추문해보면 만손이 약속을 어긴 일이 드러날 것입니다. 만손의 아버지와 처가 만손이 이미 죽은 것을 다행으로 여기고 물려주지 않는 죄를 각별히 중히 다스린 뒤에 이 주인의 역을 추환하시어 조상의 구물을 이어받을 수 있게 하고 또한 빈한한 과부로 하여금 생존할 수 있게 해주십시오.

착수촌(着手寸)함. 당상과 낭청이 착압(着押)하고 관인을 찍음.
연이어 2월 초8일 제사의 내용은 다음과 같다.

수표를 살핀 후 증필에게 사실을 조사하라.

당상(堂上)이 착압(着押)하고 관인을 찍음.

연이어 2월 12일에 양인 김진빈(나이 65세), 한량 김택우(나이 44세), 이태성의 아들 한량 천필(나이 31세)이 다음과 같이 진술하였다.

원고 도조이가 올린 소장으로 인하여 백성운의 아비 세채와 더불어 남양여객을 환퇴하는 일로 본부에서 서로 소송한 바가 있었다.

"백성운이 주인을 매득한 후 동 도조이가 또 85냥을 받고 이후 잡담하지 말 것으로 고쳐 쓴 명문을 성급할 때, 너희들은 모두 증필로 각각 착명이라고 하였는바, 성문 중 과연 착명인지, 그간 진위를 감추지 말고 사실에 따라 직고하라"고 추문하였다.

필집 김진빈이 진술한 초사는 다음과 같다.

저는 동내에 사는 과부 도조이가 계묘년(1783)에 그가 업으로 하는 바인 남양여객주인의 역을 160냥을 받고 토정리에 사는 양달하에게 팔았다가 다시 백성운의 설득으로 인해 백가에게 되물려서 다시 팔았습니다. 이와 같이 되물려서 다시 판 것은 도조이가 백가에게 판 뒤를 걱정하여, 되물리고 받을 것으로 과연 160냥으로 피차 홍정을 이루었으나 그 명문 중에 200백 냥으로 매매한 것처럼 돈을 높여 적었는데 이것은 상놈들의 예규입니다. 이번에 그들이 상송할 때, 백가의 부친 세채가 제출한 문기 중에 갑진년(1784) 정월에 도조이가 또 85냥을 백가에게 받았을 때 저의 이름이 필집을 맡은 것으로 기재되어 있다고 하는 것은 실로 제 필적의 착명이 아닐 뿐 아니라 지금 관전(官前)에서 당초 성문 및 추후 필적을 관께서 제가 직접 쓴 글을 받아 두 차례 문기의 서획 필법을 비교해보신다면, 갑진년(1784)에 추가로 만든 수표는 제가 쓴 착명이 아니었다는 상황이 분명하게 증명될 수 있습니다. 제가 아뢰고 싶은 것은 이와 같을 뿐입니다. 고찰해서 처리해 주십시오.

증인 김택우가 진술한 초사는 다음과 같다.

원고 도조이는 제 3촌 숙모이신데, 오늘 백세채가 제출한 수기 가운데에 "갑진년(1784) 정월 또 85냥을 얹어 받고 다시 침범하지 않겠다"는 명문으로 고쳐 줄 때, 제가 증참으로 착명했다 하셨는데, 만약 수표를 고쳐 성급해주었다면 제가 비록 이렇게 미열하더라도 이번에 이 소장을 낼 때 숙모에게 만류하며 말했겠습니까. 이번에 백세채의 추가로 받은 수기라는 것은 실로 말이 안 될 뿐 아니라 제 이름 아래 기록된바 ▨▨ 흔적 역시 제가 착명을 ▨▨한 것이 아닙니다. 밝게 조사하여 처결해주십시오.

이천필이 진술한 초사는 다음과 같다.

저는 제 아버지가 돈으로 신병을 얻어 바야흐로 위독한 지경이기 때문에 제가 대신 초사를 제출했거니와 제 아비는 본래 눈이 있어도 글을 알지 못하며 또 등서(謄書)를 알지 못할 뿐 아니라 이 관에서 파견한 관리가 나와서 하는 말을 듣고는 도조이와 백가놈이 주인가를 성문할 때, 원래 참증하지도 않았다 하기에 제 아비가 전날 타인에게 차용할 때 착명한 수표를 이제 관전(官前)에 헌납하니 상고해서 처리해주십시오.

각각 착명하였음. 당상(堂上)이 착압(着押)하고 관인을 찍음.
같은 날 다시 백세채(나이 62세)가 진술한 초사는 다음과 같다.

이번에 필집인 김진빈과 증인 두 놈이 진술한 것을 보면, 갑진년(1784) 다시 85냥을 도조이에게 주고 명문을 받았다는 것은 절로 무망함으로 귀결됩니다. 만약 그렇다면 주인의 되물림은 한 번에 하지 잠시 □□하지 않고 추가로 문권을 만드는 것이 필수적입니다. 위조문기라고 하는 그들의 원정 가운데에 도조이가 처음 형조에 소장을 올렸을 때 40냥을 주고 다시 형조에 올렸을 때 45냥이라고 하나 원고 도조이와 증필들의 진술서를 들어보면, 또한 환퇴함이 마땅하다고 형조에 소장을 올린 것 역시 한 차례일 뿐, 원래 다시 정소함이 없었던 즉, 너희들 원정의 글들이 꾸미지 않음이 없고 숨기지 않음이 없으니 일일이 올바로 진술하도록 추문하시는 것이기에 지금 증필인들의 진술서 중에 추후 성급문기가 모두 그들의 착명이 아니다 하온 즉, 핵실하여 분별을 논하지는 못하나 그들이 추봉한 것에 대한 문기는 제 아들 성운이 살아있을 때 받은 명문으로 본래 제가 직접 받은 것이 아니오며 제 원정(原情) 소지 내, 두 번 형조에 소장을 올린 일은 도조이가 처음에 제 아들 성운을 형조에 고소하였고 재차 고소했다는 것은 도조이가 또 형조에 추□를 올렸다가, 관의 □□으로 인하여 소송에서 □□하지 못한 즉, 형편이 저절로 물리친 것이지 저는 원망이 없는 사람으로서 이 추가로 올린 소지에서 일컫는바, 두 차례의 정장은 범연히 진술서를 제출한 것이나 만약 85냥을 주지 않았다면 제가 어찌 이같이 사실을 들어 진술하겠습니까. 대저 증필인 각자가 모르고 관전에 다짐을 냈다는 것은 전혀 없는 일이옵니다. 추가로 명문을 위조해 만든 항목의 죄는 제가 한 것입니다. 밝게 다스려 처결해 주십시오.

착명하였음. 당상과 낭청이 착압(着押)하고 관인을 찍음.

같은 날에 원고 도조이 71세가 다시 추문한 것에 대해서 진술한 초사는 다음과 같다.

저는 일흔이 넘어 의탁할 곳이 없는 과부로 백가의 아들 성운이 당초 약속한 바에 따라 환퇴 받고자 하는 의도로 형조에 소를 올렸습니다. 백가가 당초 상약을 배척하고 돈을 올려 환퇴하라는 말은 제가 ▨▨없이 외롭고 약한 것을 무시하여 환퇴의 뜻이 없기에, 매매 불과 한 달 사이에 형조에 소를 올렸다가 제가 약해 낙송하였는데, 지금 또 본부에 조급하게 소장을 올려 규명하는 중에 있습니다. 이제 관전에서 백가 아비 세채가 진술한 것 중, 제가 두 차례 형조에 정장을 낼 때, 처음 40냥을 주고 다시 45냥을 주었다고 하온바, 대개 150냥 흥정한 주인 매매를 환퇴하는 일로 다툴 때 한 번 소를 올렸더니 40냥을 주고 두 번째 올려 또 45냥을 주었다고 한다면 만약 그것이 5, 6차례 소장을 올린다면 소위 가급한 것이 원금을 넘어 매매하였으므로, 저에게 두 번에 걸쳐 85냥으로 문기를 고쳐 만들어 주었다고 하는 것은 금시초문입니다. 이제 증인과 필집 각 사람들의 초사를 보더라도, 백세채가 관전(官前)을 기망하여 약속을 어기고 되물리지 않으려하였던 것이 명약관화합니다. 삼가 간절히 바라건대 백세채가 문기를 위조해서 고치고 거스르고 헐뜯는 사악한 죄를 법과 같이 엄히 다스려주십시오. 제 남양여객주인의 역은 되물려 주시기를 명하시어 의지할 곳 없는 과부가 생활의 근원을 얻을 수 있게 적선하여 처분하여 주십시오.

착수촌(着手寸)함. 당상(堂上)과 낭청이 착압(着押)하고 관인을 찍음.
제사에 의거해 품목(稟目)을 올린 내용은 다음과 같다.

원고와 피고, 증필의 진술서 및 두 장의 매매문기를 취합해 살펴보니, 도조이가 양가에게 팔고나서 백성운의 말을 듣고 양가에게 환퇴하고 성운에게 돌려 팔았으니 이 사이 반드시 곡절이 있을 뿐 아니라 또한 매매가 이루어진지 몇 달이 지나지 않아 도조이가 추급하지 않는다고 형조에 성운을 고소한 것 또한 반드시 실마리[苗脈]가 있거늘, 이번 세채의 진술서 및 추후 문기 중 도씨가 원 가격이 매우 싸다는 것으로써 80냥을 더 받고자하였기에 부득이 85냥을 더 주었다 운운하니, 상대가 요구한 바는 단지 80냥인즉 어찌 요구한 이외 미치지 않은 5냥의 이치가 있겠습니까? 이로써 추측컨대 85냥을 더 주었다는 주장은 저절로 무망함이 되며, 문기로써 논하여도 한 건의 매매에 어찌 두 장의 문기가 있겠으며, 설령 두 장이라도 처음 문기를 만들 때 증필이 모두 재차 문기를 작성할 때의 증필이니, 글자 모양과 착명이 마땅히 착오가 없어야 하거늘 이것은 그렇지 않아서 글자 모양이 서툴고 능숙함의 차이가 완전히 판이하고 착명도 점획의 차이가 있으므로 필집과 증참인으로 하여금 다른 종이에 다시 쓰고 다시 착명하게 하니 처음 문기에 부합하고 두 번째 문기와는 다릅니다.

그들의 진술 내에 재차 성문할 때는 원래 더불어 들은 일이 없다고 하니, 그것이 위조된 상황을 이를 추론해 알 수 있습니다. 대저, 백성운이 이 두 건을 만든 일은 도녀가 연로하고 외롭고 약함에 무시하여 환퇴 약속을 어긴 것이며, 일후 관에 소를 올리는 폐해를 막고자 한 것이다. 그렇지 않다면 이미 양가에게 판 물건을 어떤 연유로 환퇴하여 백가에게 팔았겠는가? 성운이 생존했다면 진실로 당연히 엄히 장을 치고 자백을 받았겠지만 이미 죽어서 법을 시행할 방법이 없고, 세채는 비록 사정이 있다고는 하나, 이미 죽은 성운이 진실로 소위 그 재주로써 속일만하였다는 것에 추론이 돌아가니 동 주인의 역은 준가를 추급하여 분운의 폐단을 사전에 단절시킴이 어떠하겠습니까? 저의 우둔한 생각을 이와 같이 삼가 헤아려서 처리해주십시오.

▨▨ 당상(堂上)과 낭청이 착압(着押)하고 관인을 찍음.
정미년(1787) 2월 14일 제사 내에서 다음과 같이 말하였다.

주인의 역을 도조이는 처음에 양가에게 팔았고 후에는 백가에게 판매하였는데, 이는 환퇴하겠다는 서로간의 약속이 있었기 때문이다. 사리로써 추론해 봐도 ▨법 할 길이 없을 뿐 아니라 백가의 값 중에 85냥 더 주었다는 말은 저절로 무망하여 하나도 그 단서가 아니 된다. 도조이가 더 받으려한 것은 80냥을 넘지 않은 즉, 백가가 패소 후 가급했다는 것은 필연적으로 이치에 닿지 않을 뿐 아니라 증참인이 모두 처음에 착명하지 않았고 납가와 필적이 서로 다르니 위조가 분명한 즉, 이는 답변할 말이 없을 것이다. 이에 도리어 이미 죽은 그 아들에게 추궁하는 것은 ▨이 없다. 백가는 위조문기로 법을 적용하여 간민이 외로운 과부를 기만하고 모독한 습속을 징벌하고자 하며, 주인의 역은 처음 약조에 따라 본가로 환퇴하여 줌이 의당한 일.

당상(堂上)이 착압(着押)하고 관인을 찍음.

『대전통편』에 위조문기로 남을 속임이 분명한 자는 장(杖) 100대 유(流) 3,000리라고 하였다. 백세채는 장 100대 유 3,000리하여 사죄(私罪)를 ▨▨하게 단속할 것이다.

착명함. 당상(堂上)과 낭청이 착압(着押)하고 관인을 찍음.
정미(1787) 2월 16일에 내린 제사의 내용은 다음과 같다.

이미 ▨▨ 법에 비추어 하고자 하나 잠시 ▨▨냥으로 때를 맞춰 속전을 납부하니 풀어준다. 무릇 문기에 돈을 부풀려 기록하는 것은 예규이니, 증인과 필집이 한가지로 고한 본가에 따라 환퇴하라.

당상(堂上)이 착압(着押)하고 관인을 찍음.
정미(1787) 2월 16일에 피고 백세채, 원고 도조이, 손자 김대손이 진술하였다.
피고 백세채가 진술한 초사는 다음과 같다.

저는 속전 42냥을 자원하여 납부하오며, 남양여객주인 본가 160냥과 가급한 15냥, 합 175냥을 관전에서 액수대로 다 받아가옵고, 주인문기 2장, 별급문기 1장, 입지 2장, 선인처 화명 후록문기 아울러 함께 원고 손자 김대손에게 출급하오며, 매득 문기 1장과 위조문기 1장은 관전께서 효주해 출급하셨으니 뒷날 상고하여 시행하겠습니다.

원고 도조이, 손자 김대손이 진술한 초사는 다음과 같다.

저는 남겨진 주인 본가 160냥 및 추가로 받은 돈 15냥, 합 175냥을 지금 관전에서 액수대로 다 백세채에게 출급하고 본문기 2장, 별급문기 1장, 입지 2장, 선인화명문기 및 효주한 방매문기 1장과 더불어 그들 위조문기 1장을 아울러 관전에서 남김없이 가져가오니, 후에 상고하여 시행하십시오.

각각 착명함. 당상과 낭청이 착압하고 관인을 찍음.
같은 날 제사는 다음과 같다.

이전 관에서 위조문기로 조율하여 행한 바인 백세채 장(杖) 100대, 유(流) 3,000리의 속전 42냥에서 속☒ 4냥 2전을 제하고 실제 37냥을 옮겨 적는다.

당상과 낭청이 착압하고 관인을 찍음.
나중에 증빙할 수 있도록 원고 도조이에게 문안을 베껴서 발급함.
당상(堂上) 【압】
〈뒷면〉 김진빈 등급

○ 경기도장토문적 89책, 문서번호 6, 여객주인권 매매문기

강희 39년 경신(1700) 2월 초10일 김해민(金海敏)앞 명문

이 문기를 작성하는 것은, 슬프게도 아버지의 상장사(喪葬事)를 당하여 여러
물품을 갖추어 낼 방도가 없기에 부득이 남양(南陽) 선현(先峴), 소후도(小後島),
추도(楸島), 연흥(蓮興), 자월(子越), 이적(伊賊), 답이(畓伊), 고지도(古之島), 저비
도(著比島), 성가산(成架山), 불산(佛山), 유을지(柳乙池), 돌천(乭川) 등의 여인(旅
人)을 설수(設數)하여 전문 50냥으로 값을 정해서 논정(論定)하여 받고 영구히
방매하되, 본문기는 다른 여인과 함께 붙어있어서 허급할 수 없으므로 뒷면에
효주(爻周)하니 일후에라도 동생 자손 족속 중에서 만약 잡담이 있거든 이 문
기를 가지고 관에 고하여 변정하기 위함이다.

　여주(旅主) 민자귀(閔者貴) 【수결】

　증인(證人) 최논이(崔論伊) 【수결】

　　　　최남제지(崔男諸之) 【수결】

　필집(筆執) 박지세(朴枝世) 【수결】

○ 경기도장토문적 89책, 문서번호 7, 분재기(여객주인권 별급문기)

옹정 5년 정미(1727) 4월 24일 아들 득대(得大)에게 별급한 성문(成文)

이 문기로 별급하는 것은, 민자귀(閔者貴)에게 매득한 남양(南陽) 선현(先峴),
소후도(小後島), 추도(楸島), 연흥(蓮興), 자월(子越), 이적(伊賊), 답이(畓伊), 고지
도(古之島), 성가산(成架山), 불산(佛山), 저비도(著比島), 유을지(柳乙池)의 여객
등을 매득한 본문기 1장과 아울러 영구히 허급해주니, 일후에라도 다른 자

지(子枝) 중 만약 잡담이나 상쟁의 폐단이 있거든 이 문기를 가지고 관에 고하여 변정하기 위함이다.

여객주(旅客主) 아버지

증인(證人) 허인선(許仁先) 【수결】

필집(筆執) 박봉원(朴鳳元) 【수결】

○ 경기도장토문적 89책, 문서번호 8, 선주인 명단

선주(船主) 이마당(李馬當) 【수결】

선주(船主) 박칠선(朴七善) 【수결】

선주(船主) 백감립(白減立) 【수결】

선주(船主) 고상명(高尙明)

　　　　고상룡(高尙龍) 【수결】

　　　　조귀재(曹貴才) 【수결】

　　　　박무쇠(朴毋金) 【수결】

　　　　김금이(金金伊) 【수결】

　　　　함범치(咸凡致) 【수결】

　　　　홍후읍종(洪厚邑種) 【수결】

　　　　김검동(金檢同) 【수결】

　　　　염상원(廉尙元) 【수결】

　　　　진몽치(陳夢致) 【수결】

○ 경기도장토문적 89책, 문서번호 9, 소지

마포(麻浦)에 거주하는 도조이[都召史] 【우촌】

삼가 이 소지를 아뢰는 것은, 제 남편 김득대(金得大)가 세전지업(世傳之業)인 남양(南陽) 선인여객주인(船人旅客主人)으로 자생(資生)하였는데 제 남편이 죽은 후 제가 여객 접대로 생애를 삼아왔으며, 지난 무자년(1768) 슬프게도 제가 어머니상을 당하여 장례를 지낼 방도가 없기에 같은 마을에 사는 김금매(金金每)에게 선인여객을 세(貰)로 주었다가 잠시 후에 환퇴하기로 금석상약(金石相約)하고 전문 50냥을 대용(貸用)하였습니다. 이제 막 본전을 액수대로 환급해주고 여객문기를 찾아왔지만 근래 인심이 예측할 수 없는 때라 문권이 이미 오랫동안 타인에게 옮겨 갔다가 돌아왔으니 일후에 잡담의 우려가 없을 수 없는지라 해당 본문기에 후록을 첩련(貼連)하여 앙소(仰訴)하오니, 전후 문기를 참상(參商)하신 후 제사 입지를 성급하여 근거로 삼게 베풀어주시도록 명령하실 일입니다.

한성부에서 처분해주시기 바랍니다.

갑오(1774) 4월　일 소지

당상(堂上) 【압】

〈뎨김〉 후일에 빙고하고자 소치(所致)에 따라 제급(題給)할 것. 5월 15일.

후(後)

남양(南陽) 선현(先峴)

　　　소후도(小後島)

　　　추도(楸島)

　　　연흥(連興)

　　　자월(子越)

　　　이부(伊賦)

　　　답이(畓伊)

　　　고지도(古之島)

　　　저비도(著比島)

　　　성가산(成架山)

　　　불산(佛山)

　　　유을지(柳乙池)

　　　돌천(乭川)

끝[際].

○ 경기도장토문적 89책, 문서번호 11, 여객주인권 매매문기

건륭 11년 병인(1746) **4월 19일 김득대**(金得大)**앞 명문**

이 문기를 작성하는 것은, 우리들이 소재처인 남양(南陽) 유돌모지(柳乭某

只)에서 거생(居生)하는 고로 선업(船業)으로 자생(自生)하는데, 소금을 싣고 마

포에 이르면 원래는 주인이 없었으므로 이제 위의 사람에게 배값으로[價船次]
전문 60냥을 받고 자자손손 영구히 여인(旅人)이 되기로 하였으니, 일후에 만
약 배신하고 도망하는 폐단이 있으면 이 문서를 가지고 관에 고하여 변정하기
위함이다.

　　필집 최홍도(崔弘道) 【수결】

　　조정두(趙廷斗) 【수결】

　　황몽이(黃夢伊) 【수결】

　　정정금(鄭丁金) 【수결】

　　이일선(李日先) 【수결】

　　장제봉(張齊奉) 【수결】

　　이순재(李順才) 【수결】

○ 경기도장토문적 89책, 문서번호 12, 소지

마포(麻浦)에 거주하는 도조이[都召史] 【우촌】

삼가 이 소지를 아뢰는 것은, 제 남편 김득대가 세전지업(世傳之業)인 남
양(南陽) 선인여객주인(船人旅客主人)으로 자생(自生)하다가 제 남편이 죽은 후
제가 여객접대로 생애를 삼아왔는데 지난 무자년(1768) 슬프게도 제가 어머니
상을 당하여 장례를 지낼 방도가 없기에 동리(洞里)에 거주하는 김금매(金金
每)에게 여객선인(旅客船人)을 세(貰)로 주어 잠시 팔았다가 후에 환퇴하기로
금석상약(金石相約)하고 전문 50냥을 대용(貸用)하였습니다. 이제 막 본전을 액
수대로 환급해주고 여객문기를 찾아왔지만 근래 인심이 예측할 수 없는 때라
문권이 이미 오랫동안 타인에게 옮겨 갔다가 돌아왔으니 나중에 잡담의 우려

가 없을 수 없는지라 해당 본문기에 후록을 첩련(貼連)하여 앙소(仰訴)하오니, 참상(參商)하신 후 특별히 입지를 성급하여 근거로 삼게 베풀어주시도록 명령하실 일입니다.

형조에서 처분해주시기 바랍니다.

갑오(1774) 4월   일 소지

당상【압】

〈뎨김〉 문권이 이미 돌아왔으니 반드시 입지할 것. 18일.

○ 경기도장토문적 89책, 문서번호 13, 후록

후(後)

남양(南陽) 선현(先峴)

    소후도(小後島)

    추도(楸島)

    연흥(連興)

    자월(子越)

    이부(伊賦)

    답이(畓伊)

    고지도(古之島)

    저비도(著比島)

    성가산(成架山)

    불산(佛山)

유을지(柳乙池)

돌천(乭川)

화양(花梁)

끝.

○ 경기도장토문적 89책, 문서번호 14, 소지

마포에 거주하는 조운(趙惲)

삼가 이 소지를 아뢰는 것은, 제가 경기 남양(南陽) 1읍(一邑)의 여러 면(面), 섬, 포구의 빙어(氷魚), 어염(魚鹽), 시곡(柴穀), 상고(商賈), 상선(商船) 및 춘추전(春秋田)·대동(大同)·삼수미(三手米), 각종 등물(等物) 여객주인의 업을 천문옥(千文玉)으로부터 매득하였기에 전후 문안(文案)을 첩련(帖連)하여 앙소(仰訴)하오니 참상(參商)하신 후 후고(後考)할 목적으로 입지를 성급하여 주시기를 천만(千萬) 바랍니다.

처리해주실 일입니다.

당상(堂上)【압】

신미(1811) 9월   일 소지(所志)

〈뎨김〉 빙고하기 위하여 입지(立旨)를 성급(成給)함. 24일.

○ 경기도장토문적 89책, 문서번호 15, 여객주인권 매매문기

가경 16년 신미(1811) 9월 20일 조운(趙惲)앞 명문

이 문기를 작성하는 것은, 이인광(李寅光)으로부터 경기 남양(南陽) 1읍에 관계된 여러 면, 섬, 포구의 빙어(氷魚), 어염(魚鹽), 시곡(柴穀), 상고(商賈), 상선(商船) 및 춘추전(春秋田)·대동(大同)·삼수미(三手米), 각종 등물(等物) 여객주인의 업을 매득해서 자생(資生)하다가 절실히 쓸 곳이 있어서 위의 사람에게 전문 1,100냥으로 값을 정하여 액수대로 받고, 본문기 7장, 별급문기 1장, 입지 2장, 등급(謄給) 1장, 화명문기(和名文記) 1장, 조천흡(趙天洽) 절반문기(折半文記) 1장, 마포(麻浦) 대동문기(大同文記) 1장을 함께 영구히 방매하니 일후 동생 자손 족속 중에서 만약 잡담의 폐단이 있으면 이 문기로써 관에 고하여 변정하기 위함이다.

　재주(財主) 천문옥(千文玉) 【수결】【인】

　증인(證人) 이인광(李寅光) 【수결】

　　　　김상림(金相霖) 【수결】

　　　　박재순(朴再純)

　필집(筆執) 김용진(金龍鎭) 【수결】

○ 경기도장토문적 89책, 문서번호 16, 여객주인권 매매문기

가경 16년 신미(1811) 9월 초10일 천문옥(千文玉)앞 명문

이 문기를 작성하는 것은, 임성번(林盛蕃)에게 경기 남양(南陽) 1읍에 관계된 여러 면, 섬, 포구의 빙어(氷魚), 어염(魚鹽), 시곡(柴穀), 상고(商賈), 상선(商船) 및 춘추전(春秋田)·대동(大同)·삼수미(三手米), 각종 등물(等物) 여객주인의 업

을 매득해서 자생(資生)하다가 절실히 쓸 곳이 있어서 위의 사람에게 전문 1,100냥으로 값을 정하여 액수대로 받고, 본문기 6장, 별급문기 1장, 입지 2장, 등급(謄給) 1장, 화명문기(和名文記) 1장, 조천흡(趙天洽) 절반문기(折半文記) 1장, 마포(麻浦) 대동문기(大洞文記) 1장을 함께 영구히 방매하니 일후 동생 자손 족속 중에서 만약 잡담의 폐단이 있으면 이 문기를 가지고 관에 고하여 변정하기 위함이다.

　　재주(財主) 이인광(李寅光) 【수결】

　　증인(證人) 기순철(奇順哲) 【수결】

　　　　　　김용진(金龍鎭) 【수결】

　　필집(筆執) 김상림(金相霖) 【수결】

○ 경기도장토문적 89책, 문서번호 17, 여객주인권 매매문기

가경 13년 무진(1808) 7월 28일 이인광(李寅光) 앞 명문

이 문기를 작성하는 것은, 긴요하게 쓸 데가 있어서 경기 남양(南陽) 1읍 내 선현(先峴), 영흥(榮興), 대부도(大阜島), 이작(伊作), 승황(乘璜), 유모지(柳毛池), 화량(花梁), 연비도(燕飛島), 분양리(汾陽里), 풍도(豊島), 서칠면(西七面) 등 여러 섬의 선(船) 어염(魚鹽), 청석어(靑石魚)ㆍ빙어선(氷魚船) 및 지토(地土) 상고(商賈), 미곡(米穀) 타조(打租) 각종 등물(等物)과 춘추전세(春秋田稅)ㆍ대동(大同)ㆍ삼수미(三手米) 등을 실어 와서 경강에 도박할 때 의례(依例) 간검(看檢)하는 여객주인의 업을 위 사람에게 전문 900냥으로 값을 정하여 액수대로 받고, 본문기 5장, 별급문기 1장, 형조ㆍ한성부 양사(兩司)의 논리(論理) 입지 2장, 선인(船人) 화명(和名) 1장, 등급(謄給) 1장, 조천흡(趙天洽) 절반문기(折半文記) 매매 1장,

마포(麻浦) 대동문적(大洞文籍) 1장을 함께 영구히 방매하니 일후에라도 동생 자손 족속 중에서 만약 잡담이 있으면 이 문기를 가지고 관에 고하여 변정하기 위함이다.

남양선여객주인(南陽船旅客主人) 재주(財主) 임성번(林盛蕃) 【수결】

증인(證人) 정종현(鄭宗賢) 【수결】

증인(證人) 태성민(太聖珉) 【수결】

기중옥(奇重玉)

필집(筆執) 이창배(李昌培) 【수결】

○ 경기도장토문적 89책, 문서번호 18, 여객주인권 매매문기

가경 13년 무진(1808) 2월 20일 임성번(林盛蕃)앞 명문

이 문기를 작성하는 것은, 긴요하게 쓸 데가 있어서 경기 남양(南陽) 1읍 내 선현(仙峴), 영흥(靈興), 대부도(大阜島), 이작(伊雀), 유모지(柳某地), 화량(花梁), 연비도(燕飛島), 분양리(分陽里), 풍도(豊島), 서칠면(西七面) 등 여러 섬의 선(船) 어염(魚鹽), 청석어(靑石魚)·빙어선(氷魚船) 및 지토(地土) 상고(商賈), 미곡(米穀) 타조(打租) 각종 등물(等物)과 춘추전세(春秋田稅)·대동(大同)·삼세미(三稅米) 등을 실어와 경강에 도박할 때 의례(依例) 간검(看檢)하는 여객주인의 업을 위의 사람에게 전문 850냥으로 값을 정하여 액수대로 받고, 본문기 4장, 별급 문기 1장, 형조·한성부 양사(兩司)의 논리(論理) 입지 2장, 선인(船人) 화명(和名) 1장, 등급(謄給) 1장, 조천흡(趙天洽) 절반매매문기(折半賣買文記) 1장, 마포(麻浦) 대동문적(大洞文籍) 1장을 함께 영구히 방매하니 일후에라도 동생 자손 족속 중에서 만약 잡담의 폐단이 있으면 이 문기를 가지고 관에 고하여 변정하기 위

함이다.

　자필(自筆) 재주(財主) 박성준(朴聖俊) 【수결】

　동재주(同財主) 증인(證人) 이창배(李昌培) 【수결】

　증인(證人) 백흥인(白興仁)

○ 경기도장토문적 89책, 문서번호 19, 여객주인권 매매문기

가경 9년 갑자(1804) 10월 16일 박성준(朴聖俊)앞 명문

이 문기를 작성하는 것은, 긴요하게 쓸 데가 있어서 경기 남양(南陽) 1읍 내 선현(仙峴), 영흥(靈興), 대부도(大部島), 이적(伊籍), 유모지(柳某地), 화량(花梁), 연비도(燕飛島), 분양리(分陽里), 풍도(豊島), 서칠면(西七面) 등 여러 섬의 선(船) 어염(魚鹽), 청석어(靑石魚)·빙어선(氷魚船) 및 지토(地土) 상고(商賈), 미곡(米穀) 타조(打租) 각종 등물(等物)을 실어오는 것과 전세(田稅)·대동(大同)·삼세미(三稅米)를 경강에 도박할 때 의례(依例) 간검(看檢)하는 여객주인의 업을 위의 사람에게 전문 750냥으로 값을 정하여 액수대로 받고, 본문기 3장, 별급문기 1장, 형조·한성부 양사(兩司)의 논리(論理) 입지 2장, 선인(船人) 화명(和名), 등급(謄給), 이절반(二折半) 조천흡(趙天洽) 문기(文記) 1장을 함께 영구히 방매하니 일후에라도 동생 자손 족속 중에서 만약 잡담이나 시비의 폐단이 있으면 이 문기와 대동문적(大洞文籍)을 가지고 관에 고하여 변정하기 위함이다.

　남양선여객재주(南陽船旅客財主) 백명유(白命裕) 【수결】

　동재주(同財主) 조천흡(趙天洽) 【수결】

　증인(證人) 태성민(太聖珉) 【수결】

　　홍일원(洪逸元) 【수결】

박종인(朴宗仁) 【수결】

윤인철(尹仁哲) 【수결】

차정황(車廷煌) 【수결】

필집(筆執) 홍창운(洪昌運) 【수결】

후(後)

남양(南陽) 여러 섬

선현(先峴)

소후도(小後島)

추도(楸島)

연흥(連興)

자월(子越)

이적(伊賊)

답이(畓伊)

고지도(古之島)

저비도(著比島)

성가산(成架山)

불산(佛山)

유을지(柳乙池)

돌천(乭川)

끝.

○ 경기도장토문적 89책, 문서번호 20, 여객주인권 매매문기

가경 7년 임술(1802) 8월 20일 조천흡(趙天洽)앞 명문

이 문기를 작성하는 것은, 절실히 쓸 일이 있어서 남양(南陽) 여러 섬 여객주인의 업을 시가(時價)에 따라 750냥으로 절정(折定)하여 절반인 375냥을 위의 사람에게 받고 이와 같이 문서를 만들어 주되, 본문기 중에 배탈(背頉)하고 매년의 소출(所出)은 두 주인이 평균(平均) 분식(分食)하기로 굳게 정하고, 여러 섬, 포구는 후록(後錄)하고 전(田), 대동(大同) 매선(每船) 한 섬[石]은 분식(分食)이 없게 하고, 본문기 3장, 별급문기 1장, 형조·한성부 양사(兩司)의 논리(論理) 입지 2장, 선인(船人) 화명(和名) 후록문기, 형조등급(刑曹謄給) 2장은 본주인 백인(白仁)이 가지고 있기로 하고 영구히 절반을 허급(許給) 방매(放賣)하니 일후에라도 동생 자손 족속 중에서 만약 잡담이나 시비의 폐단이 있으면 이 절반문기(折半文記)로써 관에 고하여 변정하기 위함이다.

재주(財主) 백인(白仁) 【수결】

증인(證人) 성홍규(成弘規) 【수결】

필집(筆執) 홍창운(洪昌運) 【수결】

후(後)

남양(南陽) 선현(先峴)

소후도(小後島)

추도(楸島)

연흥(連興)

자월(子越)

이적(伊賊)

답이(畓伊)

고지도(古之島)

저비도(著比島)

성가산(成架山)

○ 경기도장토문적 89책, 문서번호 21, 형조 등급

형조(刑曹)에서 원안을 베껴 발급하는 것임

마포 사는 백성운(白成雲)이 이번에 올린 소지는 다음과 같다.

저는 한강 연안 거주자로서 남양 강주인의 역할을 비싼 값을 주고 매득하여 대동미와 사대부 댁의 곡물을 제가 담당 거행하였습니다. 대동선 가운데 매 1석을 내어주는 것이 강 연안을 통행하는 규칙입니다. 이번에 용산 사는 김천경과 사공 방가 등이 몰래 짜고서 자기들 선척을 가지고 남양에 내려가서 국곡(國穀)을 실어왔는데, 제게 주어야 할 1섬의 쌀을 끝내 주지 않았습니다. 개인 선박으로 요로를 늑탈하여 편의에 따라 실어오니 방납은 그 자체로 금지하기로 정해져 있으니 분통함을 이기지 못하겠습니다. 이에 소를 올리게 되었으니 위에 기록한 김가·방가 두 놈을 잡아와서 1섬의 쌀은 추급해주신 뒤에 이와 같이 하지 말라는 뜻을 엄히 다짐 받아서 저로 하여금 생계의 업을 보존할 수 있게 해주십시오.

이에 대한 제사는 다음과 같다.

잡아와서 추문할 일이다. 실무자 하예 중 한 부서에 할당하라.

연이어 갑진년(1784) 10월 22일에 피고 양인 김천경과 김천오(나이 53세)가
진술한 초사는 다음과 같다.

소장의 사연을 추문하시기에, 호패를 상고하고 말씀드립니다. 저는 한강 연안에
살며 선업으로 생계를 삼아왔는데, 제 선척이 매년 두 차례 남양에 내려가서 국곡을
실어온 것이 지금까지 23년의 오랜 세월이나 한 사람도 강주인이라 칭하며 와서 말
하는 자가 없었습니다. 며칠 전에 갑자기 고소인이 남양 강주인이라고 하면서 1섬
의 쌀을 징수해가려 하였습니다. 때문에 저는 전에 없던 일이라고 여겨서 갑자기 극
히 허황하다고 힐난하는 말을 하기에 이르렀습니다. 그러니 고소인이 무슨 의사가
있어 이렇게 고하면서 소장을 올렸는지, 저 또한 이 강 연안 주민인 즉 다른 한편 1
석의 쌀을 관례에 따라 주는 것에 무슨 애석함이 있겠으며 주지 않겠습니까만, 소장
사연 중 이른 바 방납이라는 주장은 허망한 것이라 여깁니다. 사선으로 몰래 왕래하
는 것을 혹시 방납이라 칭하되 제 경우는 대선 2척으로 23년간 국곡을 실어왔으니
어찌 방납이라 하겠습니까? 이제 이 고소인이 갑자기 불측한 마음이 생겨 무고하게
형조에 올리니 만약 이같이 어지럽게 해도 역시 고소가 없었습니다. 밝게 살펴 처결
하셔서 일후에 마구 침탈하는 폐단을 없애주시기 바랍니다.

연이어 같은 날 원고 백성운이 진술한 초사는 다음과 같다.

제가 하고 싶은 말은 원 소장에 대략 진술되어 있습니다. 제가 남양 강주인의 역
을 비싼 값을 주고 산 것은 매선 당 받는 1섬의 쌀로 먹고살기 위함이었습니다. 각
강의 선주인에게는 관례에 따라 1섬의 쌀을 지급했는데 유독 피고 놈만 20여 년 동
안 전례가 없었다고 하면서 관례로 주던 쌀 1섬을 끝내 주지 않아서 비싼 값으로 매
득한 사람으로 하여금 실업의 지경에 이르게 하였으니 어찌 원한에 이르지 않겠습

니까? 전 주인을 잡아와서 조사해보시고 과연 받아먹은 일이 없다면 저를 물리치시고, 만약 받아먹은 바가 있다면 추급해주셔서 일후에 기한을 어기는 폐단이 없도록 해주실 일입니다.

당상과 낭청이 착압(着押)하고 관인을 찍음.
연이어 갑진년 10월 24일 제사는 다음과 같다.

매매문서를 현납하고 전 주인을 잡아 와서 초사를 받아라.

당상(堂上)이 착압(着押)하고 관인을 찍음.
연이어 갑진년 10월 25일에 전주인 양인(良人) 서오장(나이 53세)이 진술한 초사는 다음과 같다.

호패를 상고하였습니다. 저는 남양 강주인의 역을 다년간 수행해오다가, 근년에 …… 팔았는데, 제가 수행할 때 김천오에게 배 1척 마다 1섬 1말씩을 받아먹은 것이 적실하며 그 간 어떻게 해왔는지를 물어 조사하심에 사실에 따라 진술하였으니 상고해 처결할 일입니다.

연이어 같은 날 원고 백성운을 다시 추문하니 진술한 초사는 다음과 같다.

저의 남양강주인 매득문서를 현납하라 하셨으나 빈한한 까닭에 다른 곳에 전당 잡혔기 때문에 현납할 수 없습니다. 전 주인이 이미 많은 해 동안 받아먹었다고 진술하였으나 저는 받아먹지 못하였으니 어찌 원통하지 않겠습니까? 일일이 찾아 주십시오.

연이어 같은 날 피고 김천오를 다시 추문하니 진술한 초사는 다음과 같다.

소위 전주인 서가의 말은 하나도 사실이 아닙니다. 그가 전 주인으로 제게서 해마다 1석 1두의 쌀을 받아먹었다 하였으나 저는 20여 년 동안 남양 세곡을 실어 날랐으나 이전에 서가와 더불어 서로 관련된 일이 없으니 제게 해마다 받아먹었다는 이야기는 저절로 무망함이 드러났습니다. 고소인과 서가 무뢰배가 거짓을 일으켜 관청 문에 이르러 혼들려고 하는 것이니 이 어찌 모의하여 이끌고 가려하는 일이 아니겠습니까? 이제 여기 서가는 얼굴도 모르는 사람이니 제게 매년 1석의 쌀을 받아먹었다 하는 것은 어찌 만만 무거한 것이 아니겠습니까? 밝게 조사하여 처결하셔서 사소한 횡포의 근심도 없게 해주실 일입니다.

당상(堂上)과 낭청이 착압(着押)하고 관인을 찍음.
갑진년 10월 26일 당상의 제사는 다음과 같다.

전 주인이 올린 초사가 당도하였는데도 피고는 이미 모의하여 말하였다고 한다. 말로써는 할 수 없다. 결급문서를 현납하라.

또 같은 달 27일 제사는 다음과 같다.

전 주인이 매매하였다고 초사를 납부하였고 또 그 문서의 등급도 분명하니 해당 선박 김천오가 옳음이 없는 일로 진술한 것은 지극히 무엄하다. 장 20대에 처하고 세미(歲米)는 관례에 따라 갖추어낼 일이다.

연이어 갑진년 11월 초7일에 마포에 사는 원고 백성운이 올린 소지가 다음과 같다.

제가 특별히 밝은 판결을 입어 다시 할 필요가 없으나, 이후 혹 시비의 폐단이 있을까 후고 차 문서로 등급하여 빙고할 근거로 삼게 해주십시오.

이 소지에 대한 당상의 제사 내용에 "등급을 원한다는 것에 의거하여 원고 백성운에게 원안을 등급해 준다"고 하였다.
갑진년(1784) 11월 일
당상(堂上) 【압】 낭청(郎廳)

○ 경기도장토문적 89책, 문서번호 22, 남양 각 포구의 선척 도안

남양각포선척도안(南陽各浦船隻都案)

사노(私奴) 수천(守千) 어채선(漁採船) 1척 주(住) 화척지면(禾尺只面) 세(稅) 1냥

양인(良人) 김가지(金加之) 소소선(小小船) 1척 주(住) 며지곶면(旀知串面) 세(稅) 1냥 8전

사노(私奴) 최시남(崔時男) 소선(小船) 1척 주(住) 며지곶면(旀知串面) 세(稅) 4냥

선인(船人) 황몽이(黃夢伊) 소선(小船) 1척 주(住) 며지곶면(旀知串面) 세(稅) 4냥

사노(私奴) 이태(二太) 소소선(小小船) 1척 주(住) 둔지곶면(屯知串面) 세(稅) 2냥

양인(良人) 이금이(李金伊) 어채정(漁採艇) 1척 주(住) 둔지곶면(屯知串面) 세(稅) 4냥

양인(良人) 박봉현(朴奉賢) 소소선(小小船) 1척 주(住) 마도면(麻道面) 세(稅) 2냥

양인(良人) 김성백(金成伯) 소소선(小小船) 1척 주(住) 신리면(新理面) 세(稅) 2냥

양인(良人) 임일돌(林日乭) 소선(小船) 1척 주(住) 신리면(新理面) 세(稅) 4냥

양인(良人) 최봉이(崔奉伊) 소선(小船) 1척 주(住) 신리면(新理面) 세(稅) 4냥

양인(良人) 김복선(金福先) 어채정(漁採艇) 1척 주(住) 신리면(新理面) 세(稅) 5전

양인(良人) 이애선(李愛先) 소소선(小小船) 1척 주(住) 신리면(新理面) 세(稅) 2냥

양인(良人) 김구월쇠(金九月金) 소소선(小小船) 1척 주(住) 분야리면(分埜里面) 세(稅) 1냥 4전

양인(良人) 이시노미(李時老味) 소소선(小小船) 1척 주(住) 분야리면(分埜里面) 세(稅) 2냥

사노(私奴) 금이(金伊) 소소선(小小船) 1척 주(住) 분야리면(分埜里面) 세(稅) 2냥

양인(良人) 김구월쇠(金九月金) 소소선(小小船) 1척 주(住) 분야리면(分埜里面) 세(稅) 2냥

양인(良人) 김세장(金世長) 소선(小船) 1척 주(住) 서여제면(西如堤面) 세(稅) 2냥

양인(良人) 박경재(朴京才) 소선(小船) 1척 주(住) 서여제면(西如堤面) 세(稅) 3냥

사노(私奴) 갑성(甲成) 소소어정(小小漁艇) 1척 주(住) 서여제면(西如堤面) 세(稅) 5전

양인(良人) 김순노미(金順老味) 소소선(小小船) 1척 주(住) 서여제면(西如堤面) 세(稅) 1냥 2전

사노(私奴) 이삼이(李三伊) 소소어정(小小漁艇) 1척 주(住) 서여면(西如面) 세(稅) 1냥

양인(良人) 명덕순(明德順) 소소어정(小小漁艇) 1척 주(住) 서여제면(西如堤面) 세(稅) 1냥

양인(良人) 김시손(金時孫) 소소어정(小小漁艇) 1척 주(住) 서여제면(西如堤面) 세(稅) 5전

양인(良人) 최호손(崔好孫) 소선(小船) 1척 주(住) 서여제면(西如堤面) 세(稅) 4냥

양인(良人) 지판삼(池判三) 소소선(小小船) 1척 주(住) 서여제면(西如堤面) 세(稅) 2냥

양인(良人) 김평남(金平男) 소소어정(小小漁艇) 1척 주(住) 송산면(松山面) 세(稅) 1냥

선인(船人) 김경기쇠(金京畿金) 소소어정(小小漁艇) 1척 주(住) 송산면(松山面) 세(稅) 5전

양인(良人) 서한희(徐汗希) 소소선(小小船) 1척 주(住) 세곶면(細串面) 세(稅) 2냥

양인(良人) 윤삼복(尹三福) 소소선(小小船) 1척 주(住) 대부면(大阜面) 세(稅) 2냥 5전

양인(良人) 허돌모치(許乭毛治) 소소선(小小船) 척 주(住) 대부면(大阜面) 세(稅) 2냥

양인(良人) 정득남(鄭得南) 소소선(小小船) 1척 주(住) 대부면(大阜面) 세(稅) 2냥

양인(良人) 시노미(時老味) 소소선(小小船) 1척 주(住) 대부면(大阜面) 세(稅) 2냥

양인(良人) 정흔남(鄭欣男) 소소선(小小船) 1척 주(住) 대부면(大阜面) 세(稅) 2냥

사노(私奴) 신남이(申男伊) 어채정(漁採艇) 1척 주(住) 대부면(大阜面) 세(稅) 5전

목자(牧子) 신번재(申番才) 소소선(小小船) 1척 주(住) 대부면(大阜面) 세(稅) 2냥

양인(良人) 김필이(金弼伊) 소소선(小小船) 1척 주(住) 대부면(大阜面) 세(稅) 2냥

양인(良人) 정가즉이(鄭加卽伊) 소어정(小漁艇) 1척 주(住) 대부(大阜) 세(稅) 5전

사노(私奴) 차일봉(車日奉) 소소어정(小小漁艇) 1척 주(住) 대부면(大阜面) 세(稅) 5전

사노(私奴) 박덕직(朴德直) 소소어정(小小漁艇) 1척 주(住) 대부면(大阜面) 세(稅) 1냥

양인(良人) 조납선(趙納先) 소선(小船) 1척 주(住) 대부면(大阜面) 세(稅) 4냥

양인(良人) 문선택(文善澤) 소소선(小小船) 1척 주(住) 대부면(大阜面) 세(稅) 2냥

양인(良人) 안귀손(安貴孫) 소소어정(小小漁艇) 1척 주(住) 대부면(大阜面) 세(稅) 5전

목자(牧子) 문오천(文五千) 소소어정(小小漁艇) 1척 주(住) 대부면(大阜面) 세(稅) 1냥

양인(良人) 이선이(李先伊) 소소어정(小小漁艇) 1척 주(住) 대부면(大阜面) 세(稅) 5전

양인(良人) 노산숙(盧山叔) 소소어정(小小漁艇) 1척 주(住) 대부면(大阜面) 세(稅) 5전

수군(水軍) 장두영(張斗永) 소소어정(小小漁艇) 1척 주(住) 대부면(大阜面) 세(稅) 8전

양인(良人) 이만금(李萬金) 소소어정(小小漁艇) 1척 주(住) 대부면(大阜面) 세(稅) 5전

목자(牧子) 최상남(崔尙男) 소소선(小小船) 1척 주(住) 대부면(大阜面) 세(稅) 1냥

양인(良人) 허몽치(許夢治) 소선(小船) 1척 주(住) 대부면(大阜面) 세(稅) 4냥

양인(良人) 조상금(趙相金) 소선(小船) 1척 주(住) 대부면(大阜面) 세(稅) 2냥

양인(良人) 이선이(李先伊) 소선(小船) 1척 주(住) 대부면(大阜面) 세(稅) 2냥

양인(良人) 정필삼(鄭必三) 소선(小船) 1척 주(住) 대부면(大阜面) 세(稅) 4냥

양인(良人) 최험립(崔險立) 소선(小船) 1척 주(住) 대부면(大阜面) 세(稅) 1냥 5전

양인(良人) 홍기남(洪起男) 소선(小船) 1척 주(住) 대부면(大阜面) 세(稅) 4냥

양인(良人) 임노랑이(林老郞伊) 소선(小船) 1척 주(住) 대부면(大阜面) 세(稅) 4냥

양인(良人) 이석돌이(李碩乭伊) 소선(小船) 1척 주(住) 대부면(大阜面) 세(稅) 2냥 5전

양인(良人) 이이재(李二才) 소선(小船) 1척 주(住) 대부면(大阜面) 세(稅) 1냥 5전

양인(良人) 신둑간(申斗間) 소선(小船) 1척 주(住) 대부면(大阜面) 세(稅) 1냥 5전

양인(良人) 김엇복(金旕福) 소소어정(小小漁艇) 1척 주(住) 대부면(大阜面) 세(稅) 5전

양인(良人) 홍기남(洪起男) 소선(小船) 1척 주(住) 대부면(大阜面) 세(稅) 3냥

양인(良人) 이금선(李今先) 소소선(小小船) 1척 주(住) 대부면(大阜面) 세(稅) 1냥

양인(良人) 백석송(白碩松) 소선(小船) 1척 주(住) 영흥(靈興) 세(稅) 4냥

양인(良人) 이선이(李先伊) 소선(小船) 1척 주(住) 영흥(靈興) 세(稅) 2냥

양인(良人) 서선이(徐先伊) 소선(小船) 1척 주(住) 영흥(靈興) 세(稅) 2냥

양인(良人) 이돌파지(李乭破只) 소선(小船) 1척 주(住) 영흥(靈興) 세(稅) 2냥

양인(良人) 신백중(申白中) 소소어정(小小漁艇) 1척 주(住) 영흥(靈興) 세(稅) 5전

양인(良人) 김갑재(金甲才) 소선(小船) 1척 주(住) 영흥(靈興) 세(稅) 2냥

양인(良人) 정시재(丁時才) 소선(小船) 1척 주(住) 영흥(靈興) 세(稅) 2냥

양인(良人) 정시재(丁時才) 소소어정(小小漁艇) 1척 주(住) 영흥(靈興) 세(稅) 1냥 5전

양인(良人) 김갑성(金甲成) 소소어정(小小漁艇) 1척 주(住) 소홀(小忽) 세(稅) 1냥

양인(良人) 이이재(李二才) 소선(小船) 1척 주(住) 소홀(小忽) 세(稅) 3냥

양인(良人) 강필선(姜必先) 중선(中船) 1척 주(住) 이작(伊作) 세(稅) 7냥

양인(良人) 강점동(姜占同) 소선(小船) 1척 주(住) 이작(伊作) 세(稅) 2냥 5전

양인(良人) 배악산(裵岳山) 소선(小船) 1척 주(住) 이작(伊作) 세(稅) 4냥

양인(良人) 김태위(金太位) 소선(小船) 1척 주(住) 이작(伊作) 세(稅) 2냥

양인(良人) 김귀쇠(金貴金) 소선(小船) 1척 주(住) 이작(伊作) 세(稅) 4냥

양인(良人) 이이태(李二太) 소선(小船) 1척 주(住) 이작(伊作) 세(稅) 3냥

양인(良人) 추일은선(秋日隱先) 소선(小船) 1척 주(住) 이작(伊作) 세(稅) 3냥

양인(良人) 김두리쇠(金斗里金) 소선(小船) 1척 주(住) 이작(伊作) 세(稅) 4냥

양인(良人) 이삼필(李三必) 소소선(小小船) 1척 주(住) 이작(伊作) 세(稅) 1냥

양인(良人) 이춘성(李春星) 소소선(小小船) 1척 주(住) 이작(伊作) 세(稅) 1냥

양인(良人) 강암면(姜岩面) 소소선(小小船) 1척 주(住) 이작(伊作) 세(稅) 2냥

양인(良人) 배종숙(裵宗叔) 소선(小船) 1척 주(住) 이작(伊作) 세(稅) 2냥

양인(良人) 황명업(黃明業) 소선(小船) 1척 주(住) 이작(伊作) 세(稅) 2냥

양인(良人) 박점쇠(朴占金) 소선(小船) 1척 주(住) 이작(伊作) 세(稅) 4냥

양인(良人) 정일돌(鄭日乭) 소선(小船) 1척 주(住) 이작(伊作) 세(稅) 4냥

양인(良人) 김점돌(金占乭) 소선(小船) 1척 주(住) 이작(伊作) 세(稅) 4냥

양인(良人) 강선재(姜先才) 소소선(小小船) 1척 주(住) 이작(伊作) 세(稅) 1냥

양인(良人) 김막남(金莫男) 소소어정(小小漁艇) 1척 주(住) 이작(伊作) 세(稅) 5전

양인(良人) 임잠창(林潛昌) 소선(小船) 1척 주(住) 영흥(靈興) 세(稅) 2냥

양인(良人) 최지평(崔之平) 소선(小船) 1척 주(住) 영흥(靈興) 세(稅) 2냥

본부(本府)의 춘추(春秋)·대동(大同) 전세(田稅)는 물론이며, 지토(地土)·경강(京江) 선척 주인(船隻主人)의 역가(役價)로 쌀 한 섬, 콩 한 섬을 받음. 끝.

행부사(行府使) 【압】

○ 경기도장토문적 89책, 문서번호 23, 여객주인권 매매문기

동치 6년 정묘(1867) 12월 일   앞 명문

이 문기를 작성하는 것은, 조행민(趙行珉)으로부터 매득한 경기 남양(南陽) 1읍(一邑)에 관계된 여러 면, 섬, 포구의 빙어(氷魚), 어염(魚鹽), 시곡(柴穀), 상고(商賈), 상선(商船) 및 춘추전(春秋田)·대동(大同)·삼수미(三手米) 각종 등물(等物) 여객주인의 업과 충청도 당진(唐津)·해미(海美) 양읍(兩邑)의 여러 면, 섬, 포구의 어염(魚鹽), 시곡(柴穀), 상고(商賈), 상선(商船) 여객주인의 업으로 자생(資生)하다가 긴요하게 쓸 까닭에 위의 사람에게 전문 10,000냥으로 값을 정

해서 액수대로 받고, 남양 본문기 9장, 별문기(別文記) 1장, 입지 2장, 등급 1장, 화명문기(和名文記) 1장, 조천흡(趙天洽) 반절문기(半折文記) 1장, 마포 대동문기(大洞文記) 1장, 당진·해미 양읍 본문기 10장, 형조 등급 1장, 한성부 등급 1장, 도합 28장을 함께 영구히 방매하니 일후 자손 족속 중에서 만약 잡담이 있으면 이 문기로써 빙고하기 위함이다.

    재주(財主) 천의현(千義賢) 【수결】

    증인(證人) 한응상(韓應祥) 【수결】

    필(筆) 임완식(林完植) 【수결】

〈뒷면봉투〉 남양주인문권(南陽主人文券)

○ 경기도장토문적 89책, 문서번호 24, 여객주인권 매매문기

동치 9년 경오(1870) 12월 일   앞 명문

이 문기를 작성하는 것은, 천의현(千義賢)으로부터 매득한 경기 남양(南陽) 1읍(一邑)에 관계된 각 면, 섬, 포구의 빙어(氷魚), 어염(魚鹽), 시곡(柴穀), 상고(商賈), 상선(商船) 및 춘추전(春秋田) · 대동(大同) · 삼수미(三手米) 각종 등물(等物) 여객주인의 업과 충청도 당진(唐津)·해미(海美) 양읍(兩邑)의 여러 면, 섬, 포구의 어염(魚鹽), 시곡(柴穀), 상고(商賈), 상선(商船) 여객주인의 업으로 자생(資生)하다가 긴요하게 쓸 까닭에 위의 사람에게 전문 10,000냥으로 값을 정해서 받고, 남양 본문기 10장, 별문기 1장, 입지 2장, 등급 1장, 화명문기 1장, 조천흡(趙天洽) 절반문기(折半文記) 1장, 마포 대동문기(大洞文記) 1장, 당진·해미 양읍의 문기 10장, 형조 등급 1장, 한성부 등급 1장, 도합 29장을 신문기 1장과 함께 영구히 방매하

니 일후 자손 족속 중에서 만약 잡담이 있으면 이 문기로써 빙고하기 위함이다.

　　재주(財主) 이승업(李承業) 【수결】

　　증인(證人) 김치회(金致會)

　　필(筆) 민치달(閔致達) 【수결】

〈뒷면봉투〉 남양주인문권(南陽主人文券)

○ 경기도장토문적 89책, 문서번호 25, 여객주인권 매매문기

이 문기를 작성하는 것은, 남양(南陽) 선주인(船主人)은 본동(本洞) 거민(居民)의 한 가지 생애(生涯)입니다. 혹자는 마세(馬貰)로 자생(資生)하고 혹자는 염고(鹽雇)를 업으로 삼았는데, 뜻밖에 본주(本主)인 백백린(白百隣)이라는 사람이 그의 형세가 ▨▨하지 못하다는 이유로 값을 정하여 팔아버리니, 타동(他洞)의 김성숙(金聖叔)이라는 사람이 사갔습니다. 본동 백성들은 낭패함이 극에 달할 뿐 아니라 마음이 맺히고 억울한 느낌이 없을 수 없어서 일제히 상존위가(上尊位家)에 모여 타동에 팔아버리는 것은 불가하다는 뜻으로 만단(萬端) 애걸(哀乞)하였습니다. 그러므로 본동은 부득불 거민의 생계를 즉시 사실(査實)하여, 사간 사람으로 하여금 특별히 다시 문서를 물려줄 것을 허락하게 하여, 본동 중에서 원매인(願買人)을 정하여 750냥을 준가(準價)하여 받고 본문기와 함께 영원히 사들이니 일후 처음 산 사람과 옛 주인 가운데 만약 잡담이 있거든 본동이 이 문기를 가지고 각별히 엄하게 다스리고, 법사(法司)에 알려서 징려(懲勵)의 단서로 삼는 것이 마땅합니다. 무릇 우리 방민(方民)은 이로써 자세히 알아야 마땅할 것입니다.

본동(本洞) 상존위댁(上尊位宅)【압】

부존위(副尊位) 한성철(韓性哲)【수결】

임장(任掌) 김삼대(金三大)【수결】

○ 경기도장토문적 89책, 문서번호 26, 여객주인권 매매문기

함풍 10년 경신(1860) 12월 12일　　　　**앞 명문**

이 문기를 작성하는 것은, 천문옥(千文玉)으로부터 매득한 조상 전래의 업인 경기 남양(南陽) 1읍에 관계된 여러 면, 섬과 포구의 빙어(氷魚), 어염(魚鹽), 시곡(柴穀), 상고(商賈), 상선(商船) 및 춘추전(春秋田) · 대동(大同) · 삼수미(三手米) 각종 등물(等物) 여객주인의 업과 충청도 당진(唐津)·해미(海美) 양읍(兩邑)의 여러 면과 섬, 포구의 어염(魚鹽), 시곡(柴穀), 상고(商賈), 상선(商船) 여객주인의 업으로 자생(資生)하다가 긴요하게 쓸 까닭에 위의 사람에게 전문 4,900냥으로 값을 정하여 액수대로 교역하여 받고, 남양 본문기 8장, 별문기 1장, 입지 2장, 등급 1장, 화명문기 1장, 조천흡(趙天洽) 반절문기(半折文記) 1장, 마포 대동문기(大同文記) 1장과 당진·해미 양읍의 본문기 10장, 형조 등급 1장, 한성부 등급 1장, 도합 27장을 함께 영구히 방매하니 일후라도 자손 족속 중에서 만약 잡담이 있으면 이 문기를 가지고 빙고하기 위함이다.

재주(財主) 조행민(趙行珉)【수결】

증인(證人) 박경석(朴景錫)【수결】

　　　　한경문(韓景文)【수결】

필집(筆執) 강세일(姜世一)【수결】

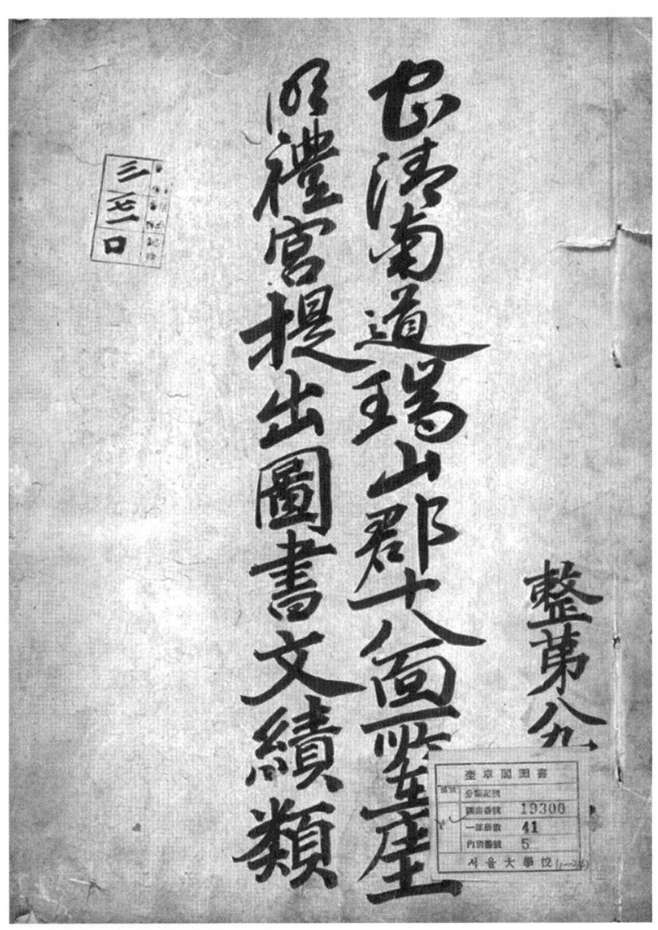

『충청남도서산군십팔면소재장토명례궁제출도서문적류』
(忠淸南道瑞山郡十八面所在庄土明禮宮提出圖書文績類)

충청도장토문적 제5책은 충청남도 서산군의 18개면에 소재한 장토와 관련하여 명례궁에서 제출한 도서(圖書)를 모은 것으로서, 서산여객주인과 관련된 총 28건의 문서로 구성되어 있다. 규장각 목록에는 이 책에 총 34건의 문서가 묶여있는 것으로 되어 있으나, 이는 한성부완문을 낱장으로 계산한 데에 따른 것이다(8-14번 문서). 이 중 여객주인 매매와 관련된 문서는 총 26건(매매문기 20건, 환퇴문기 1건, 배지 2건, 수기 2건, 수표 1건)이다. 이밖에 형조등급 1건, 한성부완문 1건이 있는데, 모두 서산여객주인권을 둘러싼 갈등을 처리하는 과정에서 작성된 문서들이다. 이 책에 실린 문서들은 서산여객주인권의 범위와 내용뿐만 아니라 이와 관련된 갈등 등을 담고 있어서 18~19세기 여객주인의 실체를 접근하는 데 있어서 유용한 정보를 제공하고 있다. 우선 여객주인권의 매매 순서에 따라 문서를 재배열하여 서산여객주인권의 변동을 구체적으로 살펴보도록 하자.

1. 서산여객주인권의 변동

여객주인권의 매매 순서에 따라 문서를 재배열하면 아래와 같이 크게 세 그룹으로 나누어볼 수 있다. 같은 그룹의 문서들은 매매자간의 연결이 확인된 것들이며, 매매자 간의 연결이 단절된 경우에는 별도의 그룹으로 나누었다. 작성연도에 따라 문서를 재배치하면 〈표 1〉과 같다.

〈표 1〉

분류	번호	시기	종류	내용
〈Ⅰ〉	33	1687	매매문기	임시량이 임봉에게 서산 여객을 방매
	6	1756	매매문기	박돈오가 외변깃득한 서산 여객주인의 업을 배종욱에게 방매
	5	1756	매매문기	배종욱이 이진삼에게 서산 여객의 업을 방매
	18	1778	등급	서산 여객주인의 역을 둘러싸고 이진국과 김거복·양성경 간에 있었던 송사에 대한 형조등급
	27	1800	매매문기	이석린이 박종인에게 서산 등지 여객의 업을 방매
	21	1800	매매문기	박종인이 조염에게 서산 등지 여객의 업을 방매
	32	1801	매매문기	조염이 강득주에게 서산 등지 여객의 업을 방매
〈Ⅱ〉	31	1808	수기	강득주·강인흡이 이석린에게 서산 선주인의 업을 환퇴
	2·30	1808	수기·매매문기	이석린이 강득주·강인흡에게서 환퇴 받은 서산 선주인의 업을 동일인물에게 다시 방매
	7	1808	매매문기	강득주·강인흡이 김정읍댁에 서산 선주인의 업을 방매
〈Ⅲ〉	4	1829	매매문기	강민황이 서산 등지 여객주인의 업을 방매
	29	1831	환퇴문기	서정주가 강민황에게서 이매한 서산 등지 여객주인의 업을 환퇴
	3	1831	매매문기	강민황이 최종의에게 서산 등지 여객주인의 업을 방매
	1	1838	매매문기	최종의가 안규에게 서산 등지 여객주인의 업을 방매
	28	1847	매매문기	안규가 서산 등지 여객주인의 업을 방매
	24	1852	매매문기	김윤택이 서산 등지 여객주인의 업을 방매
	22	1857	매매문기	이태규가 정익기에게 서산 등지 여객주인의 업을 방매
	8~14	1866	완문	서산여객주인인 정진호와 서울의 연죽 상인과 결탁한 자들 사이에서 서산 토산물종인 연죽과 잡죽의 이권을 놓고 갈등이 발생하자 한성부에서 완문을 발급하여 정진호의 권리를 확인해줌
	23	1869	매매문기	정진호가 서산 등지 여객주인의 업을 방매
	25	1870	매매문기	정득기가 서산 등지 여객주인의 업을 방매
	26	1874	매매문기	이영원이 임치언에게 서산 등지 여객주인의 업을 방매
	19	1878	매매문기	임치언이 서산 등지 여객주인의 업을 방매
	20	1883	매매문기	한창동이 서산 등지 여객주인의 업을 방매
	17	1887	배지	상전 이가 천석에게 서산주인의 업을 방매하도록 함
	34	1887	매매문기	이참판댁에서 홍승지댁으로 서산 등지 여객주인의 업을 방매
	16	1890	배지	상전 홍이 재운에게 서산 등지 경강 선여각주인의 업을 방매하도록 함
	15	1890	수표	김찬희가 명례궁 소속 서산 강주인을 당오전 50,000냥에 절가하여 정분하기로 함

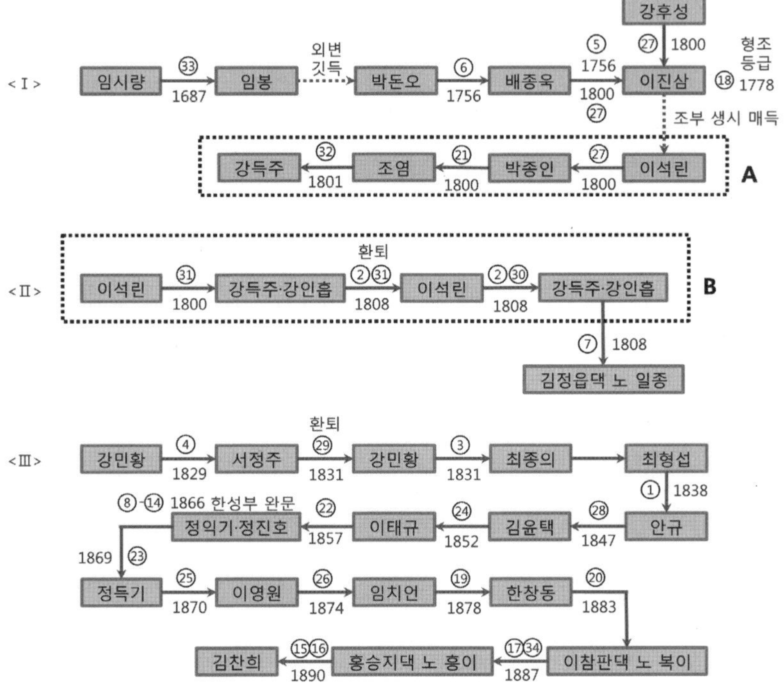

1) 서산여객주인권의 범위

〈Ⅰ〉, 〈Ⅱ〉, 〈Ⅲ〉에서 매매되는 대상은 크게 보았을 때 서산여객주인으로 정리할 수 있다. 문서에서는 '서산(읍)선주인'(2, 7, 31번 문서), '서산강주인'(8-14, 15번 문서), '서산주인'(17번 문서), '서산여객주인'(18번 문서) 등으로 나오고 있다(이후 '서산여객주인'으로 통칭). 〈Ⅰ〉·〈Ⅱ〉의 문서에서는 구체적으로 그 매매대상을 "충청도 서산관 전(田)·대동(大同)·세선(稅船) 및 그 읍의 18개 면, 안변도(安邊島), 대산(大山), 흑돌(黑乭) 여러 섬과 포구 거민(居民)들의 어염(魚鹽)·상선(商船), 사곡(私穀) 재복선(載卜船) 및 혹시 경강선(京江船)이 본관(本官)의 세미(稅米)를 실어 와서 경강에 도박(到泊)하더라도 주인으로서 쌀 한 섬[石]을 응식(應食)하고 공물을 내리는[卸下] 여객 및 황해도 백령(白翎)에 거주하는 서(徐)·김가(金哥)의 동생 자손 여객의 업"(27, 21, 32, 30번 문서)으로 명기하고 있는 반면, 〈Ⅲ〉의 문서에서는 "충청도 서산읍의 18개 면, 안변도(安邊島), 대산도(大山島), 흑돌(黑乭) 등 여러 섬과 포구 거민(居民)들의 어염(魚鹽)·상선(商船)과 사곡(私穀) 재복 선척(載卜船隻) 등의 여객주인 및 황해도 백령(白翎)에 거주하는 서(徐)·김가(金哥) 동생 자손 여객주인의 업"(4, 29, 3, 1, 28, 24, 22, 23, 25, 26, 19, 20, 34번 문서) 또는 "충청도 서산 등지 각 포구의 미곡(米穀), 어염(魚鹽), 각항(各項) 물종(物種) 경강(京江) 선여각주인(船旅閣主人)의 업"(16번 문서)으로 나오고 있어 양자 간에 다소 차이를 보이고 있다. 그러나 이와 같은 차이는 시간이 흐르면서 "여객주인권이 일정 지역 전체를 대상으로 한 배타적 주인권으로 성립"(李炳天, 1983 : 127)되어갔던 과정에서 나타나는 것으로 보이며 동일한 권리의 것으로 추정된다.

여기에서 흥미로운 점은 〈Ⅰ〉·〈Ⅱ〉와 〈Ⅲ〉에 공통적으로 서산여객주인권의 대상에 "황해도 백령에 거주하는 서·김가 동생 자손 여객주인의 업"이 포함되어있다는 사실이다. 여기에서 권리의 대상이 되는 것은 서산이라는 특정 지역의 물자를 운송하는 짐배 또는 여객이 아니라 백령도에 거주하는 두 집안 출신의 여객들이다. 서·김 양가 후손 여객들이 서산 지역과 어떤 관련을 맺고 있는지는 이 책의 문서만으로는 알 수 없으나, 백령도 출신 여객들에 대한 권리는 19세기 후반까지도 서산여객주인권의 일부로 존재하였다. 이는 여객주인권이 개별 여객에 대한 권리에서 일정한 지역에 대한 배타적 주인권으로 성장해 갔던 과정 중에서도 초기의 속성이 지속되었던 사례라 할 수 있다.

백령도 거주 서·김 양가 후손 여객들에 대한 권리가 서산주인권으로 합쳐진 것은 이진삼(李震三) 대의 일인 것으로 보인다. 이진삼은 1756년 10월에 배종욱(裵宗郁)으로부터 "충청도 서산 1읍(一邑)의 세선(稅船)·상선(商船) 여객의 업"을 매득한다(5번 문서). 같은 해 9월에 배종욱은 박돈오(朴敦吾)로부터 "충청도 서산군의 세선(稅船)과 상선(商船)을 물론(勿論)한 여객주인 업"을 매득한 바 있으며(6번 문서), 이진삼에게 방매시 세선의 여객업은 이정번(李廷蕃)에게 방매하였다(5번 문서의 배탈). 한편 이진삼의 손자인 것으로 추정되는 이석린(李碩獜)은 위에서 상술한 서산주인권은 조부 생시에 배종욱과 강후성(姜後聖)으로부터 매득한 것이라고 언급하고 있다(27번 문서). 강후성과 이진삼 사이의 매매기록은 남아있지 않지만 이 내용들을 정리해보면, 이진삼은 배종욱으로부터 서산군 상선의 여객주인의 업을 매득하고 강후성으로부터는 백령도 거주 서·김 양가 후손 여객들에 대한 주인권을 매득한 것으로 추정된다. 한편 배종욱이 이정번에게 방매했던 서산군 세선의 여객주인의 업 역시 어느 순간 이진삼 집안으로 이전되었던 것으로 보인다.

2) 주인권의 이전과 가격의 변동

서산여객주인권의 이전은 위에서 정리한 바와 같다. 주인권의 이전 관계에서 주의를 요하는 부분은 〈Ⅰ〉의 A와 〈Ⅱ〉의 B이다. 〈Ⅰ〉의 A를 보면 1800년에 이석린이 방매한 서산여객주인은 박종인(朴宗仁), 조염(趙恬)을 거쳐 1801년에 강득주(姜得周)에게로 이전된다. 반면 〈Ⅱ〉의 B에서 볼 수 있는 주인권의 이전 양상은 이와 상이하다. 이석린은 1800

년에 강득주와 강인흡(姜仁洽)에게 서산주인권을 방매했다가 1808년에 환퇴를 하고 다시 바로 이들에게 방매하였다. A의 경우에는 이전 관계를 확인할 수 있는 매매문기가 모두 남아있으나, B의 경우 이석린이 애초에 강득주·강인흡에게 서산여객주인권을 방매하였던 문기는 남아있지 않으며 1808년 환퇴 시에 강득주·강인흡이 작성한 수기(手記)에서 매매사실이 확인될 뿐이다(31번 문서). 남아있는 문서만으로는 혼란스러운 이전 관계가 완전히 설명되지 않는다.

지역 중심의 여객주인권과 사람 중심의 여객주인권이 합쳐진 이진삼 대 이후 주인권의 가격 변동은 〈표 2〉와 같다.

〈표 2〉

분류	매매시기	가격(냥)	번호	비고
〈Ⅰ〉	1800년 3월	660	27	
	1800년 12월	660	21	
	1801년 3월	700	32	
〈Ⅱ〉	1800년 3월	700	31	
	1808년 윤5월	700	31	환퇴
	1808년 윤5월	1,200	2·30	
	1808년 6월	1,200	7	
〈Ⅲ〉	1829년 12월	1,000	4	
	1831년 정월	950	29	환퇴
	1831년 정월	1,000	3	
	1838년 4월	1,100	1	
	1847년 11월	1,100	28	
	1852년 8월	1,260	24	
	1857년 12월	1,700	22	
	1869년 3월	3,000	23	
	1870년 5월	5,500	25	
	1874년 5월	6,000	26	
	1878년 5월	8,000	19	
	1883년 12월	9,000	20	
	1887년 9월	27,000	34·27	
	1890년 12월	50,000	16·15	

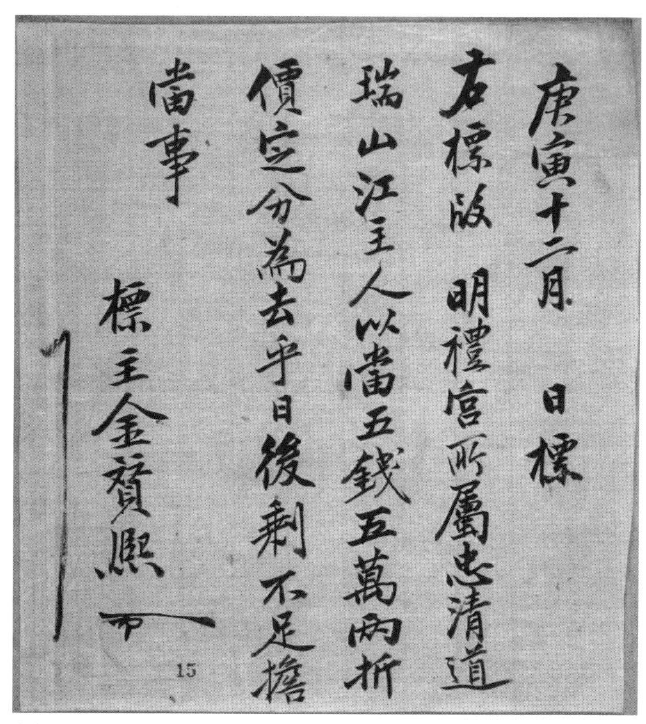

충청도장토문적 제5책, 15번 문서

〈표 2〉에서 볼 수 있듯이 서산여객주인권 가격이 처음으로 급등하는 시기는 1808년이며, 이후 소폭의 상승과 하강을 보이다 1869년에 다시 급등하여 이후 가파른 상승을 보인다. 실질적인 가치의 변동은 물가상승률을 적용한 이후에야 정확하게 파악할 수 있겠으나, 1869년 이후에 보인 가파른 가격 상승은 특징적이다. 여객주인권의 가격 상승과 함께 이참판댁이나 홍승지댁과 같은 권세가가 주인권을 소유하는 모습을 보이고 있다(34번 문서).

시기적으로 가장 마지막에 작성된 15번 문서는 서산여객주인권의 소유와 관련하여 주의를 요한다. 수표(手標)의 형식으로 되어있는 이 문서는 "충청도 서산 강주인"이 명례궁 소속임을 명기하고 있다. 문서의 선후관계로 보았을 때 이 문서의 표주 김찬희(金贊熙)는 홍승지댁으로부터 서산여객주인권을 매득하였다(16, 15번 문서). 이 책에 있는 문서 중 명례궁이 서산여객주인권을 매득하였다는 내용을 담고 있는 것은 한 건도 없다. 정확한 정황은 알 수 없으나 어느 시점에서 서산여객주인권은 명례궁 소속이 되었으며, 명례궁 관할 아래 개인이 주인권을 소유하고 개인들 간의 매매를 하는 것 역시 가능했던 것으로 보인다. 이 책의 표제에 기재된 "명례궁 제출"이라는 문구 역시 이와 같은 정황 속에서 이해될 수 있다. 궁방의 여객주인권 경영을 직접경영방식과 분주인(分主人) 경영방식으로 구분한 연구에 따르면 이와 같은 형태는 후자에 해당한다고 볼 수 있다. 분주인 경영방식이란 궁방이 궁노(宮奴)나 하예(下隷)를 파견하여 직접 여객주인권을 관리하는 직접경영방식과 달리 분주인을 차정하여 대신 경영하게 하고 일정액을 상납하도록 하는 방식을 가리킨다(李榮昊 1985 : 114~115). 그러나 이 책에는 명례궁의 분주인 경영과 관련된 문서가 한 건도 없기 때문에 더 이상의 구체적인 정황을 파악하는 것은 어렵다.

2. 서산여객주인의 업과 권리

이 책에 실려 있는 형조등급과 한성부완문은 작성연대가 간지로만 표기되어 있기 때문에 정확한 작성 시기를 한눈에 파악하기는 어렵다.

그러나 문서들의 내용에 대한 고려와 함께 등장인물들을 매매문기의 인물들과 비교해보면 형조등급은 1778년, 한성부완문은 1866년에 작성된 것임을 확인할 수 있다.

형조등급의 내용 중 원고 이진국(李震國)은 "서산 여객주인의 역은 강희 10년부터 서로 매매한 지가 이미 100년이 지났고 제가 매득한 지도 20년이 지났다"라고 언급하고 있다. 강희 10년은 1671년이므로 형조등급이 작성된 무술년은 1778년임이 확실하다. 이진국은 1756년에 서산 여객주인권을 매득한 이진삼과 동일인물인 것으로 보인다. 서부에 거주하는 이진국은 형조에 소장을 올려 서산 상고선주인을 자처하며 서산에서 올라온 상고선의 구전을 가로챈 흑석리의 김거복(金巨福)과 양성경(梁成慶)에 대한 처결을 청하였다. 김거복과 양성경은 1774년에 서산관으로부터 자신들이 서산 상고선주인임을 증빙하는 입지를 발급받았음을 주장하면서 이진국은 강변 선주(船主)의 주인일 뿐임을 주장하였다. 이들에 따르면 강변 선주 주인의 업무는 모든 배에서 일정량의 구문을 먹고 선인에게 술과 과일을 접대하는 것이며, 자신들의 업무는 선인들의 식사와 여러 가지 사역을 담당하는 것이라고 하면서 강변 선주의 주인과 상고주인을 구분하고 있다. 그러나 이진국은 자신이 서산여객선주인임을 증빙하는 문서는 더 오래되었으며 이전 매매문기에 '상선'이 포함되어있으므로 피고의 주장은 억지일 뿐이라고 반론하였다. 이진국은 피고들이 자신보다 강 하류에 살았기 때문에 지방에서 올라오는 배들을 자기네 쪽으로 먼저 끌어들이기 용이했을 뿐만 아니라 자신이 주인의 업무를 이들에게 나누어주어 이들로부터 구전의 일부를 취하게 했던 데서 피고들이 계략을 꾸미게 되었다고 주장하였다. 결국 형조는 원고의 편을 들어주어서 이진국이 선주인의 모든 역

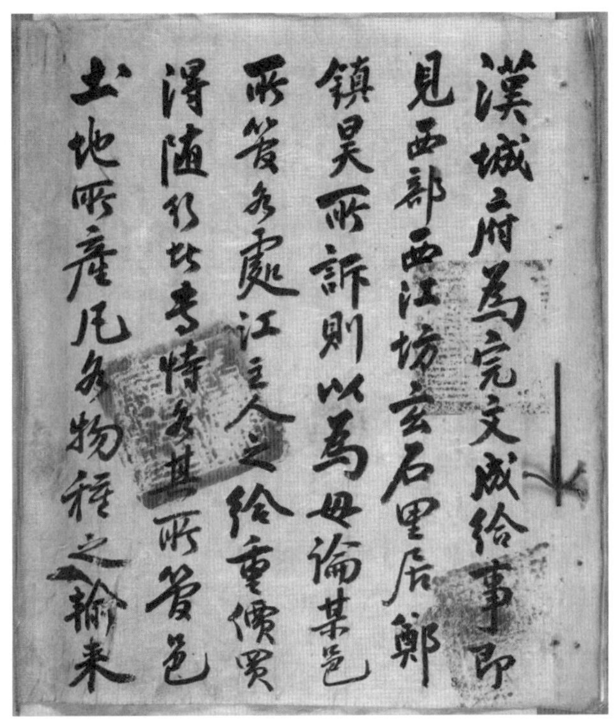

충청도장토문적 제5책, 8번 문서

을 담당하는 것으로 사태는 종결되었다. 18세기 후반에 있었던 이 사건은 지방의 토선(土船)과 선인(船人)들에 대한 여객주인에 대한 업무와 권리가 완전히 일원화되지 않았던 상황에서 발생했던 것으로 보이며 이진국의 승소는 양자가 점차로 일원화되어가는 과정을 보여주는 것이라 할 수 있다.

한성부완문 역시 작성연도가 간지로만 표기되어있으나, 완문의 수취자인 정진호(鄭鎭昊)가 매매문기에 등장하기 때문에 작성연대를 정확하게 확정지을 수 있다. 이 완문은 서산여객주인의 업무와 권리를 구체적으로 제시하고 있다는 점에서 그 가치가 높다. 이 완문에 따르면 여객주인은 소관 읍의 토지산물인 각각의 물종이 경강에 도착하면 그 매매에 따라 구문을 취할 수 있었다. 서산여객주인의 경우 토산 물종 중에서도 간죽(簡竹)과 잡죽(雜竹)의 매매에서 오는 구문이 중요하였다. 서산여객주인이었던 정진호는 남문 밖에 거주하는 김영택(金英宅)과 그의 당질인 서산 거주 김창근(金昌勤)이 서울 시전(市廛)의 하나인 연죽전(烟竹廛) 상인과 결탁하여 자신을 거치지 않고 장사를 하자 이를 금해줄 것을 청하는 소장을 올렸다. 이들의 갈등은 김영택이 간죽과 잡죽에 대한 구문을 매 동(同)에 1냥씩 지불하는 것으로 하여 해결이 되었으나 정진호는 한성부에 소를 올려 자신의 권리를 완문으로 확정해 줄 것을 청하였고 이에 따라 한성부는 완문을 발급해 주었다. 한성부는 서산여객주인인 정진호에게 간죽과 잡죽을 포함한 모든 대나무뿐만 아니라 기타 서산에서 생산되는 여러 물종들을 구체적으로 제시하고 이에 대한 여객주인의 권리를 확인해주었다. 한편 여객주인은 간죽과 잡죽에 대한 구문 중 일부를 세전(稅錢)으로 납부하였다.

(양선아)

○ 충청도장토문적 5책, 문서번호 1, 旅客主人權賣買文記

道光十八年戊戌四月初一日安遼　　前明文
右明文事段切有緊用處忠淸道瑞山邑十八面安邊島
大山島黑芝諸島諸浦居民等魚鹽商船私穀載卜船隻
等旅客主人及黃海道白翎居徐金兩人同生子孫旅客主人
之業右人前錢文壹仟壹佰兩依數捧上是遣本文記拾肆
丈還退文記壹丈及手記貳丈謄給貳丈和會文券段闊失故不忘
記合拾玖丈并以永永放賣爲去乎日後良中子孫族屬中若有雜
談則以此文記憑考事

　　　　　　　　財主 崔宗毅 子 亨燮【手決】

　　　　　　　　證人 鄭學基【手決】

　　　　　　　　筆執 朴宜鎭【手決】

○ 충청도장토문적 5책, 문서번호 2, 手記

戊辰閏五月十九日姜得周姜仁洽前手記
右手記事段忠淸道瑞山船主人之業

兩人前本價柒百兩換[還]退是白加尼勢不得

故卽爲錢文壹千貳百兩乙依數交易捧上

爲遣永賣爲去乎日後良中某人中若

有雜談是去等擔當爲乎矣晩一避

身則告官卞呈[正]事

　　自筆 手記主 李碩獜【手決】

○ 충청도장토문적 5책, 문서번호 3, 旅客主人權賣買文記

　道光十二年辛卯正月二十四日崔宗毅前明文

右明文事段切有緊用處忠淸道瑞山邑十八面安邊島大山島黑乭諸

島諸浦居民等魚鹽商船私穀載卜船隻等旅客主人及黃海道白

翎居徐金兩人同生子孫旅客主人之業右人前價折錢文壹仟兩依數捧

上是遣本文記拾參丈還退文記壹丈及手記貳丈謄給貳度和名文券

段闊失故不忘記合拾玖丈幷以永永放賣爲去乎日後良中子孫族屬中

若有雜談則持此文記告官卞正事

　　　　　　財主 姜民璜【手決】

　　　　　　證人 朴潤【手決】

　　　　　　筆執 朴淳【手決】

○ 충청도장토문적 5책, 문서번호 4, 旅客主人權賣買文記

　　　道光十年己丑十二月二十六日　　　　　　前明文

右明文事段切有緊用處忠淸道瑞山邑十八面安邊島大山島

黑乞諸島諸浦居民等魚鹽商船私穀載卜船隻等旅客主人及

黃海道白翎居徐金哥同生子孫旅客主人之業右人前價折錢文壹

千兩依數捧上是遣本文記拾貳丈及手記貳丈謄給貳度和名文

卷閪失故不忘記壹丈合拾柒丈幷以永永放賣爲去乎日後

良中子孫族屬中若有雜談之弊則此文記憑考事

　　　　　　　　旅客主人　姜民璜【手決】【印】

　　　　　證人　　　昌仁碩【手決】

　　　　　　　　　　申碩周【手決】

　　　　　　　　　　金平玉【手決】

　　　　　筆執　　　姜世俊【手決】

〈背面〉內伍拾兩減給印

○ 충청도장토문적 5책, 문서번호 5, 旅客主人權賣買文記

乾隆二十一年丙子十月二十五日李震三前明文

右明文事段切有急用處朴敦吾處買得是

在忠淸道瑞山一邑良中稅船商船旅客

之業乙右人處價折錢文陸拾兩依數交

易捧上爲遣永永放賣爲乎矣本文記貳

張及贍給文記貳度幷爲許與爲有

去乎日後或有同生子孫族屬中雜談

是去等將此文記告官卞正事

        財主   裵宗郁【手決】

        證人   金俊明【手決】

                李泰成【手決】

        筆執   朴必興【手決】

〈**背面**〉稅船段

    李廷蕃

    處斥賣印

○ 충청도장토문적 5책, 문서번호 6, 旅客主人權賣買文記

乾隆二十一年丙子閏九月初六日裵宗郁前明文

右明文事段舊債呈訴侵督無路還報故不得已外邊衿得

傳來是在忠淸道瑞山郡良中勿論稅船商船旅客主人

之業右人前價折錢文陸拾兩依數交易捧上爲遣永永

放賣爲乎矣本文記壹丈漢城府贍給壹度幷以許給爲去乎

日後同生子孫內外族屬中或有雜談是去等將此文記告

官卞正事

        財主   朴敦吾【手決】

	證人	李泰成【手決】
		朴興孫【手決】
	筆執	朴必興【手決】

○ 충청도장토문적 5책, 문서번호 7, 旅客主人權賣買文記

嘉慶十三年戊辰六月初十日金井邑宅奴日宗前明文

右明文事段切有緊用處李碩獜處忠淸道瑞山

船主人之業買得資生是加可右宅價折錢文壹千貳

百兩依數交是[易]捧上是遣本文記十度騰給二丈和

名一丈擔當手記一丈合十四丈幷以永永放賣爲去乎日後良

中族屬中雜談則以此文記告官卞正事

	旅客主人	姜得周【手決】【印】
		姜仁洽【手決】
	證人	金基淳【手決】
	筆執	金禹鼎【手決】

○ 충청도장토문적 5책, 문서번호 8-14, 漢城府完文

漢城府爲完文成給事卽

見西部西江坊玄石里居鄭

鎭昊所訴則以爲毋論某邑

所管各處江主人之給重價買
得隨行者專恃各其所管邑
土地所産凡各物種之輸來
到江從其賣買捧喫口文
之故也而至於矣身資業瑞山
江主人則價爲貳千捌百伍
拾兩是乎所許多土産物種
中簡竹雜竹最主而商賈
輩貿竹和賣則卽出口文
捧其口文而轉納稅錢亦爲
貳拾陸兩是白乎所南門外居
金英宅爲名漢敢生不測之
計與其堂侄瑞山居金昌勤
符同又與京居烟竹廛市
人締結暗地下往瑞山簡竹
雜竹幷貿上京偸賣專
利將欲奪人基業故月前
呈訴　本府方爲重繩其
罪而適値
堂上遞職之時自爾少緩
矣同金英宅自知理屈來
懇萬端竟以簡竹雜竹每
同口文壹兩式永永酌定捧
其手標是乎乃此乃私相和

好不無後慮成給完文之
地千萬伏祝而且矣身所業
物種中非但簡竹雜竹或
有他物種執捉告課者
良置亦卽隨現重繩推
給口文之意同成完文俾
爲永久遵行以杜後弊之地
亦爲有置大抵簡竹雜竹
已爲執捉呈訴▨法司方欲
重繩之際所謂金英宅自
知理屈往懇於鄭鎭昊毋
論某竹每同壹兩式口文備
給之意互相私和至有手
標成給之擧則今不必更
辭紛紜而日後若有携
貳之端則斷當重繩是在
果非但簡竹雜竹外他本
邑所産各項物種又或有
私相潛賣不出口文之漢則
這這摘發一一重繩之意
亦爲成給完文俾無一毫
遺漏之地是矣如是完文
之後以此憑信毋至抵罪之
地宜當者

丙寅三月　日

堂上【押】

一諸島各浦米太及雜穀與正租

一諸島各浦鹽石

一諸島各浦生鮮靑魚及鹽靑魚乾靑魚

一諸島各浦生鮮石魚及鹽石魚乾石魚

一諸島各浦生鮮民魚及鹽民魚乾民魚

一諸島各浦紅柿及乾柿皮栗大棗

一諸島各浦簡竹及長竹雜竹

一諸島各浦鹽高登魚及鹽艻雉

一諸島各浦生鮮眞魚及鹽眞魚

一諸島各浦南草及葉草枯椒

一諸島各浦石花醢及蛤醢雜醢

一諸島各浦柴木及白炭黔炭

一諸島各浦白魚脯及靑艾海衣

　　已上本邑十八面土地所産

○ 충청도장토문적 5책, 문서번호 15, 手標

庚寅十二月　日標

右標段　明禮宮所屬忠淸道

瑞山江主人以當五錢五萬兩折

價定分爲去乎日後剩不足擔

當事

　　標主 金贊熙【手決】

○ 충청도장토문적 5책, 문서번호 16, 牌旨

　　庚寅十一月　　日

　　　奴在運處

無他以移買次忠淸

島瑞山等地各浦口米

穀魚鹽各項物種京江

船旅閣主人之業價折

錢文當五伍萬兩依數交易

捧上是遣舊文　張立旨　張

新文壹張此牌旨導良

成文以給事

上典 洪【手決】

○ 충청도장토문적 5책, 문서번호 17, 牌旨

奴千錫處

無他宅以移賣[買]次瑞山主

人之業乙願買人處捧

準價納宅後此牌旨

導良成文以給事

　丁亥八月初八日

上典 李【手決】

　　牌旨

○ 충청도장토문적 5책, 문서번호 18, 刑曹謄給

刑曹爲謄給事節呈西部居李震國

所志內右謹陳所志矣段矣身居生於江邊而瑞山

旅客主人之役世代隨行者已多年間是白如乎毋論

官穀私穀商賈船皆以到泊則矣身次第酬應者而

黑石里居金巨福梁成慶等兩漢處在下路厥土船

隻來到則暗自誘入其矣家所載太八百餘石任自發

賣得喫口錢四十兩而少無顧忌是白遣又於昨日瑞山

商賈船來到江邊則率去其家欲奪他矣生係

者無異强盜是白乎等以玆以仰訴爲白去乎上項金

哥梁哥等捉來他矣基業橫奪之罪各別嚴治後卽

爲推給爲只爲 堂上題辭內捉來推問着押踏印戊戌

三月初六日塤下詳一房是齊連次戊戌三月初七日隻
御營廳牙兵金巨福年六十五閑良梁聖泰年四十一
元告李震國年四十白等狀辭推問敎是臥乎在
亦各各號牌相考爲白乎旀矣徒等所懷明日內原情
書納計料爲白乎矣如過此限是白去等各別嚴治敎
事堂上郎廳着押踏印是齊連次隻梁成慶不喩
梁興世年金巨福年更推白等近來他人之物
任意奪取者頻多有之是乎矣豈有甚於李好汗
者乎大抵開 國後山川各自有主故矣身本以貧寒
之民無田土無料之人故居在江上只以生計者以江邊
旅客商賈主人累代資生矣年前好汗瑞山商賈主人
奪取之計故甲午年分瑞山商賈等呼訴本官以爲完文
成給後矣身以商賈船主人船隻來到京江則矣身晝夜
守直或有發買之物則善爲買賣以送故商賈船段矣身
擔當主人是遣李好汗段江邊船主之主人每船每次米租
間一石應食是乎乃船人接待不過酒果而已矣身段商
賈船人來到則所待食床及如奴使役是白乎矣好汗猶
爲不足之心又起都奪之計誣訴官前者此亦是非
理好訟尨不喩亦亂法之民也矣身本以無勢殘民累
代見其商賈主人一朝好汗公然奪取之計豈不冤痛是
白乎等以同瑞山商賈等狀完文及前後立旨現納是乎所
自前本無完文是乎矣累代商賈主人而同好汗一無機
端此說是白加尼千萬意外同好汗不知法理只以心慾
他人之物是白乎等以昨日納侤音時告隻原情現納乙仍

于矣身不得已發明現納是白乎矣前後踏印文券

粘連現納爲白去乎細細參商是白乎則告隻非理

之事自然昭明於其間是白乎等以緣由略陳於 明政之

下爲白去乎前後文券 商考後彼此間非理好訟者

各別依法重治俾無日後之弊敎事元告李

震國年更推白等矣身至冤情由略陳於原狀

中是白在果京民以貢物爲業江民以旅客爲業故矣身

所答瑞山旅客主人之役粵自康熙十年互相買賣者

已過百年矣身之買得又過二十年而來歷分明文書昭然

是白去乙金巨福梁聖泰等以娚妹之間俱在水下瑞山

載太船隻上來者從中誘引繫泊其矣門前是白遣

招入船漢悠意饋食穀物發賣渠自爲主而不有本主其

爲所食錢至四十兩是白如乎無勢殘民將未免見失箕

裘之業呈訴本曹則兩漢來到官門始出一張文書曰

此則瑞山官許給商船粘付京官立旨是如爲臥乎所

此是渠往厥土敎誘土民締結官吏圖出一張文書者明

若觀火若使矣身圖出如此之文一日雖千張何難之有

哉此乃可笑者也年前矣身喪敗之際餘瑞山商

賈有租石載來者而渠自接應是遣更得錢兩是如

分送矣身者凡二次矣玆際奸心萌動闖生舐糠及米

之計一張文書苟且成出巧飾奸譎欲奪他矣基業其爲

設心無異強盜是如乎矣身所持文書其矣所成文書論

之年條遠近自別是白遣商船二字亦入於舊文書

中則其矣所謂商船何所據而發是白乎喩矣身文書

幷以仰籲於 明政之下爲白去乎細細鑑當敎是後

兩漢等他矣基業橫奪之罪照法嚴繩是白遣

其所食四十兩及來泊船隻段置亦使矣身擔當酬應

事嚴明分付俾得生成之澤敎事堂上郞廳着押踏

印是齊戊戌三月初八日 題辭內今見元告來歷

文書則積有年所隻漢之文書不過本官立旨漢城府立

旨而已則何者爲主何者爲客若以本官之立旨論之則

元告之當初來歷文書何無本官之踏印文蹟乎

此亦是隻漢中間盜奪之計以此更爲取招於兩隻

堂上着押踏印是白齊連次戊戌三月初八日隻梁興

世年金巨福年更推白等手決內辭緣推問敎

是臥乎在亦甲午年分瑞山官家敎是招來矣身

等分付內本邑商賈輩欲以汝爲主人故特爲差定

亦敎是故矣身等踏印商賈船主人文書而上來自其年

以商賈船主人隨行而狀者段瑞山往來人浦主人兩主人

眞所得皮肉不干忽於今年敢生倂呑之計者豈不

無據乎相考處置敎事同日元告李震國年

更推白等 手決內辭緣推問敎是臥乎在亦

矣身以瑞山主人之狀前已仰達矣身段在於深村

梁哥娚妹在於船頭故本縣來人皆往梁哥等

家則梁哥等必爲善待以爲客反爲主之計而矣

身段不知其矣等計交仍以分主人稱使渠接

待來人等每石口錢五分式受食矣頃日良中本縣

船隻來泊之後渠自擔當買賣盡食口錢　而

不給故矣身責其都吞是白乎則梁哥等持此

文書謂以此主人本來渠等已納云世豈有如此

孟浪之事乎設如渠言矣身只是往來人之主人

則本縣之人仍故數數來往有此稱號耶此不

過梁哥等慫慂本縣船人以爲着名誣訴本官

者而船主人設立自康熙十年爲始而渠之立旨

不過甲午年所出者則以此推之眞僞可以立辨

是白置相考處置敎事堂上郎廳着押踏印

是齊同日　題辭內李震國旣是船主人則

豈有別商賈船主人乎此則萬萬不當固船主人

處一倂擔當之意分付其踏印文書爻周官上其

所食已往何可徵推乎到泊船隻段置亦爲歸屬於李

哥宜當　堂上着押踏印是齊連次戊戌三月初

十日　題辭內已泊之船旣屬於船主人則卽爲出給

之意分付　堂上着押踏印是齊連次元告

李震國右謹陳所志矣段矣身瑞山船主人之役

世代酬應以爲資生矣黑石里居梁興

世金巨福等居生水下瑞山商賈船

誘接其矣家多般接應而橫奪他矣

基業故不勝憤痛呈訴本曹則　明鑑

之下洞悉梁哥之奸狀敎是遣決給

矣身感頌無他是乎矣梁哥等本以

奸濫之人不有　處分日後如有更起

橫奪之計是白良置文案謄給以

爲憑考之地爲白只爲所志據題辭

內文案謄給亦敎是等以李震國處

文案謄給者

　　　　　戊戌三月　日

堂上【押】

○ 충청도장토문적 5책, 문서번호 19, 旅客主人權賣買文記

　　　光緒四年戊寅五月　日　　　　　　前明文

右明文事段要用所致李永元處買得忠淸道所在瑞山邑十八面安邊島大山島黑㘆諸島諸

浦居民等魚鹽商船私穀各項物種載卜船隻等旅客主人及黃海道白翎居徐金兩人同生子孫

旅客主人之業乙右人前價折錢文捌仟兩依數交易捧上是遣本文記拾玖張還退文記壹張

手記貳張謄給貳張和會文記段閪失故不忘記壹張京兆完文壹卷新文記壹張幷以永永放

賣爲去乎日後子孫族屬中若有雜談是非之弊則此文記憑考事

　　　　　　　　　　　　　　　財主林致彦【手決】

　　　　　　　　　　　　　　　證人金根化【手決】

　　　　　　　　　　　　　　　筆執李禮卿【手決】

○ 충청도장토문적 5책, 문서번호 20, 旅客主人權賣買文記

　　　光緒九年癸未十二月　日　　　　　　前明文

右明文事段要用所致林致彦處買得忠清道所在瑞山邑十八面安邊島大山島黑乭諸島諸浦居民等魚鹽商船私穀各項物種載卜船隻等旅客主人及黃海道白翎居徐金兩人同生子孫旅客主人之業乙右人前價折錢文玖仟兩依數交易捧上是遣舊文記貳拾張還退文記壹張手記貳張謄給貳張和會文記段閪失故不忘記壹張京兆完文壹卷新文記壹張幷以永永放賣爲去乎日後若有雜談則以此文記憑考事

財主　韓昶東【手決】

證人　趙聖郁【手決】

筆執　韓允熙【手決】

○ 충청도장토문적 5책, 문서번호 21, 旅客主人權賣買文記

嘉慶五年庚申十二月十五日趙恬前明文

右明文事段李碩獜處買得自生是多可切有用處右人前

忠淸道瑞山官田大同稅船及其邑十八面安邊島大山黑乭諸

島諸浦居民等魚鹽商船私穀載卜船及或有京江船

本官稅米載來到泊京江是乎乃置主人應食米壹石

卸下貢物旅客及黃海道白翎居徐金哥同生子孫旅客

之業價折錢文陸百陸拾兩依數交易捧上爲遣本

文記捌度謄給貳丈和名文記壹丈合拾壹度幷

以永永放賣爲去乎日後良中同生子孫族屬中若

有雜談以去等將此明文告官卞正事

旅客主　　朴宗仁【手決】

訂人　　　　　奇順哲

徐行雲【手決】

張道興【手決】

筆執　　　　　洪昌運【手決】

〈**背面**〉瑞山主人文券

○ 충청도장토문적 5책, 문서번호 22, 旅客主人權賣買文記

咸豊七年丁巳十二月十八日鄭翼基前明文

右明文事段切有緊用處金允澤處買得爲在忠淸道瑞山

邑十八面安邊島大山島黑亐諸島諸浦居民等魚鹽商船私穀

各項物種載卜船隻等旅客主人及黃海道白翎居徐金兩人同

生子孫旅客主人業乙右宅價折錢文壹仟柒佰兩依數交易捧上

是遣本文記拾陸張還退文記壹張手記貳張謄給貳張和會文記段

闊失故不忘記壹張幷以永永放賣爲去乎日後同生子孫族屬中若有雜

談則持此文記憑考事

旅客主人 李泰逵【手決】

證人 崔命憲【手決】

筆執 曺成建【手決】

○ 충청도장토문적 5책, 문서번호 23, 旅客主人權賣買文記

同治八年己巳年三月　日　　　　右宅前明文

右明文事段切有緊用處李泰達處買得爲在忠淸道瑞山邑十八面安邊島大山

島黑兎諸島諸浦居民等魚鹽商船私穀各項物種載卜船隻等旅客主人及

黃海道白翎居徐金兩人同生子孫旅客主人業乙右宅價折錢文參仟兩依數敎[交易捧上

是遣本文記拾柒張還退文記壹張手記貳張膽給貳張和會文記段閪失故不忘記

壹張京兆完文壹卷幷以永永放賣爲去乎日後同生子孫族屬中若有雜談則持此

文記憑考事

　　　　　　　　　　　　　　　財主 鄭鎭昊【手決】

　　　　　　　　　　　　　　　證人 張仁奎【手決】

　　　　　　　　　　　　　　　筆執 金應善【手決】

○ 충청도장토문적 5책, 문서번호 24, 旅客主人權賣買文記

咸豊二年八月　日　　　　　前明文

右明文事段切有緊用處以移賣[買]次忠淸道瑞山邑拾捌面安邊島大山島黑兎諸島

諸浦居民等魚鹽商船私穀載卜船隻等旅客主人及黃海道白翎居徐金兩人

同生子孫旅客主人之業乙右人前價折錢文壹仟貳佰陸拾兩依數交易捧上是遣本

文記拾伍張還退文記壹張及手記貳張膽給貳張和會文記段閪失故不忘記壹張新文

記壹張合貳拾貳張幷以永永放賣爲去乎日後良中子孫族屬中若有雜談則以此文記

憑考事

　　　　　　　　　　　　　　　財主 金允澤【手決】

證人 車俊明【手決】

筆執 黃德仲【手決】

〈**背面**〉文記拾陸丈

　　　　　贍給壹度

　　　　　和會文記貳丈

○ 충청도장토문적 5책, 문서번호 25, 旅客主人權賣買文記

　　　同治九年庚午五月　　日　　　　右宅前明文

右明文事段切有緊用處鄭鎭昊李泰逵處買得爲在忠淸瑞山邑十八面安邊島大山

島黑乭諸島諸浦居民等魚鹽商船私穀各項物種載卜船隻等旅客主人及黃

海道白翎居徐金兩人同生子孫旅客主人業乙右宅價折錢文伍仟伍佰兩依數敎[交]

易捧上是遣本文記拾柒張還退文記壹張手記貳張等[贍]給貳張和會文記段闊失故不

忘記壹張京兆完文壹卷幷以永永放賣爲去乎日後同生子孫族屬中若有雜談則

持此文記憑考事

　　　　　　　　　　　　財主 鄭得基【手決】

　　　　　　　　　　　　證人 曺珝承【手決】

　　　　　　　　　　　　筆執 金敬植【手決】

○ 충청도장토문적 5책, 문서번호 26, 旅客主人權賣買文記

　　　同治十三年甲戌五月　　日林致彦前明文

右明文事段切有緊用處故鄭得基處買得所在忠淸道瑞山邑十八面安邊島大山島黑乬

諸島諸浦居民等魚鹽商船私穀各項物種載卜船隻等旅客主人及黃海道白翎

居徐金兩人同生子孫旅客主人之業乙右人前價折錢陸仟兩依數交易捧上是遣本文記

拾捌張還退文記壹張手記貳張膽給貳張和會文記段闊失故不忘記壹張京兆完文壹卷

新文記壹張幷以永永放賣爲去乎日後子孫族屬中若有雜談是非之弊則此文記憑

考事

　　　　　　　　　　　　　　　財主 李永元【手決】

　　　　　　　　　　　　　　　證人 閔致明【手決】

　　　　　　　　　　　　　　　筆執 黃德順【手決】

○ 충청도장토문적 5책, 문서번호 27, 旅客主人權賣買文記

　　　嘉慶五年庚申三月十五日朴宗仁　　　前明文

右明文事段切有緊用處祖父生時裵宗郁姜後聖兩人處買得爲在忠

淸道瑞山官田大同稅船及其邑十八面安邊島大山黑乬諸島諸浦居民等魚

鹽商船私穀載卜船及或有京江船本官稅米載來到泊京江是乎乃置主人

應食米壹石卸下貢物旅客及黃海道白翎居徐金哥同生子孫旅客之業價折

錢文陸百陸拾兩依數交易捧上爲遣本文記七度膽給二丈和名一丈合十度幷以

永永放賣爲去乎日後良中同生子孫族屬中若有雜談之弊則以此文記告

官卞正事

　　　　　旅客主　　　　　李碩獜【手決】

　　　　　證人　　　　　　趙憪【手決】

　　　　　　　　　　　　　金相霖【手決】

　　　　　　　　　　　　　金道源【手決】

　　　　　筆執　　　　　　趙惲【手決】

○ 충청도장토문적 5책, 문서번호 28, 旅客主人權賣買文記

　　道光二十七年丁未十一月十八日　　　　　　　前明文

右明文事段切有緊用處忠淸道瑞山邑十八面安邊島大山

島黑乭諸島諸浦居民等魚鹽商船私穀載卜船隻等旅

客主人及黃海道白翎居徐金兩人同生子孫旅客主人之業右

人前錢文壹仟壹佰兩依數捧上是遣本文記拾伍丈還退文

記壹張及手記貳丈謄給貳丈和會文記段闕失故不忘記壹丈

合貳拾丈幷以永永放賣爲去乎日後良中子孫族屬中若有

雜談則以此文記憑考事

　　　　　　　　　　財主 安　逵【手決】

　　　　　　　　　　證人 鄭福基【手決】

　　　　　　　　　　筆執 金聲遠【手決】

○ 충청도장토문적 5책, 문서번호 29, 旅客主人權賣買文記

道光十二年辛卯正月初八日　　　　　前還退文記

右文記事段切有緊用處忠淸道瑞山邑十八面安邊島大山島黑㐌島

諸島諸浦居民等魚鹽商船私穀載卜船隻等旅客主人及黃海道白

翎居徐金哥同生子孫旅客主人之業姜民璜處移買自生是加可本主

處價折錢文玖百伍拾兩捧上是後還退成文爲去乎日後良中子孫族屬

間如有雜談則此文記告官卞正事

　　　　　　旅客主人 徐珽周【手決】

　　　　　　證筆 申碩周【手決】

○ 충청도장토문적 5책, 문서번호 30, 旅客主人權賣買文記

嘉慶十三年戊辰閏五月十九日姜得周姜仁洽前明文

右明文事段切有緊用處故祖父生時裵宗郁姜後聖兩人處買得爲在忠淸道瑞山官田大同

稅船及其邑十八面安邊島大山黑㐌諸島諸浦居民等魚鹽商船私穀載卜船及或有京江船本

官稅米載來到泊京江是乎乃置主人應食米壹石卸下貢物旅客及黃海道白翎居徐金哥同生子

孫旅客之業價折錢文壹仟貳佰兩依數交易捧上爲遣本文記九度謄給貳丈和名壹丈換[還]退手

壹丈合拾參度并以永永放賣爲去乎日後良中同生子孫族屬中若有雜談則此明文告官卞呈[]

　　　　　　旅客主人 李碩獜【手決】

　　　　　　證　　人 朴宗仁【手決】

　　　　　　筆　　執 吳聖錫【手決】

○ 충청도장토문적 5책, 문서번호 31, 旅客主人權賣買文記

戊辰閏五月十九日李碩獜前手記

右手記事段忠淸道瑞山邑船主人之業李碩獜世傳之業乙庚申年

三月　日錢文柒百兩買得是白加尼不意今者準價換[還]退成手記爲去乎

日後良中若有雜談之弊則此手記憑考事

自筆　旅客主人　姜得周【手決】【印】

姜仁洽【手決】

○ 충청도장토문적 5책, 문서번호 32, 旅客主人權賣買文記

嘉慶六年辛酉三月十九日姜得周前明文

右明文事段朴宗仁處買得矣切有用處右人前忠淸道

瑞山官田大同稅船及其邑十八面安邊島大山島黑乭諸

島諸浦居民等魚鹽商船私穀載卜船及或有京江

船本官稅米載來到泊京江是乎乃置主人應食米壹

石卸下貢物旅客及黃海道白翎居徐金哥同生

子孫旅客之業價折錢文柒百兩依數交易捧上

爲遣本文玖度謄給貳丈和名文記壹丈合拾貳度

幷以永永放賣爲去乎日後良中子孫族屬中若有

雜談則持此文記告官卞正事

旅客主人趙　恬【手決】

訂人金龍鎭【手決】

金道亨【手決】

姜漢福【手決】

筆執金相霖【手決】

○ 충청도장토문적 5책, 문서번호 33, 旅客主人權賣買文記

康熙二十六年丁卯九月十四日林鳳前明文

右明文事段要用所致以父主生時自己買

得接對是在公洪道瑞山邑田大同載來

旅客及各面魚船與私卜船載來旅

客乙右人處價折錢文伍拾兩依

數交易捧上爲遣永永放賣爲

去乎本文記段他旅客幷付乙仍于

許給不得是在果日後同生子孫族

屬中若有雜談則將此文記告官

卞正事

　　旅主 林時樑【手決】

　　訂 同姓三寸叔 枝堅【手決】

　　　　長兄　　　時柱【手決】

　　　　　金仁俊【手決】

　　筆執 尹厚益【手決】

〈**背面**〉셔산

○ 충청도장토문적 5책, 문서번호 34, 旅客主人權賣買文記

光緒十三年丁亥九月　日洪承旨　　宅奴興伊前明文

右明文事段要用所致韓昶東處買得忠淸道瑞山邑十八面安邊島大山島黑乭諸島

諸浦居民等魚鹽商船私穀各項物種載卜船隻等旅客主人及黃海道白翎居徐金兩

人同生子孫旅客主人之業乙右人前價折錢文貳萬柒仟兩依數交易捧上是遣舊文

記貳拾壹張還退文記壹張手記貳張謄給貳張和會文記段闕失故不忘記壹張京兆完文壹

冊牌旨壹度新文記壹張幷以永永放賣爲去乎日後如有子孫族屬中雜談則以

此文記憑考事

　　　　　　　　　　財主李參判宅奴福伊【左寸】

　　　　　　　　　　證人申生員宅奴卜石【左寸】

　　　　　　　　　　筆執金生員宅奴順釗【左寸】

○ 충청도장토문적 5책, 문서번호 1, 여객주인권 매매문기

도광 18년 무술(1838) 4월 초 1일 안규(安逵)앞 명문

이 문기를 작성하는 것은, 절실하게 쓸 곳이 있어서 충청도 서산읍(瑞山邑)의 18개 면, 안변도(安邊島), 대산도(大山島), 흑돌(黑乭) 등 여러 섬과 포구 거민(居民)들의 어염(魚鹽)·상선(商船)과 사곡(私穀) 재복선척(載卜船隻) 등의 여객주인 및 황해도 백령(白翎)에 거주하는 서(徐)·김(金) 두 사람의 동생 자손 여객주인의 업을 위의 사람에게 전문 1,100냥을 액수대로 받고, 본문기 14장, 환퇴문기 1장 및 수기 2장, 등급 2장, 화회문권(和會文券)은 서실(閪失)하였기에 불망기(不忘記)를 합한 19장을 함께 영구히 방매하니, 일후에 자손 족속 중에서 만약 잡담이 있으면 이 문기로 빙고하기 위함이다.

　재주(財主) 최종의(崔宗毅) 아들 형섭(亨燮) 【수결】

　증인(證人) 정학기(鄭學基) 【수결】

　필집(筆執) 박의진(朴宜鎭) 【수결】

○ 충청도장토문적 5책, 문서번호 2, 수기

무진(1808) 윤 5월 19일 강득주(姜得周) · 강인흡(姜仁洽)앞 수기(手記)

이 수기를 작성하는 것은, 충청도 서산(瑞山) 선주인(船主人)의 업을 두 사람 앞으로 본가(本價) 700냥에 환퇴하였는데 형세가 부득이하여 전문 1,200냥을 액수대로 교역하여 받고 영구히 파니, 일후라도 누구든 만약 잡담이 있으면 담당(擔當)하되, 만일 피신(避身)한다면 관에 고하여 변정하기 위함이다.

자필(自筆) 수기주(手記主) 이석린(李碩獜) 【수결】

끝.

○ 충청도장토문적 5책, 문서번호 3, 여객주인권 매매문기

도광 12년 신묘(1831) 정월 24일 최종의(崔宗毅)앞 명문

이 문기를 작성하는 것은, 절실하게 쓸 곳이 있어서 충청도 서산읍(瑞山邑)의 18개 면, 안변도(安邊島), 대산도(大山島), 흑돌(黑乭) 등 여러 섬과 포구 거민(居民)들의 어염(魚鹽) · 상선(商船)과 사곡(私穀) 재복선척(載卜船隻) 등의 여객주인 및 황해도 백령(白翎)에 거주하는 서(徐) · 김(金) 두 사람의 동생 자손 여객주인의 업을 위의 사람에게 전문 1,000냥으로 값을 정하여 액수대로 받고, 본문기 13장, 환퇴문기 1장과 수기 2장, 등급 2장, 화명문권(和名文券)은 서실(閪失)하였기에 불망기(不忘記)를 합한 19장을 함께 영구히 방매하니, 일후라도 자손 족속 중에서 만약 잡담이 있으면 이 문기를 가지고 관에 고하여 변정하기 위함이다.

재주(財主) 강민황(姜民璜) 【수결】

증인(證人) 박윤(朴潤) 【수결】

필집(筆執) 박순(朴淳) 【수결】

○ 충청도장토문적 5책, 문서번호 4, 여객주인권 매매문기

도광 10년 기축(1829) 12월 26일　　　**앞 명문**

이 문기를 작성하는 것은, 절실하게 쓸 곳이 있어서 충청도 서산읍(瑞山邑)의 18개 면, 안변도(安邊島), 대산도(大山島), 흑돌(黑乭) 등 여러 섬과 포구 거민(居民)들의 어염(魚鹽)·상선(商船)과 사곡(私穀) 재복선척(載卜船隻) 등의 여객주인 및 황해도 백령(白翎)에 거주하는 서(徐)·김가(金哥) 동생 자손 여객주인의 업을 위의 사람에게 전문 1,000냥으로 값을 정하여 액수대로 받고, 본문기 12장 및 수기 2장, 등급 2장, 화명문권(和名文券)은 서실(閪失)하였기에 불망기(不忘記) 1장까지 합 17장을 함께 영구히 방매하니 일후라도 자손 족속 중에서 만약 잡담의 폐단이 있으면 이 문기로 빙고하기 위함이다.

　여객주인(旅客主人) 강민황(姜民璜) 【수결】【인】

　증인(證人) 창인석(昌仁碩) 【수결】

　　　　신석주(申碩周) 【수결】

　　　　김평옥(金平玉) 【수결】

　필집(筆執) 강세준(姜世俊) 【수결】

〈뒷면〉 그중에서 50냥을 감하여 지급함. 끝.

○ 충청도장토문적 5책, 문서번호 5, 여객주인권 매매문기

건륭 21년 병자(1756) 10월 25일 이진삼(李震三)앞 명문

이 문기를 작성하는 것은, 절실하게 쓸 곳이 있어서 박돈오(朴敦吾)로부터 매득한 충청도 서산(瑞山) 1읍(一邑)의 세선(稅船)·상선(商船) 여객의 업을 위의 사람에게 전문 60냥으로 값을 정하여 액수대로 교역하여 받고 영구히 방매하되, 본문기 2장 및 등급문기 2장을 함께 허여(許與)하였으니, 일후 혹시 동생 자손 족속 중에서 잡담이 있으면 이 문기를 가지고 관에 고하여 변정하기 위함이다.

　재주(財主) 배종욱(裵宗郁)【수결】

　증인(證人) 김준명(金俊明)【수결】

　　　　　이태성(李泰成)【수결】

　필집(筆執) 박필흥(朴必興)【수결】

〈뒷면〉 세선은 이정번(李廷蕃)에게 척매함. 끝.

○ 충청도장토문적 5책, 문서번호 6, 여객주인권 매매문기

건륭 21년 병자(1756) 윤9월 초6일 배종욱(裵宗郁)앞 명문

이 문기를 작성하는 것은, 구채(舊債)로 정소(呈訴)·침독(侵督)되었으나 환보(還報)할 길이 없는 까닭에 부득이 외가 쪽[外邊]에서 상속[衿得]받아 전래(傳來)한 충청도 서산군(瑞山郡)의 세선(稅船)과 상선(商船)을 물론(勿論)한 여객주인의 업을 위의 사람에게 전문 60냥으로 값을 정하여 액수대로 교역하여 받고 영구히 방매하되, 본문기 1장, 한성부 등급 1장을 아울러 허급(許給)하니 일후

에 동생 자손 내외 족속 중에서 혹시 잡담이 있으면 이 문기를 가지고 관에 고하여 변정하기 위함이다.

    재주(財主) 박돈오(朴敦吾) 【수결】

    증인(證人) 이태성(李泰成) 【수결】

           박흥손(朴興孫) 【수결】

    필집(筆執) 박필흥(朴必興) 【수결】

○ 충청도장토문적 5책, 문서번호 7, 여객주인권 매매문기

가경 13년 무진(1808) 6월 초10일 김정읍댁(金井邑宅) 노(奴) 일종(日宗)앞 명문

이 문기를 작성하는 것은, 절실하게 쓸 곳이 있어서 이석린(李碩獜)으로부터 충청도 서산(瑞山) 선주인(船主人)의 업을 매득하여 자생(資生)하다가 위의 댁에 전문 1,200냥으로 값을 정하여 액수대로 교역하여 받고, 본문기 10장, 등급 2장, 화명(和名) 1장, 담당수기(擔當手記) 1장 합 14장을 아울러 영구히 방매하니, 일후라도 족속 중에서 잡담이 있으면 이 문기로써 관에 고하여 변정하기 위함이다.

    여객주인(旅客主人) 강득주(姜得周) 【수결】【인】

             강인흡(姜仁洽) 【수결】

    증인(證人) 김기순(金基淳) 【수결】

    필집(筆執) 김우정(金禹鼎) 【수결】

한성부에서 완문(完文)을 작성하여 발급하는 것임

서부 서강방 현석리에 거주하는 정진호가 호소한 바는 다음과 같다.

어느 읍의 소관이든지 간에 각처의 강주인을 많은 돈을 주고 사서 수행하는 것은 오로지 그 소관 읍의 토지 산물인 각각의 물종을 실어와서 강에 도착하면 그 매매에 따라 구문을 받아먹을 수 있기 때문입니다. 저의 생업인 서산강주인도 값이 2,850냥인바, 허다한 토산 물종 중에서 간죽(簡竹)과 잡죽(雜竹)이 가장 중요하여, 장사꾼들이 대나무를 무역하여 서로 팔면 곧 구문을 내고 그 구문을 받아서 다시 세전을 바친 것이 26냥입니다.

남문 밖에 거주하는 김영택이라는 놈이 감히 불측한 계책을 내어 그 당질인 서산에 거주하는 김창근과 짜고서 서울에 사는 연죽 상인과 계약을 맺어 몰래 서산에 내려가 간죽과 잡죽을 모두 사가지고 상경하여 몰래 팔아 이익을 다 차지하며, 남의 생업을 빼앗으려하는 까닭에 한 달 전에 본부에 소장을 올려서 바야흐로 그 죄를 엄히 물으려 할 때에 마침 당상의 체직 시기를 만나 그로 인하여 조금 느슨해졌습니다.

위의 김영택이 스스로 법리가 궁함을 알고 와서 만단으로 애걸하기에 마침내 간죽과 잡죽을 매 동에 구문 1냥씩으로 영원히 작정하여 그의 수표를 받았으나 이것은 사사로이 서로 화해하여 좋게 한 것으로 뒷걱정이 없을 수 없으니 완문을 작성해 주시기를 간곡히 바랍니다. 또 제가 취급하는 물종 가운데에서 간죽과 잡죽뿐 아니라 혹 다른 물종에 있어서도 잡아들여 신고하는 자라도 당장 엄히 구문을 찾아줄 뜻으로 같이 완문을 만들어 영구히 준행하여 뒷탈을 막도록 하게 해주십시오.

대저 이미 모아들인 간죽과 잡죽으로 법사에 소를 올려 바야흐로 엄히 처벌

하려 할 때, 소위 김영택이 스스로 법리가 궁함을 알고 정진호에게 가서 간청하여 무슨 대든지 가리지 말고 매 동에 1냥씩 구문을 갖추어 준다는 뜻으로 서로 간에 타협하여 수표를 성급하는 데 이르렀으니 이제 반드시 다시 어지럽게 말할 필요는 없다. 일후 만약 딴소리가 있으면 단단히 엄벌할 것이다. 비단 간죽과 잡죽 외 다른 본읍 소산의 각항 물종 또한 혹 사사로이 서로 몰래 팔고 구문을 내지 않는 놈이 있으면 샅샅이 적발하여 하나하나 엄벌할 뜻으로 또한 완문을 성급하여 조금의 미비한 점도 없이 할 것이다. 이 같이 완문을 한 후에 이를 근거로 믿고서, 죄를 범하는 데 이르지 않도록 함이 마땅한 일이다.

병인년(1866) 3월　일

당상(堂上) 【압】

하나. 여러 섬 각 포구의 쌀[米], 콩[太] 및 잡곡(雜穀)과 정조(正租)

하나. 여러 섬 각 포구의 염석(鹽石)

하나. 여러 섬 각 포구의 생선청어(生鮮靑魚) 및 염청어(鹽靑魚), 건청어(乾靑魚)

하나. 여러 섬 각 포구의 생선석어(生鮮石魚) 및 염석어(鹽石魚), 건석어(乾石魚)

하나. 여러 섬 각 포구의 생선민어(生鮮民魚) 및 염민어(鹽民魚), 건민어(乾民魚)

하나. 여러 섬 각 포구의 홍시(紅柿) 및 건시(乾柿), 겉밤[皮栗], 대추[大棗]

하나. 여러 섬 각 포구의 간죽(簡竹) 및 장죽(長竹), 잡죽(雜竹)

하나. 여러 섬 각 포구의 염고등어(鹽高登魚) 및 염갈치(鹽乫雉)

하나. 여러 섬 각 포구의 생선준치[生鮮眞魚] 및 염준치[鹽眞魚]

하나. 여러 섬 각 포구의 담배[南草] 및 엽초(葉草), 고추[枯椒]

하나. 여러 섬 각 포구의 굴젓[石花醢] 및 조개젓[蛤醢], 잡젓[雜醢]

하나. 여러 섬 각 포구의 땔나무[柴木] 및 백탄(白炭), 검탄(黔炭)

하나. 여러 섬 각 포구의 뱅어포[白魚脯] 및 청애(靑艾), 김[海衣]

이상 본읍 18면 토지 소산.

○ 충청도장토문적 5책, 문서번호 15, 수표

경인(1890) 12월 일 **표**(標)

이 표를 작성하는 것은, 명례궁(明禮宮) 소속 충청도 서산(瑞山) 강주인(江主人)을 당오전(當五錢) 50,000냥으로 절가(折價)하여 정분(定分)하되, 일후 남거나 부족한 것을 담당(擔當)하기 위함이다.

표주(標主) 김찬희(金贊熙) 【수결】

끝.

○ 충청도장토문적 5책, 문서번호 16, 배지

경인(1890) 11월 일

노(奴) 재운(在運)에게

다름이 아니라, 이매(移買)하기 위하여 충청도 서산(瑞山) 등지 각 포구의 미곡(米穀), 어염(魚鹽), 각항(各項) 물종(物種) 경강(京江) 선여각주인(船旅閣主人)의 업을 전문 당오전 50,000냥으로 값을 정하여 액수대로 교역하여 받고, 구문서 장, 입지 장, 신문(新文) 1장과 이 패지로써 문서를 만들어 줄 것.

상전(上典) 홍(洪) 【수결】

○ 충청도장토문적 5책, 문서번호 17, 배지

노(奴) 천석(千錫)에게

다름이 아니라, 댁에서 이매(移賣)하기 위하여 서산주인(瑞山主人)의 업을 원매인(願買人)에게 준가(準價)하여 받아 댁에 바친 후 이 패지로써 문서를 만들어 줄 것.

정해(1887) 8월 초8일

상전(上典) 이(李) 【수결】

〈뒷면 봉투〉 서산 배지.

○ 충청도장토문적 5책, 문서번호 18, 형조 등급

형조(刑曹)에서 원안을 베껴 발급하는 것임.

이번에 올린 서부(西部)에 거주하는 이진국(李震國)의 소지(所志)는 다음과 같다.

여기서 삼가 소지를 아뢰는 것은 다음과 같은 이유에서입니다. 저는 강가에 거주하여 살아가면서 서산여객주인(瑞山旅客主人)의 역을 대대로 수행한 것이 이미 여러 해가 지났습니다. 관곡(官穀)과 사곡(私穀)을 가릴 것 없이 상고선(商賈船)이 도착하면, 제가 차례로 수응하는 것입니다. 그런데 흑석리(黑石里)에 거주하는 김거복(金巨福), 양성경(梁成慶) 등 두 놈이 하로(下路)에 있으면서 토선(土船)이 도착했을 때 배를 그의 집으로 몰래 유인하여 들이고 싣고 간 콩 800여 석을 임의로 팔고서

구전(口錢) 40냥을 꿀꺽 삼키는 데 조금의 거리낌도 없었습니다. 또 어제 서산의 상
고선이 강가에 도착하였을 때, 그 배도 그의 집으로 데려 갔으니 이런 일은 다른 사
람의 생업을 빼앗고자 하는 것으로 강도짓이나 다름없습니다. 이에 우러러 호소하
니 위의 김가와 양가들을 붙잡아 와서 남의 생업을 멋대로 빼앗은 죄를 각별하게 엄
히 다스린 뒤에, 빼앗긴 것을 즉시 찾아주도록 명령을 내려주시기 바랍니다.

당상은 제사에서, "붙잡아 와서 문책하라"고 하였다. 당상이 착압하고 관인
을 찍었음. 무술년(1778) 3월 6일. 상일방(詳一房)을 아래에 써넣음.

연이어 무술년 3월 7일에 피고 어영청아병(御營廳牙兵) 김거복(金巨福)(나이 65세),
양성태(梁聖泰)(나이 41세), 원고 이진국(李震國)(나이 40세)는 다음과 같이 다짐하
였다.

소장의 내용을 추문하신다기에 각각 호패(號牌)를 상고(相考)하옵니다. 저희들
의 소회를 내일 안에 원정(原情)을 써서 납부할 것이니 헤아려주십시오. 만일 이 기
한을 넘기면 각별히 엄하게 다스려주실 일입니다.

당상과 낭청이 착압하고 관인을 찍었음.

연이어 피고 양성경(梁成慶) 또는 양흥세(梁興世)(나이), 김거복(金巨福)(나이)이
두 번째 추문에서 진술한 초사는 다음과 같다.

근래에 다른 사람의 것을 임의로 탈취하는 일이 빈번하게 있지만 어찌 이호한(李
好汗)보다 더 심함이 있겠습니까? 대저 개국한 뒤에 산천에는 제각기 주인이 있었
습니다. 그러므로 저는 본디 빈한한 백성으로 전토도 없고 급료도 없는 사람이었기
에 강가에 거주하면서 단지 생계로 여겼던 것은 강변의 여객상고주인이니, 누대토

록 생업으로 삼아왔습니다. 연전에 호한은 서산상고주인을 탈취할 계획이었습니다. 그러므로 갑오년(1774)에 서산상고들이 본관에 호소하여 완문(完文)을 만들어준 후, 저는 상고선주인으로 선척이 경강(京江)에 도착하면 제가 주야로 지켰고, 혹 사고 팔 물건이 있으면 잘 매매하여 보냈으므로 상고선은 제가 담당하는 주인이고, 이호한은 강변 선주의 주인으로 모든 배에서 매번 쌀이나 벼에 상관없이 1섬을 응당 먹는 것이지만 선인의 접대는 술과 과일에 불과할 뿐입니다. 저는 상고선인이 도착하면 식사를 접대하고 종처럼 사역했습니다만, 호한(好汗)은 이것을 오히려 부족하다고 여기고 모두 빼앗을 계책을 세워 관전에 거짓으로 호소한 것입니다. 이 사람은 또한 이치에 맞지 않는 송사하길 좋아할 뿐 아니라 법을 어지럽히는 백성입니다. 제가 본래 힘이 없는 잔약한 백성으로서 여러 대 동안 그 상고주인을 맡았는데, 하루아침에 호한이 공공연히 탈취할 계책을 세우니 어찌 원통하지 않겠습니까? 이 서산상고의 등장과 완문, 앞뒤의 입지를 지금 제출합니다. 전부터 본래 완문이 없었는데 누대 상고주인이라며 이호한이 전혀 근거도 없이 이렇게 말하니, 천만 뜻밖에 이 호한이 법의 이치를 모르고 단지 다른 사람의 것을 욕심내었기 때문입니다. 어제 다짐을 받을 때 원고와 피고는 원정을 현납하기로 했기에, 저는 부득이 발명을 현납하오되, 전후 답인 문권을 점련하여 납부하오니 세세히 살펴주시오면 원고, 피고의 비리의 일이 그 사이에서 자연히 분명해질 것이기에 연유를 밝은 정사 아래에서 대략 아룁니다. 전후 문권을 헤아려 살피신 뒤에 피차간 근거 없이 송사하기를 좋아하는 자를 각별히 법에 따라서 무겁게 다스려서 일후의 폐단이 없도록 할 일입니다.

원고(元告) 이진국(李震國)(나이)이 두번째 추문에서 진술하였다.

저의 지극히 원통한 사정은 원래의 소장에서 대략 아뢰었습니다. 경민(京民)은 공물(貢物)을 업으로 삼고, 강민(江民)은 여객(旅客)을 업으로 삼습니다. 그러므로 제가 응한 서산 여객주인의 역은 강희 10년(1671)부터 서로 매매한 것이 이미 100년이 지났고, 제가 매득한 지도 또 20년이 지났습니다. 내력이 분명하고 문서가 뚜렷하거늘 김거복(金巨福), 양성태(梁聖泰)는 처남매부의 사이로 모두 수하(水下)에 있으면서 서산에서 콩을 실은 배가 올라온 것을 중간에서 유인하여 그의 문 앞에 정박하게 하였습니다. 들어온 뱃사람들을 사욕을 생각하며 음식을 먹이고 곡물을 내다 팖에 그가 스스로 주인이 되어 본 주인이 없는 것처럼 하였습니다. 그가 먹은 돈이 40냥에 이르니, 힘없는 잔약한 백성은 먹고 살 생업을 잃어버리는 것을 면치 못하게 되겠기에 본조에 소를 올린 즉, 그 때 두 놈이 관문에 이르러 비로소 한 장의 문서를 내놓고 말하기를, '이것은 서산관이 상선에게 발급한 것으로 경관에게 점련하여 붙인 입지(立旨)이다'라고 하였는데, 이것은 그들이 서산 땅에 가서 그곳 사람들을 회유하고 관리들과 짜고 한 장의 문서를 내어 놓은 것으로, 불을 보듯 뻔합니다. 만일 저로 하여금 이와 같은 문서를 내어 놓으라고 한다면 하루에도 비록 1,000장인들 무슨 어려움이 있겠습니까. 이것은 가소로운 일입니다. 연전에 제가 망하였을 때에, 서산의 상고들이 조(租)를 싣고 온 적이 있었는데 그들이 스스로 접대하였고 또, 돈을 벌었다며 저에게 나누어 보낸 것이 모두 두 차례였는데, 이때에 간악한 마음이 움터서 재물을 훔칠 계략을 세운 것입니다. 한 장의 문서를 구차하게 만들어 내고 교묘히 간악한 흉계의 말을 꾸며서 다른 사람의 생업을 빼앗고자 하니, 그의 마음 쓰는 것이 강도와 다름없습니다. 제가 가지고 있는 문서는 그가 만든 문서와 논한다면, 작성된 시기의 원근이 명확히 다릅니다. 상선(商船) 두 자가 또한 구문서 가운데에 들어있으니 그의 이른바 상선은 무엇을 근거로 들어간 것인지 모르겠습니다. 저의 문서를 아울러서 밝은 정사의 아래에서 우러러 호소하오니 세세히 살펴주신 뒤에 두 놈이 남의 생업을 멋대로 빼앗으려한 죄를 법에 비추어 엄히 처벌하여주시고, 그들이 먹은 40냥과 와서 정박한 배들도 저로 하여금 담당하여 수응하게 하는 일로 엄히 분부하여, 살아갈 수 있게 하는 은택을 얻게 하여주십시오.

당상과 낭청이 착압하고 관인을 찍었다. 무술년 3월 8일.
이에 대한 제사는 다음과 같다.

지금 원고의 내력 문서를 보면 오래 누적된 것이고, 피고의 문서는 본관의 입지와 한성부의 입지에 불과할 뿐이니 누가 주인이고 누가 객인지. 만일 본관의 입지로 논한다면 원고의 당초 내력문서는 어찌 본관이 관인을 찍은 문서가 없는가. 이것이 또한 피고로 하여금 중간에 도탈할 계획을 생기게 한 것이다. 이에 대해 다시 양척을 불러 문초하라.

당상이 착압하고 관인을 찍었다.
이어서 무술년 3월 8일에 피고 양홍세(梁興世)(나이)와 김거복(金巨福)(나이)을 다시 추문할 때 진술한 초사는 다음과 같다.

수결하신 제사에 연유하여 추문한 것입니다. 갑오년(1774)에 서산관가께서 저희들을 불러서 분부하시기를, '본 읍의 장사꾼들이 너를 주인으로 삼고자 하므로 특별히 차정한다고 하셨으므로 저희들이 상고선주인 문서에 도장을 찍고 올라 와서 그 해부터 상고선주인으로 수행하였습니다. 원고는 서산왕래인과 포주인의 두 주인으로, 진실로 획득한바 가죽과 고기는 서로 간섭하지 않는 것인데, 갑자기 금년에 감히 삼켜버릴 계책을 낸 것이니 어찌 근거가 없지 않겠습니까. 서로 비교하여 살펴보시고 처리하여 주실 일입니다.

같은 날 원고 이진국(李震國)(나이)을 다시 추문하니 진술한 초사는 다음과 같다.

수결하신 제사에 연유하여 추문한 것입니다. 저는 서산주인에 대한 문서는 전에 이미 올렸습니다. 저는 다음 마을에 있고 양가 남매는 첫머리(선두(船頭))에 있으므로 본 현에서 온 사람들이 모두 양가 등의 집에 간즉, 양가 등이 필시 잘 접대하였으니, 객이 도리어 주인이 될 계략 때문이었겠지만, 저는 그들의 계략도 모르고 사귀어 분주인(分主人)으로 칭하며 그들로 하여금 오는 사람을 접대하게 하고 매석 당 구전으로 5푼씩을 받아먹게 하였습니다. 지난번에 본 현의 배가 와서 정박한 뒤에 그가 스스로 담당하여 매매하고 구전을 몽땅 먹어치우고 주지 않았으므로 제가 그들이 모두 삼킨 것에 대해 책망하였더니 양가 등이 이 문서를 가지고 이 주인이 본래 자기들로, 이미 납부하였다고 하니 세상에 어찌 이런 맹랑한 일이 있습니까. 설사 그들의 말처럼 제가 단지 왕래하는 사람의 주인일 뿐이라면 본 현의 사람들이 관례에 따라 수없이 내왕하였는데 이런 칭호로 불렀겠습니까. 이것은 양가 등이 본 현의 선인들을 종용하여 착명하게 하고 본관에 거짓으로 호소한 것에 불과합니다. 선주인의 설립이 강희 10년부터 시작되었고 그의 입지는 갑오년에 발급된 것에 지나지 않으니 이것으로 미루어본다면 참과 거짓을 변별할 수 있을 것입니다. 서로 비교하여 처리하실 일입니다.

당상과 낭청이 착압하고 답인하였다.
같은 날 제사는 다음과 같다.

이진국(李震國)이 이미 옳은 선주인인데 어찌 따로 상고선주인이 있겠는가. 이것은 전혀 부당하다. 진실로 선주인에게 모두 담당하게 하라는 뜻으로 분부한다. 그 답인 문서는 효주하여 관에 올리되, 이왕 먹은 것은 어찌 추징할 수 있겠는가. 와서 머무르는 선척도 이가(李哥)에게 귀속시킴이 의당하다.

당상이 착압하고 관인을 찍었다.
연이어 무술 3월 초 10일 제사는 다음과 같다.

　이미 묵고 있는 배는 선주인(船主人)에게 속하게 하니 즉시 내주라는 뜻으로 분부한다.

당상이 착압하고 관인을 찍었다.
연이어 원고 이진국이 아뢴다.

　여기서 삼가 아뢰는 소지는 다음과 같습니다. 저는 서산선주인의 역을 대대로 수행하여 그것으로 먹고 살았습니다. 흑석리에 사는 양홍세와 김거복 등이 수하에 거주하면서 서산의 상고선을 그의 집으로 유인하여 맞아들이고, 여러 가지로 접대하여 남의 생업을 멋대로 빼앗으므로 분통함을 이기지 못하여 본조에 소를 올리니 밝은 식견 아래 양가의 간악한 진상을 다 파악하시고 저를 승소하게 하시니 감격함이 그지없습니다만, 양가 등이 본래 간악하고 욕심이 많은 사람이기 때문에 처분이 없으면, 일후 만일 다시 횡탈하고자 하는 계책이 있더라도 문안을 등급하여 빙고할 수 있도록 하여주십시오.

소지에 대한 제사에서 "문안을 등급하라"고 하였기 때문에 이진국에게 문안을 작성하여 줌.
무술년(1778) 3월　일
당상(堂上)【압】

○ **충청도장토문적 5책, 문서번호 19, 여객주인권 매매문기**

광서 4년 무인(1878) 5월   일   앞 명문

이 문기를 작성하는 것은, 긴요하게 쓸 까닭에 이영원(李永元)으로부터 매득한 충청도 소재 서산읍(瑞山邑) 18개 면, 안변도(安邊島), 대산도(大山島), 흑돌(黑乭) 여러 섬과 포구 거민(居民)들의 어염(魚鹽)·상선(商船), 사곡(私穀) 각항(各項) 물종(物種) 재복선척(載卜船隻) 등의 여객주인 및 황해도 백령(白翎)에 거주하는 서(徐)·김(金) 두 사람의 동생 자손 여객주인의 업을 위의 사람에게 전문 8,000냥으로 값을 정하여 액수대로 교역하여 받고, 본문기 19장, 환퇴문기 1장, 수기 2장, 등급 2장, 화회문기(和會文記)는 서실(閭失)하였기에 불망기(不忘記) 1장, 경조(京兆) 완문(完文) 1권을 신문기 1장과 함께 영구히 방매하니 일후에 자손 족속 중에서 만약 잡담이나 시비의 폐단이 있으면 이 문기로 빙고하기 위함이다.

　재주(財主) 임치언(林致彦) 【수결】

　증인(證人) 김근화(金根化) 【수결】

　필집(筆執) 이예경(李禮卿) 【수결】

○ **충청도장토문적 5책, 문서번호 20, 여객주인권 매매문기**

광서 9년 계미(1883) 12월   일   앞 명문

이 문기를 작성하는 것은, 긴요하게 쓸 까닭에 임치언(林致彦)으로부터 매득한 충청도 소재 서산읍(瑞山邑) 18개 면, 안변도(安邊島), 대산도(大山島), 흑돌(黑乭) 여러 섬과 포구 거민(居民)들의 어염(魚鹽)·상선(商船), 사곡(私穀) 각항(各項) 물종(物種) 재복선척(載卜船隻) 등의 여객주인 및 황해도 백령(白翎)에 거주하는 서(徐)·김(金) 두 사람의 동생 자손 여객주인의 업을 위의 사람에게 전문 9,000냥으로 값을 정하여 액수대로 교역하여 받고, 구문기 20장, 환퇴문기 1장, 수기 2장, 등급 2장, 화회문기(和會文記)는 서실(閭失)하였기에 불망기(不忘記) 1장, 경조(京兆) 완문(完文) 1권을 신문기 1장과 함께 영구히 방매하니 일후에 만약 잡담이 있으면 이 문기로써 빙고하기 위함이다.

    재주(財主) 한창동(韓昶東) 【수결】

    증인(證人) 조성욱(趙聖郁) 【수결】

    필집(筆執) 한윤희(韓允熙) 【수결】

○ 충청도장토문적 5책, 문서번호 21, 여객주인권 매매문기

가경 5년 경신(1800) 12월 15일 조염(趙恬)앞 명문

이 문기를 작성하는 것은, 이석린(李碩獜)으로부터 매득하여 자생(自生)하다가 절실하게 쓸 곳이 있어서 위의 사람에게 충청도 서산관(瑞山官)의 전(田)·대동(大同) 세선(稅船) 및 그 읍의 18개 면, 안변도(安邊島), 대산(大山), 흑돌(黑乭) 여러 섬과 포구 거민(居民)들의 어염(魚鹽)·상선(商船), 사곡(私穀) 재복선(載卜船) 및 혹시 경강선(京江船)이 본관(本官)의 세미(稅米)를 실어 와서 경강에 도박(到泊)하더라도 주인으로서 쌀 한 섬[石]을 응식(應食)하고 공물을 내리는[卸下] 여객 및 황해도 백령(白翎)에 거주하는 서(徐)·김가(金哥)의 동생 자손 여객의 업을 전문 660냥으로 값을 정하여 액수대로 교역하여 받고, 본문기 8장, 등급 2장, 화명문기 1장 합 11장을 함께 영구히 방매하니 일후에 동생 자손 족속 중에서 만약 잡담이 있으면 이 명문을 가지고 관에 고하여 변정하기 위함이다.

    여객주(旅客主) 박종인(朴宗仁) 【수결】

증인(訂人) 기순철(奇順哲)

서행운(徐行雲) 【수결】

장도흥(張道興) 【수결】

필집(筆執) 홍창운(洪昌運) 【수결】

〈뒷면〉 서산주인문권(瑞山主人文券)

○ 충청도장토문적 5책, 문서번호 22, 여객주인권 매매문기

함풍 7년 정사(1857) 12월 18일 정익기(鄭翼基)앞 명문

이 문기를 작성하는 것은, 절실하게 쓸 곳이 있어서 김윤택(金允澤)으로부터 매득한 충청도 서산읍(瑞山邑) 18개 면, 안변도(安邊島), 대산도(大山島), 흑돌(黑乭) 여러 섬과 포구 거민(居民)들의 어염(魚鹽)·상선(商船), 사곡(私穀) 각항(各項) 물종(物種) 재복선척(載卜船隻) 등의 여객주인 및 황해도 백령(白翎)에 거주하는 서(徐)·김(金) 두 사람의 동생 자손 여객주인 업을 위의 댁에 전문 1,700냥으로 값을 정하여 액수대로 교역하여 받고, 본문기 16장, 환퇴문기 1장, 수기 2장, 등급 2장, 화회문기(和會文記)는 서실(閪失)하였기에 불망기(不忘記) 1장을 함께 영구히 방매하니 일후에 동생 자손 족속 중에서 만약 잡담이 있으면 이 문기를 가지고 빙고하기 위함이다.

여객주인(旅客主人) 이태규(李泰逵) 【수결】

증인(證人) 최명헌(崔命憲) 【수결】

필집(筆執) 조성건(曺成建) 【수결】

○ 충청도장토문적 5책, 문서번호 23, 여객주인권 매매문기

동치 8년 기사년(1869) 3월   일 위의 댁앞 명문

이 문기를 작성하는 것은, 절실하게 쓸 곳이 있어서 이태규(李泰逵)로부터 매득한 충청도 서산읍(瑞山邑) 18개 면, 안변도(安邊島), 대산도(大山島), 흑돌(黑乭) 여러 섬과 포구 거민(居民)들의 어염(魚鹽)·상선(商船), 사곡(私穀) 각항(各項) 물종(物種) 재복선척(載卜船隻) 등의 여객주인 및 황해도 백령(白翎)에 거주하는 서(徐)·김(金) 두 사람의 동생 자손 여객주인 업을 위의 댁에 전문 3,000냥으로 값을 정하여 액수대로 교역하여 받고, 본문기 17장, 환퇴문기 1장, 수기 2장, 등급 2장, 화회문기(和會文記)는 서실(闊失)하였기에 불망기(不忘記) 1장, 경조(京兆) 완문(完文) 1권을 함께 영구히 방매하니 일후에 동생 자손 족속 중에서 만약 잡담이 있으면 이 문기를 가지고 빙고하기 위함이다.

　　재주(財主) 정진호(鄭鎭昊) 【수결】

　　증인(證人) 장인규(張仁奎) 【수결】

　　필집(筆執) 김응선(金應善) 【수결】

○ 충청도장토문적 5책, 문서번호 24, 여객주인권 매매문기

함풍 2년(1852) 8월   일　　　앞 명문

이 문기를 작성하는 것은, 절실하게 쓸 곳이 있어서 이매(移賣)하기 위하여 충청도 서산읍(瑞山邑) 18개 면, 안변도(安邊島), 대산도(大山島), 흑돌(黑乭) 여러 섬과 포구 거민(居民)들의 어염(魚鹽)·상선(商船), 사곡(私穀) 재복선척(載卜船隻) 등의 여객주인 및 황해도 백령(白翎)에 거주하는 서(徐)·김(金) 두 사람의

동생 자손 여객주인의 업을 위의 댁에 전문 1,260냥으로 값을 정하여 액수대로 교역하여 받고, 본문기 15장, 환퇴문기 1장 및 수기 2장, 등급 2장, 화회문기(和會文記)는 서실(閭失)하였기에 불망기(不忘記) 1장, 신문기 1장 합 22장을 함께 영구히 방매하니 일후라도 자손 족속 중에서 만약 잡담이 있으면 이 문기로써 빙고하기 위함이다.

　　재주(財主) 김윤택(金允澤)【수결】

　　증인(證人) 차준명(車俊明)【수결】

　　필집(筆執) 황덕중(黃德仲)【수결】

　〈뒷면〉 문기 16장. 등급 1장. 화회문기 2장.

○ 충청도장토문적 5책, 문서번호 25, 여객주인권 매매문기

동치 9년 경오(1870) 5월　일 위의 댁앞 명문

이 문기를 작성하는 것은, 절실하게 쓸 곳이 있어서 정진호(鄭鎭昊)·이태규(李泰逵)로부터 매득한 충청도 서산읍(瑞山邑) 18개 면, 안변도(安邊島), 대산도(大山島), 흑돌(黑乭) 여러 섬과 포구 거민(居民)들의 어염(魚鹽)·상선(商船), 사곡(私穀) 각항(各項) 물종(物種) 재복선척(載卜船隻) 등의 여객주인 및 황해도 백령(白翎)에 거주하는 서(徐)·김(金) 두 사람의 동생 자손 여객주인 업을 위의 댁에 전문 5,500냥으로 값을 정하여 액수대로 교역하여 받고, 본문기 17장, 환퇴문기 1장, 수기 2장, 등급 2장, 화회문기(和會文記)는 서실(閭失)하였기에 불망기(不忘記) 1장, 경조(京兆) 완문(完文) 1권을 함께 영구히 방매하니 일후에 동생 자손 족속 중에서 만약 잡담이 있으면 이 문기를 가지고 빙고하기 위함이다.

재주(財主) 정득기(鄭得基) 【수결】

증인(證人) 조후승(曺珝承) 【수결】

필집(筆執) 김경식(金敬植) 【수결】

○ 충청도장토문적 5책, 문서번호 26, 여객주인권 매매문기

동치 13년 갑술(1874) 5월 　일 임치언(林致彦)앞 명문

이 문기를 작성하는 것은, 절실하게 쓸 곳이 있어서 정득기(鄭得基)로부터 매득한 충청도 서산읍(瑞山邑) 18개 면, 안변도(安邊島), 대산도(大山島), 흑돌(黑乭) 여러 섬과 포구 거민(居民)들의 어염(魚鹽) · 상선(商船), 사곡(私穀) 각항(各項) 물종(物種) 재복선척(載卜船隻) 등의 여객주인 및 황해도 백령(白翎)에 거주하는 서(徐) · 김(金) 두 사람의 동생 자손 여객주인 업을 위의 댁에 전문 6,000냥으로 값을 정하여 액수대로 교역하여 받고, 본문기 18장, 환퇴문기 1장, 수기 2장, 등급 2장, 화회문기(和會文記)는 서실(閭失)하였기에 불망기(不忘記) 1장, 경조(京兆) 완문(完文) 1권을 신문기 1장과 함께 영구히 방매하니 일후에 자손 족속 중에서 만약 잡담이나 시비의 폐단이 있으면 이 문기로 빙고하기 위함이다.

재주(財主) 이영원(李永元) 【수결】

증인(證人) 민치명(閔致明) 【수결】

필집(筆執) 황덕순(黃德順) 【수결】

끝.

○ 충청도장토문적 5책, 문서번호 27, 여객주인권 매매문기

가경 5년 경신(1800) 3월 15일 박종인(朴宗仁)앞 명문

이 문기를 작성하는 것은, 절실하게 쓸 곳이 있어서 할아버지가 살아 계실 때 배종욱(裵宗郁)·강후성(姜後聖) 두 사람으로부터 매득한 충청도 서산관(瑞山官)의 전(田)·대동(大同) 세선(稅船) 및 그 읍의 18개 면, 안변도(安邊島), 대산(大山), 흑돌(黑乭) 여러 섬과 포구 거민(居民)들의 어염(魚鹽)·상선(商船), 사곡(私穀) 재복선(載卜船) 및 혹시 경강선(京江船)이 본관(本官)의 세미(稅米)를 실어 와서 경강에 도박(到泊)하더라도 주인으로서 쌀 한 섬[石]을 응식(應食)하고 공물을 내리는[卸下] 여객 및 황해도 백령(白翎)에 거주하는 서(徐)·김가(金哥)의 동생 자손 여객의 업을 전문 660냥으로 값을 정하여 액수대로 교역하여 받고, 본문기 7장, 등급 2장, 화명(和名) 1장 합 10장을 함께 영구히 방매하니 일후라도 동생 자손 족속 중에서 만약 잡담의 폐단이 있으면 이 문기로써 관에 고하여 변정하기 위함이다.

여객주(旅客主) 이석린(李碩獜) 【수결】

증인(證人) 조원(趙憬) 【수결】

　　　　김상림(金相霖) 【수결】

　　　　김도원(金道源) 【수결】

필집(筆執) 조운(趙惲) 【수결】

○ 충청도장토문적 5책, 문서번호 28, 여객주인권 매매문기

도광 27년 정미(1847) 11월 18일   앞 명문

이 문기를 작성하는 것은, 절실하게 쓸 곳이 있어서 충청도 서산읍(瑞山邑) 18개 면, 안변도(安邊島), 대산도(大山島), 흑돌(黑乭) 여러 섬과 포구 거민(居民)들의 어염(魚鹽)·상선(商船), 사곡(私穀) 재복선척(載卜船隻) 등의 여객주인 및 황해도 백령(白翎)에 거주하는 서(徐)·김(金) 두 사람의 동생 자손 여객주인의 업을 위의 사람에 전문 1,100냥으로 값을 정하여 액수대로 교역하여 받고, 본문기 15장, 환퇴문기 1장 및 수기 2장, 등급 2장, 화회문기(和會文記)는 서실(閩失)하였기에 불망기(不忘記) 1장 합 20장을 함께 영구히 방매하니 일후라도 자손 족속 중에서 만약 잡담이 있으면 이 문기로써 빙고하기 위함이다.

　재주(財主) 안규(安逵) 【수결】

　증인(證人) 정복기(鄭福基) 【수결】

　필집(筆執) 김성원(金聲遠) 【수결】

○ 충청도장토문적 5책, 문서번호 29, 旅客主人權賣買文記

도광 12년 신묘(1831) 정월 초8일   앞 환퇴문기

이 문기를 작성하는 것은, 절실하게 쓸 곳이 있어서 충청도 서산읍(瑞山邑) 18개 면, 안변도(安邊島), 대산도(大山島), 흑돌도(黑乭島) 여러 섬과 포구 거민(居民)들의 어염(魚鹽)·상선(商船), 사곡(私穀) 재복선척(載卜船隻) 등의 여객주인 및 황해도 백령(白翎)에 거주하는 서(徐)·김가(金哥)의 동생 자손 여객주인의 업을 강민황(姜民璜)으로부터 이매(移買)하여 자생(自生)하다가 본주(本主)에게

전문 950냥으로 값을 정하여 받은 이후, 환퇴(還退) 성문(成文)하니, 일후라도 자손 족속 간에 만약 잡담이 있으면 이 문기로 관에 고하여 변정하기 위함이다.

　여객주인(旅客主人) 서정주(徐珽周) 【수결】

　증필(證筆) 신석주(申碩周) 【수결】

○ 충청도장토문적 5책, 문서번호 30, 旅客主人權賣買文記

가경 13년 무진(1808) 윤5월 19일 강득주(姜得周)·강인흡(姜仁洽)앞 명문

이 문기를 작성하는 것은, 절실하게 쓸 곳이 있어서 할아버지가 살아 계실 때 배종욱(裵宗郁)·강후성(姜後聖) 두 사람으로부터 매득한 충청도 서산관(瑞山官)의 전(田)·대동(大同) 세선(稅船) 및 그 읍의 18개 면, 안변도(安邊島), 대산(大山), 흑돌(黑乭) 여러 섬과 포구 거민(居民)들의 어염(魚鹽)·상선(商船), 사곡(私穀) 재복선(載卜船) 및 혹시 경강선(京江船)이 본관(本官)의 세미(稅米)를 실어 와서 경강에 도박(到泊)하더라도 주인으로서 쌀 한 섬[石]을 응식(應食)하고 공물을 내리는[卸下] 여객 및 황해도 백령(白翎)에 거주하는 서(徐)·김가(金哥)의 동생 자손 여객의 업을 전문 1,200냥으로 값을 정하여 액수대로 교역하여 받고, 본문기 9장, 등급 2장, 화명(和名) 1장, 환퇴수기(還退手記) 1장 합 13장을 함께 영구히 방매하니 일후라도 동생 자손 족속 중에서 만약 잡담이 있으면 이 명문으로 관에 고하여 변정하기 위함이다.

　여객주인(旅客主人) 이석린(李碩獜) 【수결】

　증인(證人) 박종인(朴宗仁) 【수결】

　필집(筆執) 오성석(吳聖錫) 【수결】

○ 충청도장토문적 5책, 문서번호 31, 여객주인권 매매문기

무진(1808) 윤5월 19일 이석린(李碩獜)앞 수기

이 수기를 작성하는 것은, 충청도 서산읍(瑞山邑) 선주인(船主人)의 업인 이석린(李碩獜)의 세전지업(世傳之業)을 경신년(1800) 3월 일 전문 700냥에 매득하였더니, 뜻하지 않게 이번에 준가(準價)로 환퇴(還退)하고 수기(手記)를 작성하니, 일후라도 만약 잡담의 폐단이 있으면 이 수기로 빙고하기 위함이다.

자필(自筆) 여객주인(旅客主人) 강득주(姜得周) 【수결】【인】

강인흡(姜仁洽) 【수결】

○ 충청도장토문적 5책, 문서번호 32, 여객주인권 매매문기

가경 6년 신유(1801) 3월 19일 강득주(姜得周)앞 명문

이 문기를 작성하는 것은, 박종인(朴宗仁)으로부터 매득하였다가 절실하게 쓸 곳이 있어서 위의 사람에게 충청도 서산관(瑞山官)의 전(田)·대동(大同) 세선(稅船) 및 그 읍의 18개 면, 안변도(安邊島), 대산도(大山島), 흑돌(黑乭) 여러 섬과 포구 거민(居民)들의 어염(魚鹽)·상선(商船), 사곡(私穀) 재복선(載卜船) 및 혹시 경강선(京江船)이 본관(本官)의 세미(稅米)를 실어 와서 경강에 도박(到泊)하더라도 주인으로서 쌀 한 섬[石]을 응식(應食)하고 공물을 내리는[卸下] 여객 및 황해도 백령(白翎)에 거주하는 서(徐)·김가(金哥)의 동생 자손 여객의 업을 전문 700냥으로 값을 정하여 액수대로 교역하여 받고, 본문(本文) 9장, 등급 2장, 화명문기(和名文記) 1장 합 12장을 함께 영구히 방매하니 일후라도 자손 족속 중에서 만약 잡담이 있으면 이 문기를 가지고 관에 고하여 변정하기 위함이다.

여객주인(旅客主人) 조염(趙恬) 【수결】

증인(訂人) 김용진(金龍鎭) 【수결】

　　　　김도형(金道亨) 【수결】

　　　　강한복(姜漢福) 【수결】

필집(筆執) 김상림(金相霖) 【수결】

○ 충청도장토문적 5책, 문서번호 33, 여객주인권 매매문기

강희 26년 정묘(1687) 9월 14일 임봉(林鳳)앞 명문

이 문기를 작성하는 것은, 긴요하게 쓸 까닭으로 아버님 생시에 자기(自己) 매득하여 접대했던 공홍도(公洪道) 서산읍(瑞山邑) 전(田)·대동(大同)을 실어온 여객 및 각 면 어선(魚船)과 사복선(私卜船)이 실어온 여객을 위의 사람에게 전문 50냥으로 값을 정하여 액수대로 교역하여 받고 영구히 방매하니, 본문기는 다른 여객에 함께 붙어 있어서 허급(許給)할 수 없으니, 일후에 동생 자손 족속 중에서 만약 잡담이 있으면 이 문기를 가지고 관에 고하여 변정하기 위함이다.

여주(旅主) 임시량(林時樑) 【수결】

증(訂) 동성삼촌숙(同姓三寸叔) 지견(枝堅) 【수결】

　　장형(長兄) 시주(時柱) 【수결】

　　　　김인준(金仁俊) 【수결】

필집(筆執) 윤후익(尹厚益) 【수결】

〈뒷면〉 서산

○ 충청도장토문적 5책, 문서번호 34, 여객주인권 매매문기

광서 13년 정해(1887) 9월　일 홍승지댁(洪承旨宅) 노(奴) 흥이(興伊)앞 명문

이 문기를 작성하는 것은, 긴요하게 쓸 까닭으로 한창동(韓昶東)으로부터 매득한 충청도 서산읍(瑞山邑) 18개 면, 안변도(安邊島), 대산도(大山島), 흑돌(黑乭) 여러 섬과 포구 거민(居民)들의 어염(魚鹽)·상선(商船), 사곡(私穀) 각항(各項) 물종(物種) 재복선척(載卜船隻) 등의 여객주인 및 황해도 백령(白翎)에 거주하는 서(徐)·김(金) 두 사람의 동생 자손 여객주인 업을 위의 사람에게 전문 27,000냥으로 값을 정하여 액수대로 교역하여 받고, 구문기 21장, 환퇴문기 1장, 수기 2장, 등급 2장, 화회문기(和會文記)는 서실(閪失)하였기에 불망기(不忘記) 1장, 경조(京兆) 완문(完文) 1책, 패지 1장을 신문기 1장과 함께 영구히 방매하니 일후에 만약 자손 족속 중에서 잡담이 있으면 이 문기로써 빙고하기 위함이다.

재주(財主) 이참판댁(李參判宅) 노(奴) 복이(福伊) 【좌촌】

증인(證人) 신생원댁(申生員宅) 노(奴) 복석(卜石) 【좌촌】

필집(筆執) 김생원댁(金生員宅) 노(奴) 순쇠(順釗) 【좌촌】

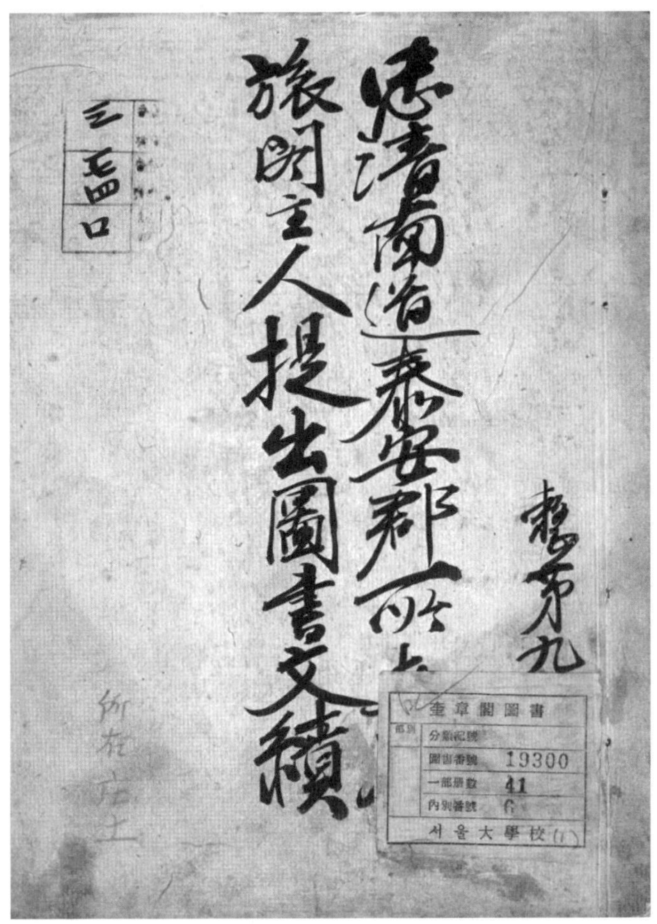

『충청남도태안군소재장토여각주인제출도서문적』
(忠淸南道泰安郡所在庄土旅閣主人提出圖書文績)

충청도장토문적 제6책은 충청도 홍주, 태안, 결성, 보령, 서천, 안흥 등 6읍의 경강선여각주인(京江船旅閣主人)의 업(業) 매매문기 1건으로 구성되어있다. 1890년에 작성된 이 문기는 김찬희(金贊熙)가 당오전 6만 냥에 홍주, 태안, 결성, 보령, 서천, 안흥 등지 각 포구의 각항 물종, 미곡, 어염에 대한 경강선여각주인의 업을 방매한다는 내용을 담고 있으며, 매득자는 미상이다. 방매자인 김찬희는 충청도장토문적 제5책의 15번 문서인 수표(手標)의 표주로서, 명례궁 소속 충청도 서산 강주인을 당오전으로 5만 냥 값을 쳐서 구입하고 있다. 또한 위에 언급된 6읍의 여객주인 관련 문기는 충청도장토문적 제12책과 제34책에 수록되어 있다는 점에서 제6책에 있는 이 문기는 제5책, 제12책, 제34책과의 연관 속에서 이해될 필요가 있다.

(양선아)

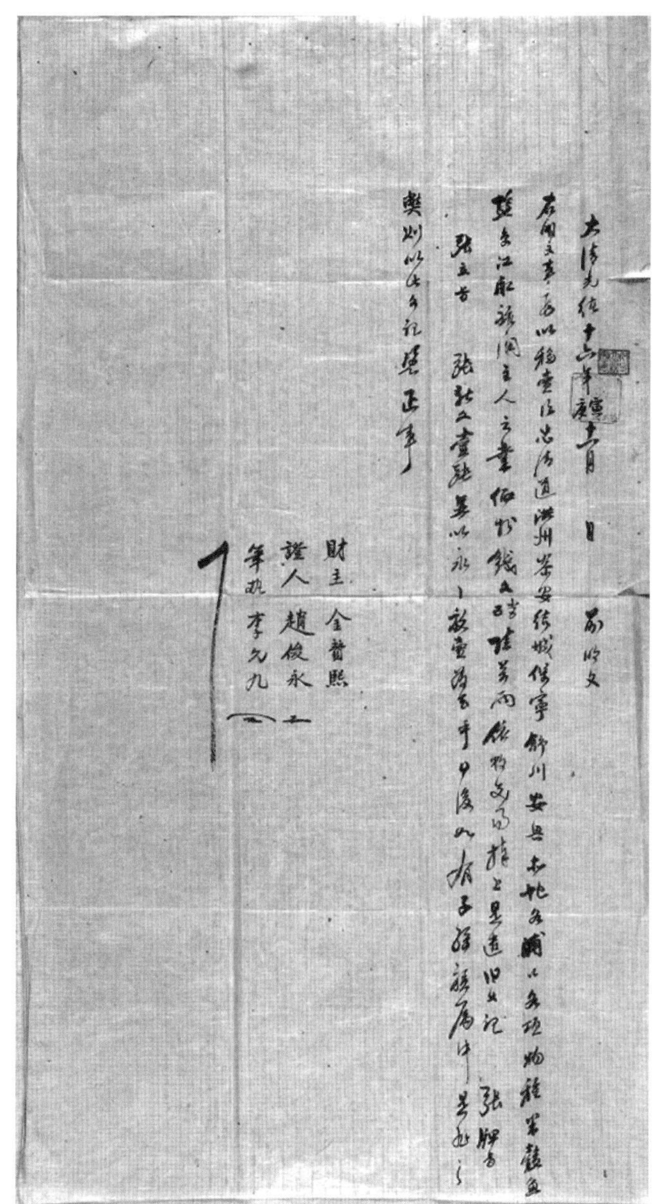

충청도장토문적 제6책, 1번 문서

○ 충청도장토문적 6책, 문서번호 1, 旅客主人權賣買文記

大淸光緒十六年庚寅十一月　日　前明文

右明文事段以移賣次忠淸道洪州泰安結城保寧舒川安興等地各浦口各項物種米穀魚

鹽京江船旅閣主人之業價折錢文當五陸萬兩依數交易捧上是遣舊文　記張牌旨

張立旨　張新文壹張幷以永永放賣爲去乎日後如有子孫族屬中是非之

弊則以此文記憑正事

財主 金贊熙

證人 趙俊永【手決】

筆執 李允九【手決】

○ 충청도장토문적 6책, 문서번호 1, 여객주인권 매매문기

대청(大淸) **광서 16년 경인**(1890) **11월 일   앞 명문**

이 문기를 작성하는 것은, 이매(移賣)하기 위하여 충청도 홍주(洪州)·태안(泰安)·결성(結城)·보령(保寧)·서천(舒川)·안흥(安興) 등지 여러 포구의 각항(各項) 물종(物種)·미곡(米穀)·어염(魚鹽)에 대한 경강선여각주인(京江船旅閣主人)의 업을 전문 당오(當五) 60,000냥으로 값을 정하여 액수대로 받고, 구문기 장, 배지 장, 입지 장을 신문(新文) 1장과 함께 영구히 방매하니, 일후에 만약 자손 족속 중에서 시비의 폐단이 있으면 이 문기로써 빙정(憑正)하기 위함이다.

재주(財主) 김찬희(金贊熙)

증인(證人) 조준영(趙俊永) 【수결】

필집(筆執) 이윤구(李允九) 【수결】

끝.

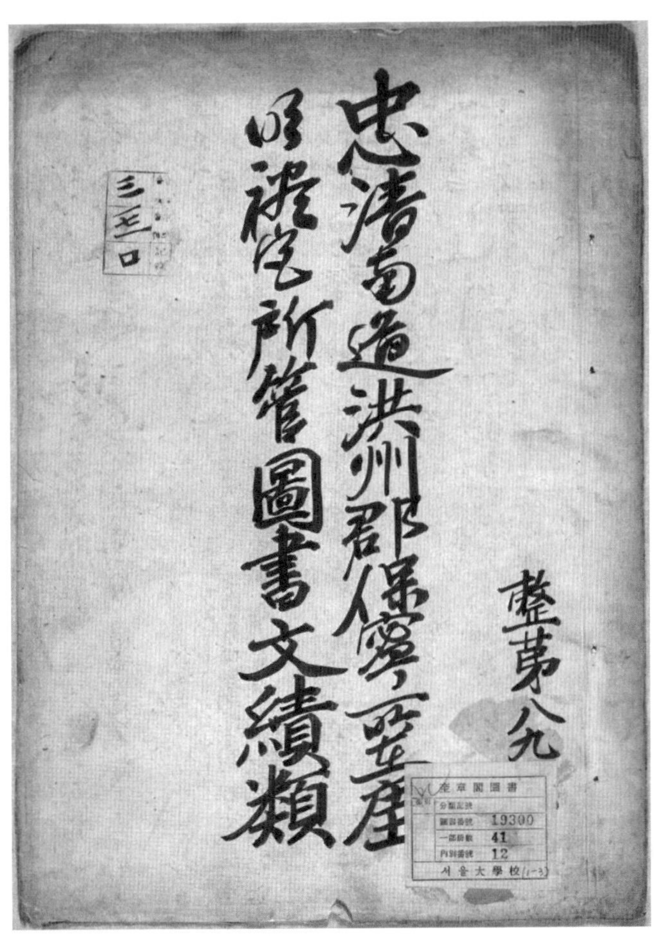

『충청남도홍주군보령소재장토명례궁소관도서문적류』
(忠淸南道洪州郡保寧所在庄土明禮宮所管圖書文績類)

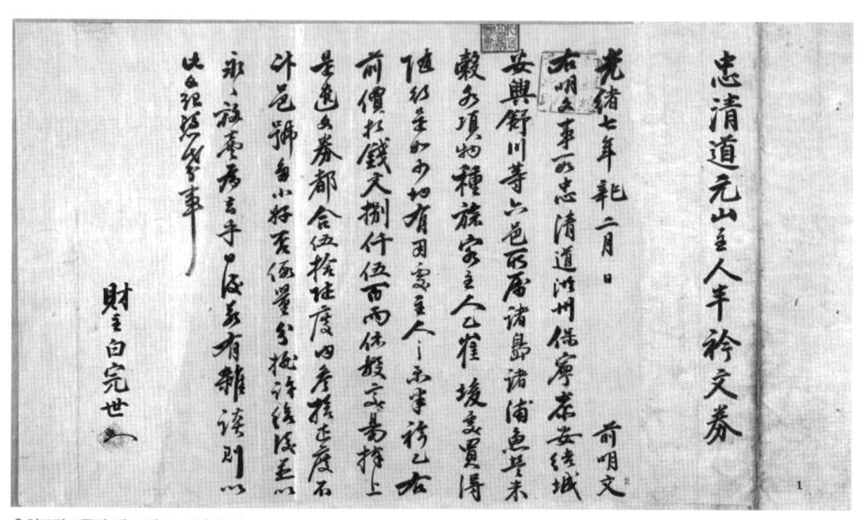

충청도장토문적 제12책, 1-2번 문서

충청도장토문적 제12책은 충청도 홍주, 보령, 태안, 결성, 안흥, 서천 등 6읍 여객주인(旅客主人)의 매매문기 2건과 봉투 1건으로 구성되어있다. 이 책의 표제에는 "명례궁(明禮宮) 소관"이라는 문구가 기재되어있다. 이는 이 책의 제출 당시 해당 지역의 여객주인권이 명례궁 관할 아래 있었다는 것을 의미한다. 그러나 이 책에 실린 문서만으로는 "명례궁 소관"이 의미하는 바가 명확하지 않다.

규장각 목록에서 1번 문서로 분류되어 있는 봉투는 2번 문서인 매매문기를 넣었던 것으로서, "충청도원산주인반깃문권[忠清道元山主人半衿文券]"이라고 기재되어있다. '원산주인'은 본 매매문기에 언급된 "충청도 홍주·보령·태안·결성·안흥·서천 등 6읍 소속의 여러 섬과 포구의 어염(魚鹽)·미곡(米穀)·각항(各項) 물종(物種)에 대한 여객주인"을 의미한다고 할 수 있다. 여기에서 '원산'은 조선 후기에 원산창(元山倉)과 원산진(元山鎭)이 설치되었던 충청도 소재 원산도(元山島)를 가리키는 것

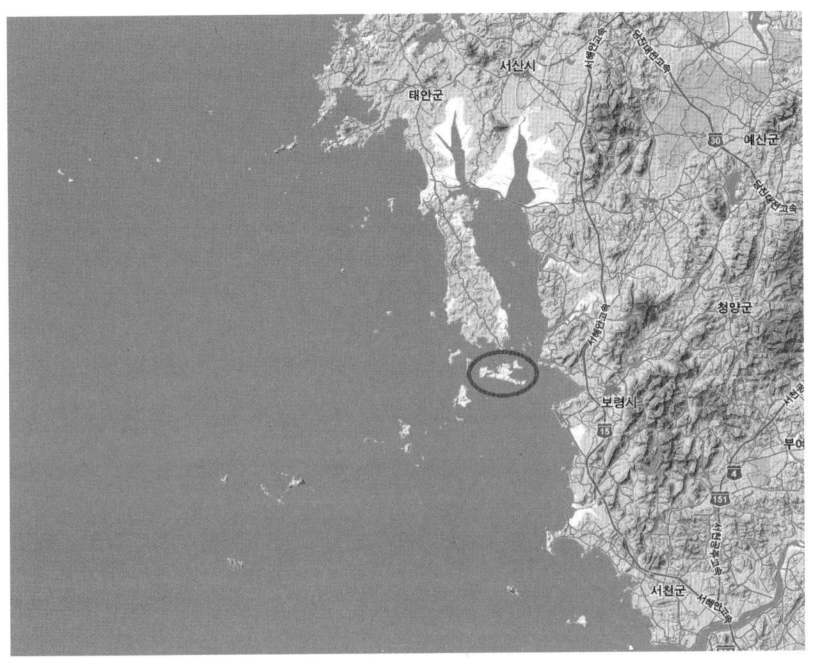

현재의 지도에 표시한 원산도의 위치

으로 보인다. 『만기요람(萬機要覽)』(1808) 재용편(財用編) 6의 제창(諸倉) 조에 따르면 원산창은 숙종 42년(1716)년에 설치되었다. 원산진의 설치연혁은 명확하지 않으나 『여지도서(輿地圖書)』(1757~1765) 충청도 서산 조에 기재되어있는 것으로 보아 18세기 중엽에는 이미 이 지역에 진이 설치되었던 것으로 보인다. 안면도의 남단에 위치한 원산도는 조선 후기 조운 항로의 주요 지점이었다. 『여지도서』 전라도 조를 보면 능주나 임피 등에서 거두어들이는 전세(田稅)는 원산진을 경유하여 경강으로 운송되었다. 『승정원일기(承政院日記)』 고종 29년(1892) 기사에도 원산진에 대해 "홍주와 보령의 접경에 위치하며 해구(海口)의 중요 지역이 된다"라고 하여 그 중요성이 언급되고 있다. 6읍의 여객주인을 '원산주인'으로 통칭하는 것은 충청도장토문적 제34책의 15번, 16번, 18번 문서에서도 볼 수 있다. '원산주인'이라는 명칭은 해운의 주요 지점으로서 원산도가 차지하는 위상과 관련이 큰 것으로 보이나, 이에 대해서는 추가적인 검토가 필요하다.

1881년에 작성된 2번 문서는 백완세(白完世)가 최준(崔埈)에게서 매득한 6읍 소속의 여러 섬과 포구의 어염·미곡·각항 물종에 대한 여객주인의 업 반 깃을 8,500냥에 방매한다는 내용을 담고 있다. 3번 문서는 1882년에 작성된 것으로서 이승문(李承文)이 임내심(林乃心)에게서 매득한 위의 6읍 소속의 여러 섬과 포구의 어염·미곡·각항 물종에 대한 여객주인의 업 반 깃을 8,500냥을 받고 김도상(金道常)에게 방매한다는 내용으로 이루어져 있다. 작성연도가 1년 차가 나는 2번 문서와 3번 문서는 방매 대상과 매매가가 동일하나, 2번 문서의 매득자가 미상인 관계로 두 문서의 관계는 명확하지 않다. 2번 문서에 따르면 위의 6읍의 여객주인권이 반 깃으로 나뉘어 방매된 것은 백완세 때의 일이므로, 당시에 매매된 반 깃이 임내심에서 이승문을 거쳐 김도상에게 팔렸을 가능성이 있다. 이와 같은 가능성은 충청도장토문적 제34책에 수록된 일련의 매매문기들이 뒷받침해준다. 최준과 백완세의 방매 내역은 충청도장토문적 제34책의 14번 문서에서 찾아볼 수 있는데, 이 문서에 따르면 1877년에 최준은 누군가에게 위 6읍의 여객주인권을 15,000냥에 방매하였다. 이 문서의 뒷면에는 1881년에 백완세가 그 반 깃을 8,500냥에 방매한다는 기록이 있다. 이 내용은 충청도장토문적 제12책 2번 문서의 내용과 정확히 일치한다. 제34책의 10~13번 문서는 나머지 반 깃에 대한 매매 문기이다. 일련의 문서들을 종합해보건대 최준에게서 위 6읍의 여객주인권을 매득한 백완세는 1881년에 이 권리를 반으로 나누어 각각 방매하였으며, 이 중 별도로 작성한 매매문기가 제12 책에 실린 것으로 추정된다.

3번 문서는 "이 중에서 병비 225냥을 함께 받을 것[此中幷費貳佰貳拾伍兩幷捧事]"이라는 내용이 추기(追記)되어 있다. 여기에서 병비(幷費) 225냥은 매매가의 2.6%에 달하는 액수이다. 이 문서만으로는 '병비'의 의미를 파악할 수 없다. 흥미로운 것은 관련 매매문기인 제34책의 13번 문서에도 추기로 "이 중에서 상송비 225냥을 함께 받을 것[此中上送費貳佰貳拾伍兩幷捧事]"이라는 내용이 기재되어있다는 점이다. 두 추기의 문장구조뿐만 아니라 금액이 225량으로 동일한 것으로 보아 '병비'와 '상송비'는 동일한 대상을 지칭하는 것으로 보인다.

『명례궁신매신속전답수세총안(明禮宮新買新屬田畓收稅摠案) 내별치(內別置)』(奎 19580)에 따르면 명례궁은 원산경강주인(元山京江主人)을 1891년 6만냥에 매득하여 세전(稅錢) 6,000냥과 어염대전(漁鹽代錢) 1,000냥을 수취한 것으로 되어있다(李榮昊 1985 : 116). '원산경강주인'은 1번 문서에서 살펴본 바와 같이 충청도 홍주·보령·태안·결성·안흥·서천 등 6읍의 여객주인권을 통칭한다. 따라서 충청도장토문적 중 '원산경강주인'과 관련된 책은 제6책, 제12책, 제34책으로 정리할 수 있다. 이 책들에 실린 문서 중 작성시기가 가장 늦은 매매문기는 6책에 실린 문서로서 1890년 11월에 작성되었다. 당시 방매자는 김찬희이나 매득자는 불명이다. 1890년 11월 이후 원산주인과 관련된 더 이상의 매매문기가 남아있지 않은 것으로 보아 이 여객주인권은 1891년 이후 명례궁에서 관리하였던 것으로 보인다.

(양선아)

○ 충청도장토문적 12책, 문서번호 1-2, 旅客主人權賣買文記

光緒七年辛巳二月　日　　　前明文

右明文事段忠淸道洪州保寧泰安結城

安興舒川等六邑所屬諸島諸浦魚鹽米

穀各項物種旅客主人乙崔埈處買得

隨行是如可切有用處主人之業牛衿乙右

前價折錢文捌仟伍百兩依數交易捧上

是遺文券都合伍拾陸度內參拾壹度不

計邑號多小好否假量分排許給後幷以

永永放賣爲去乎日後若有雜談則以

此文記憑考事

　　　　　　　　財主白完世【手決】

〈皮封〉忠淸道元山主人牛衿文券

○ 충청도장토문적 12책, 문서번호 3, 旅客主人權賣買文記

光緒八年壬午五月　日　　前明文

右明文事段忠淸道洪州保寧泰安結城安興舒川等六邑所

屬諸島諸浦魚鹽米穀各項物種旅客主人之業牛衿乙林乃

心處買得隨行是如可以要用所致右人前價折錢文捌仟伍佰兩

金道常處依數交易捧上是遣舊文記▨張新文記壹張幷以

永永放賣爲去乎日後如有是非之弊則持此文憑考事

　　　　　　財主李承文【手決】

　　　　　　證人趙萬基【手決】

　　　　　　筆執田萬壽【手決】

〈追記〉此中幷費貳佰貳拾伍兩幷

　　　捧事

○ 충청도장토문적 12책, 문서번호 1-2, 旅客主人權賣買文記

광서 7년 신사(1881) 2월   일   앞 명문

이 문기를 작성하는 것은, 충청도 홍주(洪州)·보령(保寧)·태안(泰安)·결성(結城)·안흥(安興)·서천(舒川) 등 6읍 소속의 여러 섬과 포구의 어염(魚鹽)·미곡(米穀)·각항(各項) 물종(物種)에 대한 여객주인을 최준(崔埈)으로부터 매득하여 수행하다가 절실히 쓸 곳이 있어서 주인의 업 반 깃(衿)을 위(의 사람)에게 전문 8,500냥으로 값을 정하여 액수대로 받고, 문권(文券) 도합 56장 내 31장은 읍호(邑號)의 다소(多少)와 호부(好否)를 계산할 수 없어서 임시로 헤아려 분배하여 허급(許給)한 후 아울러 영구히 방매하니, 일후에 만약 잡담이 있으면 이 문기로써 빙고하기 위함이다.

재주(財主) 백완세(白完世) 【수결】

⟨봉투⟩ 충청도 원산주인(元山主人) 반 깃 문권

○ 충청도장토문적 12책, 문서번호 3, 旅客主人權賣買文記

광서 8년 임오(1882) 5월 일   앞 명문

이 문기를 작성하는 것은, 충청도 홍주(洪州)·보령(保寧)·태안(泰安)·결성(結城)·안흥(安興)·서천(舒川) 등 6읍 소속의 여러 섬과 포구의 어염(魚鹽)·미곡(米穀)·각항(各項) 물종(物種)에 대한 여객주인의 업 반 깃(衿)을 임내심(林乃心)으로부터 매득하여 수행하다가 긴요하게 쓸 데가 있어서 위의 사람에게 전문 8,500냥으로 값을 정하여 김도상(金道常)으로부터 액수대로 받고 구문기 장, 신문기 1장과 함께 영구히 방매하니 일후에 만약 시비의 폐단이 있으면 이 문서를 가지고 빙고하기 위함이다.

재주(財主) 이승문(李承文) 【수결】

증인(證人) 조만기(趙萬基) 【수결】

필집(筆執) 전만수(田萬壽) 【수결】

〈추기〉 이 중 병비(幷費) 225냥을 함께 받을 것

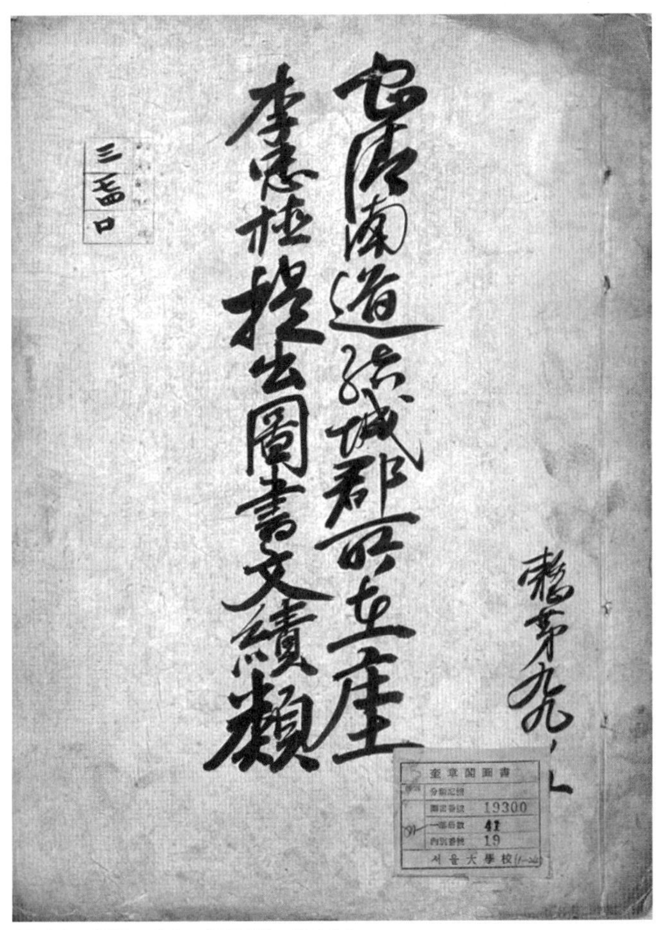

『충청남도결성군소재장토이충극제출도서문적류』
(忠淸南道結城郡所在庄土李忠極提出圖書文績類)

충청도장토문적 제19책은 결성군 소재 장토의 도서문적류를 이충극(李忠極)이 제출한 것이다. 1790~1878년간 충청도 결성현 현내면 성호리 일대에서 생산된 소지(所志), 배자[牌子], 관문(關文), 전령(傳令), 매매문기(賣買文記), 전당표(典當標) 등으로 구성되어 있으며, 〈표 1〉과 같이 정리할 수 있다. 이하에서는 관련 선주인권에 대하여 문서 속의 인물을 중심으로 하여 살펴본다.

1. 성호리의 첫 선주인 윤창순(尹昌順)

성호리에 선주인권이 등장하는 시기는 1790년대다. 이때 윤창손(尹昌孫)이라는 사람이 선주인으로 공인받는데, 그 과정이 문서상에 반영되어 있다. 윤창순과 윤창손은 동일 인물이다. 윤창손의 선주인권은 1806년에 조카 윤희동(尹希東)에게 넘어간다. 윤창손의 1794년 소지(6번 문서)를 보면 자신을 포구(浦口)에 거주하는 사람[矣身居在浦口之致]이라고 한 내용이 있다. 그러나 두 사람은 『성호향약』의 어느 좌목에도 등장하지 않기 때문에 이들이 성호리에 정착하고 산 주민은 아니다.

그가 올린 1794년 소지를 보면 자신의 선주인권을 "본촌의 촌장이라는 놈이 멋대로 **빼앗고자**[本村村長爲名者 方出橫奪之慾]"라는 대목이 있고, 이어 동내에서 그의 권리를 인정하였다는 기사가 나온다. 1795년에는 좌영(左營)의 별사(別使)를 공궤(供饋)한 뒤에 선주인(船主人)을 영원히 수행(隨行)한다는 뜻으로 동내(洞內)에서 제급을 받는다. 1796년에는 동내

〈표 1〉

분류	번호	시기	종류	내용
〈Ⅰ〉	8	1790	소지	윤창순이 관사주에게 포구주인을 전례대로 수행할 수 있도록 명령해 줄 것을 요청
	7	1790	소지	윤창순이 동내에 선주인권에 대한 관가의 처분에 따라 명령해 줄 것을 요청
	6	1794	소지	윤창순이 동내에 선주인권 이외의 기타 잡역은 침책하지 않도록 명령할 것을 요청
	4	1795	소지	윤창순이 관사주에게 전 수령 및 동내의 뎨김에 따라 새로운 뎨김을 내려줄 것을 요청
	5	1795	소지	윤창순이 동내에 예전의 뎨김에 따라 새로운 뎨김을 내려줄 것을 요청
	12	1796	소지	윤창순이 동내에 잡역을 감하거나 약간의 돈을 덜어주도록 명령할 것을 요청
	3	1804	소지	윤창순이 상존위님에게 장시를 설립할 때 납부한 30냥이 결국 근거 없는 징수가 되어버렸음을 호소하며 적절한 처분을 해 줄 것을 요청
	2	1806	의송	(청원인 불명) 순사또에게 마구 잡아들이는 일과 억울함의 폐단을 끊어줄 것을 요청
	13	1813	소지	윤희동이 동내에 행상군의 역에 징발되는 것을 제감해 줄 것을 요청
	14	1814	소지	윤희동이 관사주에게 황갑득에게 침탈 당하는 폐단을 면하게 해 줄 것을 요청
	9	1814	다짐	(청원인 불명) 성호 선주인권을 빼앗지 않겠노라고 수령에게 다짐함
〈Ⅱ〉	18	1875	도서패지	내수사에서 충청감영의 영리들에게 성호 선주인으로 조경연을 차정하여 보냄을 알림
	17	1876	관문	순사또가 결성관에 성호 선주인으로 조경연이 차정되었음을 알림
	15	1876	전령	수령이 성호 삼소임에게 선주인으로 조경연이 차정되었음을 알림
	24	1877	소지	김능주댁이 이응섭에게 맡겨 놓은 돈을 조원기와 현광욱이 빌려 썼지만 이를 받을 수 없게 되었음을 김능주댁 노 용달이 결성의 관사주에게 알려 호소함
	16	1877	전령	수령이 성호 삼소임에게 선주인 조경연이 간검하고 삼소임은 간검치 말 것을 알림
	19	1878	관문	조경연이 근거 없이 내수사의 공문을 이용하여 선주인의 권리를 획득하였음을 충청도 관찰사가 의정부에 알림
〈Ⅲ〉	11	1814	매매문기	윤희동이 홍철갑에게 섬모산목 안의 선주인권을 방매함
	10	1826	매매문기	홍철갑이 김중철에게 성호리 선주인권을 방매함
	20	1828	매매문기	김중철이 박용득에게 성호리 선주인권을 방매함
	23	1867	매매문기	박영필이 이광양댁 노 순득에게 성호포 선주인권을 방매함
	22	1869	매매문기	이공직이 최성진에게 성호포 선주인권과 가사를 아울러 방매함
	21	1881	매매문기	최성진이 성호포 선주인권, 기와집, 행랑초가, 채전 등을 아울러 방매함 (취득자 불명)
	1	1881	전당표	박진화가 2천냥을 빌려 쓰고 매년 400냥씩 갚아 나가기로 약정함 (대부자 불명)

잡역을 감하여 주거나 덜어 주도록 부탁하여 동내의 행상군을 면제받는데(12번 문서), 이를 보면 동내에 거주하는지의 여부와는 별도로 이들이 일정한 잡역을 지고 있었음을 알 수 있다. 1804년에는 "동내에서 장시(場市)를 설립할 때에 들어간 돈 30냥은 이른바 선주인(船主人)에게 징

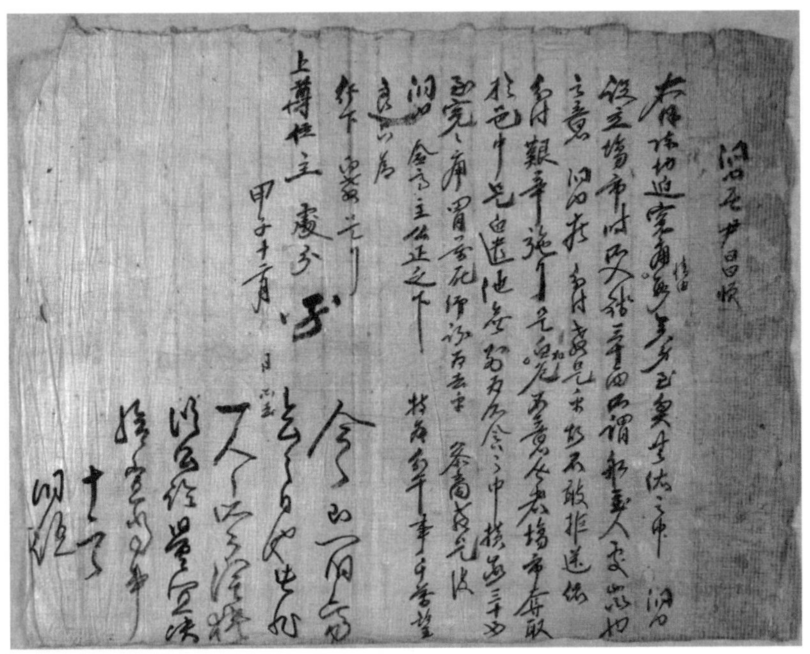

충청도장토문적 제19책, 3번 문서

수하여 납부한다는 뜻으로 동내에서 엄히 분부하셨으므로 감히 거역하지 못하고 분부하신 대로 간신히 시행하였습니다. 그런데 뜻하지 않게 지금 장시를 읍중(邑中)에 빼앗기고 달리 특별히 먹고 살 수가 없는 가운데에서 30냥을 근거 없이 징수당하였습니다. 헤아려 주십시오"라고 동내에 호소하기도 한다(3번 문서).

윤희동(尹希東)도 이전과 유사하게 행상에 징발되는 일이 없다가 근년에 징발됨을 억울하게 여겨 탈급(頉給)을 받는다. 1814년에는 자신의 선주인권에 침해를 받는 일이 발생한다. 즉 황갑득(黃甲得)이란 자가 평양에서 온 곡식을 실은 배에 대한 주인 노릇을 하려하자 그로부터 앞으로 이와 같은 행위를 하지 않겠다는 다짐문서를 받는다(9번 문서).

　윤창손과 조카 윤희동은 성호리 포구의 선주인권 발생 가능성을 보고 외지에서 흘러들어온 인물들로 보인다. 선주인권은 이미 다른 큰 포구에서 발생한 권리이므로 아직 그 권리가 공인되지 않고 있던 성호리는 미개척지였던 셈이다. 조카 윤희동은 1814년에 홍철갑(洪喆甲)에게 선주인권을 팔고, 홍철갑은 1826년에 성호리의 주요 세력이라고 할 수 있는 김중철(金重喆)에게 권리를 되판다(10번 문서). 홍철갑은『성호향약』의 부계좌목(副稧座目)에 나온다. 외지인이 만들어낸 선주인권을 성호리 주민들이 값을 치르고 귀속시키는 시점은 1814년이다.

2. 선주인 박용득(朴龍得), 박영필(朴永弼),
　　그리고 성호리 밀양 박씨

　19책 문서에는 성호리 밀양 박씨로 박용득(朴龍得), 박영필(朴永弼), 박진화(朴震和) 이 세 명의 인물이 등장하여 이들을 족보에서 찾음으로써 우선 간지만 기록되어있는 문서들에 대한 연대 측정이 가능하다. 1828년에 김녕 김씨 김중철(金重喆)로부터 선주인권을 사들인 자로 매매명문(20번 문서)에 등장하는 박용득(朴龍得)은 족보에 없는 이름이다. 그런데 1867년에 박영필(朴永弼)이 동일한 선주인권을 이광양댁(李光陽宅)에게 팔기 때문에 둘 사이는 조손(祖孫) 관계일 것이다. 족보상에 박영필은 1822년생이다. 그의 조부는 박기룡(朴基龍, 1770~1842)인데 박용득이 나오는 문서가 1828년이므로 박용득과 박기룡은 동일인물이거나 혹

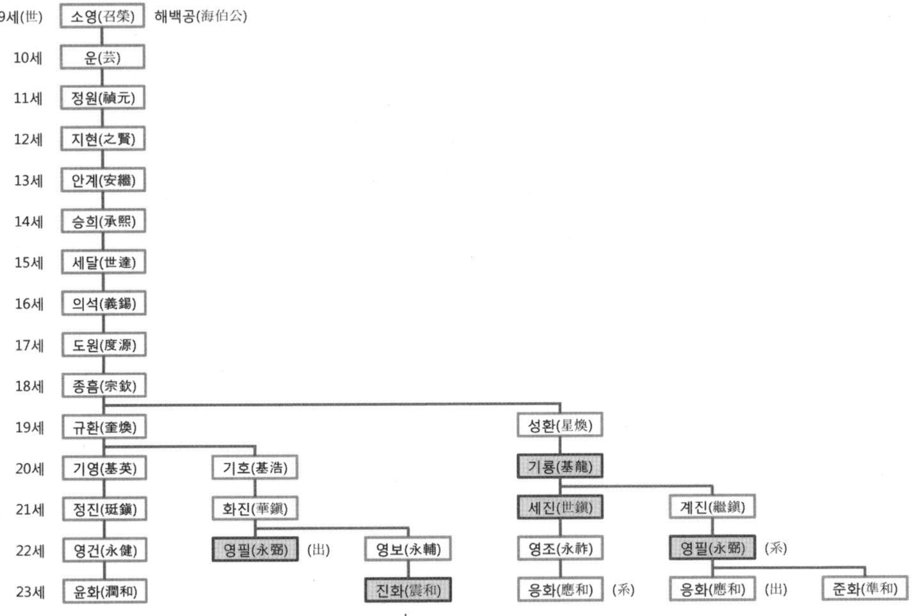

밀양 박씨 계보도

은 형제일 가능성이 크다. 참고로 1786년에 작성된 상하계 좌목에는 박용득이, 1837년에 작성된 부계좌목에는 박기룡이 나온다.

성호리의 동약이라고 할 수 있는 『성호향약(星湖鄕約)』 중 1837년에 중수한 좌목에 부계원(副稧員)으로 분류된 밀양 박씨는 17세기 중반에 홍주(洪州) 고남면(高南面) 수좌동(水佐洞, 또는 수자동[水尺洞 : 현 갈산면 상청리로 '무자리들의 마을'임을 연상시키는 동명임)으로 왔다가 2대 후인 17세기 말경 이곳으로 입향하였다. 이들이 번족한 때는 18세기 중엽이며 적어도 부계가 만들어진 1837년 이후로는 중인(中人)의 대우를 받았다.

이들은 1850년에 종계(宗契)를 창설하여 문중조직을 갖추었다. 1852년에는 결성현내 유생(儒生)들의 연명(連名)으로 부계원이면서 존위(尊

位)를 지낸 가선대부행용양위부호군(嘉善大夫行龍驤衛副護軍) 박기룡(朴基龍, 1770~1842)의 정려 포장을 위한 상서(上書)가 작성되었으며 그 결과 1863년에 효자정려가 내려졌는데, 이는 본읍(本邑) 좌수(座首)와 성호리 동계의 공사원(公事員)을 지낸 그의 아들 박세진(朴世鎭)의 노력과 함께 집안의 경제력이 뒷받침된 결과로 보인다. 그리고 그 경제력은 1828년 부터 1867년까지 40년간 선주인 권리를 가지고 있었던 사실과도 무관한 것 같지 않다.

3. 선주인권을 노린 외부인의 사기행각

　　1875년 이후 1878년까지 성호리는 선주인권을 노리는 외부 사기꾼의 타겟이 되었다. 1875년 문서는 내수사(內需司)에서 결성(結城) 성호(星湖) 선주인을 지금부터 시작하여 본사에 부속한 후 조경연(趙慶連)으로 바꾸어 차정하여 내려 보내 매년 세전(稅錢) 300냥씩을 상납하도록 조치한다는 내용이다(18번 문서). 맑은 하늘에서 내려친 날벼락 같은 일이다. 1876년의 전령(傳令)은 성호(星湖) 삼소임(三所任)에게 선주인 교체와 관련하여 주인(主人)의 전후 문권과 전례에 따르는 전장조건(傳掌條件)을 지체 없이 찾아주라는 지시를 내용에 담았다(15번 문서). 1877년에는 갈산(葛山)에 사는 김능주댁(金綾州宅)에서 선주인 조원기(趙元基)와 현광욱(玄光旭)의 못 갚은 전당 빚으로 주인권을 넘겨받겠다는 소지를 올린다(24번 문서). 그러나 내수사에서는 전령으로 선주인이 거행하고 3소임

충청도장토문적 제19책, 19번 문서, 부분

은 절대로 간검하지 말라고 지시한다(16번 문서).

1878년 의정부(議政府)에서 내수사 공문(公文)을 시행하지 말라는 관문(關文)을 내린다(19번 문서). 관문에는 그동안의 일은 조가의 속임수로 본현(本縣)의 성호포 선주인(船主人)은 전부터 매매하여 먹고 살던 것임을 인정한다. 즉 결론은 3년간의 일이 내수사를 빙자한 조가의 사기행각이었던 것이다. 이런 일이 어떻게 가능했고, 또 왜 들통이 났을까? 자세한 내막은 알 길이 없지만 전자는 선주인이라는 권리가 관습적이고 관행적이며 그래서 그만큼 불안정하였기 때문이고, 후자는 성호리가 한갓 시골임에도 불구하고 중앙 정부와 직접 닿아있는 안동 김씨 집안이 성호리 이웃에 거주하고 있었기 때문은 아닐까 추정해본다.

(정승모)

○ 충청도장토문적 19책, 문서번호 1, 典當標

右標段星湖船旅閣主人買得次

同賣買前後文券封典當後右宅

錢文貳千兩以賭地例得用而每年

五月內肆百兩式輪納京中爲乎

矣次次隨所報分定減賭之意

成標以納事

辛巳十一月　日　標主朴震和【手決】

〈皮封〉結城星湖船旅閣主人文券

　　　　　　典當標

○ 충청도장토문적 19책, 문서번호 2, 議送

　道內結城居尹希東

右謹陳議送情由段本縣星湖數百戶浦村自前有船主人名色以洞內公論矣父生時爲所任父死子代

無弊擧行▨所謂船主人▨有功勞於洞內且本里大村之致各營門勞使輩▨後種種而或多或少

間擔當供▨▨▨於再昨年本里立場時自洞中所入物力三十六兩使之辨當後此任船各擧行事

任成文又曰▨▨▨尊位文跡及呈　官立旨而近來人心不厚以往觀之或不無▨奪作戱之擧故其

具由呈訴▨▨　本官司主題旨亦爲嚴明是白乎矣此後此等之弊難課其必無前後文狀

幷爲粘連▨▨具由仰訴于　使道主按察之下爲白去乎　參商敎是後後弊禁斷事

論理嚴命之下俾絶日後橫拏紛紜之弊千萬望良白只爲

行下向敎是事

巡使道主　處分

　　　丙寅三月　日

兼使【押】到付

〈題音〉査實禁

　　　斷事

　　　本官十三日

○ 충청도장토문적 19책, 문서번호 3, 所志

　　洞內居尹昌順

右謹陳切迫寃痛情由段矣身至貧無依之中　洞內

設立場市時所入錢三十兩所謂船主人處徵納

之意　洞內嚴　分付敎是乎故不敢拒逆依

分付艱辛施行是白加尼不意今者場市奪取

於邑中是白遣他無別爲所食之中橫徵三十兩

至寃之痛冒萬死仰訴爲去乎　參商敎是後

洞內 僉齊主公正之下 特爲分干事千萬望

良只爲

行下 向敎是事

　　甲子十二月　日 所志

上尊位主 處分【押】

〈題音〉今日則一洞齊

　　　　會之日也此非

　　　　一人之所下從猶

　　　　從公論量宜決

　　　　給宜當事

　　　　　　十二日

　　　　　　洞任

○ 충청도장토문적 19책, 문서번호 4, 所志

　星湖浦居尹昌順

右謹陳所志矣段矣身本浦船主人隨行已多年所而

主人略有所利故自洞內前左右兩營出使供饋之節主人

排當永爲隨之意立旨成給以爲永久隨行而人心無據間

有生慾橫奪之弊故前 等內呈訴得題又有洞內題辭

似無橫奪之慮而近來人心有難測知玆以前後所呈所志粘

連仰訴爲白去乎各別　論理嚴題俾無他人生意之

弊千萬望良爲只爲

行下向敎是事

官司主　處分

　　　乙卯十二月日

〈**題音**〉此是洞役

　　　則非官所

　　　知向事

　　　　　十一日

官【押】

　　　○ 충청도장토문적 19책, 문서번호 5, 所志

洞內居尹昌孫

右謹陳所志矣段矣身船主人隨行已有年所

而近來人心無據有所生欲者故自洞內前左營

別使供饋後船主人永永隨行之意有所

題給謂無他人之從中侵責矣至於今年則人

心不測中間作戲暗地受賂無所不止是如乎

洞內 題音內若有橫奪者則告 官嚴治敎是

乎等以玆以仰訴爲去乎依前題各別査實

嚴處千萬望良爲只爲

行下向敎是事

洞內　處分

　　　乙卯十二月　日

〈題音〉橫奪者

　　　指名更

　　　告向事

　　　　十一日

洞內【押】

○ 충청도장토문적 19책, 문서번호 6, 所志

　洞內居尹昌孫

右謹陳所志矣段矣身居在浦口之致往來商

賈船非要來自來主人等事隨行年所多

歷其利其得不過大段者也而本村村長爲名者

方出橫奪之慾呈于　官家及洞內得題云世豈有如

許無據者乎渠之言內三營行出使種種來

到貽弊殆多船主人亦爲擔當云故矣身以好

意出使接對兼爲擔當次敢此所訴爲去乎伏

乞　參商敎是後使矣身船主人永定爲白

乎出使接對牋兼當是遣其他雜役則更不

侵責之意 特爲論理嚴題以杜日後之弊千萬

望良爲白只爲

行下向敎是事

洞內　處分

甲寅十二月　日

〈**題音**〉前左營出使接

　　　　待是遣船主人全

　　　　當而此後橫奪

　　　　弊則自洞內告

　　　　官禁斷次立旨成

　　　　給事

洞內【押】

○ 충청도장토문적 19책, 문서번호 7, 所志

洞內居尹昌孫

右謹陳所志矣段矣身居住船頭商賈船主人隨行已

多年數而近來人心不善或有從中橫出抑奪之弊

以此意呈于 官家則題辭內此必 官家永定者從

公善處之意分付村中敎是乎等以玆以 官題粘

連仰訴爲去乎依 官題題給以杜後弊之地千

萬望良爲只爲

行下向敎是事

洞內處分

庚戌十一月　日

〈題音〉官題若是日後若

有從中橫奪者則各

別嚴禁之意特爲立

旨成給如有紛紜之

弊則持此題辭禁

斷向事

初三日

洞內【押】

○ 충청도장토문적 19책, 문서번호 8, 所志

縣內面星湖里居尹昌順

右謹陳所志矣段矣身居在星湖里各處來

往船船主人次知擔當矣近來人心不齊各商

船見欺於洞人之指示本浦主人的實之

弊端有萬分一尤極絶痛岾不喩當

初本浦主人的實之外他無更說之理

得當是乎等以敢此仰訴爲白去乎情狀

細細參商敎是後參商分揀當初

定給浦口主人依例隨行俾無日後紛紜

之弊事　行下爲只爲

行下向敎是事

官司主 處分

　庚戌閏月　日

〈題音〉商船主人

　　　略有所對

　　　故如必全

　　　執洪山主人

　　　他人之所

　　　不甘心者

　　　哉此必自

　　　官永下良

　　　者從當善

　　　處之意

　　　分付村

　　　中向事

　　　村中初二日

官【押】

初本浦主人的實之外他無更說之理

甲戌三月十五日黃甲得
　　　　年四十三
白等矣身濫生非理之心
稱以率來商船欲奪星湖
船主人者究厥所爲萬死無
惜自今以後如或有此等奸
濫之弊是去等嚴刑懲礪
敎事
　　　　白【手決】

官【押】

○ 충청도장토문적 19책, 문서번호 10, 旅客主人權賣買文記

道光六年丙戌正月十七日金重喆前明文
右明文事段爲報債錢自己買得結城縣內面
星湖里船主人價折錢文肆佰伍拾兩依數捧上
爲遣右人前永永放賣而議送一張立旨十一張洞內
文書一張官侤音一張本文一張許給成文是乎
矣蓋此船隻旣以重價賣買則無論本洞船隻與
八道各邑各處船隻大小多寡島牟山項內入來

船隻段一幷收細音次次知收稅是白乎所日後子孫

族屬中如有雜談是去等持此文告 官卞正事

　　　　本主 洪喆甲【手決】

　　　　證人 朴龍得【手決】

　　　　　　金得仁【手決】

　　　　　　咸仁甲【手決】

　　　　　　洪大甲【手決】

　　　　筆執 孟膚大【手決】

○ 충청도장토문적 19책, 문서번호 11, 旅客主人權賣買文記

嘉慶十九年甲戌十月二十二日洪喆甲前明文

右明文事段荒年之餘又當喪變萬無報債

生活之路故所觀船主人價折貳佰參拾兩依數捧

上爲遣右人前永永放賣是乎矣大抵船主人法例

段無論洞內船隻多少與八道各邑各處船隻大小多寡

暹牟山項內入來船隻一幷收細音次次知收稅

是白乎所議送一張立旨所志十一張洞內明文一張

官侤音一張幷以許給爲去乎日後子孫族屬與

洞人中如有雜談是去等持此文告 官卞正事

　　　　船主人尹希東【手決】

　　　　證人 金弘興【手決】

朴龍得【手決】

咸仁甲【手決】

魯世仁【手決】

筆執 孟膺大【手決】

○ 충청도장토문적 19책, 문서번호 12, 所志

洞內居尹昌順

右謹陳所志矣段矣身船主人多年

隨行是乎矣近來船業不利故船主人

所食專無是白遣前左營出使往來

輪回供饋所入許多而萬無擔當之道

玆以仰訴爲去乎參商教是後

洞內雜役除給減是白去乃略干錢兩除

給之地千萬伏望爲白只爲

行下向教是事

洞內　處分

　　丙辰十二月　日

〈**題音**〉他無處下故

　　洞內行喪軍

　　除給向事

　　　十六日

洞內【押】

○ 충청도장토문적 19책, 문서번호 13, 所志

　洞內居尹希東

右謹陳寃痛情由段去丙辰年以後

無徵行喪軍役是白加尼到於近年

此役徵出故不勝寃痛向來以白活

已往不徵之緣由是白乎則無可考書

不得除給之意敎是而未蒙除減矣

刻骨寃痛丙辰年呈于洞內受題所

志今將搜覓故粘連仰訴爲去乎

參商敎是後此役特爲除減之地

千萬望良爲只爲

行下白敎是事

洞內　處分

　癸酉十月　日

〈**題音**〉既有前

　　題特爲

　　頤給向

　　事

　　　三十日

洞內【押】

○ 충청도장토문적 19책, 문서번호 14, 所志

星湖里居尹希東

右謹陳所志矣段矣身白父生時本村船主人隨行是白如乎

年前場市設立時矣身所納爲三十六兩是白遣各營門出使

來本村者矣身供饋已爲三十餘年之久而各處商賈船到

泊本村者矣身看檢是白如尼平壤載穀船一隻今方到泊則

洞內居黃甲得爲名漢稱以渠所率來云欲從中橫

奪非私力莫可禁遏是乎故玆以仰訴爲白去乎

嚴行題下俾免橫侵之弊千萬望良爲白只爲

行下向敎是事

官司主　處分

　甲戌三月　日所志

〈題音〉 旣有船

　　　　主人則稱以

　　　　率來奪其

　　　　主人之利

　　　　者或有

　　　　前例乎査

　　　　實次黃甲

得身乙捉來向事

狀十四日

官【押】

○ 충청도장토문적 19책, 문서번호 15, 傳令

傳令星湖三所任
本浦船主人以京居趙
慶連差定擧行事
內需司公文及巡營差帖
下來是如乎汝矣所任知
悉擧行是矣主人之前後
文券與依例傳掌條件
無滯推給是遣住接之
方設浦之節隨處周
旋之地是矣無或疎忽
抵罪之地向事

丙子二月初四日

官【押】

○ 충청도장토문적 19책, 문서번호 16, 傳令

傳令星湖三所任
卽見本邑三公兄了
內需司傳令則本浦船主人
必以趙慶連仍舊擧行勿使
三所任看檢之地亦爲有如乎
自今以後同船主人擧行三
所任切勿看檢宜當向
　丁丑二月十三日

官【押】

○ 충청도장토문적 19책, 문서번호 17, 關文

結城
原公事內辭緣
相考星湖船主
人以趙慶連差
定擧行是遣原
公事還上使向事
　丙子二月初二日在營

使【押】

○ 충청도장토문적 19책, 문서번호 18, 圖署牌子

　　錦營營吏等處
無他卽奉承
傳敎道內結城星湖船主人
自今爲始付屬本司後改以
趙慶連差定下送每年稅錢
三百兩式上納亦敎置帖文成
給幷以發牌爲去乎到卽告于
汝矣營門將此辭意令飭於
該邑俾爲無弊施行之地
爲旀擧行形止馳報宜當向
事
　　　　乙亥十一月　日

內需司【押】

〈追記〉到初九日

○ 충청도장토문적 19책, 문서번호 19, 關文

議政府爲相考事
卽見道內結城居
民崔宗燁所訴則
本縣星湖浦船主人
卽自來賣買資生
者而年前京居趙
慶連爲名漢得付
內需司公文白地勒奪
行之半年以其欺
騙之致趙哥不得
接跡仍使中間橫出
之人遂作己物而今
番內司公文勿施之日
亦不得參入其中云
矣向以此等事
筵稟批敎何等截
嚴而外邑擧行一
直稽忽竟使窮蔀
抱寃之民猶未得
復業而安堵揆以事
體責將安歸到卽
飜關另飭於該縣

築底嚴査刻期

推給而如或有從中

沮戲者則一幷照律

刑配爲㫆形止幷則

馳報是矣外他諸

邑難保無似此之弊

一體這這操察宜當

向事合行移關請

照驗施行須至關者

　　　右　　　　關

　　忠淸道觀察使

光緒四年九月二十九日

　　　相考

堂上【押】

〈追記〉刑初八日

○ 충청도장토문적 19책, 문서번호 20, 旅客主人權賣買文記

　道光八年戊子十二月初二日 朴龍得前明文

右明文事段要用所致結城縣內面星湖里船主人價

折錢文伍佰兩依數捧上爲遣右人前永永放賣而

議送一張立旨十一張洞內文書一張官侤音一張本文記

二張許給成文是乎矣若此船隻旣以重價賣買則

無論本洞船隻與八道各邑各處船隻大小多寡

島牟山項內入來船隻段一倂收細音次次知收稅是

白乎所日後子孫族屬中如有雜談是去等持此

文告官卞正事

本主 金重喆【手決】

證人 劉得光【手決】

洪哲甲【手決】

金洛興【手決】

李文成【手決】

筆執 孟膺大【手決】

○ 충청도장토문적 19책, 문서번호 21, 旅客主人權賣買文記

光緒七年辛巳十二月　　日　　　　前明文

右明文事段要用所致結城星湖浦船主人及自起上下

瓦家二十六間行廊草家七間東西南茱田三庫幷以價折錢

文參仟柒佰伍拾兩依數捧上是遣本文記　　　　　度

新文記壹張幷以永永放賣爲去乎日後如或有雜談之弊

持此文記憑考事

船主人┐
　　　│崔聲振【手決】
家垈主┘

○ 충청도장토문적 19책, 문서번호 22, 旅客主人權賣買文記

　　同治八年己巳二月二十九日　崔聲振前明文

右明文事段要用所致結城星湖浦船主人及家

舍幷以價折錢文貳仟伍百兩依數捧上是遣

本文記肆　度家舍本文記　　度新文記壹丈幷以

永永放賣爲去乎日後以此文記憑考事

　　　　　船主人
　　　　　　　　　李公直【手決】
　　　　　家舍主

　　　　　證人筆 林聖三【手決】

○ 충청도장토문적 19책, 문서번호 23, 旅客主人權賣買文記

　　同治六年丁卯十一月二十四日李光陽宅奴順得前明文

右明文事段以要用所致結城縣內面星湖浦船主人價折錢文

壹仟伍佰兩依數捧上爲遣右人前永永放賣而議送一張立

旨十一張洞內文書一張官侤音一張本文記三張許給成文

是乎矣旣以重價賣買則無論本洞船隻與八道各邑各處船隻

大小多寡島牟山項內入來船隻段一倂收細音次次知收稅

是白乎所日後子孫族屬中如有雜談是去等持此文告

官卞正事

　　　　本主 朴永弼【手決】

　　　　證人 金季元【手決】

筆執 朴聖和【手決】

○ 충청도장토문적 19책, 문서번호 24, 所志

洪州葛山金綾州宅奴龍達

右謹陳所志矣段曾於　治下城南里李應變處矣宅錢兩掌置矣去年

三月日星湖船主趙元基玄光旭兩人以本浦傳授錢劃給事懇托於李應變

要得矣宅掌置錢而　內需司奉　傳敎文蹟及　官傳令幷以典當而矣宅錢

壹千兩債用限十二月內備報之意牢約矣限月已過趙元基逃避京中李應變

適爲身故是加乎　內司文蹟旣爲典執船主亦且逃避則此錢係是傳授之物

也　內司元上納依例爲之而從今以往船主段以本洞三所任擧行矣宅所給之錢

準數收刷之意立旨成給是白遣本浦三所任處傳令亦爲成給之地千萬

望良爲白只爲

行下向敎是事

結城　官司主　處分

　　　　丁丑正月　日

〈題音〉文蹟如是昭然標主孟

　　　哥與三所任如數收刷是

　　　旀持此憑後向事

　　　　　　十三日

結城官【押】

○ 충청도장토문적 19책, 문서번호 1, 전당표

이 표를 작성하는 것은, 성호(星湖) 선여각주인(船旅閣主人)을 매득(買得)하기 위하여 그 매매한 전후 문권을 봉(封)하여 전당한 후에 이 댁에서 돈 2,000냥을 도지(賭地)의 예(例)로 얻어 쓰고 매년 5월 안에 400냥씩 경중(京中)에 윤납(輪納)하오되, 차차 소보(所報)에 따라 분정(分定)하여 도지를 감한다는 뜻으로 성표(成標)하여 들일 것임.

신사(1881) 11월 일 표주(標主) 박진화(朴震和) 【수결】

〈봉투〉 결성(結城) 성호 여객주인 문권 전당표

○ 충청도장토문적 19책, 문서번호 2, 의송

삼가 이 의송(議送)을 아뢰는 것은, 본현의 성호(星湖) 마을은 수백 호가 거주하는 포촌(浦村)으로 예전부터 선주인(船主人)이라는 명색(名色)이 있었는데, 동내의 공론(公論)으로 부친께서 살아계셨을 때 소임(所任)을 하였고 부친께서 돌아가신 후 그의 아들이 그를 대신하여 폐단 없이 거행하였습니다. …… 선주인을 둔 것은 동내에 공로가 있고 또 본 마을은 큰 마을인 까닭에 각 영문의 관사배들이 전후로 종종 나오니 많거나 적거나 간에 담당하여 공궤하기 위함입니다. ▨▨▨ 재작년에 본 마을에 장시(場市)를 설립할 때 동중에서 들어간 물력(物力) 36냥을 그로 하여금 마련하여 감당하게 하였으며, 이 배를 맡아서 거행할 각각의 일에 대해서는 동임이 문서를 작성하였고 또 존위의 문적 및 관에 올려 얻은 입지도 있습니다. 그러나 근래 인심이 두텁지 못하여, 지나 일을 보면 혹 근거 없이 장난질을 치는 일이 없지 않았기에 그 당시 사유를 갖추어 본관사에 정소하였고 제사의 입지 또한 엄명하옵지만, 차후 이러한 폐단이 반드시 없다고 하기 어려우므로 전후 문서를 아울러 점련하여 사유를 갖추어 사또님께 우러러 호소하오니 잘 살펴주실 것이오며, 헤아리신 후 후폐를 금단할 일로 논리를 엄히 명하셔서 일후에 마구 잡아들이는 것과 억울함의 폐단이 끊어지게 해주실 것을 천만 바라오니 처분해 주십시오.

순사또님께서 처분하여 주십시오.

병인년(1806) 3월   일

겸사(兼使) 【압】 도부(到付)

〈뎨김〉 사실을 조사하여 알아보고 금단(禁斷)할 것이다. 본관(本官). 13일.

○ 충청도장토문적 19책, 문서번호 3, 소지

동내(洞內)에 거주하는 윤창순(尹昌順)

삼가 이 절박하고 원통한 사정을 아뢰는 것은, 제가 지극히 가난하고 의지할 사람이 없는 가운데에 동내(洞內)에서 장시(場市)를 설립할 때에 들어간 돈 30냥은 이른바 선주인(船主人)에게 징수하여 납부한다는 뜻으로 동내(洞內)에서 엄히 분부하셨으므로 감히 거역하지 못하고 분부하신 대로 간신히 시행하였습니다. 그런데 뜻하지 않게 지금 장시(場市)를 읍중(邑中)에 빼앗기고 달리 특별히 먹고 살 수가 없는 가운데에서 30냥을 근거 없이 징수당하니 지극히 원통합니다. 만 번 죽을 것을 무릅쓰고 우러러 호소하니 헤아려 주신 뒤에 동내 여러분의 공정한 판단 아래에서 특별히 분간하여 주실 일로 천만번 바라오니 명령을 내려주십시오.

갑자(1804) 12월　일 소지

상존위(上尊位)님의 처분 [압]

〈뎨김〉 오늘은 온 동내가 모두 모이는 날이다. 이것은 한 사람이 처리할 것이 아니고 오히려 공론을 따라 마땅함을 헤아려서 처결하는 것이 의당할 것임. 12일. 동임(洞任)에게

○ 충청도장토문적 19책, 문서번호 4, 소지

성호포(星湖浦)에 거주하는 윤창순(尹昌順)

삼가 이 소지를 아뢰는 것은, 제가 본포(本浦)의 선주인(船主人)을 수행한 지가 여러 해가 되었고 주인으로 대략 이익 본 바가 있었습니다. 그래서 동내에서는 전에 좌(우 양)영에서 별사를 내보내 공궤(供饋)하는 일을 주인에게 배당하여 영원히 수행한다는 뜻의 입지를 작성해 주어서 영구히 수행도록 하였습니다. 인심이 근거할 바가 없어서 그 사이에 욕심을 내어 멋대로 빼앗는 폐단이 있었으므로 전 수령에게 올린 소장에서 제사(題辭)를 얻었고 또 동내 제사가 있어서 횡탈하는 염려가 없었습니다만, 근래 인심이 헤아려 알기 어려움이

있어서 이에 전후에 올린 소지를 점련하여 우러러 호소하니 각별히 이치를 따져서 엄한 제사를 내려주시어 다른 사람이 다른 뜻을 품는 폐단이 없도록 천만번 바라오니 명령을 내려주십시오.

관사주(官司主)께서 처분하여 주십시오.

을묘(1795) 12월　일

〈뎨김〉 이것은 동역(洞役)이니 관(官)이 알 바가 아님. 11일.

관(官) 【압】

○ 충청도장토문적 19책, 문서번호 5, 소지

동내(洞內)에 거주하는 윤창손(尹昌孫)

삼가 이 소지를 아뢰는 것은, 제가 선주인(船主人)을 수행(隨行)한 지가 이미 여러 해가 되었는데 근래 인심(人心)이 근거 없이 소생을 바라고자 하는 바가 있으므로 전에 좌영(左營)의 별사(別使)를 공궤(供饋)한 뒤에 선주인(船主人)을 영원히 수행(隨行)한다는 뜻으로 동내(洞內)에서 제급(題給)을 받은 바가 있어서 다른 사람이 중간에서 침책하는 일이 없을 것이라고 생각했었습니다. 그런데 금년이 되어 사람 마음이 헤아리기 어려워서 중간에 장난질을 쳐서 몰래 뇌물을 받고 그치지 않는 바가 있으니 동내(洞內)의 제음(題音)의 내용에, "만일 횡탈하는 일이 있으면 관에 고하여 엄히 다스리라"고 하였으니 이에 우러러 호소하니 전의 제사에 의거하여 각별히 사실을 조사하여 엄격히 처리하기를 천만번 바라오니 명령을 내려 주십시오.

동내(洞內)에서 처분(處分)해 주십시오.

을묘(1795) 12월   일

〈뎨김〉 멋대로 빼앗은 자는 이름을 대어 다시 고할 것임. 11일.

동내(洞內) 【압】

○ 충청도장토문적 19책, 문서번호 6, 소지

동내(洞內)에 거주하는 윤창손(尹昌孫)

삼가 이 소지를 아뢰는 것은, 제가 포구(浦口)에 거주하고 있기 때문에 왕래하는 상고선(商賈船)이 오라고 하지 않아도 절로 오니 주인 등의 일을 수행한 지가 여러 해가 지났고 그 이익이 대단한 것이 아닌데 본촌의 촌장이라는 놈이 멋대로 빼앗고자 하는 욕심을 내어 관가와 동내에 소장을 올리어 제사(題辭)를 얻었다고 하니 세상에 어찌 이런 근거 없는 일이 있겠습니까? 그의 말에 "삼영(三營)에서 출사를 내어 종종 도착하여 폐를 끼친 일이 많았는데 선주인이 담당해야 한다"고 하므로 제가 좋은 뜻으로 출사를 접대할 때 겸하여 담당한 것인데 감히 이렇게 호소하니 삼가 바라건대 헤아려 주신 뒤에 저를 선주인으로 영원히 정하여 출사의 접대만 겸하여 담당하게 하고 기타 잡역(雜役)은 다시는 침책하지 말라는 뜻으로 특별히 이치를 따져서 엄한 제사를 내리셔서 일후의 폐단을 막기를 천만번 바라오니 명령을 내려주십시오.

동내(洞內)에서 처분(處分)하여 주십시오.

갑인(1794) 12월   일

〈뎨김〉 전에 좌영의 출사를 접대하였고 선주인을 온전히 감당하였으니 이후에 횡탈하는 폐단이 있으면 동내에서 관에 고하여 금단하도록 입지(立旨)를 작성해 줄 것임.

동내(洞內)【압】

○ 충청도장토문적 19책, 문서번호 7, 소지

동내(洞內)에 거주하는 윤창손(尹昌孫)

삼가 이 소지를 아뢰는 것은, 제가 선두(先頭)에서 거주하며 상고(商賈)를 하고 선주인(船主人)을 수행(隨行)한 지가 이미 여러 해입니다. 근래 인심이 착하지 않아서 혹시 중간에서 멋대로 나와서 억지로 빼앗으려는 폐단이 있어서 이러한 내용으로 관가에 소장을 올리니 제사(題辭) 내에, "이것은 반드시 관가에서 영원히 정한 것이니 공적으로 선처할 것이다"는 내용으로 촌중(村中)에 분부하셨기 때문에 이에 관제(官題)를 첩련(帖連)하여 우러러 호소하니 관의 제사에 의거하여 제급하여 뒤의 폐단을 막도록 천만번 바라오니 명령을 내려 주십시오.

동내(洞內)에서 처분(處分)하여 주십시오.

경술(1790) 11월　일

〈뎨김〉 관의 제사가 이와 같으니 일후에 만일 중간에서 멋대로 빼앗는 자가 있다면 분별하여 엄히 금한다는 뜻으로 특별히 입지(立旨)를 작성하여주니, 만일 시끄러운 폐단이 있다면 이 제사를 가지고 금단할 것임. 초3일.

동내(洞內)【압】

○ 충청도장토문적 19책, 문서번호 8, 소지

현내면(縣內面) 성호리(星湖里)에 거주하는 윤창순(尹昌順)

삼가 이 소지를 아뢰는 것은, 제가 성호리에 거주하면서 각처에서 내왕(來往)하는 배의 선주인을 차지하여 담당하였습니다. 근래 사람들의 마음이 고르지 않아서 각 상선들은 마을 사람들이 본포 주인을 제시한 것에 속임을 당하니, 확실한 폐단이 만분의 일이라도 있으면 극히 절통할 뿐만 아니라, 당초 본포주인의 적실 여부 이외에 달리 다시 말하는 이치가 마땅함을 얻겠습니까만은, 감히 우러러 호소하니 정상을 세세히 살피시고 헤아리신 뒤에 헤아려 분간하여 당초에 정하여 준 포구주인(浦口主人)을 전례대로 수행(隨行)하여 일후에 분란의 폐단이 없도록 명령을 내려주실 일입니다.

관사주(官司主)께서 처분하여 주십시오.

경술(1790) 윤월(閏月)　 일

〈뎨김〉 상선주인(商船主人)은 대체로 응대(접대)하는 바가 있으므로 만일 반드시 홍산주인(洪山主人)을 완전히 가지고자 한다면, 다른 사람이 마음을 달게 여기지 않겠는가. 이는 반드시 관에서 영구히 아량을 받아 이 뒤에 마땅히 선처하라는 뜻으로 촌중(村中)에 분부할 일임. 촌중(村中) 초3일.

관(官) 【압】

○ 충청도장토문적 19책, 문서번호 9, 다짐

아뢰옵건대, 제가 도리에 어긋나는 마음을 함부로 내어서 상선을 이끌고 왔다고 칭하면서 성호(星湖) 선주인을 빼앗고자 한 것은 그 한 바를 궁구하면 이른바 만 번 죽어도 아깝지 않을 만큼 죄가 큰 것입니다. 지금부터 혹시 이와 같은 간람(奸濫)한 폐단이 있으면 엄히 처벌하고 징계하실 일입니다.

아룀[白]【수결】

관(官)【압】

○ 충청도장토문적 19책, 문서번호 10, 여객주인권 매매문기

도광 6년 병술(1826) 정월 17일 김중철(金重喆)앞 명문

이 문기를 작성하는 것은, 빌린 돈을 갚기 위해 직접 산 결성(結城) 현내면(縣內面) 성호리(星湖里) 선주인(船主人)을 돈 450냥으로 값을 정하여 액수대로 받고 이 사람에게 영원히 파니 의송(議送) 1장, 입지(立旨) 11장, 동내문서 1장, 관의 다짐[侤音] 1장, 본문 1장을 주고 문서를 작성하니, 대략 이 선척들은 이미 중가(重價)로 매득한즉 본 동의 선척과 팔도 각 읍 각 처의 선척의 대소다과(大小多寡)는 물론 섬모산목[島牟山項] 안으로 들어오는 선척은 모두 함께 셈하여 거두도록 수세(收稅)를 담당하온바, 일후 자손족속 중 잡담이 있거든 이 문서를 가지고 관에 고하여 변정하기 위함이다.

본주(本主) 홍철갑(洪喆甲)【수결】

증인(證人) 박용득(朴龍得)【수결】

김득인(金得仁)【수결】

함인갑(咸仁甲)【수결】

홍대갑(洪大甲)【수결】

필집(筆執) 맹응대(孟膺大)【수결】

○ 충청도장토문적 19책, 문서번호 11, 여객주인권 매매문기

가경 19년 갑술(1814) 10월 22일 홍철갑(洪喆甲)앞 명문

이 문기를 작성하는 것은, 흉년에 상사(喪事)를 당하여 빚을 갚아 살 길이 만무한 까닭에 소관(所管) 선주인을 230냥으로 값을 정하여 액수대로 받고 이 사람에게 영원히 파니, 대저 선주인의 법례는 동내 선척의 다소와 팔도 각 읍 각 처의 대소다과(大小多寡)는 물론 섬모산목(暹牟山項) 안으로 들어오는 선척은 모두 셈하여 거두도록 수세(收稅)를 담당하온바, 의송(議送) 1장, 입지소지(立旨所志) 11장, 동내명문 1장, 관의 다짐[侤音] 1장을 아울러 주니 일후 자손족속과 동내 사람 중에 잡담이 있거든 이 문서를 가지고 관에 고하여 변정하기 위함이다.

　　선주인(船主人) 윤희동(尹希東) 【수결】

　　증인(證人) 김홍흥(金弘興) 【수결】

　　　　　　박영득(朴龍得) 【수결】

　　　　　　함인갑(咸仁甲) 【수결】

　　　　　　노세인(魯世仁) 【수결】

　　필집(筆執) 맹응대(孟膺大) 【수결】

○ 충청도장토문적 19책, 문서번호 12, 소지

동내(洞內)에 거주하는 윤창순(尹昌順)

삼가 이 소지를 아뢰는 것은, 저는 선주인(船主人)을 여러 해 동안 수행(隨行)하였으되 근래 선업(船業)이 이롭지 않으므로 선주인으로 먹고 사는 것이 전혀 없었고 전에 좌영(左營)에서 사령을 내보내 왕래할 적에 돌아가며 공궤(供

饋)하는 데 들어가는 것이 많아서 전혀 담당할 길이 없으니 이에 우러러 호소하니 헤아려 주신 뒤에 동내의 잡역을 감하여 주시거나 약간의 돈을 덜어 주도록 천만번 삼가 바라오니 명령을 내려주십시오.

동내(洞內)에서 처분(處分)하여 주십시오.

병진(1796) 12월   일

〈뎨김〉 달리 처결을 내릴 일이 없으므로 동내의 행상군(行喪軍)을 면제하여 줄 것임. 16일.

동내(洞內)【압】

○ 충청도장토문적 19책, 문서번호 13, 소지

동내(洞內)에 거주하는 윤희동(尹希東)

삼가 이 원통한 사정을 아뢰는 것은, 지난 병진년(1796) 이후 행상군(行喪軍)의 역(役)을 징발 당하는 일이 없었다가 근년에 들어서 이 역에 징발되므로 원통함을 이길 길이 없어서 지난번에 이전에 징발되지 않은 연유를 발괄하였지만 고찰할만한 문서가 없어서 제급하여 줄 수 없다고 하여 제감(除減)을 받지 못하여서 뼈에 사무칠 만큼 원통하였습니다. 병진년(1796)에 동내에 소장을 올려서 제사 받은 소지를 지금 찾아내어 점련하며 우러러 호소하니 헤아려 주신 뒤에 이 역을 특별히 제감하도록 천만번 바라오니 명령을 내려주십시오.

동내(洞內)에서 처분(處分)하여 주십시오.

계유(1813)년 10월   일

〈뎨김〉 이미 전의 제사(題辭)가 있으니 특별히 탈급할 것임. 30일.

동내(洞內) 【압】

○ 충청도장토문적 19책, 문서번호 14, 소지

성호리(星湖里)에 거주하는 윤희동(尹希東)

삼가 이 소지를 아뢰는 것은, 저희 백부께서 살아계셨을 때에 본촌(本村)의 선주인(船主人)을 수행하셨으므로 연전에 장시(場市)를 설립할 때에 제가 납부한 것이 36냥이고 각 영문(營門)에서 보낸 별사(別使)가 본촌에 오면 제가 공궤(供饋)한 지가 벌써 30여 년이나 되었고 각처의 상고선(商賈船)이 본촌에 이르러 머무르면 제가 간검(看撿)하였습니다. 그런데 평양(平壤)의 재곡선(載穀船) 1척이 지금 막 도착하였는데, 동내에 거주하는 황갑득(黃甲得)이라고 하는 이름의 놈이 그가 이끌고 온 것이라고 하면서 중간에서 멋대로 빼앗으려 하니 힘을 쓰지 않으면 막을 수가 없어서 이에 우러러 호소하여 엄한 제사를 내려주셔서 멋대로 침탈하는 폐단을 면하게 하여 주시기를 바라오니 명령을 내려주십시오.

관사주(官司主)께서 처분(處分)하여 주십시오.

갑술(1814) 3월   일 소지(所志)

〈뎨김〉 이미 선주인(船主人)이 있는데, 이끌고 왔다고 하면서 그 주인의 이익을 빼앗은 것은 혹 전례가 있는가? 사실 조사차 황갑득이를 잡아 올 것임. 장(狀) 14일.

관(官) 【압】

전령(傳令) 성호(星湖) 삼소임(三所任)에게

본포(本浦) 선주인(船主人)은 서울에 사는 조경연(趙慶連)을 차정(差定)하여 거행할 것임. 내수사(內需司) 공문(公文) 및 순영(巡營) 차첩(差帖)이 내려왔으니 너의 소임을 잘 알아서 거행하되 주인(主人)의 전후 문권과 전례에 따르는 전장 조건(傳掌條件)을 지체 없이 찾아 주고 주접(住接)과 설포(設浦)의 방절(方節)을 곳에 따라서 주선하도록 하되 혹시 소홀하여 죄에 저촉됨이 없도록 할 것임.

병자(1876)년 2월 4일

관(官) 【압】

○ 충청도장토문적 19책, 문서번호 16, 전령

전령(傳令) 성호(星湖)의 삼소임(三所任)에게

즉시 본읍 삼공형(三公兄)에게 내린 내수사(內需司)의 전령(傳令)을 보니, 본 포(本浦)의 선주인(船主人)은 반드시 조경연(趙慶連)으로 하여금 예전 그대로 거 행하게 하고 삼소임으로 하여금 간검(看檢)하지 말라고 하였으니 지금부터는 이 선주인이 거행하고 삼소임은 절대로 간검하지 말도록 하는 것이 의당함.

정축(1877) 2월 13일

관(官) 【압】

○ 충청도장토문적 19책, 문서번호 17, 관문

결성(結城)

원래의 도서패지[公事] 내의 내용을 고찰하니 성호(星湖) 선주인은 조경연(趙慶連)으로 차정하여 거행하고 원래의 도서패지는 다시 위로 올려보낼 것임.

병자(1876) 2월 초2일 순영에서(在營)

사(使) 【압】

○ 충청도장토문적 19책, 문서번호 18, 도서패지

충청감영(錦營) 영리(營吏)들에게

다름 아니라 전교(傳敎)를 받드니 도내(道內) 결성(結城) 성호(星湖) 선주인을 지금부터 시작하여 본사에 부속한 후 조경연(趙慶連)으로 바꾸어 차정하여 내려 보내 매년 세전(稅錢) 300냥씩을 상납하도록 체문[帖文]을 작성하여 주고 아울러 배지를 발행하니 도착한 즉시 너의 영문에 고하고 장차 이 뜻으로 해당 읍에 령을 내려서 폐단 없이 시행하며 거행하는 형편을 치보(馳報)하는 것이 의당할 것임.

을해(1875) 11월   일

내수사 【압】

〈추기〉 초9일 도착.

○ 충청도장토문적 19책, 문서번호 19, 관문

의정부(議政府)에서 고찰할 것

도내(道內) 결성(結城)에 사는 최종엽(崔宗燁)이 호소한 것을 보니, 본현(本縣)의 성호포 선주인(船主人)은 전부터 매매하여 먹고 살던 것인데 연전에 서울에 사는 조경연(趙慶連)이라는 이름의 놈이 내수사(內需司) 명의가 붙은 공문(公文)을 얻어서 근거 없이 억지로 빼앗아서 행한 지가 반년이 되었다. 조가(趙哥)가 속임수를 썼기 때문에 이곳에 발을 붙일 수 없어서, 중간에 멋대로 나온 사람으로 하여금 드디어 자기 물건으로 삼으려 하였지만, 금번 내수사 공문(公文)을 시행하지 말라고 한 날에 또한 그 가운데에 들어갈 수 없었다. 저번에 이러한 일로 조정에서 아뢰어 비답을 받았으니 이것이 얼마나 엄중한 것인데도 외읍에서는 거행하는 것을 줄곧 소홀히 하여 마침내 이 궁박한 마을에서 원한을 품은 백성들로 하여금 오히려 일로 돌아가 안도할 수 없게 하였다. 사체로서 보건대 책임을 장차 누구에게 물을 것인가? 이 문서가 도착하는 즉시 이 관을 베껴서 해당 현에 특별히 타일러서 내리고 밑바닥부터 엄히 조사하여 기일을 어기지 말고 찾아 주어서 만일 중간에서 막고 장난치는 자가 있다면 모두 형률에 비추어 형배(刑配)하며 일의 전말은 아울러 빨리 보고하되 그 밖의 다른 읍들도 이 같은 폐단이 없게 하기 어려우니 모두 하나하나 조심하게 살피는 것이 의당할 것임. 이치에 맞게 이관(移關)하니 잘 살펴 시행하고 반드시 관(關)대로 할 것임.

이와 같이 관으로 알린다.

충청도관찰사(忠淸道觀察使)

광서 4년(1878) 9월 29일

고찰하도록 하기 위함.

당상(堂上) 【압】

〈추기〉 형방 초8일

○ 충청도장토문적 19책, 문서번호 20, 여객주인권 매매문기

도광 8년 무자(1828) 12월 초2일 박용득(朴龍得)앞 명문

이 문기를 작성하는 것은, 긴요하게 쓸 데가 있어서 결성(結城) 현내면(縣內面) 성호리(星湖里) 선주인을 전문 500냥으로 값을 정하여 액수대로 받고 이 사람에게 영원히 방매하며 의송(議送) 1장, 입지(立旨) 11장, 동내문서 1장, 관의 다짐[侤音] 1장, 본문기 2장을 주어 문서를 작성하니, 이와 같이 선척은 이미 중가(重價)로 매매한즉, 본동 선척과 팔도 각 읍 각 처 선척 대소다과(大小多寡)는 물론 섬모산목[島牟山項] 안으로 들어온 선척은 모두 셈하여 거두도록 수세(收稅)를 담당하온바, 일후 자손족속 중에 잡담이 있거든 이 문서를 가지고 관에 고하여 변정하기 위함이다.

　　본주(本主) 김중철(金重喆) 【수결】

　　증인(證人) 유득광(劉得光) 【수결】

　　　　홍철갑(洪哲甲) 【수결】

　　　　김낙흥(金洛興) 【수결】

　　　　이문성(李文成) 【수결】

　　필집(筆執) 맹응대(孟膺大) 【수결】

○ 충청도장토문적 19책, 문서번호 21, 여객주인권 매매문기

광서 7년 신사(1881) **12월   일   앞 명문**

이 문기를 작성하는 것은, 긴요하게 쓸 데가 있어서 결성(結城) 성호포(星湖浦) 선주인과 직접 지은 위아래 기와집 26칸, 행랑초가 7칸, 동쪽 서쪽 남쪽에 있는 채전(菜田) 3곳을 아울러 전문 3,750냥으로 값을 정하여 액수대로 받고 본문기　장, 신문기 1장을 아울러 영원히 방매하니 일후 혹시 잡담의 폐단이 있으면 이 문기를 가지고 빙고하기 위함이다.

선주인(船主人)
가대주(家垈主)　　최성진(崔聲振) 【수결】

○ 충청도장토문적 19책, 문서번호 22, 여객주인권 매매문기

동치 8년 기사(1869) **2월 29일 최성진**(崔聲振)**에게 주는 명문**

이 문기를 작성하는 것은, 긴요하게 쓸 데가 있어서 결성(結城) 성호포(星湖浦) 선주인과 가사(家舍)를 아울러 전문 2,500냥으로 값을 정하여 액수대로 받고 본문기 4장, 가사(家舍) 본문기　장, 신문기 1장을 아울러 영원히 방매하니 일후 이 문기로 빙고하기 위함이다.

선주인(船主人)
가사주(家舍主)　　이공직(李公直) 【수결】

증인필(證人筆) 임성삼(林聖三) 【수결】

○ 충청도장토문적 19책, 문서번호 23, 여객주인권 매매문기

동치 6년 정묘(1867) 11월 24일 이광양댁(李光陽宅) 노(奴) 순득(順得)앞 명문

이 문기를 작성하는 것은, 긴요하게 쓸 일이 있기 때문에 결성(結城) 현내면(縣內面) 성호포(星湖浦) 선주인을 전문 1,500냥으로 값을 정하여 액수대로 받고 위의 사람에게 영원히 방매하니 의송(議送) 1장, 입지(立旨) 11장, 동내문서 1장, 관의 다짐[侤音] 1장, 본문기 3장을 주어 문서를 작성하니, 이미 중가(重價)로 매매한즉, 본동 선척과 팔도 각 읍 각 처 선척의 대소다과(大小多寡)는 물론 섬모산목[島牟山項] 안으로 들어오는 선척은 모두 셈하여 거두도록 수세(收稅)를 담당하온바, 일후 자손족속 중에 잡담이 있거든 이 문서를 가지고 관에 고하여 변정하기 위함이다.

  본주(本主) 박영필(朴永弼) 【수결】
  증인(證人) 김계원(金季元) 【수결】
  필집(筆執) 박성화(朴聖和) 【수결】

○ 충청도장토문적 19책, 문서번호 24, 소지

홍쥬(洪州) 갈산(葛山) 김능주댁(金綾州宅) 노(奴) 용달(龍達)

삼가 이 소지를 아뢰는 것은, 일찍이 저희 댁이 치하(治下)의 성남리(城南里) 이응섭(李應燮)에게 돈을 맡겨 두었는데 작년 3월에 성호(星湖) 선주(船主)인 조원기(趙元基)·현광욱(玄光旭) 두 사람이 본포에 전해준 돈을 획급하는 일로 이응섭에게 간절히 부탁하여 저희 댁이 맡겨 둔 돈을 긴요히 얻고 내수사(內需司)에서 전교(傳敎)를 받은 문적(文蹟)과 관의 전령(傳令)을 아울러 전당(典當)하

여 저희 댁의 돈 1,000냥을 빌려 쓰고 기한은 12월 내에 갚겠다는 뜻으로 굳게 약속하였습니다. 그런데 기한된 달이 이미 지났으나 조원기는 경중(京中)으로 도피하고 이응섭은 마침 죽었습니다. 내수사의 문적이 이미 전당 잡혀 있고 선주(船主)도 도피하였으며 이 돈은 이미 전해 준 것입니다. 내수사에 상납하는 것은 전례에 의거하여 행하고 지금부터 선주는 본동의 삼소임(三所任)이 거행하고 저희 댁이 준 돈은 수대로 거두어들인다는 뜻으로 입지(立旨)를 작성해 주어 본포(本浦)의 삼소임에게 전령하여 작성해 주도록 천만번 바라오니 명령을 내려주십시오.

결성(結城) 관사주(官司主)께서 처분(處分)하여 주십시오.

정축(1877) 정월   일

〈뎨김〉 문적(文蹟)이 이와 같이 분명하니 표주(標主) 맹가(孟哥)와 삼소임은 수대로 수쇄(收刷)할 것이며 이 문서를 가지고 뒷날을 증빙하도록 할 것임. 13일.

결성관(結城官) 【압】

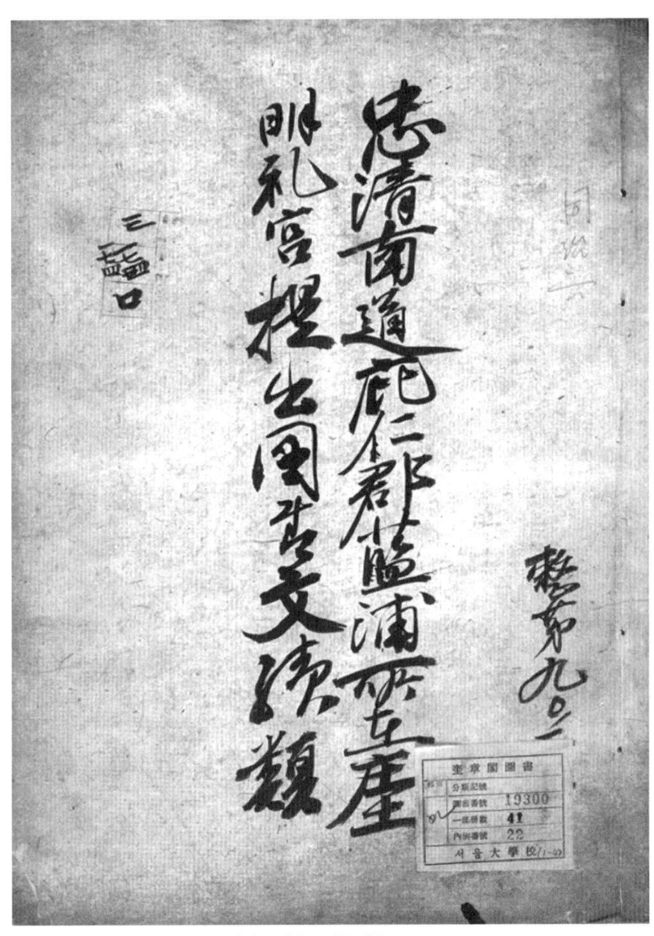

『충청남도비인군남포소재장토명례궁제출도서문적류』
(忠淸南道庇仁郡藍浦所在庄土明禮宮提出圖書文績類)

충청도장토문적 제22책은 충청도 비인 및 남포 2읍의 여객주인(旅客主人)의 매매와 관련된 문기 4건으로 구성되어 있다. 이 중 개인들 간의 매매를 다루고 있는 3건은 일반적으로 볼 수 있는 매매문기 형식으로 되어 있으며, 중추부(中樞府)가 방매자인 1번 문서는 완문의 형식으로 되어 있다. 매매 순서에 따라 문서를 정리하면 다음과 같다.

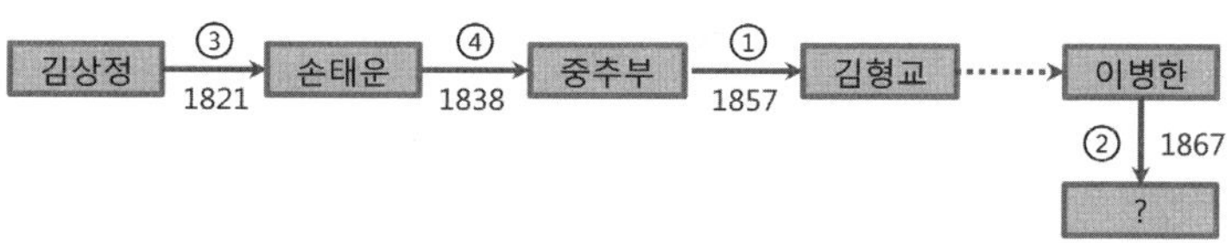

4번 문서와 1번 문서는 아문에서 경강여객주인권을 매득, 경영한 사례로 제시된 바 있다(李榮昊 1985 : 116). 1번 문서의 우측 부기에 따르면 이 문서에서 매득자인 김형교(金亨敎)와 2번 문서의 방매자인 이병한(李秉翰)은 외사촌 간이며, 매득 시 이병한이 김형교의 이름을 빌린 것으로 되어있다. 2번 문서에서 이병한만이 재주(財主)로 기록된 것은 이러한 정황과 관련 있는 것으로 보인다. 이병한으로부터 여객주인권을 매득한 주체는 공란으로 되어 있는데, 이 책의 제출자가 명례궁인 것으로 보아 당시의 매득자가 명례궁일 가능성도 배제할 수 없다.

이 책에 수록된 문기의 매매대상은 비인 및 남포 양 읍 토지의 어염 상선, 상고의 여객주인 업(3, 4번 문서) 또는 양 읍 토지의 어염 상선, 각항 물종(또는 각종 물건)에 대한 여객주인(1, 2번 문서)으로, 시대에 따라 표현은 다소 달라지나 비인과 남포 양 읍의 경계 안에 있는 여객주인의 권리에 대한 것이다. 매매가격은 1821년 1,200냥, 1838년 1,100냥, 1858년 1,500 냥으로 그리 큰 변동이 없다가 1867년에는 4,500냥으로 거래되었다.

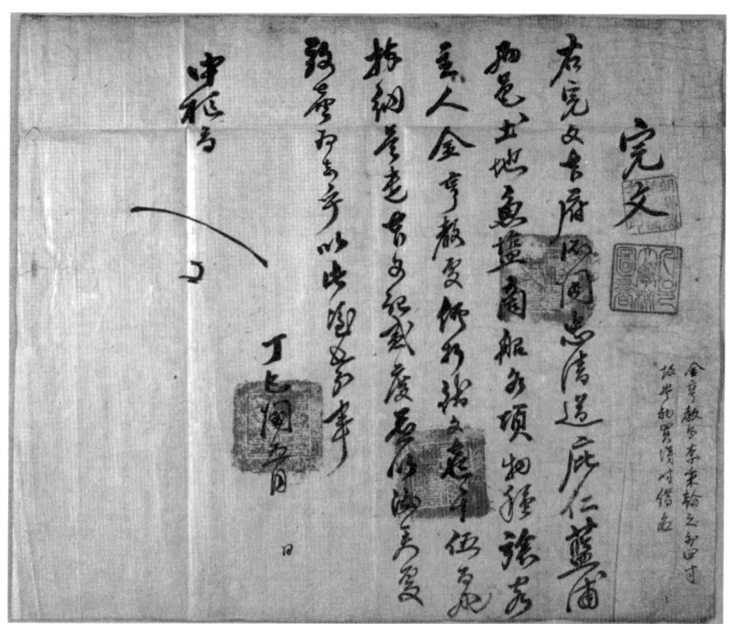

충청도장토문적 제22책, 1번 문서

현재의 지도에 표시한 마랑진의 위치

　3번 문서의 뒷면에는 '마령어선쥬인문서'라는 한글 문구가 배탈되어 있다. 충청도장토문적 제12책 및 제34책에 나오는 '원산주인'의 용례에서처럼 '마령어선쥬인'은 비인·남포의 어선주인을 통칭하는 명칭일 가능성이 높다. 마령은 마량진(馬梁鎭)인 것으로 추정된다. 마량진은 조선 후기 비인현에 설치되었던 수군진으로서, 19세기 말 이양선(異樣船)이 자주 출몰한 지역으로도 유명하다.

(양선아)

○ 충청도장토문적 22책, 문서번호 1, 完文

　　　完文

右完文本府所關忠淸道庇仁藍浦

兩邑土地魚鹽商船各項物種旅客

主人金亨敎處價折錢文壹千伍百兩

捧納是遣本文記貳度幷以汝矣處

放賣爲去乎以此憑考事

　　　　　　丁巳閏五月　日

中樞府【押】

〈追記〉金亨敎則李秉翰之外四寸

　　　　故當初買得時借名

〈背面 籤紙〉買得丁巳七月日中樞

　　　　　買得次爲轉賣于

　　　　　李魯振處因爲

　　　　　則文二百四十兩酌定

　　　　　爲乎所半分事

文券三張

忠淸道庇仁藍

浦旅客主人文記

本文記二張中樞完

文一張價文二千兩

○ 충청도장토문적 22책, 문서번호 2, 旅客主人權賣買文記

　　　同治六年丁卯八月二十　　日　　　前明文

右明文事忠淸道庇仁藍浦兩邑魚鹽商船各種物件旅客主人乙價折錢

文肆千五百兩依數交易捧上是遣本文記貳張中樞府完文壹張新

文記幷以永永放賣爲去乎日後若有是非則以此憑考事

　　　　　　　　　財主 李秉翰【手決】

　　　　　　　　　證人 劉愼吾【手決】

　　　　　　　　　筆執 金允行【手決】

○ 충청도장토문적 22책, 문서번호 3, 旅客主人權賣買文記

　　　道光元年辛巳三月二十六日孫泰雲前明文

右明文事段先親生時買得忠淸道

庇仁南[藍]浦兩邑地土魚鹽船商賈旅

客主人業是白加尼貧寒所致以兩邑

魚船主人折價錢文壹仟貳佰兩依

數捧上爲遣永永放賣爲乎矣

本文記段他文記幷付故謄書

背頉爲去乎日後子孫族屬中

若有雜談則持此文記告官卞正

事

      財主金相鼎【手決】【印】

      證人金重玉【手決】

      筆執張世豊【手決】

〈背面〉마령 ┐
           ┤ 쥬인문서
   어션 ┘

○ 충청도장토문적 22책, 문서번호 4, 旅客主人權賣買文記

   道光十八年戊戌十一月　日中樞府　前明文

右明文事段忠淸道庇仁南[藍]浦兩邑地土

魚鹽船商賈旅客主人之業金相鼎處

買得資生是加可要用所致右人前價

折錢文壹仟壹佰兩依數捧上爲遣本文

記壹丈幷以永永放賣爲去乎日後子孫

族屬中若有雜談則以此文記憑考事

      財主 孫泰雲【手決】

證人 李守【手決】

邊錫柱【手決】

金光順【手決】

文昌信【手決】

○ 충청도장토문적 22책, 문서번호 1, 완문

완문(完文)

이 완문은, 본부(本府) 소관(所關)의 충청도의 비인(庇仁)·남포(藍浦) 양읍(兩邑) 토지(土地)·어염(魚鹽)·상선(商船)·각항(各項) 물종(物種)에 대한 여객주인을 김형교(金亨敎)에게 전문 1,500냥으로 값을 정하여 봉납(捧納)하고 본문기 2장을 아울러 너에게 방매하니 이로써 빙고하기 위함이다.

정사(1857) 윤5월 일

중추부(中樞府)【압】

〈추기〉 김형교(金亨敎)는 곧 이병한(李秉翰)의 외사촌이므로 당초 매득할 때 이름을 빌렸음.

〈뒷면 첨지〉 매득 정사 7월 일. 중추부에서 매득하고자 이노진(李魯振)에게 넘겨 팔았으므로 동전 240냥으로 작정(酌定)한 바를 반분할 것.

문권 3장, 충청도 비인, 남포 여객주인 문기, 본문기 2장, 중추완문(中樞完文) 1장, 가문(價文) 2,000냥

○ 충청도장토문적 22책, 문서번호 2, 여객주인권 매매문기

동치 6년 정묘(1867) 8월 20일   앞 명문

이 문기를 작성하는 것은, 충청도 비인(庇仁)·남포(藍浦) 양읍(兩邑)의 어염(魚鹽)·상선(商船)·각종 물건에 대한 여객주인을 전문 4,500냥으로 값을 정하여 액수대로 교역하여 받고, 본문기 2장, 중추완문(中樞完文) 1장을 신문기와 함께 영구히 방매하니 일후에 만약 시비가 있으면 이로써 빙고하기 위함이다.

　재주(財主) 이병한(李秉翰) 【수결】

　증인(證人) 유신오(劉愼吾) 【수결】

　필집(筆執) 김윤행(金允行) 【수결】

○ 충청도장토문적 22책, 문서번호 3, 여객주인권 매매문기

도광 1년 신사(1821) 3월 26일 손태운(孫泰雲)앞 명문

이 문기를 작성하는 것은, 선친(先親) 생시(生時)에 매득한 충청도 비인(庇仁)·남포(藍浦) 양읍(兩邑) 지토(地土)·어염선(魚鹽船)·상고(商賈)에 대한 여객주인을 업으로 하였는데, 빈한(貧寒)한 까닭에 양읍(兩邑) 어선주인(魚船主人)을 전문 1,200냥으로 값을 정하여 액수대로 받고 영구히 방매하되, 본문기는 다른 문기와 함께 붙어 있어서 등서(謄書)·배탈(背頉)하니 일후에 자손 족속 중에서 만약 잡담이 있으면 이 문기를 가지고 관에 고하여 변정하기 위함이다.

　재주(財主) 김상정(金相鼎) 【수결】【인】

　증인(證人) 김중옥(金重玉) 【수결】

　필집(筆執) 장세풍(張世豊) 【수결】

○ 충청도장토문적 22책, 문서번호 4, 여객주인권 매매문기

도광 18년 무술(1838) 11월　일 중추부(中樞府)앞 명문

이 문기를 작성하는 것은, 충청도 비인(庇仁)·남포(藍浦) 양읍(兩邑) 지토(地土)·어염선(魚鹽船)·상고(商賈)에 대한 여객주인(旅客主人)의 업을 김상정(金相鼎)으로부터 매득하여 자생(資生)하다가 긴요하게 쓸 데가 있어서 위의 사람에게 전문 1,100냥으로 값을 정하여 액수대로 받고, 본문기 1장을 아울러 영구히 방매하니 일후에 자손 족속 중에서 만약 잡담이 있으면 이 문기로써 빙고하기 위함이다.

　재주(財主) 손태운(孫泰雲)【수결】

　증인(證人) 이수광(李守光)【수결】

　　　　변석주(邊錫柱)【수결】

　　　　김광순(金光順)【수결】

　　　　문창신(文昌信)【수결】

끝.

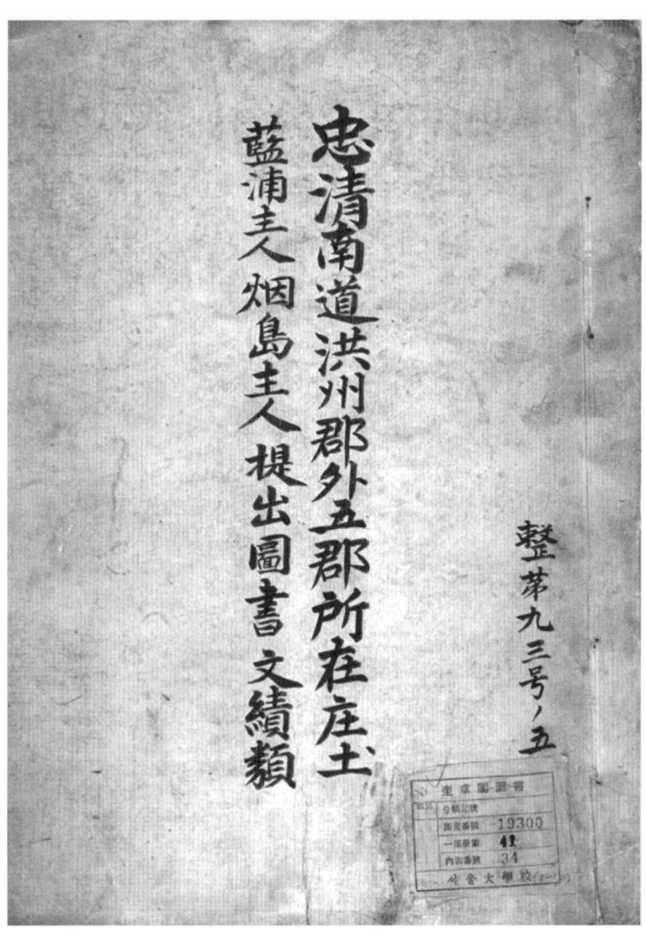

『충청남도홍주군외오군소재장토남포주인연도주인제출도서문적류』
(忠淸南道洪州郡外五郡所在庄土藍浦主人烟島主人提出圖署文績類)

충청도장토문적 제34책은 충청남도 홍주군 외 5군 소재 장토의 남
포주인(藍浦主人)·연도주인(烟島主人)이 제출한 도서문적류를 모은 책으
로, 충청도 태안, 결성, 보령, 홍주, 안흥, 서천 등 6개 읍의 주인과 관련
된 총 70건의 문서를 수록하고 있다. 하지만 64~65번 문서와 67~68번
문서는 각각 한 건의 문서에 대해 두 개의 번호가 부여되어 있어서 실
제로는 68건이다. 그리고 지역 간에 주인권이 중첩된 경우가 많아서
매매 내력을 단선적으로 정리하기 어려운 측면이 있다. 이 때문에 수
록된 문서를 지역별, 시기별로 정리하는 것이 효과적일 것이다. 그 결
과는 〈표 1〉과 같다.

〈표 1〉

지역	문서 번호	시기	문서종류	주요 내용
안흥	42	1653	차첩	안흥첨사가 이의한을 본진 경주인으로 차정함
	39	1654	배지	행첨사가 마포주인 이의한에게 철물 무득(貿得) 요청을 함
	43	1654	배지	안흥첨사가 강주인 이의한에게 신철 무용(貿用)과 관련한 요청
	40	1655	배지	안흥첨사가 이의한에게 신철 무역 관련하여 보낸 배지
	44	1660	전령	안흥첨사가 경강주인 이의한에게 신철 700근 실어보내고 고목할 것을 명함
	41	1673	차첩	안흥사가 경강 거주 이봉일을 본진 주인으로 차정함
	38	1687	매매문기	군관 이상하가 안흥진관을 50냥 받고 이봉일에게 방매함
	45	1703	차첩문기	수성장이 경강 장만건을 안흥주인에 잉차함
	37	1728	매매문기	여객주인 이이만이 안흥진 및 관련 선척을 군관 이경적에게 30냥 받고 방매함
	36	1751	소지	이득령이 장노랑과 송사 후 거오도 등 선주인에 대한 입지를 한성부에 요청함
	35	1756	매매문기	여객주인 이득령이 안흥진 여객접대를 45냥 받고 김인대에게 방매함
	34	1759	매매문기	여객주인 김종하가 이득령 처에서 매득한 안흥진 여객을 50냥 받고 사촌 김효동에게 방매함
서천	32	1662	분재기	재주 서조이가 장자 민이운에게 서천관 및 그곳 거주 선인들을 허여함
	31	1689	매매문기	재주 민이운이 서천 거주 여인을 정은자 40냥을 받고 허종건에게 방매함
	30	1696	매매문기	여주 민이운이 서천 선인·포민·경강왕래인 등을 은자 56냥 받고 이승원에게 방매함
태안	33	1655	매매문기	재주 이순민·한승원이 정보병 7필을 받고 태안현 선인, 어살을 허순안에게 방매함

지역	문서 번호	시기	문서종류	주요 내용
	50	1709	자매문기	황선봉 등 선인 3명이 김논금을 주인으로 자신들을 여객으로 허매함
	48	1716	매매문기	재주 사노(私奴) 김논금이 태안 황선봉 등 여객 4인을 20냥 받고 양순봉에게 방매함
	61*	1720	자매문기	각댁 사부가의 도박 하류 분급 시 흠축으로 형세 부득이 각선 당 대출……
	49	1721	매매문기	여주 양유남이 48번 건을 30냥 받고 장상한에게 방매함
	47	1748	매매문기	여주 강후성이 태안 파지도 거주 황유선 등 여인을 20냥 받고 김소동에게 방매함
	46	1754	소지	김소동이 47번 건 매득에 대해 입지 성급을 형조에 요청함
	53	1736	자매문기	태안읍내 거 선주 이차돌·유해발이 여객으로 김세만에게 자매함
	54	1737	자매문기	태안 동면 북창의 함세상, 이복상이 40냥을 김세만에게 대용하면서 여객으로 자매함
	55	1738	자매문기	태안 동면 염장 선주 김금이·김금손이 50냥을 받고 식주인 김세만에게 여객으로 자매함
	56	1739	자매문기	태안 동면 선주 이순남·이회음금이 30냥 받고 여객으로 자매함
	57	1740	자매문기	태안 선주 서윤산·서태강 등이 50냥을 받고 여객으로 김세만에게 자매함
	58	1749	소지	김세만이 매득한 태안 선주인 역에 대해 입지 성급을 요청함
홍주 · 태안 · 서천 · 보령 · 결성	60	1688	매매문기	여주 송기삼이 이봉인 처 매득 여객과 홍주강주인, 태안북창, 거올도 등 선인을 정은자 30냥을 받고 차송현에게 방매함
	62	1707	매매문기	여주 차해세가 60번 건에 대해 70냥을 받고 이승원에게 방매함
	69	1735	매매문기	여객주 정대명이 충청도 고마수영 및 보령·결성·홍주·태안 등 제도 제포를 80냥 받고 오세만에게 방매함
	66	1751	소지	김인대가 장노랑에게서 속공한 선주인 문서를 매득하고 입지 성급을 한성부에 요청함
	64~65	1751	입안	장노랑이 태안선주인으로 이익흔(이득령)과 벌인 소송의 전말에 대해 한성부에서 김인대에게 베껴준 입안
	67~68	1751	매매문기	한성부 본방사령 12인이 장노랑 처 속공 선주인을 50냥을 받고 김인대에게 방매함
	29	1758	매매문기	여주인 이득배가 홍주·서천·태안 돈의북창 3읍을 400냥을 받고 김택구에게 방매함
	51	1769	매매문기	결성·태안 양 주인 김종하가 250냥을 받고 그 역을 신성항에게 방매함
홍주 · 태안 · 서천 · 보령 · 결성	52	1770	소지	신중(성)항이 51번 매득 내용을 한성부에 입지 성급해 줄 것을 요청함
	22	1774	매매문기	여객주 신성항이 김종하 처 매득 결성·태안·홍주 3읍 상고·각색주인의 역을 340냥에 이태성에게 방매함
	21	1774	매매문기	여주 김종하가 홍주여객주인의 여를 30냥을 받고 이태성에게 방매함
	70	1774	매매문기	김택구·택우 형제가 안흥·거올·파지도, 서천 돈의북창 여객주인의 여(旅)를 670냥 받고 이태성에게 방매함
	59	1784	매매문기	이태성 자(子) 응규 모자(母子)가 김중정에게 5읍 여객주인의 업을 400냥 받고 방매함
	28	1784	매매문기	이태성의 자 응규 모자가 홍주·태안·결성 및 안흥·거올 등 5읍 여객주인의 업을 3,070냥 받고 양준(윤)기에게 방매함

지역	문서 번호	시기	문서종류	주요 내용
	63	1794	등급	배정구가 태안선주인에 대해 제기한 소송에서 양윤기가 승소한 내용을 형조에서 등급함
	23	1822	등급	양사중(양윤기)이 이태성에게서 매득한 주인(28번)에 대해 손택기가 소송하였으나 조카 양민석이 대행, 승소한 내력을 한성부에서 등급해 줌
6읍 전체	27	1838	매매문기	여주 양한건이 태안 · 결성 · 안흥 · 서천 여객주인을 3,500냥 받고 궁에 방매함
	20	1839	매매문기	여객선주인 양한건이 홍주 · 보령 양읍 여객선주인의 업을 4,500냥을 받고 궁에 방매함
	19	1860	도서패지	명온공주궁에서 양한건으로부터 매득한 충청 6읍 도여객주인을 8,000냥을 받고 방매하도록 고직 이준성에게 내린 배지
	26	1860	매매문기	재주 명온공주궁에서 남판서 댁에 여객주인을 8,000냥에 방매함
	18	1861	배지	경구 이판서댁에서 원산주인 값 10,000냥을 받고 문권을 출급해줄 것을 명함
	17	1861	매매문기	재주 김형섭이 이판서댁에서 매득한 여객주인을 14,000냥 받고 방매함
	16	1873	매매문기	기주(記主) 이승업이 백남승 처 매득한 6읍 경강여객주인 반 깃을 8,000냥 받고 방매함
	25	1873	매매문기	기주 하청일이 원산 경강주인 반 깃을 6,000냥 받고 방매함
	24	1873	첨지	서후상 · 임윤수가 충청 6읍 경강주인을 각 6,000냥씩 내어 하정일 · 이승업으로부터 12,000냥에 매득하여 임시로 분치함
	15	1873	매매문기	기주 서후상이 이승업에게서 매득한 6읍 경강여객주인의 업 반 깃을 9,000냥 받고 방매함
	14	1877	매매문기	재주 최준이 이참판댁에서 매득한 충청도 6읍 여객주인을 15,000냥에 방매함 (뒷면 : 재주 백완세가 1881년 반 깃을 8,500냥에 방매함)
	13	1882	매매문기	재주 오성묵이 충청도 6읍 여객주인의 업 반 깃을 8,500냥 받고 방매함
	12	1884	매매문기	재주 최상묵이 충청도 6읍 여객주인의 업 반 깃을 13,000냥에 방매함
	11	1887	매매문기	이음죽댁 노(奴) 천석이 김참판댁 노(奴) 득이 앞으로 충청도 6읍 여객주인의 업 반 깃을 30,000냥 받고 방매함
	10	1890	매매문기	김참판댁 노 득이가 김사용댁 노 또쇠(又釗)에게 충청도 6읍 여객주인의 업 반 깃을 30,000냥 받고 방매함
결성	1	1829	매매문기	선주인계수(契首) 최의 명의로 성남포 선척 간검하는 역을 10냥을 받고 최광규에게 맡김
	2	1856	매매문기	선주인 최완길이 10냥을 받고 성남선주인을 조상록에게 방매함
	3	1863	매매문기	선주인 조상록이 20냥을 받고 성남포구 선주인을 이치대에게 방매함
	4	1867	매매문기	포주(浦主) 이치대가 25냥을 받고 성남포 간검하는 일을 최순문에게 방문함
	6	1868	소지	성남선주인 최종오가 성호선주인의 강압적 금단에 대해 비개소용 비용도 성호리에서 담당하게 해달라는 소지를 올림
	7	1868	소지	6번 문서의 제음에 근거하여 입지 성급을 요청함
	5	1871	매매문기	최순문이 55냥을 받고 성남선주인을 최선달에게 방매함
	8	1882	매매문기	선주인 최덕문이 100냥을 받고 박치삼에게 성남포 선주인을방매함
	9	1897	매매문기	선여각주인 박치삼이 결성군 성호 · 목현 · 성남포 등 선주인을 200냥을 받고 윤상호게게 방매함

1. 결성군 성남포

1~9번 문서는 순서대로 충청도 결성군 성남포의 선주인권 매매문기이다. 성남포가 결성선주인의 기지(基地)에 포함되어 있었는지는 알 수 없지만, 1829년 1번 문서 이전에 그 주인의 역(役)이 성립되어 있었다. 문기의 내용 중에 이전의 본문기가 서실되었다는 내용이 있는 것으로 보아도 이를 확인할 수 있다. 이와 관련하여, 9번 문서에서는 결성군 성호, 목현, 성남포 등 각항 간검 선주인이 본래 선희궁에 상납 전수하는 것으로[宣喜宮上納傳受之地] 전래된 문권으로 매매가 이루어졌다고 하여 그 연원이 더 오래되었음을 알 수 있다. 동중에서 관리하던 주인은 포구에 출입하는 염분선과 흥리선을 간검하는 대가로 해창(海倉)의 노적 비개(飛蓋)에 들어가는 비용을 마련했던 것으로 보이지만, 동중 간검의 소임이 어려워지면서 최광규라는 개인에게 10냥을 받고 매년 비개 담당을 조건으로 방매되었다. 방매의 주체는 동내 (선주인) 계중(契中)으로 계수 최(崔)의 수결이 있다.

6번 문서와 7번 문서는 1868년 성남선주인 최종오가 결성 관(官)을 상대로 낸 소지에 따라 관에서 입지를 성급해 준 문서이다. 매매 시기를 보면 최종오와 최순문이 동일 인물일 가능성이 높다. 6번 문서는 선주인 최종오가 성남포 해창의 노적 비개 비용을 담당하는 조건으로 성남포 선주인을 수행하던 중, 결성군 성호포 선주인이 힘으로 금단하여 담당할 수 없게 됨에 따라 노적에 들어가는 비개도 성호포에서 담당하게 해달라는 소지이며, 이에 대해 결성관에서는 연례적으로 해오던 일로 함부로 어길 수 없으니 전례대로 받게 할 일이라는 데김[題音]을 내렸다. 7번 문서는 이 제김에 의거 입지를 성급해달라는 소지와 이를 성급하는 제김을 수록하고 있다.

결성 문서는 1829년 즉, 19세기 초반 10냥에 거래가 이루어진 후 1863년 20냥, 1867년 25냥, 1871년 55냥, 그리고 1882년에는 무려 100냥에 거래가 이루어졌다. 대개 5년의 시차를 두고 거래 가격에서 두 배 증가가 이루어졌다. 거래와 함께 이전된 문기의 수로 보면 지역변동이 나타나지 않지만, 위에서 밝힌 것처럼 9번 문서에서는 성남포뿐만 아니라 성호, 목현까지 포함된 것을 보면 주인권의 지역 적용 범위가 확대되었기 때문으로 해석할 수도 있을 것이다. 매매 내력을 도식화하면 다음과 같다.

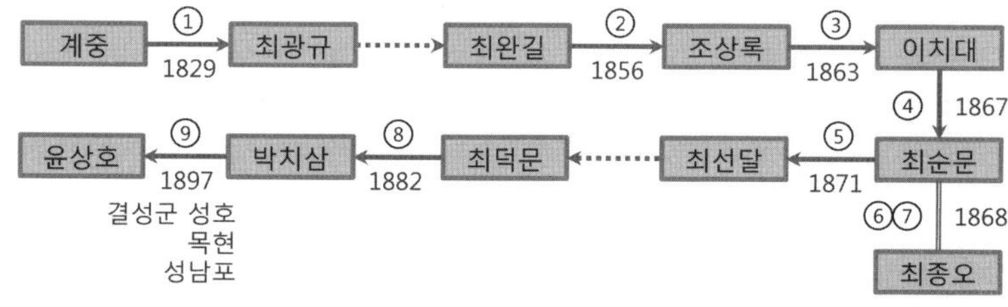

2. 안흥

안흥은 진(鎭)으로서 첨사에 의해 경주인의 차정(差定)이 이루어졌으며, 그 역할도 무기의 구입 등과 관련된 내용이 있다. 안흥진과 관련된 첫 번째 문서는 42번 문서로, 안흥첨사가 이의한을 안흥진 경주인으로 차정(1653)한 내용을 담은 차정문서이다. 안흥진은 1655년 안흥성을 축조하면서 독립 설치되었고, 성내로 이주하게 되었다. 이 과정에서 철물 구입 건과 관련하여 이의한과 안흥첨사 사이에 오간 배자[牌子] 4장이 시간순서로 39, 43, 40, 44번 문서이다. 마포주인 혹은 (경)강주인, 경주인이라고 표기된 역할을 맡은 이의한은 안흥진과 관련된 관의 공식적 상거래 혹은 선박, 여객의 접대를 담당하는 것으로 보인다.

이 주인의 권리는 38번 문서에서처럼, 1687년 군관 이상하의 이름으로 '안흥진관'이란 명목으로 이봉일에게 방매된다. 이상하와 이의한의 관계는 파악할 수 없다. 다만 이 과정에서 등장하는 관련 문서는 이의한 관련 문서와 내용 및 건수가 모두 일치하며, 매득문기 1장이 더 있는 것으로 보아 이상하가 이의한으로부터 매득한 것으로 추측된다. 그런데 이상하의 매도가 있기 전, 41번 문서에 의하면 1673년 경강에 거주하는 이봉일을 안흥 경주인으로 차정하였으며, 45번 문서에서는 이봉일의 사망으로 그의 막내사위인 장만건이 수성장(守城將)에 의해 새로운 안흥주인으로 차정되었다. 이의한으로부터 장만건에 이르기까지 안흥(경)주인은 주로 군기(軍器) 소용물품을 조달하는 역할을 담당하고 있다. 이렇게 보면 관에서 차정한 안흥경주인과, 이상하가 "안흥진관"으로 매도한 주인은 맡은 역할에서 차이가 있었을 것이라는 추측이 가능하다. 37번 문서에 의하면 1728년 안흥진 주인은 이이만의 명의로 군관 이경적에게 방매된다. 주인으로 등장한 사람 중 두 명이 군관이었던 것은 이 지역이 진이 설치된 곳이었다는 사실과 관계된 것으로 보인다.

64~65번 문서는 1751년 이경적의 아들인 이득령(또는 이익흔)과 장노랑 사이에 태안 안흥주인을 둘러싸고 벌어진 소송의 전말과 그 결과, 패소한 장노랑에게서 속공한 선주인을 김인대가 한성부 본방사령으

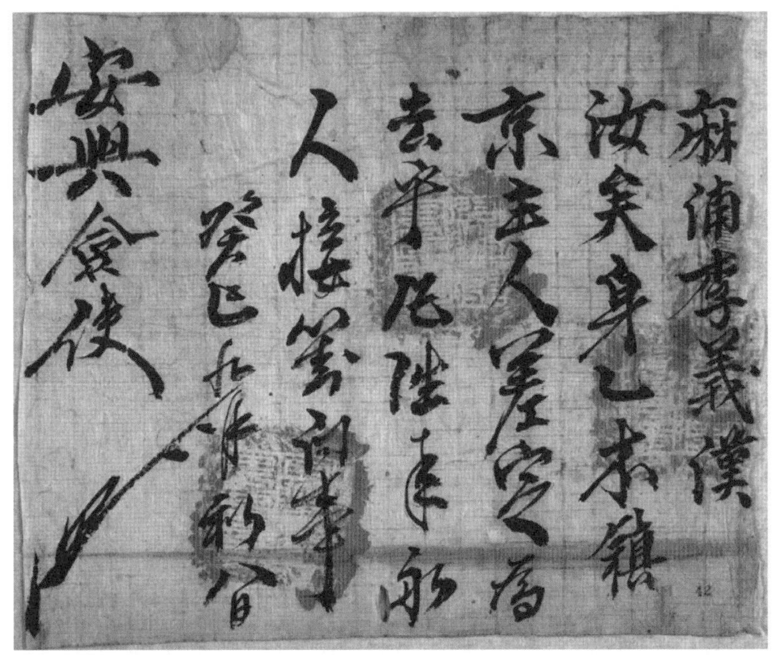

충청도장토문적 제34책, 42번 문서

로부터 매득한 내용을 증명하는 한성부 입안(立案)이다. 이 소송에서 이득령이 승소하여 자신의 태안 안흥도, 거을도에 대한 권한을 확인받게 되는데, 이사실에 대한 입지 성급을 요청한 소지가 36번 문서이다. 이득령은 35번 문서에서 1756년 안흥진과 소관 제도의 여객주인을 김인대에게 방매하고 있다. 67~68번 문서에 따르면 김인대는 한성부 본방사령으로부터 매득한 여객주인은 패소한 장노랑에게서 속공한 충청도 고마수영, 보령, 결성, 홍주, 태안의 주인이며, 한성부 본방사령들의 삭하대(朔下代)를 위해 방매한 것이다. 66번 문서는 김인대가 이러한 내용에 대해 한성부에 입지 성급을 요청한 소지와 이를 허가하는 제김을 담고 있다. 이에 따라 6개 읍 가운데 서천을 제외한 5개 읍의 주인권이 김인대에게로 수렴된다. 한편, 김인대의 아들인 김종하는 34번 문서에서 1759년 사촌인 김효동에게 안흥진 및 소관 제도 여객주인을 방매하였다. 위 내용을 도식화하면 다음과 같이 정리할 수 있다.

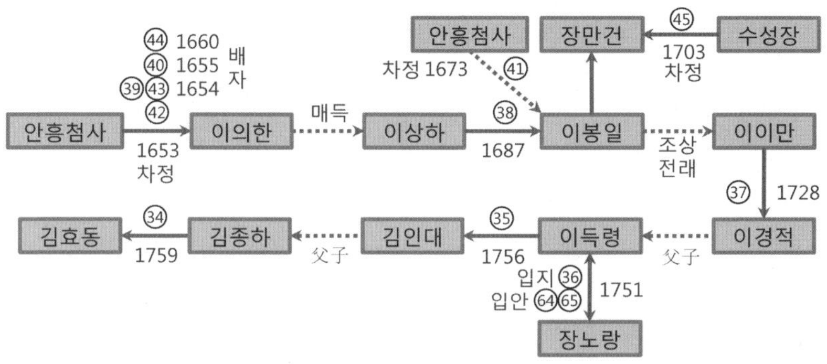

3. 태안

　태안지역에 대한 주인은 상대적으로 매우 복잡하다. 지리적으로 섬과 포구가 많으며 안흥진이 별도로 설치되어 행정적 관할권도 세분화되어 있다. 더불어 해상교역이 활발해서인지 태안군 4개 면에 모두 주인이 따로 존재한다고 기록되어 있다. 해당 지역 문서들은 매매내력이 서로 연결되지 않는 몇 가지 계통으로 분류할 수 있다. 먼저 33번 문서는 비교적 이른 시기인 1655년 이순민이 허순안에게 방매한 명문이다. 그는 매부인 전개운에게서 이를 매득했으며, 정보병 7필을 받고 태안

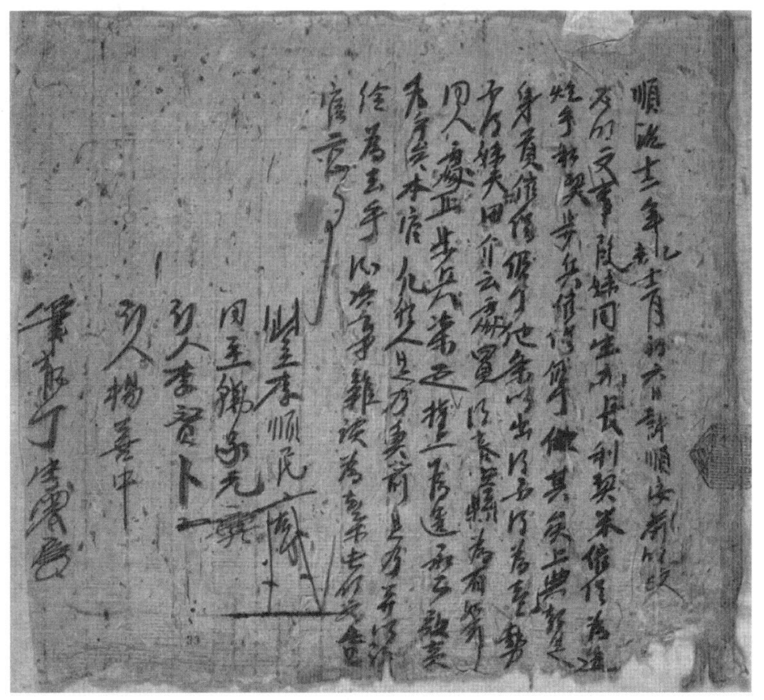

충청도장토문적 제34책, 33번 문서

현의 범(凡) 선인과 어살을 허급해주었다. 관련 문서를 도식화해 보면
다음과 같다.

<I>　　?　┄┄▶　전개운　┄┄▶　이순민　─③③─▶　허순안　　태안현 선인
　　　　　　　　　매득　　　　　1655　　　　어살

　한편, 태안 선주들에 대한 여객주인권은 18세기에 들면서 활발하게
형성되고 있었다. 먼저 50번 문서에서 1709년 태안 파지도에 거주하는
선주 황선봉 등 4인이 사복시 곡물 납창(納倉)에서 발생한 결손액을 충
당할 길이 없자 사노(私奴) 김논금을 주인으로 하여 자신들을 여객으로

서 허매하고 있다. 이 주인의 권리는 48번 문서에서 1716년 양순봉에게 20냥에 팔리며, 49번 문서에서는 그 아들인 양유남의 명의로 5년 만에 장상한에게 30냥에 방매되었다. 이 권리는 장상한의 딸을 매개로 사위인 강후성에게 넘겨졌다가 47번 문서에서는 1748년 김소동에게 20냥에 방매되었다. 이를 통해 볼 때 주인의 가격은 18세기 전반기까지는 별다른 변화가 없었고, 오히려 1721년과 1748년간 약 30년이 지났음에도 오히려 매매가격이 30%이상 하락했다. 매매 내력을 도식화하면 다음과 같다.

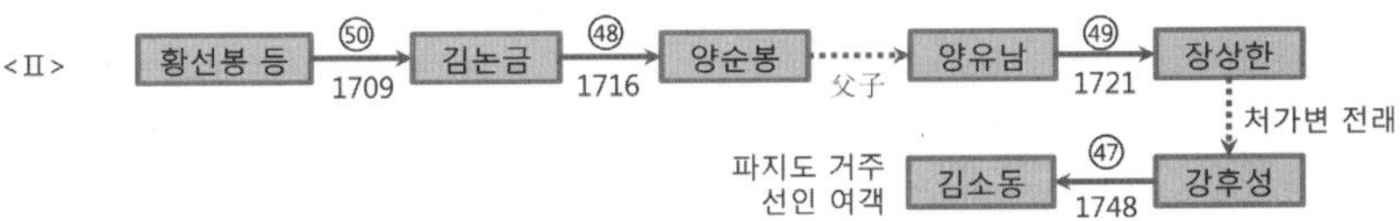

　　선주들이 스스로 주인을 정하여 자신들을 여객으로 허매하는 자매(自賣) 문기는 충청도장토문적 제34책에서는 특히 18세기 전반 태안에서만 특징적으로 나타나는 현상이다. 〈Ⅱ〉의 파지도 거주 황선봉 등의 자매 문기 외에, 태안 읍내 및 동면 여러 포구 등에 거주하는 선주들의 주인 약정 내용을 담고 있는 것이 53~57번 문서이다. 이는 1736년부터 1740년까지 매년 서부 마포에 사는 경(京)주인 김세만을 주인으로 하여 자신들을 그의 여객으로 설정한 것으로, 여객 1인당 25냥 내외의 값을 쳐서 받았다. 58번 문서는 1749년에 김세만이 한성부에 그때까지 매득한 권리에 대해 입지를 받은 것이다. 이를 도식화하면 다음과 같다.

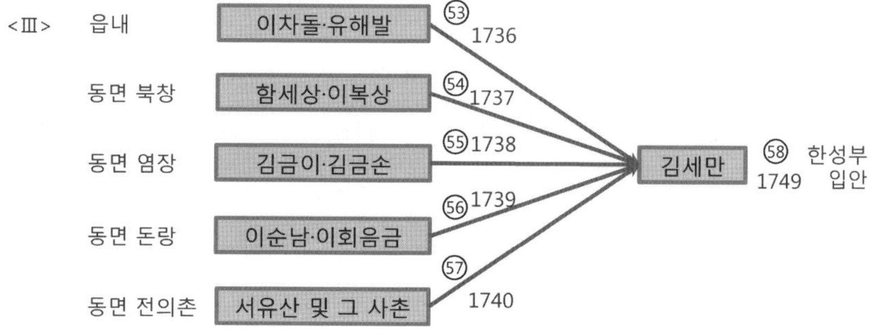

참고로 61번 문서는 훼손이 심해 그 내용을 자세히 알 수 없다. 그래도 1720년 선주가 선척 2개로 사대부가의 선화물을 실어와 하륙분급할 때 흠축이 발생하여, 이를 보충하기 위해 조 10석씩 매 선당 대출하고 운운한 문장 서술의 투식을 고려할 때 여객주의 예에 의해 주인을 정한다는 내용으로 이해할 수 있어서 배치한 문건이다. 이렇게 보면, 비록 거래의 당사자들을 확인할 수는 없지만 자매 문기로 파악해도 무방할 것 같다.

선주들이 자매 여객으로 주인을 세우게 된 것은 각기 다른 사정 때문이지만, 크게 두 가지로 정리될 수 있다. 먼저, 목돈이 필요하여 이루어진 경우이다. 〈Ⅱ〉의 50번 문서와 61번 문서에서는 운반 과정에서 발생한 손실액을 메우기 위한 비용 마련이 이유로 작용했고, 〈Ⅲ〉에서는 54~55번 문서처럼 생계를 위해 선척을 매득하기 위한 비용 마련이 이유가 되었다. 다른 한편으로는 57번 문서처럼 지방인이 격쟁 상송하는 데 들어가는 각종 비용과 부비(浮費)를 마련하기 위한 특수한 까닭도 작용하고 있다. 또 다른 사정은 53번 문서처럼, 선주들이 경강에 도박했을 때 궁가와 각 둔의 노배(奴輩)들이 자행하는 작란(作亂)에 대처할 힘이 모자라서 일종의 보호자로서 주인을 정하는 경우다. 그리고 56번

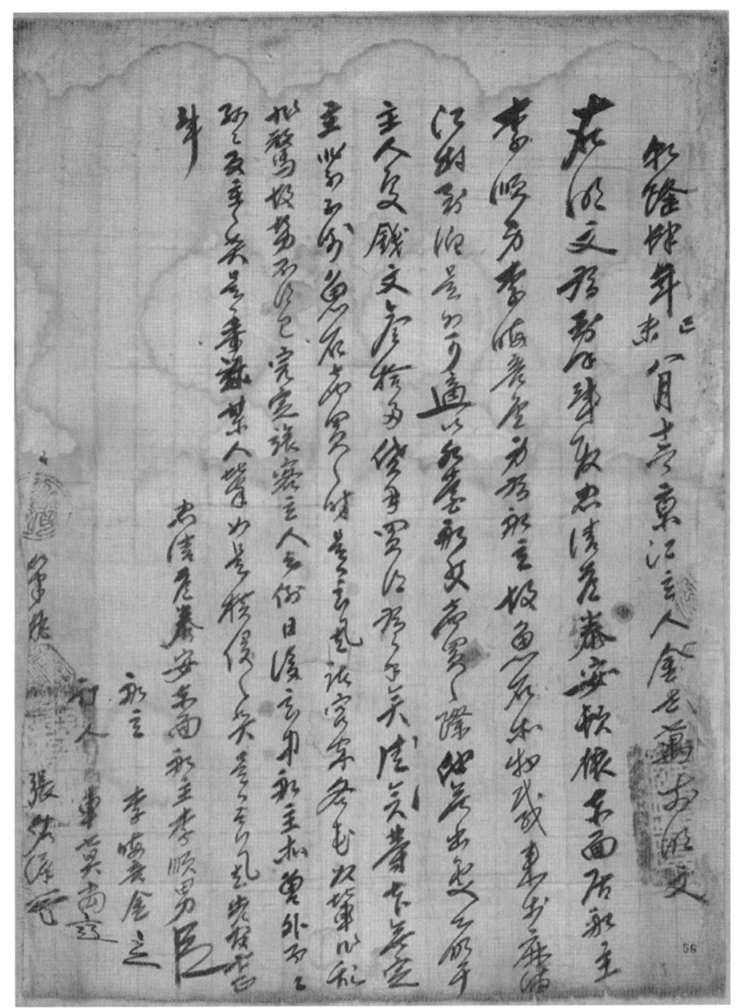

충청도장토문적 제34책, 56번 문서

문서처럼, 선척의 매득 비용 마련과 보호를 받기 위한 두 가지 이유가
복합적으로 작용한 경우도 있다.

4. 서천 · 홍주 · 보령

　서천, 홍주, 보령은 문서들이 서로 중첩된다. 특히 29번 문서에 이르면 서천, 홍주, 태안 3읍 여객주인의 권리가 한 곳으로 수렴되었음을 알 수 있다. 서천주인은 32번 문서에서 처음 나타나는데, 1662년 서천관(官) 및 그곳 거주민들에 대한 조상 전래의 접대를 서조이[徐召史]가 장남인 민이운에게 허여한다는 별급문기이다. 민이운은 이것을 두 부분으로 나누어, 1689년 서천 거주 여인(旅人)들에 대한 권리는 허종건에게 은자 40냥을 받고 방매하였고(31번 문서), 1696년에는 서천관 및 그곳 거주 선인들에 대한 권리를 은자 56냥을 받고 이승원에게 방매하였다(30번 문서). 이후 60여 년 사이를 두고 1758년 이득배에게 깃득[衿得] 전래된 주인의 역(役)은 홍주와 태안을 합쳐 3읍 여객이 김택구에게 400냥으로 방매되었다(29번 문서). 그리고 김택구는 1774년에 이것을 다시 이태성에게 방매한 것이다. 이를 도식화하면 다음과 같다.

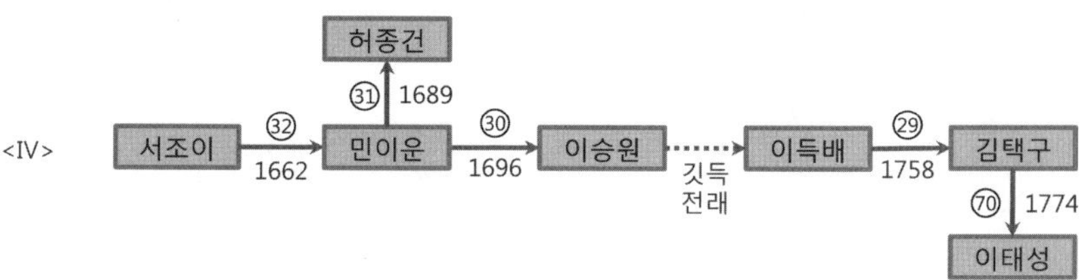

　홍주 여객주인과 관련해서는 60번 문서에서 송기삼이 1688년 통정 차송현에게 홍주관 강주인, 태안현 각 면 돈의북창 · 거올도 등에 대한 권리를 정은자(正銀子) 30냥을 받고 방매한다는 내용에서 처음으로 나

타난다. 그는 이 권리를 1685년 이봉인으로부터 매득하였으며, 당시 본문기가 4장이었던 점을 고려하면 이봉인 이전에 수차례 매매이력이 있음을 알 수 있다. 이 권리는 차송현의 아들인 차해세에 의해 1707년 이승원에게 70냥에 방매되었다. 이승원은 서천주인을 매득한 인물로, 이 지점에서 서천여객주인과 한 곳으로 수렴된다. 이를 도식화하면 다음과 같다.

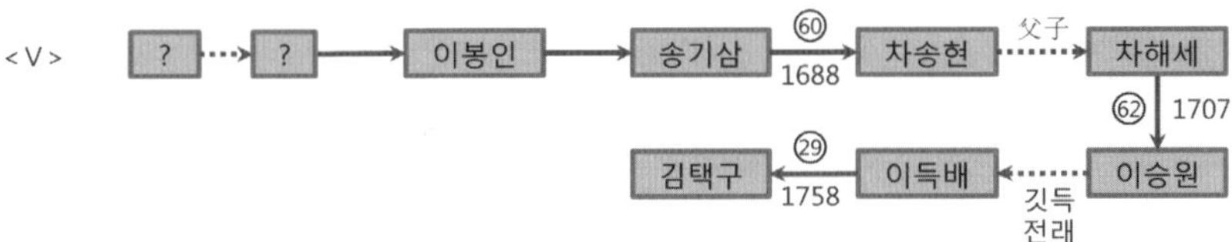

　보령 지역의 주인 권리는 69번 문서에서 처음 등장한다. 1735년 절충 정대명이 오세만에게 고마수영과 보령, 결성, 홍주, 태안 및 여리 포구와 섬들을 아울러 80냥을 받고 방매한다는 내용이다. 그는 이 권리를 윤수홍의 처 김조이[金召史]에게서 매득하였다고 되어 있다. 그런데 앞서 살펴본 64~65번 입안문서의 이득령 대 장노랑의 송사 내용 중 장노랑이 자신의 역(役)이라고 주장하면서 제시한 문서들에 따르면, 오세만은 이를 다시 방유에게 방매했다. 그리고 방유가 자녀도 없이 죽자 처인 박악덕의 소유가 되었으며, 그녀가 장노랑과 재혼하면서 장노랑이 이 역을 수행했다는 것이다. 그러나 이에 대해 관에서는 방유가 매득한 것들은 그의 처 박악덕이 개가한 후에는 그녀의 차지가 될 수 없다고 보았다. 때문에 이 역을 속공시킨 뒤, 앞에서 본 것처럼 위 4개 읍의 선주인을 김인대에게 방매한 것이다.
　방매된 4개 읍의 선주인은 김인대의 아들 김종하에 이르러 3차례에 걸쳐 지역별로 권리가 나뉘어 방매되었다. 1759년 부친의 약값을 충당하기 위해 사촌 김효동에게 안흥진 및 소관 제도를(34번 문서), 1769년엔 신성항에게 결성, 태안의 여객주인을(51번 문서), 그리고 마지막으로 1774년 이태성에게 직접 홍주 여객주인의 여(旅)를 방매하였다(21번 문서). 52번 문서는 신중항의 이름으로 51번 문서의 매득 내용에 대해 한성부에 입지성급을 요청하는 소지이다. 문서에 기재된 이름이 신중항(辛重恒)으로 되어 있으나 내용으로 볼 때 이전 문서의 매득자인 신성항(辛聖恒)과 동일 인물로 보는 것이 타당할 듯하다. 이를 도식화하면 다음과 같다.

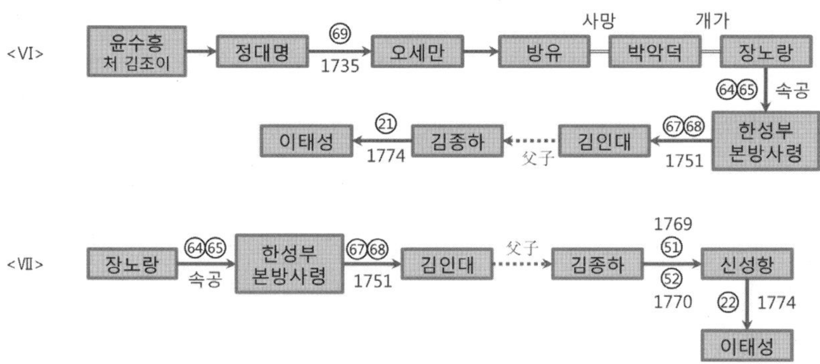

　이러한 내용을 종합하면, 177년에는 신성항으로부터 결성 · 태안 · 홍주 3읍의 상고 · 각색주인의 역(役)이, 김종하로부터는 홍주여객주인의 여(旅)가, 그리고 김택구 형제로부터는 안흥 · 거올 · 파지도 및 서천 돈의북창 여객주인의 여(旅)가 이태성에게로 방매되었다. 그리하여 34책과 관련한 대부분 지역의 주인 권리는 이태성에게로 수렴되었다.

5. 6개 읍 전체

이태성 이후로 6개 읍 여객주인의 매매 내력을 정리하면 다음과 같다.

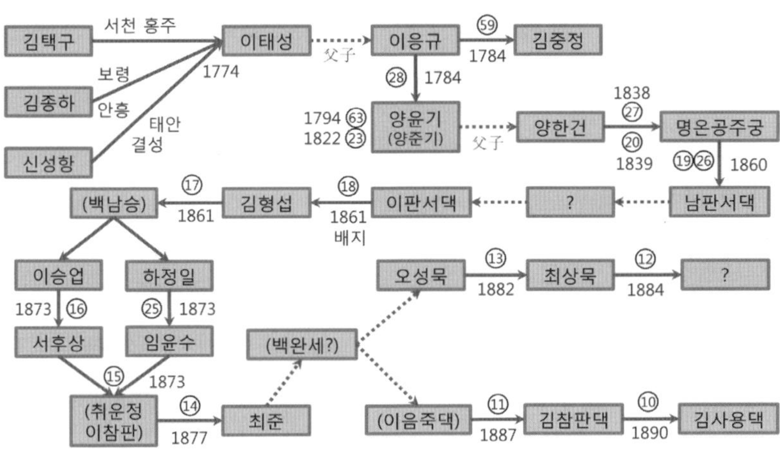

1774년 이태성으로 수렴된 34책의 충청도 태안 · 결성 · 보령 · 홍주 · 안흥 · 서천 등 6개 읍의 주인권은 시기에 따라서 절반으로 나누어 매매된 적은 있지만 100여 년간 거래의 자취를 비교적 분명하게 추적할 수 있다. 28번 문서에서는 이태성의 아들 응규의 명의로 양준(윤)기에게 3,070냥에 방매되었다. 그런데 동일한 지역과 권리에 대해 59번 문서에서는 이보다 하루 전날 액수와 몇 개 글자들만 차이가 나는, 거의 같은 내용으로 김중정에게 400냥을 받고 방매되었다. 중첩 방매의 양상을 보이고 있어서 내용상 어떤 변화가 있었는지, 혹은 어느 것이 진짜인지 의심을 자아낸다.

28번 문서에 나오는 매득자 양준기는 63번 문서의 형조등급에서는 양윤기라는 이름으로 기록되어 있는데, 내용을 비교하면 동일인물로 보인다. 63번 문서는 주인권이 양준기에게 넘어간 지 10년만인 1794년, 서부에 사는 배정구가 태안선주인에 대해 자신의 것이라는 소지를 형조에 올리면서 시작된 송사 내용을 담고 있다. 송사의 결과, 양윤기가 승소는 하였지만 대신 배정구가 소지한 중간 창설된 5,6건 문서를 인정해서 50냥을 주고 서로 화해하였다는 전말이 기록되어 있다. 한편, 23번 문서는 1822년 손택기가 양윤기(또는 양사중)을 상대로 한성부에 올린 소송의 전말을 한성부에서 송사를 대신 수행한 양윤기의 조카 양민석에게 등급해 준 문서이다. 당시 양윤기가 연로하여 병으로 관정에 대령할 수 없기 때문에 조카 양민석이 대신한 것이다. 태안지역에서 형성된 여객주인이 18세기 중반 이후 누구에게, 어떻게 전해지게 되었는지 34책에서는 알 수 없기에 파악하는 데 어려움이 있지만, 이러한 송사가 발생하게 된 근본적인 원인은 특히 이 지역에서 권리의 내용과 지역이 세분화되어 있던 주인의 역(役)이 후기로 갈수록 역의 내용이 아니라 특정 지역 전체에 대한 권리로 확대되고, 그 역할 또한 통합되어 가는 과정에서 중첩이 일어나 발생한 것은 아닐까 추측해볼 수 있다.

27번 문서는 양윤기의 아들인 양한건이 1838년 태안, 결성, 안흥, 서천 4개 읍을 3,500냥에 명온궁에 방매한 문기이며, 20번 문서는 그 다음해 홍주, 보령 양 읍의 여객주인을 4,500냥을 받고 역시 명온공주궁에 방매한 매매문기이다. 6개 읍의 주인이 명온공주궁으로 수렴되었다가 26번 문서에서 보듯이 1860년 남판서댁에 8,000냥에 방매되었다. 19번 문서는 이 과정에서 명온공주궁이 고지기[庫直] 이준성에게 준 배지이다. 그리고 18번 문서의 배지를 통해 이 권리가 이판서댁에 방매되었음을 추측할 수 있는데, 같은 해 방매 문건인 17번 문서에서도 김형섭이 이판서댁에서 매득했다는 내용이 있다. 김형섭이 방매한 곳은 명시되어 있지 않으나, 그 가격은 14,000냥으로 불과 1년 사이에 거의 두 배의 가격 상승을 보여주고 있다.

이 권리는 다시 절반으로 나뉘어 이승업에게 반 깃이, 하정일에게 나머지 반 깃이 방매되었다가 1873년 임윤수·서후상을 거쳐 같은 해 취운정 이참판에게로 수렴된다. 이와 관련된 문기가 15, 16, 24, 25번 문서이다. 24번 문서는 임윤수·서후상이 함께 각각 6,000냥씩 내서 6읍 경강주인을 12,000냥에 이승업과 하정일로부터 매득하여 읍호의 다소에 상관없이 가량(假量) 분치(分置)한다는 내용과 함께, 서로 나누어가진 관련 읍호열록 발기[邑號列錄 件記]를 기재한 것이다. 14번 문서는 최준이 취운정 이참판으로부터 매득한 여객주인을 1877년 15,000냥을 받고 누군가에게 방매한다는 문서인데, 그 뒷면에는 1881년 백완세가 6읍 주인의 역 반 깃을 8,500냥에 방매한다는 내용이 기록되어 있다. 시기와 본문기의 수, 그리고 방매 가격으로 미루어 볼 때 최준의 방매 대상이 백완세이고, 다시 그가 방매한 반 깃의 매득자는 13번 문서의 오성묵으로 추정된다. 그리고 그는 매득 가격 그대로 다시 최상묵에게 방매하였다. 2년 후인 1884년, 최상묵은 이것을 누군가에게 13,000냥에 매도하였다. 한편, 백완세의 나머지 반 깃은 11번 문서를 참고할 때 이음죽댁으로 방매된 것으로 보인다. 이 반 깃은 1887년 김참판댁으로, 다시 3년 후인 1890년에는 김사용댁에 30,000냥에 방매되었다. 1860년대에 들면서 방매자의 이름은 나오지만 매매문기에 매득자의 이름이 기재되어 있지 않기 때문에 정확한 매매 내력을 정리하는 데 어려움이 있다. 특히 반깃이라 하더라도 24번 문서에 나와 있는 것처럼 '읍호의 다소(多少)와 호부(好否)에

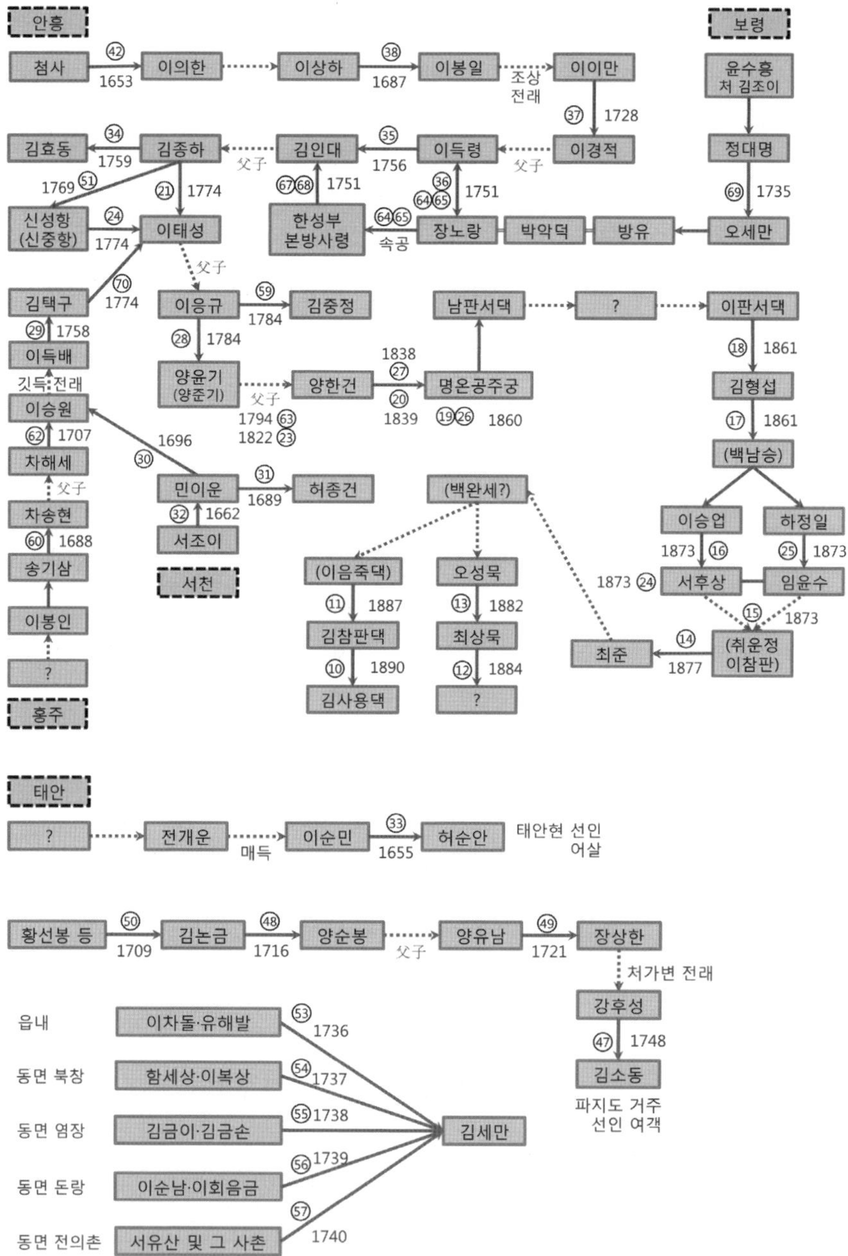

안흥
보령
첨사
42
1653
이의한
이상하
38
이봉일
1687
이이만
조상
전래
37
1728
이경적
윤수홍
처 김조이
정대명
69
1735
오세만
김효동
34
김종하
1759
김인대
35
이득령
1756
父子
父子
1769
51
21
1774
67
68
1751
36
64
65
1751
신성항
(신중항)
24
1774
이태성
한성부
본방사령
64
65
속공
장노랑
박악덕
방유
김택구
70
1774
父子
이응규
59
김중정
1784
남판서댁
?
이판서댁
29
1758
이득배
28
1784
18
1861
깃득 전래
이승원
양윤기
(양준기)
父子
1794
63
1822
23
양한건
1838
27
명온공주궁
20
1839
19
26
1860
김형섭
17
1861
62
1707
차해세
(백남승)
父子
1696
차송현
60
1688
30
민이운
31
1689
허종건
(백완세?)
이승업
하정일
송기삼
32
1662
서조이
1873
16
25
1873
이봉인
서천
(이음죽댁)
오성묵
1873
24
서후상
임윤수
?
홍주
11
1887
13
1882
15
1873
김참판댁
최상묵
최준
14
1877
(취운정
이참판)
10
1890
12
1884
김사용댁
?
태안
?
전개운
이순민
33
허순안
태안현 선인
어살
매득
1655
황선봉 등
50
1709
김논금
48
1716
양순봉
父子
양유남
49
1721
장상한
처가변 전래
강후성
47
1748
김소동
파지도 거주
선인 여객
읍내
이차돌·유해발
53
1736
동면 북창
함세상·이복상
54
1737
동면 염장
김금이·김금손
55
1738
김세만
동면 돈랑
이순남·이회음금
56
1739
동면 전의촌
서유산 및 그 사촌
57
1740

따라 계산이 달라질 수 있음'을 고려하면 이음죽댁으로 방매된 반 깃의 가격이 더 높은 것도 크게 이상할 것은 없다고 본다.

이러한 매매내력을 통해 볼 때 충청도 서해안 여러 읍 및 소속 포구와 도서지역의 여객주인 업은 18세기 후반에 이르면 한 명의 주인으로 집중되는 경향이 나타난다. 하지만, 19세기 후반 그 가격이 폭등한 이후에는 오히려 다시 절반씩 쪼개져서 매매되고 있다. 이러한 현상은 해당 시기 자본의 성장과 그 규모의 한계에 대해 생각하게 하는 측면이 있다. 또한 초기에 여객과 주인의 관계가 형성되는 배경에는 선인과 선주들의 개인적 필요, 예컨대 여러 이유에 의한 목돈의 마련을 위해서거나 혹은 궁가나 각둔 노배와 같은 세력가들의 횡포에 시달리다 사회적 보호를 해줄 수 있는 힘 있는 특정 상인과 주인 약정을 채택하는 경우가 있다. 또 해당 지역 관(官)과의 독점적 거래 관계 형성 등이 존재하고 있다. 그리고 주인의 역(役) 혹은 권리의 내용에서도 선인, 어살, 여인, 염분선, 어염, 미곡 등 초기에는 매우 세분화되어 있던 것이 '여객' 등으로 일반화되면서 포괄적인 지역적 권리로 변화함을 볼 수 있다. 한편, 주인의 매매과정에 참여한 사람들은 매매 당사자뿐 아니라 증인이나 필집 등으로 나섰던 사람들 상호간에 주로 거래가 이루어지고 있어서, 이러한 권리의 거래가 특정 집단 혹은 계층의 사람들 사이에서 중심으로 행해졌을 가능성에 대해서도 살펴볼 필요가 제기된다.

(안혜경)

○ 충청도장토문적 34책, 문서번호 1, 船主人權賣買文記

道光九年己丑十月二十五日崔光圭前明文

右明文事段海倉莫重露積飛蓋所入許多故城

南浦口鹽盆船與興利出入之船自洞中看檢爲也

飛蓋補蔽矣自今所任看檢難處故右人前折價

拾兩是古每年飛蓋擔當之意成給爲去乎本文

記段閪失不得出給新文記一張許給是加乎日后若

有洞中紛紜之說持此文卷告 官卞正事

　　　　船主人契首　崔【手決】

　　　　　　公言　金【手決】

　　　　　　文書　李【手決】

○ 충청도장토문적 34책, 문서번호 2, 船主人權賣買文記

咸豊陸年丙辰十月二十五日趙相祿前明文

右明文事段父親生時買得城南船主人

於洞內稧中是乎所價文則十兩也其後每年

看檢是加尼積債不少故不得已右人前

結價拾兩永永放賣爲去乎日後子孫

果或洞中若有是非之端持此文記告

官卞正事

　　　船主人主崔完吉【手決】

　　　證筆三寸崔子賢【手決】

○ 충청도장토문적 34책, 문서번호 3, 船主人權賣買文記

　　同治貳年癸亥十月初九日李致大前明文

右明文事段城南浦口貿鹽船與賣買船船

主人買得看檢是加可爲 官錢之所促迫

不得已右人前拾貳兩捧上是古永永放

賣爲去乎日後子孫與洞中或有紛紜

之端持此文告　官卞正事

　　　　　　　船主人 趙相祿【手決】

　　　　　　　證人 崔斤丟【手決】

　　　　　　　筆執 李基夏【手決】

○ 충청도장토문적 34책, 문서번호 4, 浦口主人權賣買文記

　　同治七年丁卯十二月十八日崔順文前明文

右明文事段城南浦鹽處臥漁船是遣百物之事

看敢是臥爲去乎右人前賈[價]折錢文卄五兩

捧上爲去乎是遣新文記一張舊文記三張右人前

永永放賣爲去乎日後子孫族屬中雜談之敝[弊]

是去等持此文記告官　卞正事

　　　　　　　浦主李致大【手決】

　　　　　　　證人李君心【手決】

　　　　　　　筆執崔春保【手決】

○ 충청도장토문적 34책, 문서번호 5, 船主人權賣買文記

　　同治十年辛未十一月十五日崔先達前明文

右明文事段要用所致城南鹽盆與各項看檢

船主人定價伍拾伍兩舊文記四張 官立旨二張新

文記一張幷以右人前永永放賣爲去乎日後子孫

族屬中或自洞中爲有是非紛紜之弊是去

等持此文記告　官卞正事

　　　　　　城南船主人崔順文【手決】

　　　　　　　證人李致大【手決】

　　　　　　　筆執李景律【手決】

○ 충청도장토문적 34책, 문서번호 6, 所志

縣內面城南里居船主人崔鍾五

右謹陳所志矣段船主人名色自前流來是白乎所各處商賈船或者來泊則例

得口文故海倉露積時飛蓋擔當者未知創自何時而已成前例是乎加尼忽自

星湖船主人家多縱率人另爲禁斷是豈道理乎禁斷則强弱不同故不得已許

給而雖飛蓋自星湖爲始擔當之意據理爲言則此而不受云爾矣身於此不管船

主人而獨當其飛蓋乎事甚悶迫乙仍于玆以仰訴爲白去乎

參商教是後露積所入飛蓋自今年爲始自星湖永爲擔當之意 嚴明題下以爲

憑信之地千萬望良白只爲

行下向教是事

官司主 處分

　　　　戊辰十二月　日

官【押】

〈題音〉旣有年例擔當

　　　　云事則何可冒頉

　　　　耶依前例收捧

　　　　向事　十八日

○ 충청도장토문적 34책, 문서번호 7, 所志

縣內面城南里居崔鍾五

右謹陳情由段矣身海倉露積飛蓋自前擔當是白遣倉浦或有商賈船來泊則

拾得如干口文錢以補飛蓋所入矣不意今者星湖船主人禁斷城南主人則莫重露積

飛蓋所入從何而擔當乎事實如此故日前呈訴是乎則 題音內旣有年例擔當之事則何可

冒頉耶依前例收捧　教是故玆更仰訴　特爲立旨成給日後憑考之地千萬伏祝

行下 向教是事

官 司主 處分

　　　　　戊辰十二月　日

〈題音〉依所訴立旨

　　　成給事

　　　　十二日

官【押】

○ 충청도장토문적 34책, 문서번호 8, 船主人權賣買文記

光緒八年壬午十一月十五日朴致三前明文

右明文事段以要用所致結城城南浦鹽盆與各項看檢

船主人定價壹佰兩捧上是遣舊文記五張及 官立旨二

張幷以新文記一張右人前永永放賣爲去乎日後子孫族

屬中如有是非紛紜之弊是去等持此文記告

官卞正事

　　　　船主人 崔德文【手決】

證人 姜士允【手決】

筆執 李景律【手決】

○ 충청도장토문적 34책, 문서번호 9, 旅客主人權賣買文記

光武元年三月十二日尹相鎬前明文

右明文事段은結城郡星湖木峴城南浦等各項看檢

船主人은本是 宣禧宮上納傳受之地로有文卷傳來賣買

이다가傳受舊文記段은遺失故로已上新文記로憑信次屢屢賣

買인바舊文記六張官題二張을憑準ᄒᆞ야價折錢文貳佰兩永

永放賣爲去乎是日後若有是非之端이거든持此文

記告官辨正事

船旅閣主人 朴致三【手決】

證人　　　金星辰【手決】

筆執　　　金春先【手決】

○ 충청도장토문적 34책, 문서번호 10, 旅客主人權賣買文記

光緖十六年庚寅正月　日 金 司勇 宅 奴又釗前明文

右明文事段忠淸道洪州保寧泰安結城安興舒川等六邑所屬諸島諸浦魚鹽米穀各項物種

旅客主人之業牛衿乙願買人處價折錢文參萬兩依數交易捧上是遣本文記貳拾肆度新文

記一張幷以永永放賣爲去乎日後若有雜談則以此文憑正事

財主 金參判 宅 奴得伊【左寸】

證人 李參奉 宅 奴乭釗【左寸】

筆執 朴仲善【手決】

○ 충청도장토문적 34책, 문서번호 11, 旅客主人權賣買文記

光緒十三年丁亥八月　日 金參判 宅 奴得伊前明文
右明文事段忠淸道洪州保寧泰安結城安興舒川等六邑所屬諸島
諸浦魚鹽米穀各項物種旅客主人之業牛衿乙切有用處價折錢文
參萬兩依數交易捧上是遣本文記貳拾參度新文記壹度幷以永永放
賣爲去乎日後若有雜談則以此文記憑考事

財主李陰竹宅奴千石【左寸】

證人李生員宅奴泰釗【左寸】

筆執申元明【手決】

○ 충청도장토문적 34책, 문서번호 12, 旅客主人權賣買文記

光緒十年甲申十二月　日 前明文

右明文事段忠淸道洪州保寧泰安結城安興舒

川等六邑所屬諸島諸浦魚鹽米穀各項物

種旅客主人之業牛衿乙切有用處價折錢文

壹萬參仟兩依數交易捧上是遣本文記參

拾貳度新文記壹度并以永永放賣爲去乎日

後若有雜談則以此文記憑考事

　　　　　　　　財主崔相黙【手決】【印】

　　　　　　　　證人崔　允【印】

　　　　　　　　筆執申學模【印】

○ 충청도장토문적 34책, 문서번호 13, 旅客主人權賣買文記

　　　　光緖八年壬午五月　日 前明文

右明文事段忠淸道洪州保寧泰安結城安興舒川等六邑所屬諸島

諸浦魚鹽米穀各項物種旅客主人之業牛衿乙切有用處右人前價折

錢文捌仟伍百兩依數交易捧上是遣本文記參拾壹度新文記壹度并以永永

放賣爲去乎日後若有雜談則以此文記憑考事

　　　　　　　　　　　財主 吳性黙【手決】

　　　　　　　　　　　證人 金　淵【手決】

　　　　　　　　　　　筆執 李鍾瀅【手決】

〈追記〉此中上送費貳佰貳拾伍兩

　　　　并捧事

○ 충청도장토문적 34책, 문서번호 14, 旅客主人權賣買文記

　　　光緒三年丁丑十二月　日　　前明文

右明文事段切有用處忠淸道洪州保寧泰安結城安興舒川等六邑

所屬諸島諸浦魚鹽米穀各項物種旅客主人乙翠雲亭李參判宅買

得是加可卽其右宅前價折錢文壹萬伍千兩依數交易捧上是遺本文記伍

拾貳張李參判宅牌旨壹張及立旨圖書壹張舊牌旨壹度新文記壹張幷以永永

放賣爲去乎日後若有雜談之弊則以此文記憑考事

　　　　　　　　　　財主 崔　浚【手決】

　　　　　　　　　　證人 崔圭復【手決】

　　　　　　　　　　筆　 李秉斗【手決】

〈背面〉

光緒七年辛巳二月　日洪州保寧泰安結城安興舒川六邑諸島諸浦旅客主

人牛衿乙價折錢文捌仟伍百兩捧上是遺永永放賣印

　　　　　　　　　　財主白完世【手決】【印】

○ 충청도장토문적 34책, 문서번호 15, 旅客主人權賣買文記

　　　同治十二年癸酉十二月　日　前明文

右明文事段移賣[買]次洪州保寧泰安結城安興

舒川等六邑所屬諸島諸浦魚鹽米穀各

項物種京江旅客主人之業牛衿買得於

李承業許是多可價折錢文玖仟兩依

數交易捧上是遣本文記十八張所志三傳令六差定二度立旨

圖書一度牌旨一度幷以永永放賣爲

去乎日後若有雜談之弊則此文記憑

考事

　　記主徐厚相【手決】

　　證筆金仲根【手決】

〈皮封〉 元山主人文券

○ 충청도장토문적 34책, 문서번호 16, 旅客主人權賣買文記

　同治十二年癸酉正月　日　前明文

右明文事段移賣[買]次洪州保寧泰安結城

安興舒川等六邑所屬諸島諸浦魚鹽

米穀各項物種京江旅客主人之業半衿

買得於白南升許是多可價折錢文

捌仟兩依數交易捧上是遣本文記

拾柒度所志參傳令壹差定貳度立旨圖書壹度牌旨壹度

幷以永永放賣爲去乎日後若有雜

談之弊則以此文記憑考事

　　　　記主李承業【手決】

　　　　證筆李順英【手決】

○ 충청도장토문적 34책, 문서번호 17, 旅客主人權賣買文記

咸豊十一年辛酉九月　日　　前明文

右明文事段切有用處忠清道洪州保寧泰安結城安興舒川

等六邑所屬諸島諸浦魚鹽米穀各項物種旅客主人京口李判書宅

買得是如可右宅前價折錢文壹萬肆仟兩依數交易捧上

是遣本文記伍拾度及立旨與圖書壹度牌旨壹度并以永永

放賣爲去乎日後若有雜談則此文記憑考事

　　　　　　　　　財主金亨燮【手決】

　　　　　　　　　證筆郭敎熙【手決】

○ 충청도장토문적 34책, 문서번호 18, 牌旨

元山主人價錢壹萬兩

準數捧上後文券出

給事

　辛酉八月卄八日 京口

〈籤紙〉牌旨

　　李判書宅

○ 충청도장토문적 34책, 문서번호 19, 圖署牌旨

　　庫直李俊成處
無他自本宮切有緊用處忠淸道洪
州保寧泰安結城安興舒川等六邑所
屬諸島諸浦魚鹽米穀雜物種都旅
客主人梁判官漢楗處買得收稅是如可
右宅前價折錢文捌千兩交易捧上是遣
本文記肆拾玖度與立旨幷以永永放賣之
意成牌旨以給爲去乎此牌導良成文以給
是矣宮屬中日後如有雜談是去等以此牌
旨憑考之地宜當向事
　　　庚申正月初四日
明溫公主宮
　　　此亦中所屬六邑外若或有
　　　一邑一島遺漏之弊則更爲詳
　　　考推去之地事

○ 충청도장토문적 34책, 문서번호 20, 旅客主人權賣買文記

道光十九年己亥正月晦日　前　明文

右明文事段切有用處祖上傳來忠清道洪州保寧兩

邑所屬諸浦諸島魚鹽米穀旅客船主人之業乙右　宮前價折錢文

肆仟伍佰兩依數交易捧上是遣本文記騰[謄]給貳拾壹張幷以永永放

賣爲去乎若有子孫族屬中雜談則此文記憑考事

　　　　　　　　　自筆 旅客船主人 梁漢樴【手決】

　　　　　　　　　　證人 從弟 珉錫【手決】

〈追記〉權買分

○ 충청도장토문적 34책, 문서번호 21, 旅客主人權賣買文記

乾隆三十九年甲午九月初四日李泰成前明文

　右明文事段要用所致以忠清道洪州旅客

　主人之旅右人前價折錢文參佰兩依數

　交易捧上爲遣永永放賣爲乎矣本文

　記段他文書幷付以時文書壹丈以永永放

　賣爲乎矣日後同生子孫族屬中若有

　雜談則此明文以告官卞正事

　　　　　　　　旅主 金宗河【手決】

　　　　　　　　證人 李敏哲【手決】

金興麗【手決】

外三寸 金萬興【手決】

筆執 辛聖恒【手決】

○ 충청도장토문적 34책, 문서번호 22, 旅客主人權賣買文記

乾隆三十九年甲午八月十八日李泰成前明文

右明文事段切有用處故勢不得已金宗夏前買得

忠淸道結城泰安洪州三邑商賈各色主人之役右人前

價折錢文參百肆拾兩依數捧上是遣本文記貳張及

立旨肆丈幷以永永放賣爲乎矣此後若有同生子

孫某人中雜談則將此文記告官卞正事

旅客主 辛聖恒【手決】

證人 姜敏興【手決】

金興麗【手決】

盧雲星【手決】

金光獜【手決】

筆執 金宅禹【手決】

〈**背面**〉結城泰安兩邑放賣

道光二年十二月　日漢城府贍給

右爲贍給事西部居孫宅箕名呈所

志內以爲矣身高祖生時忠淸道洪州結城泰

仁保寧安興廣川等諸處船人居接於矣家

留延食供也船卜和賣也矣高祖次知主張果有

每人悅之之意則上項諸處船人輻輳來集往來

多年自然有互相拮据之物而船人齊賀善主之厚又有

拮据之費永作六邑之主人以爲一分酬謝是如成出

文券作爲基業至于矣父而傳四世無弊爲之是如可四

十餘年前矣父適得奇疾暫時移寓於麻田也而

使矣奴次同爲名者姑爲擧行而行之一年果有勤實之意

故幷付文券而使之典守矣其後聞次同身死之報文券欲

爲推尋則仍爲闕失而次同亦無子侄憑問無處推尋無

路是如乎次同旣死則船主基業主管無人矣父固當上來

依前次知是乎矣本病轉痼蟄伏鄕中一年二年未

遑上來是加尼其後聞之則東幕居梁士中爲名人

乘次同死無人之時拾取文券仍爲次知是如乎矣矣父病廢

矣身年幼便同置之度外矣矣父臨終遺言以爲吾則已

矣待汝長成更尋舊業以遂我未遂之志云此言在耳甘

心復舊是白乎乃矣身亦以病弱之質出沒死生慮未及於此

等之事故尙稽至此矣大抵屢百年傳來之基至雖有中

道失傳之事明其來歷起訟還推載在法典岔除良祖

先之創設基業空然見奪於人使弱子屢孫不得保有則
在私情豈不至寃在公法亦豈有仍令永失之理乎雖以梁
哥言之他人傳來之世業中間橫取多年次知其利不可
乙仍于玆敢仰訴爲白去乎參商敎是後同梁士中持文券
捉來官庭創設來歷中間事實幷與各年禾利而依法
典從公決給事行下爲只爲行下向敎是事漢城府處分壬
午十二月日所志連次同月初一日堂上題辭內捉來推問堂
上着押踏印是齊連次同月初二日隻梁士仲侄閑良珉
錫年二十七元告閑良孫宅基年三十六白等狀辭推問敎
是臥乎在亦隻梁珉錫矣身段矣身同姓叔年老
病廢不得待令故矣身代現納招是白在果大抵此訟
顚末難以口陳是如乎明內原情書納計料爲白乎旀
元告孫宅基矣身段置隻漢旣納原情云矣身亦
爲原情書納計料爲去乎隻漢處前後來歷
文券一一現納細細詳考後明査推給敎事各
着名堂上郞廳着押踏印是齊連次同日題辭內前
後來歷文券幷現納向事堂上着押踏印是齊連次
同月初四日隻梁珉錫原情矣叔甲辰年分洪州船主人決價
三百七十兩買得於李泰成者今爲四十年而初無雜談是白
加尼日前孫宅基爲名人呈訴於本府以爲洪州主人本是其
矣家貢納渠父生時文券出給其奴以爲擧行矣同文券
中間闊失者四十餘年而今聞矣叔士仲見方擧行云
伏乞還推是如爲臥乎所大抵以訟理言之則賣買將爲四
十餘年訟限已過盆除良次次轉賣之階梯文券積成

券軸而各項文書中初無孫姓則其所孟浪一按可以洞悉

是白乎㫆以事理言之則宅基之父五福兄弟窮不資生寄

食於矣身洞里故來往矣家而船主二字初無擧論而轉展

漂泊或流落於麻田或寄身於營廳不勝其飢寒

而其身死僅爲二十年云若是窮困之際如有傳來之

貢納豈不斥賣而救急一味任他於次同者乎雖以闕失

二字欲爲粧撰之欄柄而尤爲無理者果爲闕失則宜卽

告官成出立旨㤪除良今此主人之業不是隱微潛行之

事也洪州船隻到泊於京江則船人輩來往相續酒食具供

沿江上下無人不知則文券雖曰見失所謂次同者因其舊業而

爭辨於新行者當時之新行主人者其時何說而爭衡是乎㫆

船人輩亦豈不更就於年舊主之次同而乃欲來往於無憑可考

之新主人乎論以訟理揆以事理果有一毫近似於孫哥之狀

辭乎如許强盜之類不可尋常處之伏乞參商敎是後同宅

基身乙嚴刑遠配以杜奸猾之習敎事着名堂上郎廳

着押踏印是齊連次同日元告孫宅基原情矣身所懷已

悉於原狀中更無可達之辭是白在果就此見隻漢原情

則許多句語無非虛謊粧撰之說是如乎大抵此訟立落

專係於文券中孫姓有無而渠之狀辭中各項文券中初無

孫姓一按可燭是如是乎所各樣文券皆有設始事跡而

文券旣在渠家設始誰某必無不知之理而果若渠言初

無孫姓云云則日昨捉對之時何不言及於此只曰四十年久

遠之後始爲推尋乎云云是白如可今忽變辭反白者極

爲巧惡是遣文券現納題下已至數宿或稱在他或稱典

當者必有文券變幻終不現納奸狀明若觀火是白乎旀
且所謂李泰成許決價二百兩買得云而忽忽爾七十兩者
亦涉疑晦是白乎旀矣父寄食於其矣洞里云尤極孟浪渠
之洞里矣身七寸諸叔居生故矣父上京則留住於此每與諸
族語及梁哥船主人還推事則族人本與梁哥最好之
間每每挽止故有志未遂者良以此也是白如乎矣身
爲本主與否諸族人素所慣聽一番查實敎是則梁
哥必無發明之意文券眞僞亦當綻露伏乞細細洞燭
敎是後梁哥文券隱匿情節嚴杖推問期於必
推無至見失之地敎事着名堂上郎廳着押踏印是
齊連次同日題辭內果如隻言訟理明白則文券當現
納之不暇故爲東西推諉匿而不納乎此一款極涉
殊常同文券幷一一督納以爲憑處之地向事堂
上着押踏印是齊連次同月初七日隻梁珉錫年元告
孫宅基年白等隻矣身段矣身船主文券典當他處
矣今始推納爲去乎明查處分爲白乎旀元告矣身段
隻漢之文券東西推諉矣今始來納之中矣身來
歷文券段中間落漏是如乎世豈有如許無據
之漢乎伏乞明查處分俾無見失之弊敎事各着
名堂上郎廳着押踏印是齊連次同月初八日題辭
內孫哥則曰渠之高祖世業又曰四十年前奴次同
次知收稅云云此蓋渠之口傳而無隻字片言
之可據爻除良取考其流來文券則自康熙至乾
隆階梯昭然無一孫姓人則其所謂高祖世業者

無憑可考是遣自乾隆甲辰梁潤基之買得於李

泰成之文券明白見存則四十年間次同次知云者

又無可據然則孫之一字無處可見來歷文券

一一可證則何以信其口傳之言而決給乎但所可疑

者近來虛誆非理之訟固何限而白白地以無形跡

無影響之事豈卜請推此亦無於理之事孫哥

處分付若有文券外別般可證可據之端是去等

更爲來告宜當向事堂上着押踏印是齊連

次同月同日元告孫宅基追呈矣身所懷已悉於原情

中不必疊床是白在果卽伏見題音之下處分明白

破綻無餘敎是則豈敢更辭煩瀆於分析之下乎第

有私情之抑鬱者不避猥屑兹敢更訴冀蒙明查

之澤是白齊矣身許無片言隻字可據之文跡事段

當初文券出給次同則豈有他文記之理是乎旀文券

中只有某某人賣買而來歷間斷是遣至於創設

事跡及次同賣買文記拔去無有是故文券中

孫姓二字之初無良以此也是白如乎矣身所訴外面驟

看事涉虛誆是白乎乃許多人許多基業推尋言其梁

哥船主人事乎矣身族人亦在江郊此事素所聽知一番

招問則眞僞自可卜破是白乎等以緣由仰訴爲白去乎

伏乞細細洞燭敎是後更蒙明決之澤千萬祝手爲只

爲行下向敎是事漢城府處分同日題辭內創設事

跡旣有康熙以後來歷文券是遣次同買賣事自

李泰成轉賣梁潤基文券幷存則次同賣買無處

可見拔去云云亦近抑勒第所訴如此其族人之在

江郊者試招問如有一分可據之信跡則更告向事

堂上着押踏印是齊連次同日元告孫宅基族人閑良孫

聖禧年五十三白等矣身從兄生時來言曰船主

人之業卽吾之屢代傳來之物而避寅時付之

次同處矣次同死後梁哥橫奪次知何以還

推云云故矣身得聞其說已而矣到今矣侄呈訴是

白乎乃本訟顚末實難知得是白置從實納

招相考處分敎事着名堂上郞廳着押踏印

是齊連次同月十一日元告孫宅基族人孫聖禧

年元告隻梁錫珉年白等孫聖禧矣身

段矣身所懷已盡於前招是白在果矣身族侄宅

基不知法意他矣主人之業欲爲橫奪誣訴本府

是如可奸狀綻露則自知理屈知機逃躱是如

乎此後若有更鬧起訟之弊則矣身亦爲嚴

治照律爲白乎旀隻梁珉錫矣身段狀者

族人招辭旣如是明白則渠知非理之罪如是逃

躱是如乎伏乞狀者期於捉得杖問得情後

依法照律以杜日後奸民輩侵漁之弊敎

事各着名 堂上郞廳着押踏印是齊連次

同月　日隻梁珉錫處原文案謄給印

　　　　　　　壬午十二月　日

堂上【押】

明溫宮文券壹張

梁漢健文券壹張

李泰成子應奎文券壹張

金宅九文券壹張

李得培文券壹張

閔而雲文券壹張

徐召史文券壹張

李順敏文券壹張

金宗夏文券壹張

李得齡文券壹張

又　　　所志壹張

李以萬文券壹張

李尙夏文券壹張

安興僉使傳令陸張

李奉逸差定壹張

又張万健差定壹張

金小童所志壹張

姜厚成文券壹張

梁首男文券壹張

金論釗文券壹張

黃先奉文券壹張

金宗河文券壹張

辛童恒所志壹張

明溫圖署壹張

金亨變文券壹張

李判書牌旨壹張

梁漢楗文券壹張

辛聖恒文券壹張

金宗河文券壹張

漢城府膽給壹張

刑曹膽給壹張

漢城府立案壹張

金仁大所志壹張

漢城府本房使令朴壽泰等文券壹張

鄭大命文券壹張

車海世文券壹張

宋起三文券壹張

李泰成子應奎文券壹張

金世萬所志壹張

船人徐尹山文券壹張

又李順男文券壹張

金金平文券壹張

咸世尙文券壹張

李次乬文券壹張

癸酉正月　日

洪州泰安結城安興

舒川保寧合六邑

京江主人價文壹萬

貳仟兩內各出陸仟

兩式買得於河靖一

李承業兩人處而文

券都在一處事理不

然故文券中不計邑

號多小好否假量分

置以免薪薪而已日

後價之高歇分當

而若有雜談則以此

憑考次相約是遣

邑號列錄件記

各持一張式中各着

套書以爲信準之

標【印】

徐厚相【印】

林崙洙【印】

○ 충청도장토문적 34책, 문서번호 25, 京江主人權賣買文記

同治十二年癸酉正月　日　前明文

右明文事段元山京江主人

半衿買得隨行是如可右

人前價折錢文陸仟兩依數

捧上是遣本文記舊文記肆拾玖張內假量分排則貳拾捌張永永

放賣以此憑考相納事

　　　記主 河淸一【手決】

　　　證人 徐厚相【手決】

　　　　　金弘燁【手決】

〈皮封〉明文

○ 충청도장토문적 34책, 문서번호 26, 旅客主人權賣買文記

　　咸豊十年庚申正月初四日茗泉 南判書宅前明文

右明文事段切有用處忠淸道洪州保寧泰安結城安

興舒川等六邑所屬諸島諸浦魚鹽米穀各項物種旅

客主人梁判官漢楗處買得收稅是如可右宅前價折錢

文捌千兩依數交易捧上是遣本文記肆拾玖度及立旨

與本宮牌旨并以永永放賣爲去乎日後若有雜談則以此

文記憑考事

　　　　　財主 明溫公主宮 掌務鄭昌耉【手決】

　　　　　　　稛宮金德景【手決】

　　　　　　　庫直李俊成【手決】

證　金聖泰【手決】

筆　朴泰鎭【手決】

○ 충청도장토문적 34책, 문서번호 27, 旅客主人權賣買文記

道光十八年戊戌二月▨日▨前 明文

右明文事段切有用處祖上傳來忠淸道泰安結城安興舒川諸島諸浦

魚鹽米穀各項物種旅客主人之業右　宮前價折錢文參仟五百兩依數交

易捧上是遺本文記騰[謄]給二十六丈幷以永永放賣爲去乎若有子孫族屬

中雜談則此文記卞正者

旅主 梁漢楗【手決】

證從弟 珉錫【手決】

〈追記〉權買分

○ 충청도장토문적 34책, 문서번호 28, 旅客主人權賣買文記

乾隆四十九甲辰四月二十七日梁浚基前明文

右明文事段方有急用處矣父自己買得辛聖恒處忠淸道洪州泰

安結城三邑及金宅九處買得泰安所屬安興島及巨乭波之島舒

川所屬敦儀北倉諸島諸浦魚鹽旅客結城洪州泰安三邑旅客商

賈持物貨來到則無弊酬應安過是白如可千萬意外以逢變重

囚獄中養獄浮費太多故勢不得已右項五邑旅客主人之業右人前

價折錢文參仟柒拾兩依數捧上爲遣本文記段金宅九文書及謄

給幷貳拾貳丈辛聖恒文書貳丈立旨四丈幷以代矣父着名爲遣永永

放賣爲去乎日後良中矣父同生子孫族屬中若有雜談還退之弊則將此文

記告卞正事

　　　　　旅客主 李泰成子應奎【手決】

　　　　　　　母張氏【左手掌】

　　　　　　　母姜氏

　　　　　　證人 金重鼎

　　　　　收養子 李奉得【手決】

　　　　　　　朱世徵【手決】

　　　　　　筆執 丁遠祚【手決】

〈背面〉戊子正月　日泰安稅船主人許給于家姪宗煥處

○ 충청도장토문적 34책, 문서번호 29, 旅客主人權賣買文記

　　乾隆二十三年戊寅正月初十日金宅九前明文

右明文事段方有急用處衿得傳來旅客

忠淸道洪州官及舒川官江主人稅米運

納之時京江船應食主人米壹石及泰安縣

所屬各面敦儀北倉巨乭島與諸島魚鹽

船人等及舒川浦民魚鹽船主船人等三邑諸

處同人前價折錢文肆佰兩依數捧上爲遣

本文記六度并以永永放賣爲去乎舒川刑

曹立案一度閪失不給故以此意成文後同

生子孫族類中如有雜談是去等將此文記

告官卞正事

　　　　旅主人 李得培【手決】

　　　　證人　李泰成【手決】

　　　　　　李震英【手決】

　　　筆執 金宅潤【手決】

〈背面〉洪州泰案[安]八丈

○ 충청도장토문적 34책, 문서번호 30, 旅客主人權賣買文記

康熙三十五年丙子五月二十三日李承元前明文

右明文爲臥乎事段矣要用所致以外家祖上傳

來接對爲如乎忠淸道舒川官及其官居船人浦民

京江往來人矣身接對之類乙沒數同人處價折銀

子伍拾陸兩依數交易捧上爲遣永永放賣爲乎矣

本文記刑曹立案壹度別得文記壹度并以許給

爲去乎後次良中同生子孫族屬中相爭雜談爲去

等將此文記告官卞正事

旅主通政　　閔而雲【手決】

證人同生弟　　大雲【手決】

證人異姓四寸　崔允己【手決】

筆執　　　　　金有憲【手決】

○ **충청도장토문적 34책, 문서번호 31, 旅客主人權賣買文記**

康熙二十八年己巳十月十四日許宗建前明文

右明文事要用所致以同人處忠淸道

舒川居旅人等乙正銀子肆拾兩交易捧

上後本文記一丈結立案一丈幷以永永

許給放賣爲去乎後日良中同生子

枝中如有雜談之弊是去等持此文

告官卞正事

　　　　財主 閔二雲【手決】

　　　　證人 李奉仁【手決】

　　　　　　孫應漢【手決】

　　　　筆執 朴尙柱【手決】

○ **충청도장토문적 34책, 문서번호 32, 分財記(旅客主人權許與文記)**

康熙元年壬寅十二月初三日長子而雲亦中

許與成文

右成文事段余年老多病乙仍于汝
醫藥甚勤其功極重旀不喩汝長
子以將爲奉祀故祖上傳來接對
爲在忠淸道舒川官及其官居
人等乙永永許與爲去乎後次同生子
孫中如有雜談爲去等此文告官
卞正事

　　　財主母徐召史【右寸】

　　　證同生娚 徐業【手決】

　　　證　　　楊禮吉【手決】

　　　筆執　　朴文龍【手決】

○ 충청도장토문적 34책, 문서번호 33, 旅客主人權賣買文記

順治十二年乙未十二月初六日許順安前明文
右明文事段妹同生亦長利契米催促爲遣
炮手私契步兵催促仍于他其矣上典趙生之
身貢催促仍于他條以出得不得爲去乙勢
不得妹夫田介云處買得泰安縣爲有如可
同人處正步兵柒疋捧上爲遣永永放賣
爲乎矣本官凡船人是乃魚箭是乃幷以許
給爲去乎後次良中雜談爲去乙等此明文告

官卞正事

財主李順民【左寸】

同主韓承元【手決】

證人李贊卜【手決】

證人楊喜中【手決】

筆執丁生霽【手決】

○ 충청도장토문적 34책, 문서번호 34, 旅客主人權賣買文記

乾隆二十四年己卯十月卄九日四寸金孝同前明文

右明文事段李得齡處買得是在安興鎭及所

管諸島漁采[採]及商賈船隻本鎭官下船幷以旅

客接待是如可父主病患極重故醫藥次以價

折錢文伍拾兩依數捧上爲遣本文記參丈立旨

一丈官文柒丈幷以四寸前永永放賣爲去乎日後同生族

人中族屬中如有雜談則持此文記卞正事

旅客主人　金宗夏【手決】

證人　李仕卜【手決】

盧雲星【手決】

筆執　姜載聖【手決】

○ 충청도장토문적 34책, 문서번호 35, 旅客主人權賣買文記

乾隆二十一年丙子閏九月卄二日金仁大前明文

右文爲矣父生時買得是在安興鎭及

所管諸島漁采[採]及商買[賈]船隻本鎭

官卜船幷以旅客接待次價折錢文

肆拾五兩依數捧上爲遣本文記貳丈

及立旨單子柒丈幷以右人處永永

放賣爲白[乎]矣日後矣同生子孫族類

某人中若有雜談則持此文告官卞正事

　　　旅客主人 李得齡【手決】

　　　　證人 李忠燁

　　　　　姜翊周

　　　筆　　卞尙白【手決】

○ 충청도장토문적 34책, 문서번호 36, 所志

　　李得齡

右謹陳所志矣段張老郎非理起訟橫奪矣身之隨行安興島巨吾島是白如可以非理好

訟之律勘處後其矣船主人段以兩隻不當旣已屬公爲白有置矣身次知巨吾島等諸

浦船主人依前隨行爲白去乎後考次立旨成給爲白只爲

行下向教是事

漢城府 處分

辛未六月　日 所志

〈**題音**〉後考次立

　　　旨成給

　　　廿一日

堂上【押】

○ 충청도장토문적 34책, 문서번호 37, 旅客主人權賣買文記

雍正六年戊申八月晦日軍官李慶績前明文

右明文事段要用所致以祖上傳來爲在安興鎭及所

管諸島漁采[探]及商賈船隻本鎭官卜船幷以價折

錢文參拾兩依數交易捧上爲遣牒連單字柒丈

買得本文記壹丈合捌度幷以永永放賣爲乎

矣日後若有同生子孫族屬中雜談是去等此

文記告官卜正事

　　　　　　　旅客主人 李以萬【手決】

　　　　　　　證人　　金世命【手決】

　　　　　　　異姓 姪子金時興【手決】

　　　　　　　筆執　　宋義杰【手決】

○ 충청도장토문적 34책, 문서번호 38, 旅客主人權賣買文記

康熙二十六年丁卯正月十八日李奉逸前明文

右明文事段要用所致以買得爲如乎安興鎭官乙價

折錢文伍拾兩依數交易捧上爲遣本文記段買

得文記壹度官差定文書壹度前後安興官牌

字肆丈并以永永放賣爲乎矣日後幸有同生子孫中

雜談爲去等持此文告官卞正者

　　　　　旅主軍官 李尙夏【手決】

　　　　證人　　李厚民【手決】

　　　　　　　朴孝得【手決】

　　　　筆執　　安夢臣【手決】

○ 충청도장토문적 34책, 문서번호 39, 傳令

麻浦主人李義汗

安興移鎭時所用鐵物貿得次載價以來爲有如乎

尋聞之則無川鐵物貿販船來到汝矣家是如

爲去乙同薪鐵捌夫里良中從市直價布貳

拾疋兩端踏印交易次送去爲去乎依此貿

送爲乎矣彼此官家貿易或不無中間虛疎

之弊將此牌字相考施行向事

甲午六月卄一日

行僉使【押】

　　此亦中以此辭憑無川監色處

　　直爲書通爲去乎此憑乙幷以

　　知悉擧行事

○ 충청도장토문적 34책, 문서번호 40, 傳令

　　李義漢

近來好在否營造時所用

薪鐵貿易次以價布拾貳疋兩

端踏印送去爲去乎好盜大佛

運貿送宜當靑魚貳拾冬

音送去相考推進事

　　　　乙未四月初八日

安興僉使【押】

○ 충청도장토문적 34책, 문서번호 41, 京主人差帖

京江居李奉逸

汝矣身乙本鎭主人差

定爲去乎凡事不輕

察任向事

　　　　癸丑十月二十九

安興使【押】

○ 충청도장토문적 34책, 문서번호 42, 京主人差帖

麻浦李義漢

汝矣身乙本鎭

京主人差定爲

去乎凡往來船

人接對向事

　　　　癸巳九月初八日

安興僉使【押】

○ 충청도장토문적 34책, 문서번호 43, 傳令

江主人李義漢

頃見告目則薪鐵多數有之云貿

用次委送官人爲去乎或五六夫里

或七八夫里間隨所有今去人逢授

順歸船載送爲乎矣價本段遠地陸

運有弊端不喩薪鐵元數多少未能

詳知不得送去爲去乎酌定其價下送

則價本乙良亦當順歸船載送之意并以

相考施行俾無停役之患向事

　　　甲午正月十九日

安興僉使【押】

　　　此亦中諺文牌字亦爲送去爲去乎相

　　　考次

○ 충청도장토문적 34책, 문서번호 44, 傳令

션전관패도니의한이ㅇ명을걸경쇠

　京江主人李義汗

汝矣所授爲有在本鎭薪鐵

柒百斤今去人處一一載送爲乎

矣幾塊重幾斤是如詳細告

目以爲憑處之地向事

　　　庚子二月十三日

安興僉使【押】

○ 충청도장토문적 34책, 문서번호 45, 安興主人差帖

京江居張晩建

汝亦故李奉逸末婿

是如乙仍于安興主人

仍差爲去乎本城軍

器所用筋角樺皮等物善

貿以送爲旀其他守護等

事依例着實擧行向事

　癸未五月十九日

守城將 【押】

○ 충청도장토문적 34책, 문서번호 46, 所志

　　　麻浦居金小童

右謹陳所志矣段矣身居在江上資生無路乙仍于旅客主人姜後聖所接船

人忠淸道泰安波之島居黃攸先黃先奉黃先龍黃順鶴宋近昌等子孫

族類諸船人幷以矣身以旅客永永定主人次折價錢文貳拾兩依數備

給於姜後聖處是遣旅客傳來文記肆度幷以買得是如乎日後

良中或有某人中作梗之弊是白良置玆敢仰訴爲白去乎後考次論理

立旨成給爲白只爲

行下向敎是事

刑曹 處分

　　　甲戌正月　日所志

〈**題音**〉本券導良立

　　　旨事

　　　　十一

堂上【押】

〈**背面**〉金宅九文記二十五度

　　　波之島四丈

　　　타안문셔

○ 충청도장토문적 34책, 문서번호 47, 旅客主人權賣買文記

　　乾隆十三年戊辰八月十二日金小同前明文

右明文事段要用所致以妻家邊傳來旅

人忠淸道泰安波之島居黃攸先黃

先奉黃先龍黃順鶴宋近昌等子孫

族類幷以同人處價折錢文貳拾兩

依數交易捧上爲遣本文記三丈幷爲

永永放賣爲乎矣日後良中子孫族

屬某人中若有是非之事則此文告

官卞正事

　　　旅主　姜後聖【手決】

　　　證人　林世蕃【手決】

李守澄【手決】

筆執　姜載聖【手決】

○ 충청도장토문적 34책, 문서번호 48, 旅客主人權賣買文記

康熙五十五年丙申七月初十日梁順奉前明文

右明文爲臥乎事段要用所致以己丑年分

忠清道泰安居船主黃先奉宋近昌黃白

龍黃順鶴等四人乙旅客之禮准價買得

是如可同人處折價錢文貳拾兩依數

捧上爲遣本文記壹度幷以永永許給爲乎

矣後此次子孫族屬中是乃旅客中是乃雜

談之弊是去等其矣成文明文及此文幷以告官卞

正事

　　財主私奴金論金【左寸】

　　證人　　景大喧【手決】

　　　　　　景成起【手決】

　　　　　　白秀建【手決】

　　筆執　李春遇【手決】

康熙六十年辛丑八月初六日張相漢前明文

右明文事段要用所致以父主生時金論金

處賣[買]得旅人忠淸道泰安居黃攸先黃

先奉黃先龍黃順鶴宋近昌等子孫族類

幷以同人前折價錢文參拾兩依數交易

捧上爲遣本文記貳丈幷以永永放賣爲

乎矣日後良中某人是乃雜談則

持此文記告官卞正事

    旅主   梁有男【手決】

    同姓叔父 梁有男【手決】

    證人   金澤瑞【手決】

    筆執   李東伯【手決】

○ 충청도장토문적 34책, 문서번호 50, 旅客主人權賣買文記

己丑四月十七日金論金前明文

右明文爲臥乎事段矣身則本是

無主人是如乎卽今司僕寺穀物載

來納倉爲如可多有無面充納無路

勢不得已矣身乙以旅客禮同人前

捧價錢文拾伍兩許賣爲去乎日

後或有某人是乃雜談是去等持此

文記告官卞正事

　　　　船主黃先奉【手決】

　　　　賃船主宋近昌【手決】

　　　　黃白龍【手決】

　　　筆執陰太極【手決】

〈**背面**〉四兩黃白龍捧上

○ 충청도장토문적 34책, 문서번호 51, 船主人權賣買文記

乾隆三十四年己丑八月二十九日辛聖恒前明文

右明文事段漢城府本房使令等處買來爲業是如在中忠清

道雇馬水營所屬結城洪州保寧泰安等四邑旅客主人之役父主

生時買得受稅是乎所切有用處已上四邑中結城泰安兩邑主

人之役盆右人前價折錢文貳佰伍拾兩依數依數交易捧上爲遣

永永放賣爲乎矣本文記壹張及立旨參張段他主人文書中幷

付乙仍于不得許給爲去乎此後良中子孫同生族屬中若有雜談

是去等持此文記告官卞正者

結城泰安兩主人主 金宗河【手決】

　　　證人 金興兌【手決】

　　　　金景禄【手決】

文弼郁【手決】

姜宅仁【手決】

筆執 趙泰昇【手決】

○ 충청도장토문적 34책, 문서번호 52, 所志

麻浦居辛重恒

右謹陳所志矣段己丑年分金宗河處忠淸道雇馬水營所屬

結城洪州保寧泰安等四邑旅客主人中結城泰安兩邑主人兺

給價貳佰伍拾兩買得一依貢物例傳子孫永爲執持爲白乎矣

此與家舍田畓文記有異元無成斜之規是白乎等以買得文記

粘連仰訴特爲立旨成給以爲後考之地爲白只爲

行下向敎是事

漢城府　處分

　　庚寅　月　日 所志

〈題音〉立旨

　　成給

　　　　卅

堂上【押】

○ 충청도장토문적 34책, 문서번호 53, 船主人權賣買文記

乾隆壹年丙辰二月二十一日金世萬前明文

右明文爲臥乎事段忠淸道泰安邑內居船主年年往來而魚

石載來到泊於麻浦近處而船人等疲殘故諸宮家各屯奴輩等如

是作亂故不能支撐乙仍于勢不得已旅客主人旣定的實是置自賣

許屬爲在價折錢文貳拾伍兩依數捧上爲遣則海發段參拾兩捧上是遣

日後良中曾外子子孫孫同生雜談是去等持此文記告官卞正事

船主　　　　李次乭【手決】

船主頓依居　劉海發【手決】

證人　　　　崔俊發

筆執　　　　張佑漢【手決】

〈**背面**〉金得孫文書

○ 충청도장토문적 34책, 문서번호 54, 船主人權賣買文記

乾隆貳年丁巳四月二十日金世萬前明文

右明文爲臥乎事段矣身興利次以各營船隻等物賣

買之際欲爲買得而他無出處乙仍于矣徒等段置本無主

人故勢不已主人前錢文肆拾兩貸用而給價船隻是乎等以每

年往來之時完定旅客對答的實是置日後良中船人等曾

外子子孫孫某人等如是橫侵之弊若或雜談是去等持此文記告官

卞正事

忠淸道 泰安 東面 北蒼 咸世尙【手決】

船主 李福尙【手決】

證人 車莫尙【手決】

車珍載【手決】

筆執　張佑漢【手決】

○ 충청도장토문적 34책, 문서번호 55, 船主人權賣買文記

乾隆三年戊午六月二十一日京主人金世萬前明文
右明文爲臥乎事段忠淸道泰安東面鹽場居船
主金金伊同姓四寸今孫等船商爲業矣適以隣洞船
隻賣買之際他無出處乙仍于京居麻浦食主人處所
貸錢文伍拾兩貸出給價船隻買得是乎等以矣身段置拘
於人情怸不喩本無旅客人故仍爲主人對答的實是置
日後良中矣身曾外子子孫孫之中如是反主之弊是乎於
幸有某人輩橫侵之弊是良置憑考次以持此文記告官
卞正事

船主　　　　金金伊【手決】

船主同姓四寸金今孫【手決】

證人　　　　車珍載【手決】

筆執　　　　張佑漢【手決】

○ 충청도장토문적 34책, 문서번호 56, 船主人權賣買文記

乾隆肆年己未八月十六日京江主人金世萬前明文

右明文爲臥乎事段忠淸道泰安頓依東面居船主

李順男李晦音金身爲船主故魚石等物載來於麻浦

江村到泊是如可適以各營船隻賣買之際他無出處乙仍于

主人處錢文參拾兩貸用買得爲白乎矣矣徒等本無定

主旅不喩魚石賣買之時是白良置諸宮家各屯奴輩作亂

作驚故勢不得已完定旅客主人之例日後良中船主等曾外子

孫孫反主之弊是白乎旀某人輩如是橫侵之弊是白良置告官卞正

事

忠淸道泰安東面船主李順男【手決】

船主　李晦音金【手決】

證人　車莫尙【手決】

筆執　　張佑漢【手決】

○ 충청도장토문적 34책, 문서번호 57, 船主人權賣買文記

乾隆五年庚申十月初五日金世萬前明文

右明文爲白臥乎事段矣徒等擊錚相訟之時遐方

之人所入浮費錢出處無路而西部麻浦居右人前

錢文伍拾兩捧上爲乎遣矣徒等同異姓子子孫孫永

爲旅客自己放賣爲去乎日後幸有泰安東面錢儀

村居生而反心之弊是去等將此文告官卞正事

　　　　忠淸道泰安人船主徐尹山【手決】

　　　　同姓四寸船主徐太江【手決】

　　　證人　　　　車重昇【手決】

　　　　　　　　　車珍載【手決】

　　　筆執　　　　李德昌【手決】

○ 충청도장토문적 34책, 문서번호 58, 所志

　　麻浦居金世萬

右謹陳所志矣段矣身居在浦邊之致旅客主人爲業次以

忠淸道泰安船主人之役給價買得是乎等以矣身所買是

在各人等明文粘連仰訴爲白去乎日後良中船人等或

有背約雜談之弊是白良置後考次論理立旨成給事

特爲行下爲白只爲

行下向敎是事

漢城府 處分

　　　己巳 二月　日所志

〈**題音**〉立旨

　　　成給

　　　　卅

堂上【押】

○ 충청도장토문적 34책, 문서번호 59, 旅客主人權賣買文記

乾隆四十九年甲辰四月二十六日金重鼎前明文

右明文事段方有急用處矣父自己買得辛聖恒處忠淸道洪

州泰安結城三邑及金宅九處買得泰安所屬安興島及巨亶

波之島舒川所屬敦儀北倉諸島諸浦魚鹽旅人結城洪州

泰安三邑旅人商賈持物貨來到則無弊酬應安過是白如可

千萬意外以逢變重囚獄中養獄浮費汰多不得已五邑旅

客主人之業右人前價折錢文肆百兩依數捧上本文記段金宅九

文書及謄給幷爲貳拾貳丈辛聖恒文書貳丈立旨肆丈幷以矣父代行

永永放賣爲乎矣日後良中同生子孫族屬中如有雜談則持此文記

告官卞正事

　　　　　旅主李泰成子應奎【手決】

　　　　　　母姜氏【右寸】【左手掌】

　　　　證人金泰福【手決】

　　　　　收養子李奉得

　　　　　李喜孫

　　　　筆執金宅潤【手決】

〈背面〉

云云矣身父以千萬意外遭囚獄之端養獄浮費太多故勢不得已矣父自己買得洪忠

道洪州泰安結城安興島巨乭波之島舒川所屬敦儀北倉諸島諸浦魚鹽商賈穀物商
賈船隻旅客主人之業梁潤基處永永放賣爲去乎
右田巻▨▨▨日後矣父同生子孫族屬中若有雜談還退之弊則後立旨成日憑考次
立旨成給爲只爲

○ 충청도장토문적 34책, 문서번호 60, 旅客主人權賣買文記

　康熙二十七年戊辰三月十三日通政車松賢前明文
右明文事段去乙丑年分李奉仁處買得旅客洪州
官江主人稅米運納之時京江船到泊江邊時主人
應食壹石及泰安縣所屬各面敦儀北倉及巨乭島
與諸島船人等同人處價折正銀子參拾兩依數
捧上爲遣本文記四度并以永永放賣爲乎矣
後次子孫族屬中若有雜談則持此文記告
官卞正事
　　自筆旅主宋起三【手決】
　　　證人張應善【手決】
　　　證人洪厚命【手決】

○ 충청도장토문적 34책, 문서번호 61, 船主人權賣買文記

康熙五十九年庚子三月初五日▨▨▨前明文

右明文爲臥乎事段矣兩船隻諸各宅士夫家船

花載到迫下陸分給時欠縮乙仍于勢不得已▨

前租拾石式各船貸出爲▨▨▨旅客主禮

▨▨▨▨▨▨▨▨

○ 충청도장토문적 34책, 문서번호 62, 旅客主人權賣買文記

康熙四十六年丁亥十二月初七日李承元前明文

右明文事段矣父生時宋起三處買得旅客忠淸

道洪州官江主人稅米運納時京鄕船無論應食

米壹石及泰安縣所屬各面敦儀北倉巨乇島與

諸島魚鹽船人等右人前價折錢文柒拾兩依

數捧上爲遣永永放賣爲乎矣本文記段五度

內二度闊失故三度許給爲去乎日後良中同生

子孫中如有雜談則持此文記告官卞正事

　　　　旅主 車海世【手決】

　　　　證人 車世周【手決】

　　　　筆執 盧泰輝【手決】

○ 충청도장토문적 34책, 문서번호 63, 刑曹謄給

刑曹爲謄給事節呈西部居裵

鼎九名呈所志矣身累代江居船業資生

而泰安船主人之役本是矣家傳來之

業矣兄多年隨行矣矣兄中間落郷而不還

則矣兄嫂不能酬應船業矣身亦以年幼

所致全無知覺同船業不知爲何人所

占矣矣兄嫂身死之時同文記傳給矣

身故矣身本業擧行之人次次搜問則

梁哥稱姓人今方爲之故矣身往見梁

哥本以他矣傳家之業汝何爲之云則

梁哥以爲吾亦買得云故矣身以爲汝若

買得則必有盜賣者告官推尋是如是

白乎則梁哥哀乞曰此不必爭卞以五十兩

私和無妨是如爲臥乎所此業本以不些之

物岕不喩橫奪他人基業多年所食

不知幾百金而以些少錢貫欲爲永

奪者豈不無狀乎伏乞參商教是後

同梁哥捉來取考兩邊文案後明査決

推之地爲只爲所志據題辭內捉來推問堂

上着押甲寅二月十九日塡下隷二房是齊

連次同月卄五日隻相衝梁潤基年四十八

元告閑良裵鼎九年五十一白等狀辭推問教

是臥乎在亦各各號牌相考爲白乎旀梁潤基矣

身段矣身同泰安船主人之業準價買得

多年隨行是白加尼不意今者狀者以矣身盜

占樣以呈訴推捉故矣身不勝怪訝與狀者

賣買階梯昭昭明白是白遣狀者文券則中

間創設之文券而且無時文記叱除良又

況矣身買得隨行者至於十一年之久是白

如乎同狀者自知理屈不可與相訟故同渠之

所謂舊文券五度及立旨一丈許給矣身

自願退去故矣身從其言今於官庭

私和退去後考施行爲白乎旀元告裵

鼎九矣身段矣身年幼之時矣兄身死

家計零替是白加尼昨年分矣兄嫂身

死之後自箱篋中搜得文書一軸其中

有泰安船主人舊文記故矣身欲知其來

歷搜問時主人則果是隻漢梁哥云故

袖其文券往見梁哥問其所爲主人根派則

隻漢終不詳言其來歷吞吐忌揮故

矣身欲知其委折果爲呈訴矣今於官庭

詳考隻漢文書則年條在於矣身文券

創設之前而賣買階梯極甚明白是白遣

矣身文書則果是中間創設之文券故因爲

許給隻漢私和退去後考施行敎事

各着名堂上郎廳着押踏印是齊連次隻

梁潤基所志內矣身以泰安船主人爲業矣

今此狀者欲爲奪占之計呈訴官庭矣

及其相訟時私聞彼此文書則矣身文書

一度賣買分明階梯有次是遣渠之所

謂文書則不過五六丈中間創設而無時

文記可考之處則方知理屈是遣欲

爲和退則渠旣自服矣身亦不可堅執從

其言受其渠之所謂文券而和退是白乎

乃人心不可測日後如有他弊是白良置文

案謄給以爲後日憑考之地爲只爲

所志據題辭內依願謄給堂上着押

隻梁潤基處原文案謄給印

　　　　　甲寅三月初二日

堂上【押】郎廳

○ 충청도장토문적 34책, 문서번호 64~65, 漢城府立案

乾隆十六年六月　日漢城府立案

右立案爲謄給事黑石里居張老郞右

謹陳所志矣段矣身居于江村資生無路乙仍于

泰安船主人買得隨行爲業者已至年所是白如乎

同江居李益欣老昧本以奸惡之人敎誘船人池哥

金哥李哥符同締結反背舊主矣身而隱接於

李益欣家者矣絶痛㟈不喩矣身重價買得世

業一朝見失於李哥豈不冤痛乎其爲情狀誠極

無據是白乎等以今此仰訴爲白去乎右人等捉來推

問後他矣世業謀奪之罪重治以杜日後習爲白只爲

行下向敎是事漢城府處分辛未五月日所志付色刑房

捉來推問十六日堂上着押踏印連次辛未五月十七

日隻漁夫保人李益欣不喩李得齡年二十六白

等狀內辭緣推問敎是臥乎在亦矣父生時戊申

年間安興島船主人買得隨行矣其間船人等

或接於他主人故年前呈刑曺得決文案出

去是白去乎今此船主人矣身之買得文券是白去

等張老郞稱以渠之主人者實爲無據是白乎旀

所謂安興島巨吾島雖屬於泰安是白乎乃

安興諸島則矣身次知隨行是白去等張老郞

以泰安船主人諸島主人盡爲奪取之狀萬萬

無據是白如乎上年以此進呈本府推覈人四

五人是白去等張老郞亦耳欲奪他矣主人之狀洞

燭敎是後非理好訟之罪各別重治敎是白乎旀

蓋此主人本以朴召史之主人今番在張老郞作夫

推尋主人之狀尤極無據是白置相考處置敎事

着名踏印同日船人泰安居業武李京天年四十七

金治山年三十六白等矣身以泰安之人穀物載

來是白如乎今此主人爭卞之事矣等何以考之乎

矣等去就一從官處決擧行可乙船人之穀物分

給一時憫慮是白置矣等段卽爲分揀敎事矣

着名同日元告張老郞年三十三白等矣身至冤

之由略陳於元狀中是白在果今此泰安船主人

以矣妻傳來之物隨行矣李益欣老味以奸惡

無比之人稱以安興島主人是如暗囑船人陰

奪他主人之狀萬萬無據是白去乎安興島屬於泰

安岾不喻設如渠言安興島次知而泰安所屬

諸島盡爲奪取之狀無異於白晝舉鎌之端是白去

乎此船主人本是矣妻傳來之物是白去乎所謂非

理好訟者尤不成說是白置他人爲業橫奪之罪

依法重治以杜日後之弊是白乎旀彼此文案相考處

置敎事着名堂上郎廳着押踏印連次同日題辭

內彼此船主人買賣文書現納查覈爲旀李得齡

招中朴召史與張老郎作夫一款一體嚴查論稟

堂上着押踏印連次辛未五月十一日隻李得齡年

更招白等矣身依手決買得文書貳丈謄給一丈

安興鎭差帖一丈現納爲白乎旀盖此船主人方

游爲名人隨行是白如可方游身死後其妻朴召史

與張老郎作夫如是呈狀是白乎所泰安所屬四

面各有主人而矣身則以南面安興島在諸島

船主人次知隨行是白去等今此張老郎以泰安

船主文書混侵矣身次知安興島等主人者實

爲無據是白去乎若不信矣身之言則同泰安四面

船主人等捉來推問則可以洞燭是白乎旀張老郎

以居喪之人交奸朴召史如是起訟豈不無據乎

如此非理好訟之人若不重治則沿江之民何以保存乎

依法重治以杜日後之習敎事着名同日元告張老

郎年白等矣身傳來文書及決訟文書與立旨合肆

度現納是白乎矣今此李得齡所告者虛誑莫

甚是白置設如渠言泰安諸島盡爲次知則矣

身空守泰安船主人名字下所屬諸島船主人見奪

安興島渠之次知之處是白乎矣巨吾島則矣身

應爲次知之處是白去等得齡做出其推之言

眩亂訟案欲奪他矣次知之物者萬萬巧惡是白

去乎又有所不當無據事段矣妻落心至於婢子

失夫嫏寡而矣身亦嫏夫結爲作夫爲白有去乙得齡

訟庭所在窮盡而以此執言者尤極孟浪是白旀

如此作夫常漢輩常事㢱不喩旣已作夫則其妻之

財物豈不推尋乎李得齡本以極惡之漢泰安所

屬諸島船隻上來則預爲下去誘引接置之

狀實爲無據是白去乎各別重罪後日勿如是之

兵曹捧侤音敎事着名堂上郎廳着押踏印連次稟

目向前題辭內彼此船主人買得文書現納查覈爲旀

李得齡招中朴召史與張老郎作夫一款一體嚴查

論稟亦敎是乎等以同兩隻招致官庭詳問其委折

及所納買得文書則隻李得齡所納康熙二十六年買賣

文記中只以安興島㢱買賣是遣雍正六年買

賣文書中段安興島與諸島幷以放賣是如爲有

矣此則前文記無之而後文記有之云者不足取信是

遣元告張老郎所納雍正十三年買賣文記中忠

清道雇馬水營保寧結城洪州泰安等諸浦

諸島幷以爲有旀其餘文書段前日本府立訟時現
納闊失不推而已巳年本府立旨中亦以諸浦諸
島書錄爲有置以此推之則安興島段李得齡次
知隨行是遣泰安巨吾島則張老郞次知隨行
似宜是旀至於朴女與老郞作夫一款士夫家婢子
失夫之後改夫不是異旣已作夫之後則欲推其
妻之器物亦似固然是乎矣以郞廳賤見更可搗
便推在堂上處分敢稟辛未五月日堂上郞廳着
押踏印連次辛未五月十九日兩隻買得文書其
前階梯一一現納考閱以稟堂上着押踏印連次
辛未五月十九日隻李得齡年更招白等手決內辭
緣推問敎是臥乎在亦當初李尙夏放賣於李
奉逸爲白乎矣尙夏買得文書段無之而矣身不
知是白遣奉逸之子李以萬放賣於矣父慶績
以至矣身是白置卽今巨吾島船隻來到是白
矣訟卞方張未決乙仍于矣身兩隻相爭是白去乎
斯速處決俾無紛紜之弊敎事着名同日元告
張老郞年更推白等手決內辭緣推問敎是
臥乎在亦當初尹春興船主人成出隨行是
如可鄭大明處放賣是白乎旀大明放賣於具世萬
處後世萬放賣於方游處是白在果方游身死
無子女而其妻無依故矣身亦以嬛夫相議作
妻是白置鄭大夏當初買得文書段方游生時
本府立訟是白如可文案往來之際闊失不推

故仍爲成出立旨爲有置此外更無所達相

考處置敎事着名堂上郞廳着押踏印是齊

連次稟目內向前題辭內兩隻買得文書其前

階梯一一現納考閱以稟亦爲有等以同兩隻招

致詳問其前階梯文書則其矣所供如右捧招

以稟爲乎㫆兩隻所納文書中所付處及其矣肯

臀略陳於日昨論稟中而今不必更陳之意敢

稟辛未五月日堂上郞廳着押踏印連次手決內

張老郞所爭船主人之役乃是其矣新得之妻

惡德之前夫方游買得者也惡德改嫁之後方

游之物非其矣所次知者老郞之欲爲推

尋者非理莫甚老郞段以此照律同船主人

之役彼此不當依法屬公堂上着押踏印連

次律文內一人於二三處非理立訟者杖一百流三

千里亦爲有置張老郞段杖一百流三千里私

罪檢律着名堂上郞廳着押踏印連次稟目

張老郞所爭船主人之役以兩隻不當屬公後下

掌務所發賣爲是故詳考其本文記則所爭

之處乃是泰安船主人而文記中又有忠淸道

雇馬水營及保寧結城洪州四處而此皆惡德

前夫方游之物而方游身死後其後夫張老

郞卽今對答者是如乎所爭船主人之役

旣以兩處不當屬公則泰安外四邑船主人

段置一倂屬公似合事宜未知何如稟辛

未五月二十二日手決內依稟堂上郎廳着押踏

印連次辛未閏五月初九日可信人處定日

保據堂上着押踏印是乎等以金仁大處

後考次謄給印

堂上【押】郎廳【押】

○ 충청도장토문적 34책, 문서번호 66, 所志

　　　三浦居金仁大

右謹陳所志矣段張老郎屬公船主人文書本房使令等朔下未下

代許給敎是乎等以矣身以江村之人資生次使令等處依折價買

得爲白去乎文案謄給後後考次立旨成給爲白只爲

行下向敎是事

漢城府 處分

　　　　辛未六月　日所志

〈題音〉後考次

　　　　立旨成

　　　　　給

　　　　　十一日

堂上【押】

乾隆十六年辛未▨月　日金仁大前明文

右明文事本府本房使令十二名朔下不

得受者多至數百餘兩乙仍于以此意呼

訴則官儲絶乏而只有兩處不當屬公

是在張老郎所納忠淸道雇馬水營及保

寧結城洪州泰安等諸浦諸島▨▨▨

文書幷以朔下代許給爲有等以右人處

價折錢文伍拾兩交易捧上爲遣本文記

一丈立旨三丈只以許給永永放賣爲去乎

日後或有意外雜談是去等此文記

告官卞定[正]事

漢城府本房使令朴壽泰【手決】

姜世弼【手決】

金奉賢【手決】

李老味【手決】

鄭富貴【手決】

李枝成【手決】

鄭　世【手決】

魏福伊【手決】

金泰奉【手決】

金福山【手決】

姜世重【手決】

李莫大

證人 金世昌【手決】

韓龍得【手決】

筆執 朱大齡【手決】

○ 충청도장토문적 34책, 문서번호 69, 旅客主人權賣買文記

雍正十三年乙卯三月初八日吳世萬前明文

右明文爲要用所致以尹守興妻金召史處買得

爲在忠淸道雇馬水營及保寧結城洪州泰

安等諸浦諸島幷以右人前價折錢文捌拾

兩依數交易捧上爲遣傳傳本文記肆丈及立旨

參丈旅人和名記壹丈幷以永永放賣爲去乎日後

良中同生子孫族屬中雜談則持此文記告官卞

正事

　　　　旅客主 折衝 鄭大命【手決】

　　　　　證人　　安泰興【手決】

　　　　　　　　　金成兌【手決】

　　　　　　　　　高億暹【手決】

　　　　　筆執　　崔應斗【手決】

○ 충청도장토문적 34책, 문서번호 70, 旅客主人權賣買文記

乾隆三十九年甲午九月初四日李泰成前明文

　右明文事段要用所致以忠淸道泰案[安]安興巨

　乭波之島舒川所屬敦儀北倉諸島諸浦及

　魚鹽船旅客主人之旅價折錢文陸百柒拾

兩依數交易捧上爲遣本文記貳拾貳丈及謄

　給幷以永永放賣爲乎矣若有同生子孫旅[族]

　屬中雜談則此明文以告官卞正事

　　　　　　旅主 金宅九【手決】

　　　　　　同生弟 宅禹【手決】

　　　　　　證人 李敏哲【手決】

　　　　　　　金興麗【手決】

　　　　　　　金萬興【手決】

　　　　　　筆執 辛聖恒【手決】

○ 충청도장토문적 34책, 문서번호 1, 선주인권 매매문기

도광 9년 기축(1829) **10월 25일 최광규**(崔光圭)**앞 명문**

이 문기를 작성하는 것은, 해창(海倉)에서는 노적(露積)보다 더 중요한 일이 없고 그곳에 들어가는 비개(飛蓋)가 허다하게 많은 바, 성남포구(城南浦口)의 염분선(鹽盆船)과 장사배들을 동중(洞中)에서 간검(看檢)하므로, 그에 대가로 비개(飛蓋)를 보충하였는데, 지금부터 소임(所任)인 간검(看檢)이 난처하므로 위의 사람에게 10냥으로 값을 정하고, 매년 비개를 담당하라는 뜻으로 성급(成給)하니, 본문기(本文記)는 서실(閪失)하여 출급(出給)할 수 없고 신문기(新文記) 1장은 허급(許給)하니 일후에 만약 동중(洞中)에 분운(紛紜)하는 말들이 있으면 이 문권(文券)을 가지고 관(官)에게 고하여 변정(卞正)하기 위함이다.

　선주인(船主人) 계수(契首) 최(崔) 【수결】

　공언(公言) 김(金) 【수결】

　문서(文書) 이(李) 【수결】

○ 충청도장토문적 34책, 문서번호 2, 선주인권 매매문기

함풍 6년 병진(1856) 10월 25일 조상록(趙相祿)앞 명문

이 문기를 작성하는 것은, 부친 생시(生時)에 성남선주인(城南船主人)을 동내 계중(稧中)에서 매득(買得)한 바 값은 전문 10냥이었고 그 후 매년 간검(看檢)하다가 적채(積債)가 적지 않아 부득이 위의 사람에게 10냥으로 값을 정하여 영구히 방매하니, 일후에 자손과 동중(洞中)에서 만약 시비의 폐단이 있으면 이 문기(文記)를 가지고 관(官)에게 고하여 변정(卞正)하기 위함이다.

　선주인주(船主人主) 최완길(崔完吉) 【수결】

　증필(證筆) 3촌 최자현(崔子賢) 【수결】

○ 충청도장토문적 34책, 문서번호 3, 선주인권 매매문기

동치 2년 계해(1863) 10월 9일 이치대(李致大)앞 명문

이 문기를 작성하는 것은, 성남포구(城南浦口)에는 무염선(貿鹽船)과 매매선(賣買船)의 선주인(船主人)을 매득(買得)하여 간검(看檢)하다가 관전(官錢)을 재촉받는 바 되어 부득이 위의 사람에게 20냥을 받고 영구히 방매(放賣)하니, 일후에 자손과 동중(洞中)에서 만약 분운(紛紜)하는 폐단이 있으면 이 문기를 가지고 관(官)에게 고하여 변정(卞正)하기 위함이다.

　선주인(船主人) 조상록(趙相祿) 【수결】

　증인(證人) 최근돌(崔斤乬) 【수결】

　필집(筆執) 이기하(李基夏) 【수결】

○ 충청도장토문적 34책, 문서번호 4, 포구주인권 매매문기

동치 7년 정묘(1867) 12월 8일 최순문(崔順文)앞 명문

이 문기를 작성하는 것은, 성남포(城南浦)는 염처(鹽處)와 어선(漁船), 모든 일을 간감(看敢)하니 위 사람에게 전문(錢文) 25냥으로 값을 정하여 받고 신문기(新文記) 1장, 구문기(舊文記) 3장을 위의 사람에게 영구히 방매(放賣)하니, 일후에 자손 족속 중에서 잡담의 폐단이 있으면 이 문기를 가지고 관(官)에게 고하여 변정(卞正)하기 위함이다.

　　포주(浦主) 이치대(李致大) 【수결】

　　증인(證人) 이군심(李君心) 【수결】

　　필집(筆執) 최춘보(崔春保) 【수결】

○ 충청도장토문적 34책, 문서번호 5, 선주인권 매매문기

동치 10년 신미(1871) 11월 15일 최선달(崔先達)앞 명문

이 문기를 작성하는 것은, 긴요하게 쓸 데가 있어서 성남(城南)의 염분(鹽盆)과 각항(各項)을 간검(看檢)하는 선주인을 55냥으로 값을 정하여 구문기(舊文記) 4장, 관입지(官立旨) 2장을 신문기(新文記) 1장과 함께 위의 사람에게 영구히 방매(放賣)하니, 일후에 자손 족속 중에서 또는 동중(洞中)에서 시비(是非)와 분운(紛紜)하는 폐단이 있으면 이 문기를 가지고 관(官)에게 고하여 변정(卞正)하기 위함이다.

　　성남선주인(城南船主人) 최순문(崔順文) 【수결】

　　증인(證人) 이치대(李致大) 【수결】

필집(筆執) 이경률(李景律) 【수결】

○ 충청도장토문적 34책, 문서번호 6, 소지

현내면(縣內面) 성남리(城南里) 거주 선주인(船主人) 최종오(崔鍾五)

삼가 이 소지를 아뢰는 것은, 선주인(船主人)의 명색(名色)은 전부터 유래되어 온 바, 각 처(處)의 상고선(商賈船)이 혹시 내박(來泊)하면 예(例)에 따라 구문(口文)을 받기 때문에 해창(海倉) 노적(露積) 시(時) 비개(飛蓋)를 담당(擔當)하게 된 것이 언제부터 비롯되었는지 알지 못하지만 전례를 이루었습니다. 그런데 갑자기 성호선주인가(星湖船主人家)에서 많은 사람을 데리고 와서 특별히 금단하니 이것이 어찌 도리이겠습니까? 금단한 즉, 강약(强弱)이 같지 않아서 부득이 허급(許給)하였고, 모름지기 비개는 성호에서 새롭게 담당해야 한다는 뜻으로 이치를 들어 말한즉, 이것을 받아들이지 않겠다고 합니다. 이에 저는 선주인을 관할하지 않는데 유독 그 비개를 담당해야 합니까? 일이 대단히 민망하고 긴박하여 이에 앙소(仰訴)하오니 참상(參商)하신 후 노적에 들어가는 비개(飛蓋)는 금년부터 성호에서 영구히 담당하는 뜻으로 엄명(嚴明)한 제사(題辭)를 내려주셔서 빙신(憑信)을 삼도록 천만번 바라오니 명령을 내려 주십시오. 관사주(官司主)께서 처분하여 주십시오.

　무진(1868) 12월　일

관(官) 【압】

〈뎨김〉 이미 연례(年例) 담당(擔當)이 있었다고 하는 일인 즉, 어찌 모탈(冒

頉)할 수 있겠는가? 전례에 따라 수봉(收捧) 할 것. 18일.

○ 충청도장토문적 34책, 문서번호 7, 소지

현내면(縣內面) 성남리(城南里) 거주 최종오(崔鍾五)

삼가 이 소지를 아뢰는 것은, 저는 해창(海倉)의 노적(露積)에 사용되는 비개(飛蓋)를 전부터 담당하였고 창포(倉浦)에 혹시 상고선(商賈船)이 내박(來泊)하면 약간의 구문전(口文錢)을 습득(拾得)하여 비개 소입(所入)을 보충하였습니다. 뜻하지 않게 지금 성호선주인(星湖船主人)이 성남주인(城南主人)을 금단한 즉, 막중한 노적의 비개소입을 어떻게 담당하겠습니까? 사실이 이와 같으므로 일전에 정소(呈訴)하였더니 제음(題音)에 "이미 연례(年例) 담당(擔當)이 있었다고 하는 일인 즉, 어찌 모탈(冒頉)할 수 있겠는가? 전례에 따라 수봉(收捧) 할 것."이라 하였으므로 이에 다시 앙소(仰訴)하니 특별히 입지(立旨)를 성급(成給)하여 일후에 빙고(憑考)의 근거로 삼도록 천만 번 바라오니 명령을 내려주십시오.

관사주(官司主)께서 처분하여 주십시오.

무진(1868) 12월　일

〈뎨김〉 소(訴)한 바에 의하여 입지(立旨)를 성급(成給)해 줄 것. 22일.

관(官) 【압】

○ 충청도장토문적 34책, 문서번호 8, 선주인권 매매문기

광서 8년 임오(1882) 11월 15일 박치삼(朴致三)앞 명문

이 문기를 작성하는 것은, 긴요하게 쓸 데가 있어서 결성(結城) 성남포(城南浦) 염분(鹽盆)과 각항(各項)을 간검(看檢)하는 선주인(船主人)을 100냥으로 값을 정하여 받고 구문기(舊文記) 5장 및 관입지(官立旨) 2장을 신문기(新文記) 1장과 함께 위의 사람에게 영구히 방매(放賣)하니, 일후에 자손 족속 중에서 만약 시비(是非)와 분운(紛紜)하는 폐단이 있으면 이 문기를 가지고 관(官)에게 고하여 변정(卞正)하기 위함이다.

　선주인(船主人) 최덕문(崔德文)【수결】

　증인(證人) 강사윤(姜士允)【수결】

　필집(筆執) 이경율(李景律)【수결】

○ 충청도장토문적 34책, 문서번호 9, 여객주인권 매매문기

광무 1년(1897) 3월 25일 윤상호(尹相鎬)앞 명문

이 문기를 작성하는 것은, 결성군(結城郡) 성호(星湖)·목현(木峴)·성남포(城南浦) 등의 각항(各項)을 간검(看檢)하는 선주인(船主人)은 본시 선희궁(宣禧宮)에 상납(上納) 전수(傳受)하는 것으로 전래된 문권(文券)으로 매매하다가 전수(傳受)된 구문기(舊文記)는 유실(遺失)되었으므로 이상(已上)의 신문기(新文記)로 빙신(憑信)하여 누차 매매하였는바, 구문기 6장, 관(官)의 제음(題音) 2장을 빙준(憑準)하여 전문 200냥으로 값을 정하여 영구히 방매(放賣)하니, 일후에 만약 시비의 폐단이 있으면 이 문기를 가지고 관(官)에게 고하여 변정(辨正)하

기 위함이다.

선여각주인(船旅閣主人) 박치삼(朴致三) 【수결】

증인(證人) 김성진(金星辰) 【수결】

필집(筆執) 김춘선(金春先) 【수결】

○ 충청도장토문적 34책, 문서번호 10, 여객주인권 매매문기

광서 16년 경인(1890) 정월　일 김사용댁(金司勇宅) 노(奴) 우쇠(又釗)앞 명문

이 문기를 작성하는 것은, 충청도(忠淸道) 홍주(洪州)·보령(保寧)·태안(泰安)·결성(結城)·안흥(安興)·서천(舒川) 등 6읍에 소속된 여러 섬과 포구의 어염(魚鹽)·미곡(米穀)·각항(各項) 물종(物種)에 대한 여객주인(旅客主人)의 업반 깃(衿)을 원매인(願買人)에게 전문 30,000냥으로 값을 정하여 액수대로 교역하여 받고 본문기(本文記) 24장을 신문기(新文記) 1장과 함께 영구히 방매(放賣)하니 일후에 만약 잡담이 있으면 이 문기로써 빙정(憑正)하기 위함이다.

재주(財主) 김참판댁(金參判宅) 노(奴) 득이(得伊) 【좌촌】

증인(證人) 이참봉댁(李參奉宅) 노(奴) 돌쇠(乭釗) 【좌촌】

필집(筆執) 박중선(朴仲善) 【수결】

끝.

○ 충청도장토문적 34책, 문서번호 11, 여객주인권 매매문기

광서 13년 정해(1887) 8월　일 김참판댁(金參判宅) 노(奴) 득이(得伊)앞 명문

이 문기를 작성하는 것은, 충청도(忠淸道) 홍주(洪州)·보령(保寧)·태안(泰安)·결성(結城)·안흥(安興)·서천(舒川) 등 6읍에 소속된 여러 섬과 포구의 어염(魚鹽)·미곡(米穀)·각항(各項) 물종(物種)에 대한 여객주인(旅客主人)의 업반 깃(衿)을 절실히 쓸 곳이 있어서 전문 30,000냥으로 값을 정하여 액수대로 교역하여 받고 본문기(本文記) 23장을 신문기(新文記) 1장과 함께 영구히 방매하니 일후에 만약 잡담이 있으면 이 문기로써 빙고하기 위함이다.

　　재주(財主) 이음죽댁(李陰竹宅) 노(奴) 천석(千石)【좌촌】

　　증인(證人) 이생원댁(李生員宅) 노(奴) 태쇠(泰釗)【좌촌】

　　필집(筆執) 신원명(申元明)【수결】

○ 충청도장토문적 34책, 문서번호 12, 여객주인권 매매문기

광서 10년 갑신(1884) 12월　일　　　앞 명문

이 문기를 작성하는 것은, 충청도(忠淸道) 홍주(洪州)·보령(保寧)·태안(泰安)·결성(結城)·안흥(安興)·서천(舒川) 등 6읍에 소속된 여러 섬과 포구의 어염(魚鹽)·미곡(米穀)·각항(各項) 물종(物種)에 대한 여객주인(旅客主人)의 업반 깃(衿)을 절실하게 쓸 곳이 있어서 전문 13,000냥으로 값을 정하여 액수대로 교역하여 받고, 본문기(本文記) 32장을 신문기(新文記) 1장과 함께 영구히 방매하니 일후에 만약 잡담이 있으면 이 문기로써 빙고하기 위함이다.

　　재주(財主) 최상묵(崔相默)【수결】【인】

증인(證人) 최윤(崔允) 【인】

필집(筆執) 신학모(申學模) 【인】

○ 충청도장토문적 34책, 문서번호 13, 여객주인권 매매문기

광서 8년 임오(1882) 5월 일   앞 명문

이 문기를 작성하는 것은, 충청도(忠淸道) 홍주(洪州)·보령(保寧)·태안(泰安)·결성(結城)·안흥(安興)·서천(舒川) 등 6읍에 소속된 여러 섬과 포구의 어염(魚鹽)·미곡(米穀)·각항(各項) 물종(物種)에 대한 여객주인(旅客主人)의 업반 깃(衿)을 절실하게 쓸 곳이 있어서 전문 8,500냥으로 값을 정하여 액수대로 교역하여 받고, 본문기(本文記) 31장을 신문기(新文記) 1장과 함께 영구히 방매하니 일후에 만일 잡담이 있으면 이 문기로써 빙고하기 위함이다.

재주(財主) 오성묵(吳性默) 【수결】

증인(證人) 김연(金淵) 【수결】

필집(筆執) 이종형(李鍾瀅) 【수결】

⟨추기⟩ 이 중에 상송비(上送費) 225냥을 함께 받을 것.

○ 충청도장토문적 34책, 문서번호 14, 여객주인권 매매문기

광서 3년 정축(1877) 12월 일   앞 명문

이 문기를 작성하는 것은, 절실하게 쓸 곳이 있어서 충청도(忠淸道) 홍주(洪

州)·보령(保寧)·태안(泰安)·결성(結城)·안흥(安興)·서천(舒川) 등 6읍에 소
속된 여러 섬과 포구의 어염(魚鹽)·미곡(米穀)·각항(各項) 물종(物種)에 대한
여객주인(旅客主人)을 취운정(翠雲亭) 이참판댁(李參判宅)으로부터 매득하였다
가 위의 댁에 전문 15,000냥으로 값을 정하여 액수대로 교역하여 받고 본문
기(本文記) 52장, 이참판댁(李參判宅) 배지[牌旨] 1장 및 입지도서(立旨圖書) 1장,
구배지[舊牌旨] 1장을 신문기(新文記) 1장과 함께 영구히 방매하니 일후에 만약
잡담의 폐단이 있으면 이 문기로써 빙고하기 위함이다.

　재주(財主) 최준(崔浚) 【수결】

　증인(證人) 최규복(崔圭復) 【수결】

　필집(筆執) 이병두(李秉斗) 【수결】

〈뒷면〉

광서(光緒) 7년 신사(1881) 2월　일에 홍주(洪州)·보령(保寧)·태안(泰安)·결
성(結城)·안흥(安興)·서천(舒川) 등 6읍의 여러 섬과 포구에 대한 여객주인(旅
客主人) 반 깃(衿)을 전문 8,500냥으로 값을 정하여 받고 영구히 방매함. 끝.

　재주(財主) 백완세(白完世) 【수결】【인】

○ 충청도장토문적 34책, 문서번호 15, 여객주인권 매매문기

동치 12년 계유(1873) 12월　일　　　앞 명문

이 문기를 작성하는 것은, 이매(移賣)하기 위하여 홍주(洪州)·보령(保寧)·
태안(泰安)·결성(結城)·안흥(安興)·서천(舒川) 등 6읍에 소속된 여러 섬과 포
구의 어염(魚鹽)·미곡(米穀)·각항(各項) 물종(物種)에 대한 경강여객주인(京江

旅客主人)의 없(業) 반 깃을 이승업(李承業)으로부터 매득(買得)하였다가 전문(錢文) 9,000냥으로 값을 정하여 액수대로 교역하여 받고 본문기(本文記) 18장, 소지(所志) 3, 전령(傳令) 6, 차정(差定) 2장, 입지도서(立旨圖書) 1장, 배지 1장을 함께 영구히 방매(放賣)하니 일후에 만약 잡담의 폐단이 있으면 이 문기로 빙고(憑考)하기 위함이다.

　기주(記主) 서후상(徐厚相) 【수결】

　증필(證筆) 김중근(金仲根) 【수결】

〈봉투〉 원산주인문권(元山主人文券)

○ 충청도장토문적 34책, 문서번호 16, 여객주인권 매매문기

동치 12년 계유(1873) 12월　일　　　앞 명문

이 문기를 작성하는 것은, 이매(移賣)하기 위하여 홍주(洪州)·보령(保寧)·태안(泰安)·결성(結城)·안흥(安興)·서천(舒川) 등 6읍에 소속된 여러 섬과 포구의 어염(魚鹽)·미곡(米穀)·각항(各項) 물종(物種)에 대한 경강여객주인(京江旅客主人)의 업(業) 반 깃을 백남승(白南升)으로부터 매득(買得)하였다가 전문(錢文) 8,000냥으로 값을 정하여 액수대로 교역하여 받고 본문기(本文記) 17장, 소지(所志) 3, 전령(傳令) 1, 차정(差定) 2장, 입지도서(立旨圖書) 1장, 배지 1장을 함께 영구히 방매(放賣)하니 일후에 만약 잡담(雜談)의 폐단이 있으면 이 문기로써 빙고(憑考)하기 위함이다.

　기주(記主) 이승업(李承業) 【수결】

　증필(證筆) 이순영(李順英) 【수결】

끝.

〈봉투〉원산주인문권(元山主人文券)

○ 충청도장토문적 34책, 문서번호 17, 여객주인권 매매문기

함풍 11년 신유(1861) 9월　일　　　앞 명문

이 문기를 작성하는 것은, 절실하게 쓸 곳이 있어서 충청도(忠淸道) 홍주(洪州)·보령(保寧)·태안(泰安)·결성(結城)·안흥(安興)·서천(舒川) 등 6읍에 소속된 여러 섬과 포구의 어염(魚鹽)·미곡(米穀)·각항(各項) 물종(物種)에 대한 여객주인(旅客主人)을 경구(京口)의 이판서댁(李判書宅)으로부터 매득(買得)하였다가 위의 댁에게 전문(錢文) 14,000냥으로 값을 정하여 액수대로 교역하여 받고 본문기(本文記) 50장 및 입지(立旨)와 도서(圖書) 1장을 배지 1장과 함께 영구히 방매(放賣)하니 일후에 만약 잡담(雜談)이 있으면 이 문기로 빙고(憑考)하기 위함이다.

재주(財主) 김형섭(金亨燮)【수결】

증필(證筆) 곽교희(郭敎熙)【수결】

끝.

○ 충청도장토문적 34책, 문서번호 18, 배지

원산주인(元山主人) 값으로 전(錢) 10,000냥을 액수대로 받은 후 문권(文券)을 출급(出給)할 것.

신유(1861) 8월 28일 경구(京口)

〈첨지〉 이판서댁(李判書宅) 배지[牌旨]

○ 충청도장토문적 34책, 문서번호 19, 도서패지

고지기[庫直] 이준성(李俊成)에게

다름이 아니라, 본궁(本宮)에서 절실하게 쓸 곳이 있어서 충청도(忠淸道) 홍주(洪州)·보령(保寧)·태안(泰安)·결성(結城)·안흥(安興)·서천(舒川) 등 6읍에 소속된 여러 섬과 포구의 어염(魚鹽)·미곡(米穀)·잡물종(雜物種)에 대한 도여객주인(都旅客主人)을 양판관(梁判官) 한건(漢楗)으로부터 매득(買得)하여 수세(收稅)하다가 위의 댁에 전문 8,000냥으로 값을 정하여 교역하여 받고 본문기(本文記) 49장과 입지(立旨)를 함께 영구히 방매(放賣)할 뜻으로 배지[牌旨]를 성급(成給)하니 이 배지에 따라서 문기를 작성하여 주되 궁속(宮屬) 중에서 일후에 만약 잡담(雜談)이 있으면 이 배지로서 빙고(憑考)하는 것이 의당(宜當)할 것이다.

경신(1860) 정월 4일

명온공주궁(明溫公主宮)

여기에서 소속된 6읍 외에 만약 혹시 1읍(一邑), 1도(一島)라도 유루(遺漏)하는 폐단이 있으면 다시 상고(相考)하여 추거(推去)할 것.

도광 19년 기해(1839) 정월 그믐날 　　　 앞 명문

이 문기를 작성하는 것은, 절실하게 쓸 곳이 있어서 조상으로부터 전래한 충청도(忠淸道) 홍주(洪州)·보령(保寧) 양읍(兩邑)에 소속된 여러 포구와 섬의 어염(魚鹽)·미곡(米穀)에 대한 여객선주인(旅客船主人)의 업(業)을 위의 궁(宮)에게 전문 4,500냥으로 값을 정하여 액수대로 교역하여 받고 본문기(本文記)와 등급(謄給) 21장을 함께 영구히 방매(放賣)하니 만약 자손 족속 중에서 잡담이 있으면 이 문기로 빙고(憑考)하기 위함이다.

　자필(自筆) 여객선주인(旅客船主人) 양한건(梁漢楗)【수결】

　증인(證人) 종제(從弟) 민석(珉錫)【수결】

　끝.

　〈추기〉 권매분(權買分)

건륭 39년 갑오(1774) 9월 4일 이태성(李泰成)앞 명문

이 문기를 작성하는 것은, 긴요하게 쓸 데가 있어서 충청도(忠淸道) 홍주(洪州) 여객주인(旅客主人)의 려(旅)를 위의 사람에게 전문 300냥으로 값을 정하여 액수대로 교역하여 받고 영구히 방매하되, 본문기(本文記)는 다른 문서에 함께 붙어있어서 시문기(時文記) 1장으로써 영구히 방매하니, 일후에 동생 자손 족속 중에서 만약 잡담이 있으면 이 명문(明文)으로써 관(官)에게 고하여 변정(卞正)하기 위함이다.

여주(旅主) 김종하(金宗河) 【수결】

증인(證人) 이민철(李敏哲) 【수결】

　　　김홍려(金興麗) 【수결】

외삼촌(外三寸) 김만흥(金萬興) 【수결】

필집(筆執) 신성항(辛聖恒) 【수결】

○ 충청도장토문적 34책, 문서번호 22, 여객주인권 매매문기

건륭 39년 갑오(1774) 8월 18일 이태성(李泰成)앞 명문

이 문기를 작성하는 것은, 절실하게 쓸 데가 있어서 형세가 부득이하여 김종하(金宗夏)로부터 매득한 충청도(忠淸道) 결성(結城) · 태안(泰安) · 홍주(洪州) 3읍의 상고(商賈)와 각색주인(各色主人)의 역(役)을 위의 사람에게 전문 340냥으로 값을 정하여 액수대로 받고 본문기(本文記) 2장 및 입지(立旨) 4장과 함께 영구히 방매(放賣)하니, 이후에 만약 동생 자손 아무개 중에서 잡담(雜談)이 있으면 이 문기를 가지고 관(官)에 고하여 변정(卞正)하기 위함이다.

여객주(旅客主) 신성항(辛聖恒) 【수결】

증인(證人) 강민흥(姜敏興) 【수결】

　　　김홍려(金興麗) 【수결】

　　　노운성(盧雲星) 【수결】

　　　김광린(金光獜) 【수결】

필집(筆執) 김택우(金宅禹) 【수결】

○ 충청도장토문적 34책, 문서번호 23, 한성부 등급

도광 2년(1822) 12월 일 한성부(漢城府) 등급(謄給)

이 문서는 원안을 베껴 발급하는 것임.

서부(西部)에 거주하는 손택기(孫宅箕)라는 이름으로 올린 소지(所志)의 내용은 다음과 같다.

저의 고조께서는 살아계실 적에 충청도(忠淸道) 홍주(洪州)·결성(結城)·태인(泰仁)·보령(保寧)·안흥(安興)·광천(廣川) 등 여러 곳의 뱃사람들이 저희 집에 거주하며 머물러 있는 동안, 음식 이바지와 배의 짐을 파는 일을 저의 고조께서 담당하여 맡아 처리하였습니다. 사람들이 모두 이것을 기뻐하는 뜻이 있어서 위 여러 곳의 뱃사람들이 폭주하듯 몰려와서 모여서 왕래한 지가 오래되었습니다. 자연히 서로 거래하는 물건이 있었으니 뱃사람들이 좋은 주인의 후덕함에 모두 감사하고, 또 거래하는 대가를 주고서 6개 읍의 주인으로 영원히 삼아 조금이라도 은혜를 갚는다고 하며 문권을 작성하고 먹고사는 기반으로 삼아 제 아비에게까지 이르렀습니다.

4대 동안 전해지면서 폐단 없이 행하다가 40여 년 전에 저의 아버지가 마침 기이한 병이 걸려서 잠시 마전(麻田)으로 이주하여 저의 남종 차동(次同)이라고 하는 이름의 놈에게 그 일을 잠시 거행하게 하였습니다. 거행한지 1년이 되어 과연 부지런하고 충실히 하려는 뜻이 있었으므로 그에게 문권을 모두 맡기고 그에게 맡아서 지키도록 하였습니다. 그 뒤에 차동이 죽었다는 소식을 듣고 문권(文券)을 되찾고자 하였지만 그대로 잃어버렸고, 차동도 자식이나 조카가 없어서 의거하여 물을 곳이 없어서 되찾을 길이 없었습니다. 차동이 죽고 난 뒤에는 선주(船主)의 기업(基業)을 주관할 사람이 없었으므로 저의 아버지가 진실로 마땅히 올라와서 전처럼 차지하여야 했지만 본래의 병이 점점 심해져서 향중(鄉中)에서 그대로 칩복하여 한해

두해 미루다가 올라 올 겨를이 없었습니다.

그 뒤에 동막(東幕)에 거주하는 양사중(梁士中)이라고 하는 사람이 차동이 죽고 사람이 없는 때를 틈타서 문권을 습득하여 그대로 차지하였다는 소식을 들었지만 저의 아버지가 병으로 인해 몸을 제대로 쓰지 못했고 저도 나이가 어려서 마찬가지로 치지도외(置之度外)할 수밖에 없었습니다. 저의 아버지가 임종하실 때에 유언하시기를, '나는 끝났다. 너는 장성하여 옛 가업을 다시 찾아서 나의 이루지 못한 뜻을 이루도록 하라'고 하였습니다. 이 말이 귓전에 남고 마음에 사무쳐서 복구하고자 하였지만 저도 병약한 몸으로 죽을 지경에까지 이르러서 생각이 이 일에 미치지 못하였으므로 지금까지 늦장을 부리다가 여기에 이르렀습니다.

대저 수백 년 동안 전래되어 오던 기업을 비록 중도에 잃어버리는 일이 있었지만 그 내력을 분명히 하면 송사를 일으켜 되돌려 받을 수 있다는 것이 법전에 실려 있을 뿐 아니라 선조가 이루어놓은 기업(基業)을 헛되게도 다른 사람에게 빼앗기어 잔약한 자손들로 하여금 보유할 수 없게 한다면 사적인 마음에 어찌 지극히 원통한 일이 아니며, 공적인 법에 어찌 그대로 영원히 잃게 하는 도리가 있겠습니까? 양가(梁哥)도 다른 사람의 전하여 오는 세업(世業)을 중간에서 멋대로 취하여 여러 해 동안 그 이익을 차지하는 일은 해서는 안됩니다. 때문에 이에 감히 우러러 호소하니 헤아려 주신 뒤에 이 양사중(梁士中)을 관정에 문서를 가지고 붙잡아 와서 창설한 내력과 중간의 사실, 그리고 각 해의 이익을 헤아려서 법전에 의거하여 공적으로 처결할 것을 명령을 내려 주시도록 명령을 내려주십시오. 한성부(漢城府)에서 처분하여 주십시오. 임오년(1822) 12월   일 소지(所志).

연이어 같은 달 1일에 당상의 제사에, "붙잡아 와서 추문(推問)할 것"이라고 하였다. 당상(堂上)이 착압(着押)하고 관인을 찍었다.

연이어 같은 달 2일에 척(隻) 양사중의 조카인 한량(閑良) 양민석(梁珉錫)(나이 27세)과 원고(元告) 한량(閑良) 손택기(孫宅基)(나이 36세)가 사뢰었다.

소장의 내용을 추문하신다고 하시기에 척(隻) 양민석(梁珉錫) 저는 저의 동성
숙(同姓叔)이 연로하여 병으로 인해 몸을 제대로 쓰지 못하게 되어 대령할 수 없으
므로 제가 그 대신 대령하여 초사를 드립니다. 대저 이 송사의 전말은 입으로 아뢰
기가 어려우니 내일 안에 원정(原情)을 써서 납부할 작정입니다.

원고(元告) 손택기(孫宅基)의 원정(原情)은 다음과 같다.

저도 척한이 이미 원정을 납부하겠다고 하니, 저도 원정을 써서 납부할 작정입니
다. 척한 쪽의 전후 내력이 실린 문권을 일일이 현납(現納)하여 세세히 상고한 뒤에
밝히 조사하여 찾아주십시오

각각 착명하였다. 당상과 낭청이 착압하고 관인을 찍었다.
연이어 같은 날 제사는 다음과 같다.

전후 내력 문권을 아울러 현납하라.

당상이 착압하고 관인을 찍었다.
연이어 같은 달 4일에 척(隻) 양민석(梁珉錫)이 올린 원정(原情)은 다음과 같다.

저의 아저씨는 갑진년(1784)에 홍주선주인(洪州船主人)을 가격 370냥에 이태
성(李泰成)이라는 사람에게 산지가 이제 40년이 되었습니다만 처음부터 잡담이 없
었습니다. 그런데 일전에 손택기(孫宅基)라는 이름의 사람이 본부(本府)에 정소(呈

訴)하기를, 홍주주인(洪州主人)은 본디 그의 집에서 공납(貢納)하던 것인데 그의 아버지가 살아계실 때에 문권을 그의 종에게 내주어 거행하였다. 그런데 이 문건을 중간에 잃어버린 지가 40여 년이 되었는데, 이제 제 아저씨 사중이 지금 거행하고 있다는 소식을 들었다고 하면서 돌려주기를 복걸한다 하온바, 대저 송사의 이치로써 말한다면 매매한 지 40여 년이 되어 송사의 기한이 이미 지났을 뿐만 아니라 계속 사고 판 과정의 문권이 권축을 이루었고, 각 항목의 문서 중에서는 애초에 손씨 성은 없었으니 그 맹랑한 것을 한번 살펴보시면 잘 알 수 있을 것입니다. 그리고 일의 이치로써 말한다면 손택기의 아버지 손오복(孫五福) 형제(兄弟)는 궁핍하여 살아가기 힘들어서 저의 동리에 기식(寄食)하였기 때문에 저의 집에 내왕하였는데 선주(船主) 두 글자는 애초에 거론한 일이 없고 이리 저리 떠돌다가 혹 마전(麻田)에 유락하거나 혹 영청(營廳)에 기식하며 그 굶주림과 추위를 이기지 못하고 그가 죽은 지 20년이 되었다 합니다. 이와 같이 궁곤하던 때에 만일 전래되어 오던 공납이 있었다면 어찌 팔아서 자신의 급한 상황을 구해내지 않고서 한결같이 그것을 차동에게 맡겨 두었겠습니까? 비록 잃어버렸다는 말을 모든 일에 대한 전가의 보도로 삼고자 하지만 더욱 이치에 안 닿는 것은 과연 잃어버렸다면 마땅히 즉시 관에게 고하여 입지를 받아야 했을 뿐만 아니라, 지금 이 주인의 업은 은밀하게 몰래 행하는 일이 아닙니다. 홍주(洪州)의 배가 경강(京江)에 도착하면 선인들이 서로 이어 왕래하고 술과 음식을 갖추어 이바지 하여 강을 따라 위 아래로 모르는 사람이 없으니 문권을 비록 잃어버렸다 하더라도 이른바 차동(次同)이라는 자가 그 구업(舊業)으로 인하여 새로 행하는 사람에게 쟁변하였다면 당시 새로 행하는 주인이 그 때에 무슨 말로 싸웠을 것이며, 선인들도 어찌 오랫동안 주인이었던 차동에게 다시 나아가지 않고 고찰하는 데 의거할 바 없는 새로운 주인에게 내왕하고자 하였겠습니까? 송사의 이치로써 논하거나 일의 이치를 가지고 살피더라도 어찌 과연 조금이라도 손가(孫哥)의 소장 내용에 가깝겠습니까? 이런 강도(强盜)의 류는 심상하게 처리할 수 없으니 삼가 헤아리신 뒤에 이 택기(宅基)를 엄형에 처하여 멀리 유배를 보내어 간악하고 교활한 습속을 막도록 할 것입니다.

착명(着名)하였다. 당상과 낭청이 착압하고 관인을 찍었다.
연이어 같은 날에 원고(元告) 손택기(孫宅基)가 올린 원정(原情)은 다음과 같다.

제가 생각한 것은 이미 원장(原狀)에 다 실려 있어서 다시 더 드릴 말씀이 없습니다. 지금 여기서 척한(隻漢)의 원정을 보니 허다한 말이 허황하고 꾸며지지 않은 게 없습니다. 대저 이 송사의 승패는 오직 문권 중에 손씨 성이 있느냐 없느냐에 달려 있을 뿐입니다. 그의 소장에 실린 내용에, "각 항의 문권 가운데에서 애초에 손씨 성이 없으니 한번 살펴보시면 알 수 있다"고 하였는데 여러 문권에서는 모두 처음 시작하였던 때의 사적이 있어서 문권이 이미 집에 있다면 시작한 것이 누구인지 모를 리가 없는데, 과연 그의 말처럼 애초에 손씨 성이 없었다고 한다면 일전에 잡혀와서 대면하였을 때 어찌 이것을 언급하지 않고 "다만 40년이나 오랜 시간이 지난 뒤에 비로소 찾으려합니까?" 라고만 하였다가, 지금 갑자기 말을 바꾸어 번복하는 것은 극히 교활하고 악한 것입니다. 그리고 문권을 현재 납부하라는 제사가 내려진 지 이미 여러 날이 되었음에도 혹은 다른 사람에게 있다고 하거나 혹은 전당(典當)하였다고 하는 것은 필시 문권을 변환하였다가 끝내 현납하지 않으려고 하는 것이니 간악한 진상이 명약관화(明若觀火)합니다. 또 이른바 이태성(李泰成)에게 가격 200냥에 샀다고 하였다가 갑자기 70냥이라고 한 것도 의심스럽습니다. 저의 아버지가 거의 동리에 기식하였다고 한 것은 더욱이 극히 맹랑합니다. 그의 동리는 저의 7촌 아저씨들이 살고 있으므로 저의 아버지가 상경하면 이곳에 머물러 있었고 매번 여러 친족들에게 양가(梁哥)의 선주인을 되찾아야겠다고 이야기를 하였으나 족인들은 본디 양가와 매우 사이가 좋았으므로 매번 만류하였으므로 뜻은 있었지만 이루지 못한 것은 진실로 이 때문입니다. 제가 본래 주인인지의 여부는 여러 족인들이 본디 익히 들어왔던 것이니 한번 실제를 조사하신다면 양가도 필시 발명할 뜻이 없어질 것이고 문권의 진위도 마땅히 탄로가 날 것이니, 세세히 통찰하신 뒤에 양가가 문권을 은닉한 상황을 엄히 매로 다스리고 추문하시어 기어코 반드시 찾아주시어서 잃어버리는 지경에 이르지 않게 되기를 엎드려 바랍니다.

착명(着名)하였다. 당상과 낭청이 착압(着押)하고 관인(官印)을 찍었다. 연이어 같은 날 당상이 내린 제사(題辭)는 다음과 같다.

과연 척이 말하는 것처럼 송사의 이치가 명백하다면 문권을 당연히 빨리 현납해야 하므로 동서로 찾아야 하는데 어찌 숨겨두고 내놓지 않는가. 이 일은 극히 수상하니 이 문권을 모두 하나하나 독촉하여 납부하게 하여 빙거하여 처결하도록 할 것임.

당상(堂上)이 착압하고 관인을 찍었다.
연이어 같은 달 7일에 척(隻) 양민석(梁珉錫)(나이)와 원고(元告) 손택기(孫宅基)(나이)가 아뢴 초사는 다음과 같다.

척(隻)은 저의 선주문권(船主文券)을 남에게 전당(典當) 잡혔다가 지금 비로소 찾아 납부하니 밝히 조사하여 처분해주십시오. 원고(元告)는 척한의 문권을 동서로 찾아서 지금 비로소 와서 납부하는 가운데에서 저의 내력 문권은 중간에 빠뜨렸으니 세상에 어찌 이런 근거 없는 일이 있겠습니까? 밝히 조사하여 처분하시어 잃어버리는 폐단이 없도록 엎드려 바라옵니다.

각각 착명하였다. 당상과 낭청이 착압하고 관인(官印)을 찍었다.

연이어 같은 달 8일에 내린 제사는 다음과 같다.

손가(孫哥)는 그의 고조로부터 내려온 세업이라고 하고 또 40년 전에 종 차동(次同)이 차지하며 세를 거두었다고 하니 이것은 대개 그의 구전(口傳)이고 증거할 만한 한 글자, 한 마디의 말도 없었을 뿐만 아니라 그 유래된 문권을 고찰해 보니 강희(康熙)부터 건륭(乾隆)까지 이어오는 내력이 분명하고 손씨 성의 사람이 한명도 없으니 그가 말하는바 고조의 세업(世業)이라고 한 것은 고찰할만한 근거가 없다. 건륭 갑진년(1784)부터 양윤기가 이태성에게서 사들였다고 하는 문권이 명백히 현존하니 40년간 차동이 차지하여 왔다고 한 것 또한 근거로 할 만한 것이 없다. 그렇다면 손이라는 한 글자도 볼 수 있는 곳이 없고, 전해 내려오는 문권도 하나하나 증명할 수 있으니 무엇으로 그가 구전하는 말을 믿고서 처결할 수 있겠는가? 다만 의심할 만한 것은 근래에 이치에 안맞는 허황한 송사가 참으로 끝이 없으니 백지로 형적도 없고 그림자도 없는 일을 어찌 변별하여 찾아줄 것을 청하느냐? 이것도 이치에 없는 일이다. 손가에게 분부하니 만일 문권 이외에 따로 증거할 만한 것이 있다면 다시 와서 고소하는 것이 의당할 것이다.

당상(堂上)이 착압하고 관인을 찍었다.

연이어 같은 달 같은 날에 원고(元告) 손택기(孫宅基)가 뒤이어 올린 소장은 다음과 같다.

제가 아뢸 것은 원정에 이미 다 있으니 상 위에 또 상을 겹쳐둘 필요는 없을 것입니다. 곧 내려주신 제음을 보니 처분이 명백하고 사정이 남김없이 다 드러났으니 어찌 다시 말로 번거롭게 더럽히겠습니까. 다만 제 사적인 마음에 억울한 것이 있어서 외람됨을 피하지 못하고 이렇게 감히 다시 호소하니 밝히 조사하는 은택을 입기를 바랍니다. 저에게 의거할만한 문적이 전혀 없는 것은 당초에 문권을 차동(次同)에게 내어주었으니 어찌 다른 문기가 있겠으며, 문권 가운데에서 단지 아무개 아무개가 매매했음이 있을 뿐 내력 사이에 끊어짐이 있습니다. 창설한 사적 및 차동의 매매문기가 빠진 것에 이르러서는 바른 이유가 없고 문권 가운데에서 손성(孫姓) 두 자가 애초에 없는 것은 진실로 이 때문입니다. 제가 올린 소장은 겉에서 갑자기 보면 일이 허황하오나, 허다한 사람들이 허다한 가업을 찾는데 제가 그 양가의 선주인에 대한 일을 말하겠습니까? 저의 족인(族人)들도 강교(江郊)에 살고 있어서 이 일은 본디 널리 아는 바입니다. 한번 그들을 불러다 물어보시면 진위가 저절로 변별될 수 있을 것이기 때문에, 이런 연유로 우러러 호소하니 세세히 살피신 후 다시 밝은 처결의 은택을 입기를 천만번 바라오니 명령을 내려주십시오. 한성부에서 처분하여 주십시오.

같은 날 내린 제사는 다음과 같다.

　　창설한 사적은 이미 강희 이래의 내력문권이 있고, 차동이 매매한 일은 이태성으로부터 양윤기에게 전매한 문권이 아울러 존재한 즉 차동이 매매한 곳이 없음은 빠뜨려진 것일 수 있다고 하는 것 역시 억지에 가깝다. 다만 고소하는 것이 이와 같으니 그 족인 중 강교에 사는 사람들을 한번 불러서 물어보고 만일 조금이이라고 근거할 만한 증거가 있으면 다시 고소할 일이다.

당상(堂上)이 착압(着押)하고 관인(官印)을 찍었다.
연이어 같은 날에 원고인 손택기(孫宅基)의 족인(族人)인 한량(閑良) 손성희(孫聖禧)(나이 53세)가 진술한 초사는 다음과 같다.

저의 종형(從兄)이 살아계실 때에 와서 말하기를, "선주인의 업은 내가 여러 대에 걸쳐서 전래받은 것인데 피하여 우거할 때 차동(次同)에게 맡겨 놓았다. 차동이 죽은 뒤에 양가(梁哥)가 멋대로 빼앗아서 차지하니 어떻게 돌려받을 수 있을까?"라고 하였으므로, 제가 이 이야기를 들을 수 있었을 뿐입니다. 이제 와서 저의 조카가 소장을 올렸지만 본 송사의 전말은 실지로 알기가 어렵습니다. 꾸밈없이 사실대로 초사를 바치니 고찰하여 처분해 주십시오.

착명(着名)하였다. 당상과 낭청이 착압하고 관인을 찍었다.
연이어 같은 달 11일에 원고(元告) 손택기(孫宅基)의 족인(族人) 손성희(孫聖禧)(나이)와 원고척(元告隻)인 양석민(梁錫珉)(나이)이 초사를 납부하였다.
손성희(孫聖禧)의 초사는 다음과 같다.

저는 제가 생각한 것을 이전의 초사에서 이미 다 말하였습니다. 저의 족질(族侄)인 택기(宅基)가 법의를 알지 못하여 남의 주인의 업을 멋대로 빼앗고자 하여 본부(本府)에 무소(誣訴)하였다가 간악한 정상이 탄로가 나자 스스로 송사에서 질 줄 알고서 도망쳤습니다. 이후에 만일 다시 말썽을 일으켜서 송사를 일으키는 폐단이 있다면 형률(刑律)에 비추어 엄히 다스려야 할 것입니다.

척(隻) 양민석(梁珉錫)의 초사는 다음과 같다.

저는 장자(狀者) 족인(族人)의 초사(招辭)가 이미 이와 같이 명백하여 그가 비리의 죄를 알고 이와 같이 도망하였으니 장자를 기어이 잡아서 매로 쳐서 문초하여 정황을 안 뒤에 법에 의거하고 형률에 비추어서 일후에 간악한 놈들이 침어하는 폐단을 막아 주실 일입니다.

각각 착명하였다. 당상(堂上)과 낭청(郎廳)이 착압(着押)하고 관인(官印)을 찍었다.

연이어 같은 달 날에 척 양민석(梁珉錫)에게 원문안을 등급함. 끝.

임오년(1822) 12월 일

당상(堂上)【압】

○ 충청도장토문적 34책, 문서번호 24, 첨지

명온궁(明溫宮) 문권(文券) 1장

양한건(梁漢健) 문권(文券) 1장

이태성(李泰成)의 아들 응규(應奎)의 문권(文券) 1장

김택구(金宅九) 문권(文券) 1장

이득배(李得培) 문권(文券) 1장

민이운(閔而雲) 문권(文券) 1장

서조이[徐召史] 문권(文券) 1장

이순민(李順敏) 문권(文券) 1장

김종하(金宗夏) 문권(文券) 1장

이득령(李得齡) 문권(文券) 1장

이득령(李得齡) 소지(所志) 1장

이이만(李以萬) 문권(文券) 1장

이상하(李尙夏) 문권(文券) 1장

안흥첨사(安興僉使) 전령(傳令) 6장

이봉일(李奉逸) 차정(差定) 1장 및 장만건(張萬健) 차정(差定) 1장

김소동(金小童) 소지(所志) 1장

강후성(姜厚成) 문권(文券) 1장

양수남(梁首男) 문권(文券) 1장

김논쇠(金論釗) 문권(文券) 1장

황선봉(黃先奉) 문권(文券) 1장

김종하(金宗河) 문권(文券) 1장

신동항(辛童恒) 소지(所志) 1장

명온도서(明溫圖署) 1장

김형섭(金亨爕) 문권(文券) 1장

이판서(李判書) 배지[牌旨] 1장

양한건(梁漢楗) 문권(文券) 1장

신성항(辛聖恒) 문권(文券) 1장

김종하(金宗河) 문권(文券) 1장

한성부등급(漢城府謄給) 1장

형조등급(刑曹謄給) 1장

한성부입안(漢城府立案) 1장

김인대(金仁大) 소지(所志) 1장

한성부(漢城府) 본방사령(本房使令) 박수태(朴壽泰) 등 문권(文券) 1장

정대명(鄭大命) 문권(文券) 1장

차해세(車海世) 문권(文券) 1장

송기삼(宋起三) 문권(文券) 1장

이태성(李泰成)의 아들 응규(應奎) 문권(文券) 1장

김세만(金世萬) 소지(所志) 1장

선인(船人) 서윤산(徐尹山) 문권(文券) 1장

및 이순남(李順男) 문권(文券) 1장

김금평(金金平) 문권(文券) 1장

함세상(咸世尙) 문권(文券) 1장

이차돌(李次乭) 문권(文券) 1장

계유(1873) 정월   일

홍주(洪州)·태안(泰安)·결성(結城)·안흥(安興)·서천(舒川)·보령(保寧) 합 6읍의 경강주인(京江主人) 가문(價文) 12,000냥 중에서 각 6,000냥씩을 내어서 하정일(河靖一)·이승업(李承業) 두 사람으로부터 매득하였는데, 문권(文券)을 모두 한 곳에 두는 것은 사리(事理)에 맞지 않으므로 문권(文券) 중에서 읍호(邑號)의 다소(多少)와 호부(好否)를 계산하지 않고 임시로 헤아려 분치(分置)하여 섭섭함을 면할 따름이다. 일후 값의 고헐(高歇)에 따라 나누어 맡고, 만약 잡담이 있으면 이로써 빙고하기로 서로 약속하고 읍호를 열록(列錄)한 발기[件記]를 각각 1장씩 가지고 중간에 각각 투서(套書)를 찍어 신준(信準)의 표(標)로 삼음. 【인】

서후상(徐厚相) 【인】

임윤수(林崙洙) 【인】

○ 충청도장토문적 34책, 문서번호 25, 경강주인권 매매문기

동치 12년 계유(1873) 정월   일   앞 명문

이 문기를 작성하는 것은, 원산(元山) 경강주인권(京江主人權) 반 깃(衿)을 매득하여 수행(隨行)하다가 위의 사람에게 전문 6,000냥으로 값을 정하여 액수대로 받고 본문기(本文記)·구문기(舊文記) 49장 중에서 가량(假量) 분배(分排)한

28장과 영구히 방매하니 이로써 빙고하여 상납(相納)하기 위함이다.

    기주(記主) 하청일(河淸一)【수결】

    증인(證人) 서후상(徐厚相)【수결】

         김홍엽(金弘燁)【수결】

〈봉투〉 명문(明文)

○ 충청도장토문적 34책, 문서번호 26, 여객주인권 매매문기

함풍 10년 경신(1860) 정월 초4일 초천(苕泉) 남판서댁(南判書宅)앞 명문

이 문기를 작성하는 것은, 절실히 쓸 곳이 있어서 충청도(忠淸道) 홍주(洪州)·보령(保寧)·태안(泰安)·결성(結城)·안흥(安興)·서천(舒川) 등 6개 읍에 소속된 여러 섬과 포구의 어염(魚鹽)·미곡(米穀)·각항(各項) 물종(物種)에 대한 여객주인(旅客主人)을 판관(判官) 양한건(梁漢楗)으로부터 매득하여 수세(收稅)하다가 위의 댁에게 전문 8,000냥으로 값을 정하여 액수대로 교역하여 받고 본문기(本文記) 49장 및 입지(立旨)와 본궁(本宮) 배지[牌旨]를 아울러 영구히 방매하니, 일후 만약 잡담이 있으면 이 문기로써 빙고하기 위함이다.

    재주(財主) 명온공주궁(明溫公主宮) 장무(掌務) 정창기(鄭昌嗜)【수결】

                수궁(椋宮) 김덕경(金德景)【수결】

                고지기[庫直] 이준성(李俊成)【수결】

                증(證) 김성태(金聖泰)【수결】

                필(筆) 박태진(朴泰鎭)【수결】

    끝.

○ 충청도장토문적 34책, 문서번호 27, 여객주인권 매매문기

도광 18년 무술(1838) 2월 일   앞 명문

이 문기를 작성하는 것은, 절실히 쓸 곳이 있어서 조상 전래의 충청도(忠淸道) 태안(泰安)·결성(結城)·안홍(安興)·서천(舒川)의 여러 섬과 포구의 어염(魚鹽)·미곡(米穀)·각항(各項) 물종(物種)에 대한 여객주인(旅客主人)의 업을 위의 궁에게 전문 3,500냥으로 값을 정하여 액수대로 교역하여 받고 본문기(本文記)·등급(謄給) 26장을 아울러 영구히 방매하니 만약 자손 족속 중에서 잡담이 있으면 이 문기로 변정하기 위함이다.

여주(旅主) 양한건(梁漢楗) 【수결】

증(證) 종제(從弟) 민석(珉錫) 【수결】

끝.

〈**추기**〉 권매분(權買分)

○ 충청도장토문적 34책, 문서번호 28, 여객주인권 매매문기

건륭 49년 갑진(1784) 4월 27일 양준기(梁浚基)앞 명문

이 문기를 작성하는 것은, 바야흐로 급히 쓸 곳이 있어서, 저의 아버지가 신성항(辛聖恒)으로부터 자기(自己) 매득한 충청도(忠淸道) 홍주(洪州)·태안(泰安)·결성(結城) 3읍 및 김택구(金宅九)로부터 매득한 태안(泰安) 소속 안홍도(安興島) 및 거올(巨乭)·파지도(波之島), 서천(舒川) 소속 돈의 북창(敦儀北倉) 등 여러 섬과 포구의 어염여객(魚鹽旅客), 결성(結城)·홍주(洪州)·태안(泰安) 3읍의 여객

상고(旅客商賈)가 물화를 가지고 내도(來到)하면 폐단없이 수응(酬應)하며 안과(安過)하였는데 천만 의외로 봉변(逢變)을 당하여 수옥(囚獄)되었을 때 양옥(養獄)의 부비(浮費)가 태다(太多)하므로 형세가 부득이하여 위의 5읍 여객주인의 업을 위의 사람에게 전문 3,070냥으로 값을 정하여 액수대로 받고 본문기는 김택구(金宅九) 문서(文書) 및 등급(謄給) 총 22장, 신성항(辛聖恒) 문서 2장, 입지(立旨) 4장과 함께 저의 아버지 대신에 착명하고 영구히 방매하니, 일후에 저의 아버지 동생 자손 족속 중에서 만약 잡담이나 환퇴의 폐단이 있으면 이 문기를 가지고 고(告)하여 변정하기 위함이다.

    여객주(旅客主) 이태성(李泰成)의 아들 응규(應奎)【수결】

                             어머니 장씨(張氏)【좌수장】

                             어머니 강씨(姜氏)

증인(證人) 김중정(金重鼎)

    수양자(收養子) 이봉득(李奉得)【수결】

    주세징(朱世徵)【수결】

필집(筆執) 정원조(丁遠祚)【수결】

〈뒷면〉 무자(1828년 또는 1888년) 정월 　일에 태안(泰安) 세선주인(稅船主人)을 가질(家姪) 종환(宗煥)에게 줌.

○ **충청도장토문적 34책, 문서번호 29, 여객주인권 매매문기**

건륭 23년 무인(1758) 정월 10일 김택구(金宅九)앞 명문

이 문기를 작성하는 것은, 바야흐로 급히 쓸 곳이 있어서 깃득(衿得) 전래된 여객(旅客)인 충청도(忠淸道) 홍주관(洪州官) 및 서천관(舒川官) 강주인(江主人)이 세미(稅米)를 운납(運納)할 때의 경강선(京江船) 응식(應食) 주인(主人) 쌀 1섬, 태안현(泰安縣) 소속 각 면·돈의 북창(敦儀北倉)·거올도(巨乭島)와 여러 섬의 어염선인(魚鹽船人) 등 및 서천포민(舒川浦民) 어염선주선인(魚鹽船主船人) 등 3읍의 모든 곳을 위의 사람에게 전문 400냥으로 값을 정하여 액수대로 받고 본문기(本文記) 6장과 함께 영구히 방매하니 서천(舒川) 형조입안(刑曹立案) 1장은 서실(闊失)하여 불급(不給)하였으므로 이러한 뜻으로 성문(成文)한 후 동생 자손족류 중에서 만약 잡담이 있으면 이 문기를 가지고 관에 고하여 변정하기 위함이다.

　　여주인(旅主人) 이득배(李得培)【수결】

　　증인(證人) 이태성(李泰成)【수결】

　　　　　　　이진영(李震英)【수결】

　　필집(筆執) 김택윤(金宅潤)【수결】

　　〈뒷면〉 홍주(洪州)·태안(泰安) 8장

○ 충청도장토문적 34책, 문서번호 30, 여객주인권 매매문기

강희 35년 병자(1696) 5월 23일 이승원(李承元)앞 명문

이 문기를 작성하는 것은, 내가 긴요하게 쓸 일이 있어서 외가(外家)의 조상(祖上)으로부터 전래하여 접대해 온 충청도(忠淸道) 서천관(舒川官) 및 그 관에 거주하는 선인(船人)과 포민(浦民), 경강(京江) 왕래인(往來人) 등 내가 접대한 부류를 모두[沒數] 위의 사람에게 은자(銀子) 56냥으로 값을 정하여 액수대로 교역하여 받고 영구히 방매하되 본문기(本文記)·형조입안(刑曹立案) 1장을 별득문기(別得文記) 1장과 함께 허급하니, 나중(後次)에 동생 자손 족속 중에서 상쟁(相爭)·잡담하면 이 문기를 가지고 관에 고하여 변정하기 위함이다.

　　여주(旅主) 통정(通政) 민이운(閔而雲) 【수결】

　　증인(證人) 동생제(同生弟) 대운(大雲) 【수결】

　　증인(證人) 이성사촌(異姓四寸) 최윤기(崔允己) 【수결】

　　필집(筆執) 김유헌(金有憲) 【수결】

○ 충청도장토문적 34책, 문서번호 31, 여객주인권 매매문기

강희 28년 기사(1689) 10월 14일 허종건(許宗建)앞 명문

이 문기를 작성하는 것은, 긴요하게 쓸 일이 있어서 위의 사람에게 충청도(忠淸道) 서천(舒川)에 거주하는 여인(旅人) 등을 정은자(正銀子) 40냥으로 교역하여 받은 후 본문기(本文記) 1장, 결입안(結立案) 1장과 함께 영구히 허급·방매하니, 후일에 동생 자지(子枝) 중에서 만약 잡담의 폐단이 있으면 이 문기를 가지고 관에 고하여 변정하기 위함이다.

　　재주(財主) 민이운(閔二雲) 【수결】

　　증인(證人) 이봉인(李奉仁) 【수결】

　　　　　　손응한(孫應漢) 【수결】

　　필집(筆執) 박상주(朴尙柱) 【수결】

○ 충청도장토문적 34책, 문서번호 32, 분재기(여객주인권 허여문기)

강희 1년 임인(1662) 12월 3일 장자(長子) 이운(而雲)앞 허여성문(許與成文)

이 성문(成文)하는 것은, 내가 연로(年老) 다병(多病)하여 네가 의약(醫藥)에 매우 힘써 그 공이 극히 중대할 뿐 아니라 너는 장자(長子)로서 장차 봉사(奉祀)를 해야 하므로 조상 전래로 접대해 온 충청도(忠淸道) 서천관(舒川官) 및 그 관에 거주하는 사람들을 영구히 허여하니 나중에[後次] 동생 자손 중에서 만약 잡담이 있거든 이 문기로 관에 고하여 변정하기 위함이다.

　재주(財主) 어머니 서조이[徐召史] 【우촌】
　증(證) 동생남(同生娚) 서업(徐業) 【수결】
　증(證) 양예길(楊禮吉) 【수결】
　필집(筆執) 박문룡(朴文龍) 【수결】

○ 충청도장토문적 34책, 문서번호 33, 여객주인권 매매문기

순치 12년 을미(1655) 12월 6일 허순안(許順安)앞 명문

이 문기를 작성하는 것은, 누이동생이 장리(長利)의 계미(契米)를 최촉(催促)하고, 포수사계(炮手私契)가 보병(步兵)을 최촉하며, 또 그의 상전(上典) 한생(韓生)의 신공(身貢)을 최촉하므로, 또 다른 조목으로의 출급(出給)이 어렵거늘 형세가 부득이하여 매부(妹夫) 전개운(田介云)으로부터 태안현(泰安縣)을 매득하였다가 위의 사람에게 정보병(正步兵) 7필(疋)을 받고 영구히 방매하니 본관(本官)의 모든 선인(船人)이나 어살[魚箭]이나 아울러 허급하니 나중[後次]에 잡담하거든 이 명문으로 관에 고하여 변정하기 위함이다.

재주(財主) 이순민(李順民) 【좌촌】

동주(同主) 한승원(韓承元) 【수결】

증인(證人) 이찬복(李贊卜) 【수결】

증인(證人) 양희중(楊喜中) 【수결】

필집(筆執) 정생제(丁生霽) 【수결】

○ 충청도장토문적 34책, 문서번호 34, 여객주인권 매매문기

건륭 24년 기묘(1759) 10월 29일 사촌(四寸) 김효동(金孝同)앞 명문

이 문기를 작성하는 것은, 이득령(李得齡)으로부터 매득한 안흥진(安興鎭) 및 소관(所管) 여러 섬의 어채(漁採) 및 상고선척(商賈船隻)의 본진관(本鎭官) 하선(下船)을 함께 여객 접대하다가 아버님의 병환이 극중(極重)하여 의약(醫藥)을 위하여 전문 50냥으로 값을 정하여 액수대로 받고 본문기(本文記) 3장, 입지 1장, 관문(官文) 7장을 함께 사촌(四寸)에게 영구히 방매하니 일후 동생 족인 족속 중에서 만약 잡담이 있으면 이 문기를 가지고 변정하기 위함이다.

여객주인(旅客主人) 김종하(金宗夏) 【수결】

증인(證人) 이사복(李仕卜) 【수결】

노운변(盧雲邊) 【수결】

필집(筆執) 강재성(姜載聖) 【수결】

○ 충청도장토문적 34책, 문서번호 35, 여객주인권 매매문기

건륭 21년 병자(1756) 윤9월 22일 김인대(金仁大)앞 명문

이 문기를 작성하는 것은, 저의 아버지 생시에 매득한 안흥진(安興鎭) 및 소관(所管) 여러 섬의 어채(漁採) 및 상고선척(商賈船隻), 본진관(本鎭官)의 복선(卜船)을 아우르는 여객 접대(旅客接待)를 전문 45냥으로 값을 정하여 액수대로 받고 본문기(本文記) 2장 및 입지단자(立旨單子) 7장을 함께 위의 사람에게 영구히 방매하오니 일후 저의 동생 자손 족류 아무개[某人] 중에서 만약 잡담이 있으면 이 문기를 가지고 관에 고하여 변정하기 위함이다.

　여객주인(旅客主人) 이득령(李得齡) 【수결】

　증인(證人) 이충엽(李忠燁)

　　　　강익주(姜翊周)

　필(筆) 변상백(卞尙白) 【수결】

○ 충청도장토문적 34책, 문서번호 36, 소지

이득령(李得齡)

삼가 이 소지를 아뢰는 것은, 장노랑(張老郎)이 이치에 맞지 않게 송사를 일으켜서 제가 수행하는 안흥도(安興島)·거오도(巨吾島)를 횡탈(橫奪)하였다가 비리호송률(非理好訟之律)로 감처(勘處)한 후에 그의 선주인(船主人)은 양쪽[兩隻]이 부당하여 이미 속공(屬公)되었고, 저는 거오도 등 포구의 선주인(船主人)을 이전처럼 담당[次知]하여 수행하였으니 후고(後考)하기 위하여 입지(立旨)를 성급(成給)하도록 명령하실 일입니다. 한성부에서 처분해주시기 바랍니다.

신미(1751) 6월 일 소지(所志)

〈뎨김〉 후고(後考)할 수 있도록 입지(立旨)를 성급(成給)할 것. 21일.
당상(堂上) 【압】

○ 충청도장토문적 34책, 문서번호 37, 여객주인권 매매문기

옹정 6년 무신(1728) 8월 그믐날 군관(軍官) 이경적(李慶績)앞 명문

이 문기를 작성하는 것은, 긴요하게 쓸 일이 있어서 조상으로부터 전래된
안흥진(安興鎭) 및 소관(所管) 여러 섬의 어채(漁採) 및 상고선척(商賈船隻), 본진
관(本鎭官)의 복선(卜船)을 아울러 전문 30냥으로 값을 정하여 액수대로 교역하
여 받고 첩련(牒連) 단자(單字) 7장, 매득 본문기 1장, 도합 8장을 아울러 영구히
방매하니 일후 만약 동생 자손 족속 중에서 잡담이 있으면 이 문기를 가지고
관에 고하여 변정하기 위함이다.

　여객주인(旅客主人) 이이만(李以萬) 【수결】

　증인(證人) 김세명(金世命) 【수결】

　이성(異姓) 조카 김시흥(金時興) 【수결】

　필집(筆執) 송의걸(宋義杰) 【수결】

○ 충청도장토문적 34책, 문서번호 38, 여객주인권 매매문기

강희 26년 정묘(1687) 정월 18일 이봉일(李奉逸)앞 명문

이 문기를 작성하는 것은, 긴요하게 쓸 일이 있어서 매득하였던 안흥진관(安興鎭官)을 전문 50냥으로 값을 정하여 액수대로 교역하여 받고 본문기(本文記)는 매득문기(買得文記) 1장, 관차정문서(官差定文書) 1장, 전후(前後) 안흥관(安興官) 배지[牌字] 4장을 함께 영구히 방매하니 일후 행여 동생 자손 중에서 잡담(雜談)하거든 이 문기를 가지고 관에 고하여 변정하기 위함이다.

　　여주군관(旅主軍官) 이상하(李尙夏) 【수결】

　　증인(證人) 이후민(李厚民) 【수결】

　　　　　박효득(朴孝得) 【수결】

　　필집(筆執) 안몽신(安夢臣) 【수결】

○ 충청도장토문적 34책, 문서번호 39, 전령

마포주인(麻浦主人) 이의한(李義汗)에게

안흥(安興)에서 이진(移鎭)할 때 소용되는 철물(鐵物)을 무득(貿得)하고자 값을 싣고 왔는데, 이번에 들으니 무천(無川)의 철물(鐵物)을 무판(貿販)하는 배가 너의 집에 내도(來到)하였다고 하거늘 이 신철(薪鐵) 8부리(夫里)의 시가에 따른 [從市直] 가포(價布) 20필(疋)을 양끝[兩端]에 답인(踏印)하여 교역하고자 송거(送去)하니 이에 따라 무송(貿送)하되 피차 관가의 무역에 혹시 중간 허소(虛疎)의 폐단이 없을 수 없으니 이 배지[牌字]를 가지고 상고(相考)하여 시행할 것.

　　갑오(1654) 6월 21일

행첨사(行僉使)【압】

여기에 이 사빙(辭憑)으로써 무천감색(無川監色)에게 직접 서통(書通)하니 이 증빙과 함께 잘 알아서 거행할 것.

○ 충청도장토문적 34책, 문서번호 40, 전령

이의한(李義汗)에게

근래에 잘 있었느냐? 영조(營造)할 때 소용되는 신철(薪鐵)을 무역(貿易)하고자 가포(價布) 12필(疋)을 양끝[兩端]에 답인(踏印)하여 송거(送去)하니 호도대불(好盜大佛)을 운무(運貿)하여 보내는 것이 의당하며 청어(靑魚) 20두름[冬音]을 송거(送去)하니 상고(相考)하여 추진(推進)할 것.

을미(1655) 4월 8일

안홍첨사(安興僉使)【압】

○ 충청도장토문적 34책, 문서번호 41, 경주인 차첩

경강(京江)에 거주하는 이봉일(李奉逸)에게

너를 본진(本鎭) 주인(主人)으로 차정(差定)하니 모든 일을 가볍지 않게 찰임(察任)할 것.

계축(1673) 10월 29일

안홍사(安興使)【압】

마포(麻浦) 이의한(李義漢)에게

너를 본진(本鎭) 경주인(京主人)으로 차정(差定)하니 모든 왕래 선인(船人)을 접대할 것.

계사(1653) 9월 8일

안흥첨사(安興僉使) 【압】

○ 충청도장토문적 34책, 문서번호 43, 전령

강주인(江主人) 이의한(李義漢)에게

지난번에 고목(告目)을 보니, 신철(薪鐵)이 다수 있다고 하였다. 무용(貿用)하고자 관인(官人)을 위송(委送)하니, 혹 5~6부리, 혹 7~8부리 간에 있는 대로 지금 간 사람에게 맡겨 주고 돌아오는 배[順歸船]에 실어 보내되 가본(價本)은 원지(遠地)에서 육운(陸運)하면 폐단이 있을 뿐 아니라 신철(薪鐵) 원수(元數)의 다소를 잘 알 수 없어서 송거(送去)할 수 없으니 그 값을 작정(酌定)하여 하송(下送)하면 가본(價本)은 역시 마땅히 돌아가는 배[順歸船]에 실어 보낼 뜻으로 아울러 상고(相考) 시행하여 정역(停役)의 우환이 없도록 할 것.

갑오(1654) 정월 19일

안흥첨사(安興僉使) 【압】

여기에 언문(諺文) 배자[牌字]를 또한 보내니 상고(相考)하도록.

○ 충청도장토문적 34책, 문서번호 44, 전령

〈추기〉 션젼관패도니의한이ㅇ명을걸겅쇠

경강주인(京江主人) **이의한**(李義漢)**에게**

너에게 주어졌던 본진(本鎭)의 신철(薪鐵) 700근은 지금 간 사람에게 일일이 실어 보내되 몇 덩어리, 무게가 몇 근인지 상세히 고목(告目)하여 빙처(憑處)의 근거로 삼을 것.

경자(1660) 2월 13일

안흥첨사(安興僉使)【압】

○ 충청도장토문적 34책, 문서번호 45, 안흥주인 차첩

경강(京江)**에 거주하는 장만건**(張晩建)**에게**

네가 고(故) 이봉일(李奉逸)의 말서(末婿)이기 때문에 안흥주인(安興主人)으로 잉차(仍差)하니 본성(本城) 군기(軍器)에 소용되는 근각(筋角)·화피(樺皮) 등의 물건을 잘 사서 보내며, 기타 수호(守護) 등의 일은 의례(依例) 착실히 거행할 것.

계미(1703) 5월 19일

수성장(守城將)【압】

○ 충청도장토문적 34책, 문서번호 46, 소지

마포(麻浦)에 거주하는 김소동(金小童)

삼가 이 소지를 아뢰는 것은, 제가 강상(江上)에 거주하여 자생(資生)할 길이 없어서 여객주인(旅客主人) 강후성(姜後聖)이 소접(所接)하는 선인(船人)인 충청도 태안(泰安) 파지도(波之島)에 거주하는 황유선(黃攸先), 황선봉(黃先奉), 황선룡(黃先龍), 황순학(黃順鶴), 송근창(宋近昌) 등과 자손 족류 여러 선인을 아울러 저를 여객주인으로 영구히 정하고자 전문 20냥으로 값을 정하여 강후성(姜後聖)에게 액수대로 갖추어 주고 여객 전래 문기 4장을 아울러 매득하였으니 일후에 혹시 아무개[某人] 중에 작경(作梗)의 폐단이 있더라도 이에 감히 우러러 호소하니 후고(後考)하도록 논리(論理) 입지(立旨)를 성급(成給)하기 위하여 명령하실 일입니다. 형조(刑曹)에서 처분하여 주십시오.

갑술(1754) 정월　일 소지(所志)

〈뎨김〉 본권(本券)대로 입지(立旨)할 것. 11일.

당상 【압】

〈뒷면〉 김택구(金宅九) 문기(文記) 25장. 파지도(波之島) 4장. 타안문서.

○ 충청도장토문적 34책, 문서번호 47, 여객주인권 매매문기

건륭 13년 무진(1748) 8월 12일 김소동(金小同)앞 명문

이 문기를 작성하는 것은, 긴요하게 쓸 일이 있어서 처가 쪽에서 전래된 여

인(旅人)인 충청도(忠淸道) 태안(泰安) 파지도(波之島)에 거주하는 황유선(黃攸先), 황선봉(黃先奉), 황선룡(黃先龍), 황순학(黃順鶴), 송근창(宋近昌) 등과 자손 족류를 아울러 위의 사람에게 전문 20냥으로 값을 정하여 액수대로 교역하여 받고 본문기(本文記) 3장과 함께 영구히 방매하니 일후에 자손 족속 아무개[某人] 중에서 만약 시비하는 일이 있으면 이 문기로 관에 고하여 변정하기 위함이다.

　여주(旅主) 강후성(姜後聖) 【수결】

　증인(證人) 임세범(林世蕃) 【수결】

　　　　　이수징(李守澄) 【수결】

　필집(筆執) 강재성(姜載聖) 【수결】

○ 충청도장토문적 34책, 문서번호 48, 여객주인권 매매문기

강희 55년 병신(1716) 7월 10일 양순봉(梁順奉)앞 명문

　이 문기를 작성하는 것은, 긴요하게 쓸 일이 있어서 기축년(1709)에 충청도(忠淸道) 태안(泰安)에 거주하는 선주(船主) 황선봉(黃先奉)·송근창(宋近昌)·황백룡(黃白龍)·황순학(黃順鶴) 등 4인을 여객(旅客)의 예(禮)로 준가(准價) 매득하였다가 위의 사람에게 전문 20냥으로 값을 정하여 액수대로 받고 본문기 1장과 함께 영구히 허급하되 나중에(後次) 자손 족속이나 여객(旅客) 중에서 잡담의 폐단이 있으면 그가 성문한 명문 및 이 문기를 아울러 관에 고하여 변정하기 위함이다.

　재주(財主) 사노(私奴) 김논금(金論金) 【좌촌】

　증인(證人) 경대훤(景大喧) 【수결】

　　　　　경성기(景成起) 【수결】

백수건(白秀建)【수결】

필집(筆執) 이춘우(李春遇)【수결】

○ 충청도장토문적 34책, 문서번호 49, 여객주인권 매매문기

강희 60년 신축(1721) 8월 6일 장상한(張相漢)앞 명문

이 문기를 작성하는 것은, 긴요하게 쓸 일이 있어서 아버님 생시에 김논쇠(金論金)으로부터 매득한 여인(旅人)인 충청도(忠淸道) 태안(泰安)에 거주하는 황유선(黃攸先)·황선봉(黃先奉)·황선룡(黃先龍)·황순학(黃順鶴)·송근창(宋近昌) 등과 자손 족류를 아울러서 위의 사람에게 전문 30냥으로 값을 정하여 액수대로 교역하여 받고 본문기 2장과 함께 영구히 방매하되 일후에 아무개[某시]라도 잡담하면 이 문기를 가지고 관에 고하여 변정하기 위함이다.

　여주(旅主) 양유남(梁有男)【수결】

　동성숙부(同姓叔父) 양유남(梁有男)【수결】

　증인(證人) 김택단(金澤瑞)【수결】

　필집(筆執) 이동백(李東伯)【수결】

○ 충청도장토문적 34책, 문서번호 50, 여객주인권 매매문기

기축(1709) 4월 17일 김논금(金論金)앞 명문

이 문기를 작성하는 것은, 저는 본래 주인(主人)이 없었는데 지금 사복시(司僕寺)의 곡물(穀物)을 실어 와서 납창(納倉)하다가 물건이 축나는 일이 많이 있

었으나 충납(充納)할 길이 없으므로 형세가 부득이하여 저를 여객례(旅客禮)로
서 위의 사람에게 전문(錢文) 15냥을 값으로 받고 허매(許賣)하니 일후(日後) 혹
시 아무개[某人]라도 잡담이 있으면 이 문기를 가지고 관에 고하여 변정하기 위
함이다.

　　선주(船主) 황선봉(黃先奉) 【수결】

　　임선주(賃船主) 송근창(宋近昌) 【수결】

　　황백룡(黃白龍) 【수결】

　　필집(筆執) 음태극(陰太極) 【수결】

〈뒷면〉 4냥 황백룡(黃白龍) 받음.

○ 충청도장토문적 34책, 문서번호 51, 선주인권 매매문기

건륭 34년 기축(1769) 8월 29일 신성항(辛聖恒)앞 명문

이 문기를 작성하는 것은, 한성부(漢城府)의 본방 사령(本房使令) 등으로부터
사와서 업으로 삼았던 충청도(忠淸道) 고마수영(雇馬水營) 소속 결성(結城)·홍
주(洪州)·보령(保寧)·태안(泰安) 등 4읍 여객주인(旅客主人)의 역을, 아버님 생
시에 매득하여 수세(受稅)하였는데, 절실히 쓸 데가 있어서 이상 4읍 중에서 결
성·태안 양읍(兩邑) 주인의 역만 위의 사람에게 전문 250냥으로 값을 정하여
액수대로 교역하여 받고 영구히 방매(放賣)하니, 본문기(本文記) 1장 및 입지(立
旨) 3장은 다른 주인 문서 중에 함께 붙어 있어서 허급(許給)할 수 없으니 차후
에 자손 동생 족속 중에서 만약 잡담이 있으면 이 문기를 가지고 관에 고하여
변정하기 위함이다.

결성(結城)·태안(泰安) 양주인주(兩主人主) 김종하(金宗河) 【수결】

증인(證人) 김홍태(金興兌) 【수결】

　　　　김경록(金景祿) 【수결】

　　　　문필욱(文弼郁) 【수결】

강택인(姜宅仁) 【수결】

필집(筆執) 조태승(趙泰昇) 【수결】

○ 충청도장토문적 34책, 문서번호 52, 소지

마포(麻浦)에 거주하는 신중항(辛重恒)

삼가 이 소지를 아뢰는 것은, 기축년(1769)에 김종하(金宗河)로부터 충청도(忠淸道) 고마수영(雇馬水營) 소속 결성(結城)·홍주(洪州)·보령(保寧)·태안(泰安) 등 4읍의 여객주인(旅客主人) 중에서 결성(結城)·태안(泰安) 양읍(兩邑)의 주인(主人)만 250냥의 값을 주고 매득하여 공물(貢物)의 예(例)와 마찬가지로 자손에게 전하여 영원히 집지(執持)하되, 이는 가사전답문기(家舍田畓文記)와 다름이 있어서 원래 성사(成斜)하는 규정이 없으므로 매득문기(買得文記)를 점련(粘連)하여 앙소(仰訴)하니 특별히 입지(立旨)를 성급(成給)하여 후고(後考)의 근거로 삼도록 명령하실 일입니다. 한성부에서 처분해주시기 바랍니다.

경인(1770)　월　일 소지

〈뎨김〉 입지(立旨)를 성급(成給)할 것. 30일.

당상(堂上) 【압】

○ 충청도장토문적 34책, 문서번호 53, 선주인권 매매문기

건륭 1년 병진(1736) 2월 21일 김세만(金世萬)앞 명문

이 문기를 작성하는 것은, 충청도(忠淸道) 태안(泰安) 읍내(邑內)에 거주하는 선주(船主)가 해마다 왕래하여 어석(魚石)을 싣고 와서 마포 근처에 도박(到泊)하였는데 선인들이 피잔(疲殘)하여 여러 궁가(宮家)와 각둔(各屯)의 노배(奴輩)들이 이와 같이 작난(作亂)하므로 지탱할 수 없어서 형세가 부득이하여 여객주인(旅客主人)을 적실(的實)하게 기정(旣定)하고 자매(自賣)하여 허속(許屬)하니 전문 25냥으로 값을 정하여 액수대로 받고 해발(海發)은 30냥을 받았으니 일후에 증외(曾外) 자자손손 동생이 잡담하거든 이 문기를 가지고 관에 고하여 변정하기 위함이다.

　　선주(船主) 이차돌(李次乭) 【수결】
　　선주(船主) 돈의(頓依)에 거주하는 유해발(劉海發) 【수결】
　　증인(證人) 최준발(崔俊發) 【수결】
　　필집(筆執) 장우한(張佑漢) 【수결】
　　〈뒷면〉 김득손(金得孫) 문서

○ 충청도장토문적 34책, 문서번호 54, 선주인권 매매문기

건륭 2년 정사(1737) 4월 20일 김세만(金世萬)앞 명문

이 문기를 작성하는 것은, 제가 흥리(興利)를 위하여 각영(各營) 선척(船隻) 등물(等物)을 매매할 때에 매득하고자 하였지만 출처(出處)가 달리 없었고 저희들도 본래 주인이 없었기 때문에 형세가 부득이하여 주인으로부터 전문 40냥

을 대용(貸用)하여 선척의 값을 주었으므로, 매년 왕래할 때에 여객을 완정(完定)하여 대답(對答)함이 적실(的實)하니 일후 선인 등의 증외(曾外) 자자손손 아무개 등이 이와 같이 횡침(橫侵)하는 폐단이 있거나 만약 혹시 잡담이 있으면 이 문기를 가지고 관에 고하여 변정하기 위함이다.

　　충청도(忠淸道) 태안(泰安) 동면(東面) 북창(北蒼) 함세상(咸世尙) 【수결】

　　선주(船主) 이복상(李福尙) 【수결】

　　증인(證人) 차막상(車莫尙) 【수결】

　　　　　　차진재(車珍載) 【수결】

　　필집(筆執) 장우한(張佑漢) 【수결】

○ 충청도장토문적 34책, 문서번호 55, 선주인권 매매문기

건륭 3년 무오(1738) 6월 21일 경주인(京主人) 김세만(金世萬)앞 명문

이 문기를 작성하는 것은, 충청도(忠淸道) 태안(泰安) 동면(東面) 염장(鹽場)에 거주하는 선주(船主) 김금이(金金伊)와 동성사촌(同姓四寸) 금손(今孫) 등이 선상(船商)을 업으로 하였는데 마침 이웃 마을에서 선척을 매매할 때에 출처(出處)가 달리 없어서 서울에 거주하는 마포(麻浦) 식주인(食主人)으로부터 빌린 전문(錢文) 50냥을 내어 선척의 값을 주고 매득하였기에 저도 인정에 구애될 뿐 아니라 본래 여객인(旅客人)이 없기에 주인으로 삼아 대답함이 적실하며 일후에 저의 증외(曾外) 자자손손 중에서 이와 같이 반주(反主)의 폐단이 있거나 행여 아무개 무리가 횡침하는 폐단이 있으면 빙고하고자 이 문기를 가지고 관에 고하여 변정하기 위함이다.

　　선주(船主) 김금이(金金伊) 【수결】

선주(船主) 동성사촌(同姓四寸) 김금손(金今孫) 【수결】

증인(證人) 차진재(車珍載) 【수결】

필집(筆執) 장우한(張佑漢) 【수결】

○ 충청도장토문적 34책, 문서번호 56, 선주인권 매매문기

건륭 4년 기미(1739) 8월 12일 경강주인(京江主人) 김세만(金世萬)앞 명문

이 문기를 작성하는 것은, 충청도(忠淸道) 태안(泰安) 돈의(頓依) 동면(東面)에 거주하는 선주(船主) 이순남(李順男)·이회음쇠(李晦音金)는 선주(船主)로서 어석(魚石) 등물(等物)을 마포강촌(麻浦江村)으로 싣고 와서 도박(到泊)하였는데 마침 각영(各營) 선척(船隻)을 매매할 때 출처(出處)가 달리 없어서 주인(主人)으로부터 전문 30냥을 빌려 매득하였으니 저희들은 본래 정해진 주인이 없었을 뿐 아니라 어석(魚石)을 매매할 때에도 여러 궁가(宮家)와 각둔(各屯)의 노배(奴輩)가 작난(作亂)·작경(作驚)하므로 형세가 부득이하여 여객주인의 예(例)를 완정(完定)하니 일후에 선주 등의 증외(曾外) 자자손손이 반주(反主)하는 폐단이 있거나 아무개 무리가 이와 같이 횡침하는 폐단이 있으면 관에 고하여 변정하기 위함이다.

충청도(忠淸道) 태안동면(泰安東面) 선주(船主) 이순남(李順男) 【수결】

선주(船主) 이회음쇠(李晦音金) 【수결】

증인(證人) 차막상(車莫尙) 【수결】

필집(筆執) 장우한(張佑漢) 【수결】

○ 충청도장토문적 34책, 문서번호 57, 선주인권 매매문기

건륭 5년 경신(1740) 10월 5일 김세만(金世萬)앞 명문

이 문기를 작성하는 것은, 저희들이 격쟁(擊錚) · 상송(相訟)할 때 하방(遐方)의 사람들에게 들어가는 부비전(浮費錢)의 출처(出處)가 없어서 서부(西部) 마포(麻浦)에 거주하는 위의 사람에게 전문 50냥을 받고 저희들 동 · 이성(同異姓) 자자손손을 영원히 여객(旅客)으로 삼아 자기방매(自己放賣)하니 일후 행여 태안(泰安) 동면(東面) 전의촌(錢儀村)에 거주하는 사람 중에 반심(反心)하는 폐단이 있으면 이 문기를 가지고 관에 고하여 변정하기 위함이다.

충청도(忠淸道) 태안인(泰安人) 선주(船主) 서윤산(徐尹山)【수결】

동성사촌(同姓四寸) 선주(船主) 서태강(徐太江)【수결】

증인(證人) 차중필(車重畢)【수결】

차진재(車珍載)【수결】

필집(筆執) 이덕창(李德昌)【수결】

○ 충청도장토문적 34책, 문서번호 58, 소지

마포(麻浦)에 거주하는 김세만(金世萬)

삼가 이 소지를 아뢰는 것은, 제가 포변(浦邊)에 거주하고 있어서 여객주인(旅客主人)을 업으로 삼고자 충청도(忠淸道) 태안(泰安) 선주인(船主人)의 역(役)을 값을 주고 매득하였으므로 제가 산 각인(各人) 등의 명문을 점련(粘連)하여 앙소(仰訴)하니 일후에 선인(船人)들이 혹시 약속을 어기고 잡담하는 폐단이 있으면 후고(後考)하기 위하여 논리(論理) 입지(立旨)를 성급(成給)하도록 특별히 명령하실

일입니다. 한성부에서 처분해주시기 바랍니다.

기사(1749) 2월   일 소지

〈뎨김〉 입지(立旨)를 성급(成給)할 것. 30일.

당상(堂上) 【압】

〈추기〉 김여중(金呂重)

○ 충청도장토문적 34책, 문서번호 59, 여객주인권 매매문기

건륭 49년 갑진(1784) 4월 26일 김중정(金重鼎)앞 명문

이 문기를 작성하는 것은, 바야흐로 급히 쓸 데가 있어서 저의 아버지가 신성항(辛聖恒)으로부터 자기매득(自己買得)한 충청도(忠淸道) 홍주(洪州)·태안(泰安)·결성(結城)의 3읍 및 김택구(金宅九)로부터 매득한 태안(泰安) 소속 안흥도(安興島) 및 거올(巨乭)·파지도(波之島), 서천(舒川) 소속 돈의 북창(敦儀北倉)의 여러 섬과 포구의 어염여인(魚鹽旅人)과 결성(結城)·홍주(洪州)·태안(泰安) 3읍의 여인상고(旅人商賈)가 물화를 가지고 내도(來到)하면 폐단없이 수응(酬應)하며 안과(安過)하였는데 천만 의외로 봉변(逢變)을 당하여 수옥(囚獄)되었을 때 양옥(養獄)의 부비(浮費)가 태다(太多)하므로 부득이 5읍 여객주인의 업을 위의 사람에게 전문 400냥으로 값을 정하여 액수대로 받고 본문기(本文記)는 김택구의 문서(文書) 및 등급(謄給) 총 22장을 신성항의 문서 2장, 입지(立旨) 4장과 함께 저의 아버지를 대행(代行)하여 영구히 방매하니 일후에 동생 자손 족속 중에서 만일 잡담이 있으면 이 문기를 가지고 관에 고하여 변정하기 위함이다.

여주(旅主) 이태성(李泰成)의 아들 응규(應奎) 【수결】

어머니 강씨(姜氏) 【우촌】【좌수장】

증인(證人) 김태복(金泰福)【수결】

     수양자(收養子) 이봉득(李奉得)

     이희손(李喜孫)

필집(筆執) 김택윤(金宅潤)【수결】

〈뒷면〉

운운(云云). 저는 아버지가 천만 의외로 수옥(囚獄)되었기 때문에 양옥(養獄)의 부비(浮費)가 태다(太多)하므로 형세가 부득이하여 저의 아버지가 자기매득(自己買得)한 홍충도(洪忠道) 홍주(洪州) · 태안(泰安) · 결성(結城) 안흥도(安興島), 거올(巨乭) · 파지도(波之島), 서천(舒川) 소속 돈의 북창(敦儀北倉)의 여러 섬과 포구의 어염상고(魚鹽商賈) · 곡물상고(穀物商賈) 선척(船隻) 여객주인의 업(業)을 양윤기(梁潤基)에게 영구히 방매하니 ▨▨▨ 일후 제 아버지의 동생 자손 족속 중에서 만일 잡담이나 환퇴의 폐단이 있으면 후일 빙고하기 위하여 입지(立旨)를 성급(成給)하도록 해주십시오.

○ 충청도장토문적 34책, 문서번호 60, 여객주인권 매매문기

강희 27년 무진(1688) 3월 13일 통정(通政) 차송현(車松賢)앞 명문

이 문기를 작성하는 것은, 지난 을축년(1685)에 이봉인(李奉仁)으로부터 매득한 여객(旅客)과 홍주관(洪州官) 강주인(江主人)으로서 세미(稅米)를 운납(運納)할 때에 경강선(京江船)이 강변에 도박(到泊)할 때 주인이 응식(應食)하는 한 섬[石] 및 태안현(泰安縣) 소속 각면(各面) · 돈의 북창(敦儀北倉) 및 거올도(巨乭

島)와 여러 섬의 선인 등을 위의 사람에게 정은자(正銀子) 30냥으로 값을 정하여 액수대로 받고 본문기(本文記) 4장과 함께 영구히 방매하니 후차(後次)에 자손 족속 중에서 만약 잡담이 있으면 이 문기를 가지고 관에 고하여 변정하기 위함이다.

    자필(自筆) 여주(旅主) 송기삼(宋起三) 【수결】

    증인(證人) 장응선(張應善) 【수결】

    증인(證人) 홍후명(洪厚命) 【수결】

○ 충청도장토문적 34책, 문서번호 61, 선주인권 매매문기

강희 59년 경자(1720) 3월 초5일　앞 명문

이 문기를 작성하는 것은, 저의 양 선척(兩船隻)은 여러 각댁(各宅) 사부가(士夫家)의 ▨▨▨를 싣고 도박(到泊)하여 하륙(下陸) 분급(分給)할 때에 흠축(欠縮)으로 인하여 형세가 부득이하여 ▨▨▨ 벼 10섬[石]씩 각선에 대출(貸出)하여 ▨▨▨▨▨▨▨▨▨▨

○ 충청도장토문적 34책, 문서번호 62, 여객주인권 매매문기

강희 46년 정해(1707) 12월 7일 이승원(李承元)앞 명문

이 문기를 작성하는 것은, 저의 아버지 생시에 송기삼(宋起三)으로부터 매득한 여객과 충청도(忠淸道) 홍주관(洪州官) 강주인(江主人)으로서 세미(稅米)를 운납(運納)할 때에 경·향선(京鄕船)을 무론(無論)하고 응식(應食)하는 쌀 한 섬[石]

및 태안현(泰安縣) 소속 각면(各面)·돈의 북창(敦儀北倉), 거올도(巨兀島)와 여러 섬의 어염선인(魚鹽船人) 등을 위의 사람에게 전문 70냥으로 값을 정하여 액수대로 받고 영구히 방매하되 본문기(本文記)는 5장 중에서 2장을 서실(閭失)하였으므로 3장만 허급하니 일후에 동생 자손 중에서 만약 잡담이 있으면 이 문기를 가지고 관에 고하여 변정하기 위함이다.

여주(旅主) 차해세(車海世) 【수결】

증인(證人) 차세주(車世周) 【수결】

필집(筆執) 노태휘(盧泰輝) 【수결】

○ 충청도장토문적 34책, 문서번호 63, 형조 등급

형조(刑曹)에서 원안을 베껴 발급하는 것임

이번에 올린 서부(西部)에 거주하는 배정구(裵鼎九)의 소지(所志) 내용은 다음과 같다.

저는 여러 대에 걸쳐 강에 거주하며 선업(船業)에 의지하여 살아왔는데 태안선주인(泰安船主人)의 역은 저의 형이 여러 해 동안 수행(隨行)해왔습니다. 그런데 저의 형이 중간에 낙향하여 돌아오지 않으니 저의 형수가 선업을 감당할 수가 없었고 저도 나이가 어려서 전혀 지각이 없었기 때문에 이 선업을 어떤 사람이 차지하였는지도 몰랐습니다. 저의 형수가 죽었을 때에 이 문기를 저에게 전하여 주었습니다.

그 뒤에 제가 이 업을 거행하는 사람을 찾아 물으니 양가(梁哥)라는 성을 가진 사람이 지금 그 일을 행한다고 하였습니다. 제가 양가를 만나서 "본디 남의 집안에서 내려오는 업을 가지고 너는 무엇을 하느냐"고 물으니 양가(梁哥)가 "나도 산 것이다"

고 하였습니다. 그러므로 저도 "네가 산 것이라면 반드시 훔쳐서 판 사람이 있을 것이니 관에 고소하여 찾을 것이다"고 하니 양가(梁哥)가 애걸하며 말하기를, "이것은 쟁송하여 변별할 필요 없이 50냥으로 사적으로 화해하는 것이 무방하겠다"고 하였습니다.

이 업은 본디 적지 않은 가치의 물건일 뿐만 아니라 남의 기업을 멋대로 빼앗아서 많은 해 동안 이득을 취한 것이 몇 백 냥인지 모르는 데 이런 적은 돈으로 영원히 빼앗고자 하니 이것이 어찌 말이 되는 일입니까? 헤아려 주신 후에 이 양가(梁哥)를 붙잡아 와서 양쪽의 문안을 취하여 고찰한 뒤에 밝히 조사하여 처결하도록 삼가 바랍니다.

이 소지에 대한 제사에 "붙잡아 와서 문초할 것임"이라고 하였다. 당상(堂上)이 착압(着押)하였다. 갑인년(1794) 2월 19일. 예이방(隷二房)을 아래에 써넣었다.

이어서 같은 달 25일에 척(隻) 상형(相衝) 양윤기(梁潤基)(나이 48세)와 원고(元告) 한량(閑良) 배정구(裵鼎九)(나이 51세)가 진술한 초사는 다음과 같다.

아룁니다. 장사(狀辭)를 추문(推問)하신다고 하기에 각각 호패를 상고하였습니다. 양윤기는 "저는 이 태안선주인(泰安船主人)의 업을 값대로 매득하여 여러 해 동안 수행하다가 뜻밖에 지금 장자(狀者)가 저를 도점(盜占)하였다는 듯이 소장을 올려서 붙잡는다고 하므로 제가 의아함을 이길 길이 없습니다. 장자(狀者)와 매매한 절차가 밝히 명백(明白)하고 장자의 문권은 중간에 만들어진 문권으로 또 시문기(時文記)가 없을 뿐만 아니라, 게다가 제가 매득하여 수행한 지가 11년이나 되었습니다. 이 장자(狀者)가 패소하여 송사할 수 없을 줄을 알았으므로 그가 말하는바 구문권 5도, 입지 1장을 저에게 주고 스스로 물러가기를 원하므로 저는 이 말을 좇아서 지금 관정(官庭)에서 사적으로 화해하고 물러가니 뒤에 고찰하도록 시행해 주십시오”라고 하였다. 원고(元告) 배정구(裵鼎九)는 “저는 제가 나이가 어릴 때 저의 형이 죽어서 가계가 기울었으니 작년에 저의 형수가 죽은 뒤에 상자에서 문서 1축을 찾아서 얻었으니 그중에는 태안선주인(泰安船主人) 구문기(舊文記)가 있었으므로 저는 그 내력을 알고 싶어서 현재 주인을 찾아보니 과연 척한(隻漢)인 양가(梁哥)라고 하므로 그 문권을 소매에 넣고 가서 양가를 만나서 그 주인이 된 연유를 물어보니 척한(隻漢)은 끝내 그 내력을 상세히 말하지 않고 허허거리기만 하고 기피하므로 저는 그 곡절을 알고 싶어서 소장을 올리게 되었습니다. 지금 관정(官庭)에서 척한(隻漢)의 문서를 상세히 고찰해보니 작성 연도들이 저의 문권이 작성되기 이전이고 매매한 순서가 극히 명백하고 저의 문서는 과연 중간에 작성된 문권이므로 척한에게 허급하고 사적으로 화해하고 물러가니 뒤에 고찰하도록 증명을 시행해 주십시오.

각각 착명하였다. 당상과 낭청이 착압하고 관인을 찍었다.
연이어 척(隻) 양윤기(梁潤基)의 소지(所志)는 다음과 같다.

저는 태안의 선주인을 업으로 삼았다가 지금 이렇게 장자(狀者) 빼앗아서 점거하고자 하는 계획으로 관정에 소장을 올리니 그 소송을 벌일 때에 사적으로 피차의 문서를 보니 저의 문서 1도는 매매가 분명하고 그 과정이 차례대로 있고 그의 문서는 5~6장에 불과하며 중간에 창설된 것이고 근거할 만한 시문기(時文記)가 없으니 그가 바야흐로 재판에 질 줄을 알고 화해롭게 물러나고자 하니 그가 이미 자복하였으므로 저도 고집할 수 없으므로 그의 말을 좇아 그의 이른바 문권을 받아서 화해롭게 물러나고자 합니다. 그런데 인심은 예측할 수 없어서 일후에 만일 다른 폐단이 있더라도 문안을 등급하여 후일에 의거하여 고찰할 수 있도록 해주시기를 바랍니다.

소지에 대한 제사의 내용에서는 "원하는 대로 등급해주라"고 하였다. 당상(堂上)이 착압(着押)함.

척(隻) 양윤기(梁潤基)에게 원문안을 등급(謄給)함. 끝.

갑인년(1794) 3월 초2일

당상(堂上)【압】낭청(郎廳)

○ 충청도장토문적 34책, 문서번호 64~65, 한성부 입안

건륭 16년(1751) 6월 일 한성부(漢城府) 입안(立案)

이 입안(立案)은 베껴 발급하기 위한 것임.

흑석리(黑石里)에 거주하는 장노랑(張老郎)이 여기서 삼가 소지를 아뢰는 것은 다음과 같은 이유에서입니다. 제가 강촌(江村)에 거주하며 먹고 살 길이 없었기 때문에 태안선주인(泰安船主人)를 사서 수행하는 것을 업으로 삼은 지가 이미 여러 해가 되었습니다. 그런데 이 강에 거주하는 이익흔(李益欣)이라는 놈이 본디 간악한 사람으로 선인인 지가(池哥)·김가(金哥)·이가(李哥)를 꼬셔서 서로 짜고서 옛 주인을 배반하고 이익흔의 집에 몰래 거주하니 이것은 매우 절통할 뿐 아니라, 제가 많은 값을 주고 산 세업(世業)을 하루 아침에 이가에게 잃어버린다면 어찌 원통하지 않겠습니까? 그 정상은 진실로 극히 근거 없기 때문에 지금 이렇게 우러러 호소하니 위의 사람들을 붙잡아 와서 추문한 뒤에 남의 세업을 빼앗고자 하는 죄로 무겁게 다스려서 일후의 습속을 막도록 명령을 내려주실 일입니다. 한성부(漢城府)에서 처분하여 주십시오.

신미(1751) 5월　일 소지

색형방(色刑房)이 붙잡아와서 추문(推問)하도록 할 것이다.

16일. 당상(堂上)이 착압하고 관인(官印)을 찍음.

연이어 신미년(1751) 5월 17일에 척 어부(漁夫) 보인(保人) 이익흔(李益欣)과 이득령(李得齡)(나이 26세)이 진술한 초사는 다음과 같다.

아룁니다. 소장 내의 연유를 추문하신다고 하시니 말씀드리겠습니다. 저의 아버지가 살아계실 때인 무신(1728) 연간(年間)에 안흥도선주인(安興島船主人)을 사서 수행(隨行)하였는데 그 사이에 선인들이 혹 다른 주인에게 거접하는 수도 있었으므로 연전에 형조(刑曹)에 소장을 올려서 처결문안을 얻어서 나갔으니 지금 이 선주인(船主人)은 제가 사서 얻은 문권이니 장노랑(張老郞)이 그의 주인이라고 일컫는 것은 실로 근거없는 것입니다. 이른바 안흥도(安興島)와 거오도(巨吾島)는 비록 태안(泰安)에 속하지만 안흥의 여러 섬은 제가 차지하여 거행하거든 장노랑(張老郞)이 태안의 선주인(船主人)과 여러 섬의 주인을 모두 다 빼앗았다고 하는 소장은 전혀 근거가 없습니다. 작년에 이것을 본부(本府)에 올려 사람 4~5인을 추핵(推覈)하거든 장노랑(張老郞)이 남의 주인을 빼앗고자 하는 정상을 통촉하신 뒤에 이치에 안맞게 송사를 좋아하는 죄를 각별히 무겁게 다스리십시오. 대개 이 주인은 본래 박조이[朴召史]의 주인으로 금번 장노랑(張老郞)이 남편이 되어 주인을 되찾는다는 정상은 더욱 극히 근거가 없으니 고찰하여 처치하여 주십시오.

착명하고 관인을 찍었다.

같은 날 선인인 태안에 거주하는 업무(業武) 이경천(李京天)(나이 47세), 김치산(金治山)(나이 36세)이 진술한 초사는 다음과 같다.

아룁니다. 저는 태안 사람으로 곡물(穀物)을 실어 왔는데 지금 이렇게 주인을 쟁변하는 일을 저희들이 무엇으로 고찰하겠습니까? 저희들의 거취는 오로지 관의 처결에 따라 거행하거늘 선인의 곡물 분급이 한때의 근심입니다. 저희들은 즉시 분간(分揀)하여 주십시오.

착명(着名)하였다.
같은 날 원고(元告) 장노랑(張老郎)(나이 33세)이 진술한 초사는 다음과 같다.

아룁니다. 저의 지극히 원통한 사유는 원장(元狀)에서 대략 아뢰었습니다. 지금 이 태안선주인은 저의 처가 전래받은 물건으로 수행하였습니다. 그런데 이익흔은 간악하기 이를 데 없는 놈으로 안흥도주인(安興島主人)이라고 일컬으면서 몰래 선인들을 부추겨서 다른 주인을 몰래 빼앗으려 하는데 이 일은 전혀 근거 없는 것입니다.

안흥도는 태안에 속해있을 뿐만 아니라 설사 그의 말과 같이 안흥도(安興島)를 차지한다고 하면서 태안에 소속된 모든 섬을 모두 빼앗으려고 하는 것은 백주 대낮에 칼을 든 강도와 다름없습니다. 이 선주인(船主人)은 본디 저의 처가 전래한 물건이니 이른바 이치에 안맞게 송사를 좋아한다는 것은 더욱이 말이 되지 않습니다. 다른 사람의 업을 멋대로 빼앗으려는 죄는 법에 의해 무겁게 다스려 주시고 피차의 문안을 고찰하고 처치하여 주십시오.

착명하였다. 당상과 낭청이 착압하고 관인을 찍었다.
연이어 같은 날 제사는 다음과 같다.

피차 선주인매매문서(船主人買賣文書)를 납부하여 조사할 것이며 이득령의 초사 가운데에 박조이가 장노랑을 남편으로 삼은 일은 일체 엄격히 조사하여 이치를 따져서 아뢰라.

당상이 착압하고 관인을 찍었다.

연이어 신미년(1751) 5월 11일에 척(隻) 이득령(李得齡)(나이)이 다시 진술한 초사는 다음과 같다.

아룁니다. 저는 수결(手決)에 따라서, 매득한 문서 2장, 등급(謄給) 1장, 안흥진차첩(安興鎭差帖)을 지금 납부합니다.

대개 이 선주인은 방유(方游)라는 이름의 사람이 수행(隨行)하다가 방유가 죽은 뒤에 그의 처 박조이가 장노랑을 남편으로 삼아 이와 같이 소장을 올렸습니다. 태안에 소속된 4면에는 각각 주인이 있는데 저는 남면(南面)의 안흥도와 지패도(智貝島) 등 여러 섬의 선주인(船主人)을 차지하여 수행하거든 지금 이 장노랑이 태안선주인 문서를 가지고 제가 차지한 안흥도 등의 주인을 혼침(混侵)하는 일은 실로 근거 없습니다. 만일 제 말을 못믿으시겠다면 이 태안의 네 개 면의 면주인들을 붙잡아 와서 추문하시면 잘 아실 수 있을 것입니다.

장노랑은 상중(喪中)에 있는 사람인데 박조이와 서로 간통하여 이와 같이 송사를 일으키니 어찌 근거없는 일이 아니겠습니까? 이와 같이 이치가 아닌데 송사하기를 좋아하는 사람을 만일 무겁게 다스리지 않는다면 강가의 백성들이 무엇으로 보존될 수 있겠습니까? 법에 의거하여 무겁게 다스리셔서 일후의 습속을 막도록 하여 주십시오.

착명하였다.

같은 날에 원고(元告) 장노랑(張老郞)(나이)이 진술한 초사는 다음과 같다.

아룁니다. 저의 전래된 문서와 결송문서와 입지 등 모두 합하여 4도를 지금 납부합니다. 지금 여기 이득령이 고한 것은 허황되기 짝이 없고 설사 그의 말처럼 태안의 여러 섬을 다 차지하고자 하였다면 제가 태안 선주인의 이름 아래에 소속된 여러 섬의 선주인을 헛되이 지키고 있다가 빼앗기게 된 안흥도는 그가 차지한 곳이라면 거오도(巨吾島)는 제가 응당 차지해야 할 것입니다. 그런데 득령(得齡)이 ☒☒☒☒ 인안(仁案)을 현란하게 하여 남이 차지한 물건을 빼앗고자 하는 것은 매우 교활하고 악한 것이며, 거기다가 부당하고 근거없는 바는 저의 처가 비자가 남편을 잃고 과부가 되어 낙심하게 되었는데 제가 홀아비로서 부부가 되었거늘 득령(得齡)이 송정(訟庭)의 다 있는 곳에서 이 말을 집어 말한 것은 더욱이 극히 맹랑하며 이와 같이 남편이 되는 것은 상놈들에게는 늘상 있는 일일 뿐만 아니라 이미 남편이 되었다면 그 처의 재물을 어찌 되찾지 않겠습니까? 이득령(李得齡)은 본디 극악한 놈으로 태안에 소속된 모든 섬의 배들이 올라오면 미리 하착시켜 유인하는 일은 실로 근거없는 일이오니 각별히 무겁게 죄를 주셔서 후일에 이와 같이 병조에서 다짐을 받지 않도록 하여주십시오.

착명하였다. 당상과 낭청이 착압하고 관인을 찍었다.
연이어 올린 품목(稟目)은 다음과 같다.

이전의 제사(題辭)에서 "피차 선주인매매문서(船主人買賣文書)를 납부하여 조사할 것이며 이득령의 초사 가운데에 박조이가 장노랑을 남편으로 삼은 일은 일체 엄격히 조사하여 이치를 따져서 아뢰라"고 하였기 때문에 이 두 척들을 관정으로 불러내어 그 곡절과 납부한 매득문서를 상세히 조사하니 척(隻) 이득령(李得齡)이 납부한 강희 26년(1687) 매매문기(38번 문서)에는 단지 안흥도(安興島)만 매매하였고 옹정 6년(1728) 매매문서(37번 문서)에는 안흥도와 모든 섬을 함께 판다고 하였습니다. 이것은 앞의 문서에는 없고 뒤의 문서에는 있으니 믿을만 하지 않습니다. 원고(元告) 장노랑이 납부한 옹정 13년(1735) 매매문기(69번 문서)에는 충청도 고마수영(雇馬水營)과 보령(保寧)·결성(結城)·홍주(洪州)·태안(泰安) 등의 모든 포와 모든 섬을 아우르고 있었고 그 나머지 문서에서는 전일에 본부에 입송할 때에 현납하였다가 잃어버려 찾지 못해서 기사년(1749)에 본부 입지(제34책에는 없음) 중에서 또한 모든 포구, 모든 섬으로 써서 주었습니다. 이것으로 미루어보자면 안흥도(安興島)는 이득령이 차지하여 수행하고 태안(泰安) 거오도(巨吾島)는 장노랑(張老郎)이 차지하여 수행하는 것이 마땅할 듯하고 박녀(朴女)가 장노랑과 부부가 된 것은 사대부가의 비자(婢子)가 남편을 잃은 뒤에 다시 남편을 얻는 것은 이상한 일이 아니고 남편이 된 후에 자기 처의 기물을 되찾고자 하는 것도 진실로 당연한 듯하되 낭청의 천견으로 다시 고칠만한 것은 곧 당상의 처분에 맡깁니다. 감히 아룁니다. 신미(1751) 5월   일.

당상과 낭청이 착압하고 관인을 찍었다.

연이어 신미년(1751) 5월 19일에 "양척의 매득문서와 그 전의 이어지는 문서들을 일일이 납부하도록 하고 고찰하여서 아뢰라"고 하였다. 당상이 착압하고 있고 관인이 찍혀 있다.

연이어 신미년(1751) 5월 19일에 척(隻) 이득령(李得齡)(나이)을 다시 추문하니 이에 대한 초사는 다음과 같다.

아룁니다. 수결에서 "소장의 연유를 추문하신다"고 하셨으므로 말씀드립니다. 당초에 이상하(李尙夏)가 이봉일(李奉逸)에게 팔았으되 상하의 매득문서는 없는데 저는 그것을 알지 못하겠고 봉일의 아들 이이만(李以萬)이 저의 아버지 경적(慶績)에게 팔아서 저에게 이르렀습니다. 지금 거오도(巨吾島)의 선척이 와서 도착하였으되 송사의 변론이 이제 막 시작되었지만 아직 처결되지 않았기 때문에 저희 양척은 서로 쟁송하고 있으니 빨리 처결하여 시끄럽게 구는 폐단이 없도록 하여주십시오.

착명이 있다.

같은 날에 원고(元告) 장노랑(張老郎)(나이)을 다시 추문하니 이에 대한 초사는 다음과 같다.

아룁니다. 수결에서 "사연을 추문하라"고 하시었으니 당초에 윤춘흥(尹春興)은 선주인(船主人)을 받아서 수행(隨行)하다가 정대명(鄭大明)에게 팔았으며 대명이 구세만(具世萬)에게 판 뒤에 세만(世萬)은 방유(方游)에게 팔았습니다. 방유가 죽어서 자녀가 없으니 그의 처가 의지할 데가 없으므로 제가 홀아비로서 상의하여 처로 삼았습니다. 정대하(鄭大夏)가 당초에 매득한 문서는 방유(方游)가 살아있을 때에 본부에서 입송(立訟)하였다가 문안이 왕래할 때에 잃어버리고 찾지 못하였으므로 입지를 작성해 내었습니다. 그 밖에 다시 아뢸 바가 없으니 처리하여 주십시오.

착명(着名)하였다. 당상과 낭청이 착압하고 관인을 찍었다.

연이어 올린 품목(稟目)에 의하면 다음과 같다.

"양척의 매득문서와 그 전의 이어지는 문서들을 일일이 현납하도록 하고 고찰하여 아뢰라"고 하였기 때문에 이 양척(兩隻)을 초치(招致)하여 그 이전의 이어지는 문서에 대해서 상세히 물으니 그의 진술한 바가 이와 같이 초사를 받아서 아뢰며 양척이 납부한 문서 가운데에서 붙여진 곳 및 그에 대한 핵심은 대략 지난 번 논품한 가운데에서 아뢰었으니 지금 다시 아뢸 필요가 없다는 뜻으로 감히 아룁니다. 신미(1751) 5월   일.

당상과 낭청이 착압하고 관인을 찍었다.
연이어 수결(手決)은 다음과 같다.

　장노랑(張老郎)이 다툰 선주인의 역은 곧 그의 새로 얻은 처와 악덕한 전 남편 방유가 산 것이다. 개가한 뒤에 악덕한 방유의 물건은 그가 차지할 수 있는 것이 아닌데 노랑이 찾고자 하는 것은 대단히 이치가 아니다. 노랑은 이것으로 형률에 비추어서 볼 때 이 주인의 역은 피차가 부당하니 법에 의거하여 속공해야 한다.

당상의 압이 있고 관인이 찍혀있다.
연이어 "율문(律文)에 의하면, 한 사람이 두세 곳에서 이치가 아닌데 소송을 벌인 것은 장 1백을 쳐서 3천리로 유배를 보내는 것이다. 장노랑은 장 1백을 쳐서 3천리로 유배 보내는 죄이다." 검율(檢律)이 착명(着名)하였다.
연이어 올린 품목(稟目)에 의하면 다음과 같다.

　장노랑이 다툰 선주인의 역은 양척이 모두 부당하니 속공(屬公)한 뒤에 장무소(掌務所)에 내려서 발매하게 하였으므로 그 본문기를 상세히 고찰해 보니 다툰 곳이 곧 태안선주인(泰安船主人)이고 문기 가운데에서 또 충청도 고마수영(雇馬水營)과 보령(保寧)·결성(結城)·홍주(洪州) 4곳이 있고 이것은 모두 악덕한 전 남편 방유의 물건인데 방유가 죽은 뒤에 그 뒤의 남편인 장노랑이 지금 역을 수행하고 있으니 다툰 선주인의 역은 양 쪽이 다 부당하므로 속공하고 태안 외의 4읍 선주인도 모두 속공하는 것이 사의에 합당할 듯한 데 어쩔지 모르겠습니다. 아룁니다. 신미(1751) 5월 22일.

수결에서, "아뢴대로 하라"고 하였다. 당상과 낭청이 착압하고 관인을 찍었다.

연이어 신미년(1751) 윤5월 초9일에 믿을 만한 사람으로 보증을 세운 것에 의거하여 당상(堂上)의 압(着押)이 있고 관인이 찍혀있기 때문에 김인대(金仁大)에게 뒤에 고찰하도록 원문안을 베껴줌. 끝.

당상(堂上) 【압】 낭청(郎廳) 【압】

○ 충청도장토문적 34책, 문서번호 66, 소지

삼포(三浦)에 거주하는 김인대(金仁大)

삼가 이 소지를 아뢰는 것은, 장노랑(張老郎)이 속공(屬公)한 선주인(船主人) 문서(文書)를 본방 사령(本房使令) 등의 삭하(朔下) 중 미하(未下)를 대신하여 허급(許給)하였기에 제가 강촌(江村)의 사람으로서 자생(資生)하고자 사령(使令) 등에게 절가(折價)대로 매득(買得)하였으니 문안(文案)을 등급(謄給)한 다음에 후고(後考)하기 위하여 입지(立旨)를 성급(成給)하도록 명령하실 일입니다. 한성부에서 처분해주시기 바랍니다.

신미(1751) 6월   일 소지(所志)

〈뎨김〉 후고(後考)하기 위하여 입지(立旨)를 성급(成給)할 것. 21일.

당상(堂上) 【압】

건륭 16년 신미(1751)　월　일 김인대(金仁大)앞 명문

이 문기를 작성하는 것은, 본부(本府) 본방 사령(本房使令) 12명이 삭하(朔下)를 받을 수 없는 것이 많게는 수백 여냥에 이르기 때문에 이러한 뜻으로 호소(呼訴)하니 관저(官儲)가 절핍(絶乏)되고 단지 양처(兩處)에 부당(不當)함이 있어 속공(屬公)한 장노랑(張老郞)이 납부한 충청도(忠淸道) 고마수영(雇馬水營) 및 보령(保寧)·결성(結城)·홍주(洪州)·태안(泰安) 등의 여러 포구와 섬 ▨▨▨▨ 문서(文書)를 함께 삭하대(朔下代)로 허급(許給)하였기 때문에 위의 사람에게 전문 50냥으로 값을 정하여 교역하여 받고 본문기(本文記) 1장, 입지(立旨) 3장만을 허급하여 영구히 방매하니 일후 혹시 의외의 잡담이 있으면 이 문기로 관에 고하여 변정하기 위함이다.

한성부(漢城府) 본방사령(本房使令) 박수태(朴壽泰)【수결】

강세필(姜世弼)【수결】

김봉현(金奉賢)【수결】

이노미(李老味)【수결】

정부귀(鄭富貴)【수결】

이지성(李枝成)【수결】

정세(鄭世)【수결】

위복이(魏福伊)【수결】

김태봉(金泰奉)【수결】

김복산(金福山)【수결】

강세중(姜世重)【수결】

이막대(李莫大)

증인(證人) 김세창(金世昌) 【수결】

한용득(韓龍得) 【수결】

필집(筆執) 주대령(朱大齡) 【수결】

○ 충청도장토문적 34책, 문서번호 69, 여객주인권 매매문기

옹정 13년 을묘(1735) 3월 8일 오세만(吳世萬)앞 명문

이 문기를 작성하는 것은, 긴요하게 쓸 데가 있어서 윤수흥(尹守興)의 처 김조이[金召史]로부터 매득한 충청도(忠淸道) 고마수영(雇馬水營) 및 보령(保寧)·결성(結城)·홍주(洪州)·태안(泰安) 등 여러 포구와 섬을 아울러 위의 사람에게 전문 80냥으로 값을 정하여 액수대로 교역하여 받고 전전(傳傳)한 본문기(本文記) 4장 및 입지(立旨) 3장, 여인(旅人) 화명기(和名記) 1장을 함께 영구히 방매하니 일후에 동생 자손 족속 중에서 잡담이 있으면 이 문기를 가지고 관에 고하여 변정하기 위함이다.

여객주(旅客主) 절충(折衝) 정대명(鄭大命) 【수결】

증인(證人) 안태흥(安泰興) 【수결】

김성태(金成兌) 【수결】

고억섬(高億暹) 【수결】

필집(筆執) 최응두(崔應斗) 【수결】

건륭 39년 갑오(1774) 9월 4일 이태성(李泰成)앞 명문

이 문기를 작성하는 것은, 긴요하게 쓸 데가 있어서 충청도 태안(泰安) 안흥(安興) · 거올(巨乭) · 파지도(波之島), 서천(舒川) 소속 돈의 북창(敦儀北倉)의 여러 섬과 포구 및 어염선(魚鹽船) 여객주인(旅客主人)의 여(旅)를 전문 670냥으로 값을 정하여 액수대로 교역하여 받고 본문기(本文記) 22장 및 등급(謄給)을 아울러 영구히 방매하되 만약 동생 자손 족속 중에서 잡담이 있으면 이 명문으로 관에 고하여 변정하기 위함이다.

여주(旅主) 김택구(金宅九) 【수결】

동생제(同生弟) 택우(宅禹) 【수결】

증인(證人) 이민철(李敏哲) 【수결】

김흥려(金興麗) 【수결】

김만흥(金萬興) 【수결】

필집(筆執) 신성항(辛聖恒) 【수결】

조선 후기 여객주인(旅客主人) 및 여객주인권(旅客主人權) 재론*
: 경기·충청 장토문적(庄土文績)의 재구성을 통하여

1. 머리말

조선(朝鮮)의 대표적 '상업기관' 중 "객주(客主)는 객상(客商)의 주인(主人)이고, 여각(旅閣)은 여상(旅商)의 숙옥(宿屋)"이라는 설명이 20세기 초에 제시된 바 있다(아유카이 후사노신 1906 : 21~24).[1] 이와 같이 객주와 여각을 '인위적'으로 구분한 것은 "객주가 수행하는 여러 업무가 조선 후기 '주인권(主人權)'에서 파생되어 다양하게 분화, 발전된 사정을 이해하지 못"한 결과 발생한 오류였음이 21세기 초에 들어 지적되었다(전우용 2005 : 133). 약 100년이 경과한 시점에서나마 이와 같은 인식이 가능하

---

* 이 글은 『한국문화』 57(2012.3)에 발표된 논문을 수정·가필한 것이다.
1 이러한 이해는 1970년대에 이르기까지 크게 개선되지 않았던 것으로 보이지만, "객주(客主)와 여각(旅閣)과의 구별은 명확히 선(線)이 그어지는 것은 아니"라고 하는 막연한 수준에서 비판되기도 하였다(韓沽劤 1970 : 173).

게 된 것은 1980년대에 집중적으로 수행되었던 일련의 여객주인(旅客主人) 연구에 힘입은 바 크다(李炳天 1983; 洪淳權 1985; 高東煥 1985; 李榮昊 1985).[2]

여객주인을 "내륙의 도시나 상업중심지들에서 활동하던 상업자본"으로, 선상주인을 "강가나 바다가의 포구들에 형성된 도시나 상업중심지들에서 활동하던 상업자본"으로 구분하는 견해도 있으나(홍희유 1989 : 278), 이는 어디까지나 각종 연대기(年代記)에 나타나는 부실하고도 단편적인 기사에 의존한 것이다. 여객주인에 관한 전면적 연구가 개시되고 난 후에는, 여객주인의 범주를 포구상업(浦口商業)과 관계된 것으로 한정하여 이해하는 것이 일반적이며, 이는 각종 고문서(古文書)에 기재된 표현에 근거한다.[3]

여객주인이 활약한 포구(浦口)는 조선 후기 국내 상업의 위계 —즉 서울의 시전(市廛), 경강(京江) 및 해안의 포구, 각 지역의 장시(場市)라는 3층 구조—속에서, 서울과 지방을 연결한 도매시장(都賣市場) 격이었다. 그런데, 서울의 시전상인이나 지방 장시의 보부상(褓負商)에 관한 연구가 이미 1950~60년대에 본격적으로 착수되었던 것에 비해(劉敎聖 1955; 1958; 1962; 최병무 1958; 朴元善 1965; 姜萬吉 1968), 여객주인 연구는 1970년대까지 미진한 채로 불균형한 상태에 있었다. 그 이유는 시전상인과 달리 연대기에서 관련 기사를 쉽게 확인하기가 어려웠고(吳美一 1987 : 159), 또 보부상과도 달리 지역별로 계승된 단체에 의해 자료가 보존되었던 것도 아니라는 난점(難點) 때문이었다. 여객주인 연구의 한계 상

---

2   보다 개설적인 수준에서 여객주인 또는 관련 연구에 대해 파악하고자 한다면, 吳美一(1987), 高東煥(1991), 吳浩成(2007), 李憲昶(2012) 등을 참조할 수 있다.

3   물론, 표현을 떠나서 주인을 "내륙장시(內陸場市)에서 영업하는 주인(主人)과 연강포구(沿江浦口)에서 영업하는 주인(主人)의 두 종류로 구분"할 수 있다는 점에는 변함이 없다(李榮昊 1985 : 105).

황이 돌파되는 것은 장토문적(庄土文績) 등 서울대학교 규장각한국학연구원(奎章閣韓國學研究院, 이하 규장각)에 소장된 고문헌 자료의 목록 및 해제가 출간된 1980년대에 들어서였다(서울大學校圖書館 1982 : 525~541). 규장각의 장토문적 및 고문서를 본격적으로 활용하게 된 것이 조선 후기 상업사 연구의 획기적 전환점이 되었던 것이다.

포구에서 활약한 여객주인을 경강여객주인[京江主人]과 외방여객주인[外方主人]으로 구분할 때, 경강주인의 역사적 실체는 다음과 같이 요약될 수 있다.[4]

① 여객주인은 객주와 다름없지만, 양자의 구분은 시기의 문제이다. 즉, 개항 이후에 대해서는 객주라 하고, 이전 시기에 대해서는 여객주인이라 한다.

② 여객주인은 상품 매매의 중개 역할을 기본으로 하면서도, 그 자신이 상인이었다.

③ 경강주인제는 전관지역주인제(專管地域主人制)이다. 따라서 각종 고문서에 포함된 경기·충청 등 특정 지역에 대한 경강주인의 권리는 해당 지역의 포구에 관한 내용이 아니라, 해당 지역으로부터 경강으로 상품을 가져 오는 상인들로부터 구문(口文)을 수취하는 것이다.[5]

④ 경강주인에게 구문을 내는 상인들이 바로 여객(旅客) 또는 여인(旅人)이며, 선주(船主)와 같고, 선주인(船主人)은 곧 경강주인이다.[6]

⑤ 주인권의 입지(立旨) 성급(成給) 규정이 법전에는 없으나, 실제로는

---

4 이하의 요약은 李炳天(1983)에 의거하였다.
5 이는 경강주인권 관련 문서가 지방의 포구상업 자료가 아닌 서울(한성부) 상업 자료임을 말해준다.
6 다시 말해, 경강주인(京江主人) = 경강선주인(京江船主人) = 여객주인(旅客主人)이다.

일부 사례에서 드러난다. 이는 사실상의 소유권이 확립되어 있었음을 보여준다.

외방주인에 대한 본격적 분석을 수행한 후속 연구에서는, "여객주인(旅客主人)은 주로 경강(京江)을 중심으로 활동하는 주인층(主人層)을 말하며, 포구주인(浦口主人), 포주인(浦主人), 강주인(江主人)은 외방포구(外方浦口)전체를 장악했던 주인층, 그리고 선주인(船主人)은 하나의 포구에 여럿이 존재하여 각기 개별 선박에 대해 주인권을 갖는 주인층을 지칭"한 것으로 세분하여 이해하고 있다(高東煥 1985 : 249). 하지만 명칭의 상이함에도 불구하고 기능상의 차이점을 찾기가 어려우므로 여객주인 또는 포구주인으로 통칭하는 것이 기존 연구의 일반적 경향이다.[7]

경강주인과 외방주인을 포괄하는 여객주인(또는 포구주인)에 대한 연구의 진전은 '여객주인권(旅客主人權)'의 성립을 전제로 '포구수세권(浦口收稅權)'이 성립함을 지적하기에 이른다(李榮昊 1985 : 109). 여객주인권과 포구수세권을 분리하여 인식하게 됨으로써 구문(口文)과 상세(商稅, 포구세(浦口稅))에 대한 보다 전문적인 분석이 가능해졌다.[8] 물론 구문이 무명잡세가 아님은 이미 지적된 바 있으나(高東煥 1985 : 280), 구체적인 개별 사례[9]를 통해 1/10의 구문에 대하여 40% 수준의 포구세가 부과되었

---

7   이러한 경향은 문서에 기재된 표현에 의거하는 것이므로 별다른 이견을 제기하기 어렵다. 일례로, 충청05책에 포함된 서산(瑞山)의 사례에서 15번 문서와 16번 문서를 비교해 보면, "강주인(江主人)"과 "경강선여각주인(京江船旅閣主人)"이라는 상이한 표현이 나타나지만, 그 권리는 동일함을 알 수 있다(이하에서도 각 책의 약칭은 '경기88책', '충청05책' 등의 형식으로 한다).

8   주인권과 수세권의 차이를 확인할 수 있는 가장 단순한 구조를 도식화하면 아래와 같다.

선상(船商)   구문   여객주인(旅客主人)   포구세   지방관(地方官)
여객(旅客) ⇒ (口文) ⇒ 포구주인(浦口主人) ⇒ (浦口稅) ⇒ 시전(市廛)·궁방(宮房)·아문(衙門)

음을 보이기도 한 것은 분명히 발전적 성과였다(李榮昊 1985 : 118~121).

하지만 여객주인 및 여객주인권에 대한 연구는 1980년대 이후 별다른 진전을 보지 못하였다. 자료의 추가 확보를 통한 새로운 사례의 제시나 기존 자료에 대한 재해석 없이 20여 년간의 공백 상태가 지속되어 온 것이다. 1990년대에 들어 장토문적의 각책 내 문서별 목록이 정비되었음을 감안한다면,[10] 현 시점에서 연구의 단절 상황을 극복하고 새로운 방법론을 적용할 수 있는 여지는 충분하다.

이에 본 논문에서는 기존 연구의 성과에 따른 여객주인의 이해에 있어서 연구자간 이견이 있거나 자료를 통한 근거 확보에 문제점이 발견되는 경우에 대하여 의문을 제기해 봄으로써, 과연 관련 연구가 20여 년 전에 이미 완료된 것으로 보아도 좋은지, 아니면 일부 재론의 여지가 있는지 확인하고자 한다. 그러한 작업을 가능하게 할 한 가지 방법론으로서 조선 후기 사회경제사 연구의 보고(寶庫)인 장토문적을 데이터베이스(DB) 형태로 작성하여 활용함으로써, 새로운 연구 방향의 설정을 통한 대안 제시를 시도할 것이다.

---

9 전라도(全羅道) 순천(順天) 신성포(新成浦)
10 장토문적의 각책 내 문서별 목록의 정비 작업은 1994~96년에 추진되었으며(권태억 · 심재우 1996), 그 결과가 현재 규장각 홈페이지(http://kyu.snu.ac.kr)를 통해 제공되고 있다.

2. 장토문적과 여객주인

여객주인 연구는 주로 장토문적에 의해 심화되었기 때문에, 장토문적을 제외한 여객주인 이해는 사실상 불가능하다. 따라서 여객주인 및 여객주인권에 대해 재론하고자 한다면, 장토문적에 대한 소개를 우선해야 한다. 규장각에 소장되어 있는 장토문적은 다른 아카이브에서 유례를 찾아볼 수 없는 독특한 성격을 가진 일련의 문서군(文書群)이다.

우선 '문적'이라는 표현은 이 자료가 낱장의 문서로 파편화되어 있는 것이 아니라,[11] 일정한 기준에 따라 묶인 형태로 보관되고 있는 것과 관련된다. 1908년에 각궁사무정리소(各宮事務整理所)가 궁방(宮房) 또는 도장(導掌)으로부터 거두어들인 문서를 이후 임시재산정리국(臨時財産整理局)이 분류하여 합철한 것인데(서울大學校圖書館 1982 : 525~541), 해당 장토의 관리자 또는 소유자가 보관하고 있던 연결 문서가 일괄하여 제출되었다는 점으로 인하여 특정 지역의 특정 장토에 대한 '성책고문서(成冊古文書)'로 남게 된 것이다.

다음으로 '장토'란 궁장토(宮庄土)를 약칭한 것이며, 궁장토는 궁방전(宮房田)의 별칭으로서, 왕실에서 보유한 토지를 가리키며,[12] 소유 또는 면세 여부를 기준으로 하여 출세(出稅), 유토면세(有土免稅), 무토면세(無土免稅)로 삼분(三分)된다. 궁방전에는 밭[田]이나 논[畓] 뿐만 아니라

11 　규장각에 소장된 다른 고문서의 경우 낱장의 개별 문서가 각기 봉투에 담겨져 보관되고 있으며, 별도의 일련 번호가 부여되어 있다.

12 　왕실의 조달기관(내탕(內帑)), 제궁(祭宮) 또는 사가(私家) 등에서 관리하거나 보유한 토지를 총칭한다. 왕실 관계 기관은 명칭상 사(司)·궁(宮)·방(房)으로 구분할 수 있으며, 내수사(內需司)라는 '일사(一司)', 명례궁(明禮宮), 수진궁(壽進宮) 이하 '제궁(諸宮)', 대군방(大君房), 공주방(公主房) 등 '제방(諸房)'이 포함된다(조영준 2008).

시장(柴場)이나 초평(草坪) 등의 다양한 지목(地目)이 포함되는 것이 일반적인데, 장토문적의 '장토' 중에는 토지 및 가옥 등의 부동산이 아닌 무형(無形)의 재산(또는 권리)도 섞여 있다는 점에서 보다 포괄적이다.

장토문적에 포함되어 있는 문서는 그 성격에 따라 크게 세 가지로 구분할 수 있다. 첫째는 협의의 '장토'에 해당하는 궁방전, 즉 경지 등의 부동산 관련 문서이다. 개별 궁방전의 성격에 따라 차이가 나타나기도 하지만, 각 책에 포함된 문서 중에서 주종을 이루는 것은 다양한 지목의 토지에 대한 소유 또는 경영과 관계된 자료이다. 소유에 관계된 것으로는 배지[牌旨], 매매문기(賣買文記), 분재기(分財記), 소지(所志), 초사(招辭), 입안(立案), 등급(謄給), 완문(完文) 등 매매나 상속 또는 분쟁에 관한 것이 있고, 경영에 관계된 것으로는 타량성책(打量成冊), 추수기(秋收記) 등을 비롯하여 도장(導掌)의 차첩(差帖), 매매문기, 분재기 등이 포함된다.

둘째는 광의의 '장토'에 포함되는 여객주인(旅客主人) 관계 문서이다. 도장이 궁방으로부터 토지의 경영 및 지대(地代)의 관리를 위임받은 자라면, 여객주인은 바다로부터 얻을 수 있는 부가가치의 일부를 취득하는 권한을 가지고 있던 자이다. 앞에서 살펴본 바와 같이 여객주인은 포구(浦口)를 드나드는 여인(旅人, 선인(船人) 또는 선상(船商))으로부터 구문(口文)을 수취할 권리를 사실상 소유하고 있었다. 여객주인으로서의 권리에 대한 소유 관계 문서인 배지, 매매문기, 분재기, 소지, 입안, 등급, 완문 등이 대종을 이룬다.

셋째는 궁방의 재정운영 또는 조달에 관계된 문서이다. 궁방전, 도장, 여객주인 관계 문서가 궁방의 재정수입에 관계된 자료라면, 조달 관계 문서는 재정지출 측면에 해당한다. 이 세 번째 문서군에 대해서는 아직 목록 작업조차 제대로 되어 있지 않은 경우가 많은데, 이는 각 문서에 대한 이해 및 유형화가 미진하기 때문이다.[13]

현재 규장각의 인터넷 홈페이지에서 제공하고 있는 장토문적 목록에서 문서의 종류가 명기된 사례는 16,740여 건이며,[14] 그중에서 토지 관계 문서의 분량이 전체의 80% 이상을 차지할 정도로 압도적이다. 하지만 연결문서 위주의 양질의 데이터가 확보될 수 있음에도 불구하고, 그 분량의 방대함으로 인해 아직 연구자들의 전면적인 접근은 이루어지지 못했다.[15]

이와 같이 토지 관계 문서와 조달 관계 문서의 연구가 단편적인 수준에서 이루어진 것에 비해,[16] 여객주인 관계 문서는 광범위하고도 다면적 · 반복적으로 활용된 바 있으며, 그러한 연구가 주로 1980년대에 집중적으로 수행되었다는 점은 앞에서 소개한 바와 같다. 궁방전이나 도장 관계 문서에 비해 분량이 적어서 접근이 용이했다는 점도 하나의 요인이었겠지만,[17] 무엇보다도 조선 후기의 상업사 연구가 꾸준히 축

---

13   최근 무역발기[貿易件記]나 내서(內書) 등의 문서를 왕실의 조달경로 상에서 구명하여 유형화하기에 이르렀다(조영준 2010).

14   전체 문서의 숫자는 1만 7천 건을 훨씬 넘지만 자료의 중복, 일괄 기입 등의 이유로 인하여 문서의 종류가 기재된 건수는 그보다 적게 파악되고 있다.

15   예컨대, 토지매매문기를 가장 방대하게 활용한 연구 중의 하나로 꼽히는 차명수 · 이헌창(2004)에서는 장토문적에 포함된 1만 건 이상의 토지매매문기가 활용되지 않았다. 또, 도장에 대한 포괄적 접근을 수행한 연구인 裵英淳(1980)도 장토문적에 포함된 도장 관계 문서 약 2천 건에 대하여 검토하지 않은 채 수행되었다. 도장에 관해서는, 망라적이지는 않지만 金容燮(1964)에서 장토문적의 일부가 소개된 이후, 양선아(2011)에서 후속 연구가 이루어졌을 뿐이다.

16   토지가격 연구가 수행되기 위해서는 물가사(物價史) 분석을 가능하게 하는 경제이론의 발전 및 기타 경제변수에 대한 연구의 진전을 기다릴 필요가 있었고, 도장 연구 역시 왕실의 재정운영을 조선왕조 경제구조 및 상업사 연구와의 관련 속에서 종합적으로 이해하는 수준에서 접근할 필요가 있었기 때문이다. 앞으로 장토문적의 전면적인 DB화가 추진된다면, 토지 및 도장 관계의 연구가 보다 활발히 진행될 수 있을 것이다.

17   여객주인 관련 정보를 가장 많이 수록하고 있는 경기 및 충청의 장토문적에 포함된

적되는 과정에서 반드시 검토되어야 할 경제주체 중의 하나가 여객주
인이었으며, 특히 조선 후기 상업자본의 발달이라는 가설 하에서는 특
권상업의 해체와 사상도고의 등장이라는 조선 후기 경제발전 경로 상
에서 여객주인의 역할을 확인하는 작업이 절실하였기 때문이다.[18] 따
라서 장토문적 내에서 다른 자료에 비해 상대적으로 적은 사례였던 여
객주인 및 여객주인권에 대한 연구가 기존 학계에서 큰 관심을 불러
일으켰던 것이다.

장토문적을 활용한 여객주인 및 여객주인권 연구에 대해서 재검토
하기 위해서는 기존 연구에서 활용한 자료를 전체적으로 되짚어볼 필
요가 있겠지만, 본 논문에서는 이 책에서 정리한 경기·충청의 장토문
적을 재구성하여 활용하는 방식으로 기존 연구에서 중점적으로 취급
한 몇몇 지역의 여객주인에 대해 분석하고자 한다.

3. 여객주인 재론: 여객주인의 상인화와 상업자본 축적에 대하여

앞서 포구상업이 국내시장의 전국적 위계에서 차지하는 역할에 대
해 언급하였듯이, 여객주인의 본질은 상업 네트워크 속에서의 일정한
역할과 관련되는 것임에는 틀림없다. 하지만 경기·충청의 장토문적
에 포함된 문서를 통해 "여객주인은 상인인가?"라는 물음에 대하여 선

여객주인 관련 문서도 약 200건 수준에 불과하다.
18 이와 관련한 대표적 연구성과로는 姜萬吉(1971)이 있다.

뜻 "그렇다"라는 답변을 하기는 어려운 사례가 많다. 상품의 지역별·시기별 가격 차이를 이용하여 아비트리지(arbitrage)를 행하는 상인으로서의 역할이 여객주인에게 전혀 없었던 것은 아니지만, 차익(差益)의 확보보다는 수수료의 수취가 여객주인의 존재를 다른 상인과 차별화하여 더욱 잘 설명하고 있기 때문이다.

여객주인은 "여객에 대한 주인(主人)으로서 여객이 위탁하는 상품매매의 중개를 중심으로 하여 그와 관련된 숙박·운송·보관, 나아가서는 금융업 등까지 수행한 존재"였으므로(李炳天 1983 : 100~101), 음식 접대와 숙박의 제공을 비롯하여 외부 세력의 침탈로부터 보호를 행하기까지 하였다는 측면에서, 여객주인의 업무는 상업의 일환이라기보다는 서비스업의 일종으로 보아야할 것이다. 따라서 경기·충청의 장토문적을 통해 여객주인의 출신성분 또는 계층을 상인 쪽으로 보기는 어렵다. "18세기 말까지 경강주인은 주로 관료대열에 참여하지 못한 몰락양반과 다소 경제력이 있는 양인신분인 자로서 향상의 상업활동에 대한 궁방·아문의 침탈에 대해서 어떠한 형태로든 일정하게 완충역할을 할 수 있는 지위에 있었던 자들"이었다(李炳天 1983 : 116~117). 즉, 여객주인은 상인과 차별화되는 존재이면서 동시에 충분한 재력 또는 권력을 갖춘 자들이었던 것이다.

그런데, 초기의 포구주인이 "상고(商賈)의 상업활동을 보조하는 위치에 있었"으며, "대부분 '빈한지민(貧寒之民)'이거나 신분적으로 낮은 계층의 사람이었"다는 가설이 제기된 바 있다(高東煥 1985 : 252). 이들 "빈한지민(貧寒之民)이나 천민(賤民)층에서 대부분 부요자(富饒者)나 지방의 세력가로 변하게되"었다는 것이다(高東煥 1985 : 255). 일견 그럴듯해 보이는 이 가설은 여객주인에 의한 상업자본의 축적을 설명하는 것으로 받아들여지고 있으며, 그러한 주장의 주요 근거로 활용된 자료는 충청의 장토문적에 포함되어 있는 다음의 두 가지 사례이다. 하지만 두 가지 사례가 과연 그러한 주장에 합당한 근거인지에 대해서 의문이 남는다.

첫 번째 사례는 충남 서산(瑞山)의 것인데, "경강(京江)의 경우 본래 빈한지민(貧寒之民)으로 토지가 없어 생계를 꾸려나가기가 힘들어 강가에 살면서 오직 강변의 여객(旅客), 상고(商賈)의 주인(主人)으로 생계를 삼았다는 사례"로서 충청05책의 18번 문서에 해당하는 형조등급(刑曹謄給)의 내용 중 일부이다.[19] 이 등급(謄給)은 형조(刑曹)에서 소송의 경과와 판결의 전체 내용을 필사(筆寫)하여 발급한 문서로서, 승소한 원고측의 진술 내용[招辭]과 패소한 피고측의 진술 내용이 모두 포함되어 있다. 원고와 피고의 양측에서 서로 해당 여객주인의 권리가 자신에게 귀속하는 것이라고 주장하였으며, 결국 원고측이 소위 '유문권주인(有文券主人)'으로 판정되기에 이르렀고,[20] 피고측은 해당 여객주인의 권리에 대한 소유권을 가지지 못한다는 것이 판결의 요지였다. 요컨대, 원고측이 여객주인이었고, 피고측은 여객주인이 아니었다. 그런데 자신이 '빈한지민'이라고 주장한 쪽은 원고측이 아니라 피고측이었다. 따라서, 초기의 여객주인이 가난한 계층이었다는 가설의 근거로 제시하는 데 있어서 이 사례는 적절하지 않다. 또한 비록 피고측이 여객주인이었다고 할지라도 '빈한지민(貧寒之民)'을 운운하는 것은 일종의 수사적 표현일 가능성이 크며, 이는 다음의 두 번째 사례와도 관련된다.

두 번째 사례는 충남 결성(結城)의 것인데, "성호리포(星湖里浦)의 선주

---

19 "矣身本以貧寒之民無田土無料之人故居在江上只以生計者以江邊旅客商賈主人累代資生矣", 刑曹謄給(충청05책의 18번 문서, 1778년 3월). 高東煥(1985 : 252)의 각주 57. 高東煥(1998 : 326~327)의 각주 56에 재수록.

20 '유문권주인(有文券主人)'에 대해서는 류승렬(2002 : 201~202)을 참조하라.

인(船主人) 윤희동(尹希東)이 주인의 업무를 수행하면서 얻는 수익이 대단치 않"았다고 표현한 사례로서 충청19책의 6번 문서에 해당하는 소지(所志)의 내용 중 일부이다.[21] 소지는 일종의 진정서(陳情書) 또는 청원서(請願書) 성격을 가지는 문서이므로, 거기에서 여객주인의 업을 수행함으로써 얻는 이익이 대단하지 않다고 하였더라도 이는 어디까지나 겸사(謙辭) 또는 엄살에 불과할 가능성이 크다. 전후 맥락을 살펴보면 촌장(村長)이라는 사람이 여객주인으로서의 권리를 멋대로 빼앗으려 하였기에 이를 보장받기 위해 소지를 동내(洞內)에 올리게 된 것인데, 그렇다면 별로 이익이 대단하지도 않은 권리를 그 촌장이 굳이 빼앗으려 한 이유가 무엇인지, 그리고 촌장의 '침탈'을 막기 위해 소송을 불사하며 자신의 권리를 보호받고자 한 이유가 무엇인지가 잘 설명되지 않는다. 실제로 이익이 그렇게 대단하지 않고 보잘 것 없었다면 왜 이러한 분쟁의 대상이 되기에 이르렀을까?

오히려, 초기의 여객주인이 가난하였고 그들이 향유한 이익이 그다지 크지 않았다는 가설과 상반되는 사례가 다른 연구를 통해 확인되고 있다는 점에 주목할 필요가 있다. 대표적인 사례가 충청34책의 53번부터 58번까지의 문서(1736~49년간)에 등장하는 김세만(金世萬)이며, 기존 연구에서 경강상인(京江商人)이 여객주인으로 정착한 사례로 거론되어 온 바 있다. 김세만은 직접 선상활동을 통해 곡식을 거래하는 상인이었고, 그것도 무곡한 곡식 100여 석을 진휼미로 희사할 정도의 자본을 소유한 상인이었다(李世永 1983 : 249; 李旭 1994 : 152~153).[22] 후술하듯이 김세

---

21 "矣身居在浦口之致往來商賈船非要來自來主人等事隨行年所多歷其利其得不過大段者也", 尹昌孫 所志(충청19책의 6번 문서, 1794년 12월). 高東煥(1985 : 253)의 각주 58. 高東煥(1998 : 323)의 각주 44에 재수록.

22 姜萬吉(1973 : 70)에서 인용한 『숙종실록(肅宗實錄)』의 기사에서 김세만이 경강상

만은 여객주인권 뿐만 아니라 경우궁(景祐宮)의 도장권(導掌權)까지 매집한 자로서, 부유층 중에서도 상층이었을 것으로 추정된다.

그런데 상인으로서 여객주인권을 매득한 김세만의 경우가 일반적인 사례로 받아들여지지는 않고 있으며, 그와는 반대로 여객주인이 상인으로 전화(轉化)하였음이 통설의 입장으로 이해된다(高東煥 1998 : 338~345). 예컨대, 여객주인을 중도아(中都兒)와 함께 "시전에 종속되어 있는 중개상인"으로 파악하고, 그것이 사상도고로 성장하였다고 본 李旭(1994 : 145~148)에서는 전형적으로 '여객주인권의 발생-유통-성장-도고화'라는 이론 체계를 발전시키고 있다. 다른 연구에서도 "여객주인(객주)의 상품유통과정에의 개입 또는 전문적 상인으로의 전화가 이루어졌다"고 보고 있다(洪淳權 1985 : 87).[23]

이와 같이 기존 연구에서 여객주인(또는 여객주인층)이 상인으로 전화한 것처럼 설명하는 경향이 지속된 이유는 경강상인이 도고상업화하였다는 가설(姜萬吉 1973)과 더불어 여객주인과 경강상인이 혼동되기도 하였다는 점(高東煥 1998 : 311; 吳美一 1987 : 160)에서 찾을 수 있으리라 생각된다. 즉 조선 후기 상업자본의 축적이라는 가설을 견지하면서 그 속에서 여객주인에 대한 이해를 하고자 하였던 것이 논지의 큰 변화를

인으로 등장하는 것을 연결고리로 하였다.

23 하지만 근거로서 제시된 다음과 같은 3건의 사례가 여객주인의 상인으로의 전화와 과연 어떠한 연관을 가지는지 납득하기 어려운 점이 있다. "矣身則本是無主人是如乎卽今司僕寺穀物載來納倉爲如可多有無面充納無路勢不得已矣身乙以旅客禮同人前捧價錢文拾伍兩許賣爲去乎"(충청34책의 50번 문서, 1709년). "方有急用處衿得傳來旅客忠淸道洪州官及舒川官江主人稅米運納之時京江船應食主人米壹石及泰安縣所屬各面敦儀北倉巨乭島與諸島魚鹽船人等及舒川浦民魚鹽船主船人等三邑諸處同人前價折錢文肆佰兩依數捧上爲遣"(충청34책의 29번 문서, 1758년). "切有緊用處忠淸道瑞山邑十八面安邊島大山島黑乭諸島諸浦居民等魚鹽商船私穀載卜船隻等旅客主人及黃海道白翎居徐金兩人同生子孫旅客主人之業右人前錢文壹仟壹佰兩依數捧上是遣"(충청5책의 1번 문서, 1838년).

기대하기 어렵게끔 한 것이다.

만약 여객주인의 권리가 활발하게 매매되었고, 그 권리를 매집한 사람이 도고였다면, 여객주인이 도고상업화한 것이 아니라, 도고가 여객주인권을 취득한 것에 지나지 않는다. 19세기 후반에 도고상업을 영위한 계층이 본래부터 순수한 의미의 상인 계층이 아니었으며 해당 권리를 취득하기 위해 몰려든 지대추구자(rent-seeker)였을 가능성이 크다는 점을 감안할 필요가 있는 것이다. 예컨대, 왕실 관계 기관인 궁방에 속하였던 내시나 궁녀 또는 그의 일족이 도고의 특권을 향유하고 있었던 사례를 참조할 필요가 있다.[24]

여객주인과 도고의 관계 뿐 아니라 다른 사례를 포함하여 19세기 후반의 상업계 일반에서 '비상인(非商人)의 의제상인화(擬制商人化)'가 관찰된다. 특히 국내상업의 위계상 여객주인보다 상층에 있었던 서울의 시전 조직과 여객주인보다 하층에 있었던 지방의 보부상 조직에서 공통적으로 이러한 현상이 나타나고 있다. 시전의 경우, 면주전(綿紬廛) 도중(都中)의 성원으로 등록되어 있는 자들 중에서 다수가 상행위를 하지 않았음이 확인된 바 있으며(스카와 히데노리 2010 : 353), 보부상의 경우, 홍주(洪州)나 고령(高靈) 등 다수의 지역에서 조직의 임원진이 양반 계층 또는 관료 집단에 의해 장악되고 있음이 실증(實證)된 바 있다(조영준 2009b : 62~64). 시전상인이나 보부상으로 명단에 등재된 자들이 모두 상업을 영위하였다고 보기 어렵다는 점, 다시 말해 상업적 특권 또는 상인단체의 멤버십만 향유하면서 지대를 취하고 신분적으로는 양반의

---

24 이시카와 료타(2008 : 18)는 1892년에 새로 인삼 도고(都賈)가 된 안필주(安弼柱)를 소개한 바 있는데, 그는 수진궁(壽進宮)의 장무(掌務)로서 제조상궁(提調尙宮) 안씨(安氏)의 남동생이었다(조영준 2008 : 293).

지위를 누리는 양면적인 존재가 많았다는 사실은 여객주인에 있어서도 예외가 될 수 없는 것이다.

이러한 현상은 특히 19세기 후반에 집중적으로 나타나고 있는데, 그 이유는 변화하는 시대의 요구를 적극적으로 받아들이기에는 전통적 신분관·직업관의 그림자가 지나치게 길었기 때문이 아닐까? 개항기에 들어 상권의 재편이 활발히 전개되는 상황에서도 전업적 상인의 근대적 기업가로의 성장을 기대하기 어려웠던 정황의 이면에는 상인의 상업자본 축적과는 무관한 영역에서 상업 또는 상권(商權)이 재편되고 있었다는 점을 지적할 수 있겠다. 따라서 기존 연구에서 특정의 여객주인이 '상인'으로서 실제로 '상업자본'을 얼마나 축적하였는지 설명하지 못하고 있다는 점, 그리고 그러한 사례가 존재한다고 하더라도 얼마나 일반적인 현상이었는지 확인되지 않는다는 점은, 초기의 여객주인이 가난한 계층이었고 나중에는 이익이 커져서 부유해졌다는 식의 '발전 경로'를 받아들이기 어렵게 하는 것이다.

4. 여객주인에서 여객주인권으로: 권리의 표준화 과정에 대하여

앞에서 경기·충청 장토문적의 DB화를 통하여 살펴본 바와 같이, 장토문적에 포함되어 있는 여객주인 관련 내용은 전체 문서의 구조 속에서 점하는 위치가 구체적으로 확인되지 않은 상태에서 발췌·인용되었을 때, 의도되지 않은 오류를 낳을 수 있다. DB화를 통한 분석의 장점은 여객주인의 권리가 표준화되는 과정에서 나타난 갈등과 집중의 양상을 재구성하는 데에서도 확인될 수 있다.

여객주인의 권리가 어떻게 변화하였는지를 살피는 가장 구체적인 방법은 해당 권리의 보유자를 추적하여 상호 관계를 복원하는 방식으로 재구성하는 것이다. 지역 또는 권력과의 관계 속에서 여객주인의 권리가 과연 어떤 인물에 의해 소유되고 있었는지를 추적할 수 있는 가능성 중의 하나는 해당 권리가 유통된 지역의 족보 또는 향약(동약)과 비교하는 것이다.

지역 자료를 확인하여 대조할 수 있는 가장 대표적인 사례는 충청19책이다. 충남 결성의 성호포(星湖浦)에서 1790~1878년간 여객주인의 권리을 보유하였던 인물들을 추출하여 김녕김씨 족보, 밀양박씨 족보, 성호리의 동약(洞約)(『성호향약(星湖鄕約)』)에 딸린 좌목(座目) 등을 통해 추적한 결과에 따르면,[25] 해당 지역의 여객주인으로서의 권리를 보유한 자들은 대체로 다음과 같이 바뀌었다.

① 성호리에서 선주인권이 창출되는 시기는 1790년대이며, 최초로 선주인으로서 공인받은 사람은 윤창손(尹昌孫)이다. 윤창손의 권리는 1806년에 조카 윤희동(尹希東)에게 넘어간다. 그런데 성호리의 향약과 대조해 보면, 윤창손과 윤희동은 성호리에 정착하고 살았던 주민이 아닌 외지인으로 추정된다.

② 윤희동의 권리는 1814년에 홍철갑(洪喆甲)에게 방매되며, 홍철갑은 1826년에 김중철(金重喆)에게 해당 권리를 되판다. 홍철갑은 성호리

---

25 이 책에 수록된 충청19책의 해설을 참조하라.

의 동약 중 부계(副稧) 좌목에 등장하며, 김중철 역시 김녕김씨로서 성호리의 주요 세력 중 한 인물이다. 외지인이 형성한 권리가 주민들에게 귀속된 것이다.

③ 1828년에는 김중철의 권리가 박용득(朴龍得)에게 이전된다. 박용득은 성호리의 밀양박씨 족보에 등장하지 않지만 향약 중 하계(下稧) 좌목에 등장하며, 그 손자로 추정되는 박영필(朴永弼)이 1867년에 이광양댁(李光陽宅)에 팔 때까지 해당 권리는 성호리의 밀양박씨들에게 있었다. 이들은 17세기 말경에 성호리에 입향하여 18세기 중엽에 번족하였으며 『성호향약』에서 부계원(副稧員)으로 분류된 1837년 이후에는 중인(中人)으로서 대우받았다. 이들이 1828~67년간 선주인의 권리를 보유하였던 것은 그간 축적한 경제력과 무관하지 않을 것이다.

충청19책에 들어있는 소지(所志)는 11건이며, 모두 1814년 이전의 것으로서 윤씨들이 권리를 창출하는 과정에서 빚어졌던 갈등과 마찰이 반영된 것이다. 1814년 이후에는 문서의 매매 과정을 보여주는 문기(文記)가 주류를 점하고 있다. 이는 해당 권리가 발생하는 과정에서는 분쟁과 갈등이 있었고, 이미 권리가 성립한 이후에는 표준화와 유통이 이루어졌음을 보여준다. 여객주인권이 유통의 대상으로 표준화되었음은 해당 권리가 깃[衿]을 단위로 하여 분화 또는 분할된 형태로 매매·상속되기도 하였음을 통해 알 수 있다(李炳天 1983 : 121~127).[26]

표준화된 권리는 지역 단위로 집중되는 것이 일반적이었다(李炳天 1983 : 121~133). 기존 연구에서는 주로 매매문기만을 이용하여 여객주인권의

---

26 앞서 소개한 시전의 멤버십 역시 깃[衿]으로 나누어 보유되기도 했다(스카와 히데노리 2010).

집중 실태를 정리한 바 있는데(李炳天 1983 : 154~164), 매매문기 외의 소송 관계 문서(소지(所志), 형조등급(刑曹謄給), 한성부등급(漢城府謄給) 등)까지 포함하여 여객주인권의 이전(移轉) 상황을 재구성해 보면, 표준화 과정에서의 갈등과 이후의 권리 집중 양상을 한 눈에 알 수 있다.

경기89책을 남양주인(南陽主人)의 사례를 대상으로 하여 권리의 이전과 갈등 실태를 재구성한 후 도식화한 〈89책 매매 내력〉(이 책 110쪽)은 남양주인에 관한 한, 18세기가 갈등의 시기였고, 19세기는 집중의 시기였음을 단적으로 보여준다. 앞의 성호포 사례와 마찬가지로, 18세기에는 권리가 창출되어 정착하는 과정에 여객주인(의 역(役))이 본업으로서 수행되었기 때문에 갈등의 대상이었고, 이는 실제로 활발한 경제활동을 담당한 자가 해당 권리를 보유하고 있었던 사정과 관계된다. 하지만, 19세기에 들어 이미 해당 권리의 소유권에 대한 조정 또는 합의가 이루어지고 나서는, 여객주인권이 투기 또는 투자의 대상으로 정착하게 되어 갈등보다는 유통과 집중이 가속화되기에 이른다.

기존 연구에서 궁방이나 아문에 의해 자행된 포구침탈이 19세기에 이루어졌음이 주장된 바 있지만,[27] 여객주인권의 표준화가 이루어진 후에 나타나는 '포구침탈'은 권리의 형성 과정에서 발생한 갈등과는 다른 양상으로 전개되었다. 대표적 사례로서 "성호포(星湖浦)의 경우 선주인(船主人) 최종엽(崔宗燁)이 선주인권을 자래매득(自來買得)하여 자생(資生)하던 중이었는데 1878년 내수사공문(內需司公文)을 지닌 조경연(趙慶連)이 백지횡탈(白地橫奪)"하였음이 예시되었다.[28] 이 사례는 다른 연구

---

27 주인권 분쟁이 "포구주인권이 관권과의 결탁관계가 미약했던 포구에서 가장 빈번하게 일어났다"는 것이다(高東煥 1985 : 268~269).

28 "議政府爲相考事卽見道內結城居民崔宗燁所訴則本縣星湖浦船主人卽自來賣買資生者而年前京居趙慶連爲名漢得付內需司公文白地勒奪行之半年以其欺騙之致趙哥不

에서도 그대로 받아들여져 "1875년 내수사에 침탈당"하였음이 기정 사실화 되기에 이르렀으며(李榮昊 1985 : 117), 관련 도서패지(圖署牌旨)가 여객주인권의 '분주인(分主人)' 경영 현상을 설명하는 데 인용되는 등 본격적으로 활용되었다.[29] 이는 앞에서 살펴본 충청19책의 성호포 사례가 1870년대에 들어 맞이한 갈등 상황에 해당한다. 하지만, 1875~78년간 문서의 상호 관계를 자세히 들여다보면 궁방이나 아문이 직접적으로 개입되어 자행된 포구에 대한 침탈과는 거리가 멀었음을 알 수 있다. 조경연이라는 인물이 내수사를 빙자하여 벌인 사기 행각에 불과하였으며, 불과 3년 만에 다시 원주인에게 권리가 귀속되었던 것이다. 즉, 19세기의 갈등은 일반적으로 이해될 수 있는 수준의 것이 아니었으며, 권리가 이미 표준화된 후에는 분쟁이나 침탈의 여지가 적었다고 볼 수 있겠다.

1980년대에 일부 수행된 여객주인권 소유자에 대한 추적 결과에 따르면,[30] 〈표 1〉에서 볼 수 있듯이 19세기 후반에는 여객주인권을 포함한 다양한 '표준화된' 권리가 보편적으로 유통되고 있었다. 앞서 도고에 관해 언급한 것처럼, 여객주인권을 획득한 사람들은 해당 권리를 전업적(專業的)으로 행사한 것이 아니라 다양한 자산(資産) 포트폴리오(portfolio) 중의

得接跡仍使中間橫出之人遂作己物而今番內司公文勿施之日亦不得參入其中云矣 (… 중략…) 光緒四年九月二十九日", 忠淸道 觀察使 關文(충청19책의 19번 문서, 1878년 9월 29일). 高東煥(1985 : 269)의 각주 107.

29　"錦營營吏等處　無他卽奉承傳敎道內結城星湖船主人自今爲始付屬本司後改以趙慶連差定下送每年稅錢三百兩式上納亦敎置帖文成給幷以發牌爲去乎到卽告于汝矣營門將此辭意令飭於該邑俾爲無弊施行之地爲旀擧行形止馳報宜當向事　乙亥十一月☒日內需司", 圖署牌子(충청19책의 18번 문서, 1875년 11월). 吳美一(1986 : 152)의 각주 91을 참조하라.

30　공인권(貢人權)이 집중화되는 현상을 다루는 과정에서 여객주인권 및 도장권의 '겸병(兼倂)'이 포착되었기 때문이다(吳美一 1986 : 142~147).

〈표 1〉 '표준화된' 권리의 다양한 집적 사례

성명	보유 권리	연도	출처
김세만 (金世萬)	泰安旅客主人	1739	충청34책의 53~58번 문서
	景祐宮 導掌 (黃海道 信川郡 龍頭里)	1754	황해06책의 1번 문서
백완세 (白完世)	洪州保寧泰安結城安興舒川等六邑旅客主人	1881	충청12책의 1~2번 문서
			충청34책의 14번 문서*
	瑞山(旅客)主人	1881	龍洞宮公事冊 (奎 19574)*
	湖南 紙契貢人	1875	古 4259-104
	淑善宮 導掌 (博川)	1866	各道各郡訴狀 (奎 19164)
최준 (崔浚) (崔埈)	洪州保寧泰安結城安興舒川等六邑旅客主人	1877	충청12책의 1~2번 문서*
			충청34책의 14번 문서
	席子契貢人	1876	고문서 121964
천의현 (千義賢)	南陽唐津海美旅客主人	1867	충청89책의 23번 문서
	龍洞宮 導掌 (全羅南道 長興郡)	1858	전라20책의 1번 문서, 龍洞宮謄錄 (奎 19573)*
	壽進宮 導掌 (京畿道 水原郡)	1858	경기04책의 1번 문서
	壽進宮 掌務	1850	壽進宮謄錄 (奎 18980)
	奉常寺司僕寺貢人	1868~70	고문서 121265, 공물정안

자료 : 吳美一(1986 : 145~146).
주 : *은 이 책의 출판 과정에서 보완한 부분.

하나로서 보유하고자 하였다. 공인권(貢人權, 공물주인(貢物主人)), 도장권(導掌權, 도장주인(導掌主人)), 여객주인권(旅客主人權, 선주인(船主人)), 시전(市廛) 도중(都中)의 소임(所任) 또는 깃[衿], 궁방(宮房)의 장무(掌務)나 고지기[庫直],[31] 그리고 도고 등이 모두 '권리'로 매매되고 있었던 것이다. 18세기에서 19세기로 이행하는 과정에서 포트폴리오 구성의 변화[32]도 있었지만, 그보다 더 큰 변화는 권리의 집적과 다변화를 추구하는 현상이었다. 물

---

[31] 『하재일기(荷齋日記)』(奎古 4655-44)에 등장하는 공인(貢人) 지규식(池圭植)이나 이승렬(2007)에 등장하는 상인 배동혁(裵東赫) 등이 궁방의 고지기 자리를 획득하고자 하거나 획득한 대표적 사례이다.

[32] 이정수·김희호(2007)에서 지적한, 공인권의 인기가 떨어지는 반면에 여객주인권에 대한 선호도가 높아진 현상이 일례이다. 이는 〈표 1〉에서 권리가 매집되는 순서가 대체로 도장권, 공인권, 여객주인권의 순서였음을 통해서도 알 수 있다.

론 18세기에도 권리의 집적을 시도한 사례가 있으나, 그것이 보편화되는 것은 19세기 후반이었다.

〈표 1〉에서 여객주인권을 보유한 인물들 중에서 궁방의 도장권을 동시에 보유한 경우가 있으므로, 이들의 실체를 궁방과의 관련 밖에서 이해하기는 어렵다. 예컨대, 〈표 1〉의 천의현이 보유하였던 남양주인의 권리가 〈89책 매매 내력〉에서와 같이 용동궁으로 귀속되고 있었던 점을 들 수 있다. 또한 〈표 1〉에는 없지만 기존 연구에서 여객주인권의 '분주인' 차정(差定) 사례로 거론한 김찬희(金贊熙) 역시 명례궁과 불가분한 관계를 맺고 있었던 인물이었다(李榮昊 1985 : 115). 김찬희는 충청05책과 충청06책에 등장하는데, 홍주·태안·결성·보령·서천·안흥의 경강선여각주인권을 당오 6만 냥을 받고 매각하고(1890년 11월),[33] 서산 강주인인 명례궁의 분주인으로 차정되었다(1890년 12월).[34]

하지만 개별 사례의 발굴에도 불구하고 왕실(궁방)로의 여객주인권 집중화 실태의 전모가 밝혀지지는 못하였다. 궁방의 여객주인권 보유 상황을 복원하는 일은 쉽지 않겠지만, 각종 정간책(井間冊) 등 궁방의 회계 장부류, 장토문적류 및 『궁내부각궁소관각항세급주인성책(宮內府各宮所管各項稅及主人成冊)』(奎 19520, 1896년), 『군무질(郡無秩)』(奎 20735, 1905년), 기타 성책류 등의 관련 자료를 충분히 확보하여 연계 분석하는 방식으로 재구성해야 할 것이다.[35] 궁방이 보유한 여객주인의 권리가 어람용(御覽用) 받자책[捧上冊]에는 기재되지 않았던 것으로 보아, 해당 권리에 따르는 수입이 궁내(宮內)에까지 상납되지는 않았던 것으로 판단

---

33 "忠淸道洪州泰安結城保寧舒川安興等地各浦口各項物種米穀魚鹽京江船旅閣主人之業價折錢文當五陸萬兩依數交易捧上是遣"(충청06책의 1번 문서).

34 "明禮宮所屬忠淸道瑞山江主人以當五錢五萬兩折價定分爲去乎"(충청05책의 15번 문서).

35 〈부록 2〉, 〈부록 3〉, 〈부록 4〉를 참조하라.

되며, 이러한 무명(無名)의 수입을 취식할 수 있는 특권이 장무 또는 고지기 등에게 있지 않았을까 추측해 본다.

5. 여객주인권 재론: 여객주인권 가격의 장기추이에 대하여

여객주인의 권리가 창출된 이래 매매 또는 상속에 의해 해당 권리의 이전(移轉)이 활발히 이루어졌음은 앞에서 살펴본 바와 같다. 대체로 17세기에 성립하기 시작하여 18세기에는 일반화되었으며(李榮昊 1985 : 137), 여기서 '일반화'되었다는 표현은 여객주인권의 '성장'이라는 수사(修辭)로 대체되기도 하였다. 또한 19세기에 여객주인권의 거래 또는 유통이 활발해졌음이 지적되어 왔고, 이는 곧 여객주인권 유통시장(secondary market)의 발달로 인식되고 있다.

여객주인권의 유통시장이 발달하는 과정에서 해당 권리에 대한 인식의 변화도 수반되었던 것으로 보인다. 연구자들이 흔히 여객주인 '권'(旅客主人'權')이라고 표현하지만, 직접적인 용례로는 "여객주인지역(旅客主人之役)" 또는 "여객주인지업(旅客主人之業)"으로 표현되었으며, 그와 관련된 '권리'의 내용이 문기에 명기되어 매매되었던 것이다. 그런데, '역(役)'이라는 표현은 예외적이고, '업(業)'이라는 표현이 일반적이었음이 관찰된다. 예컨대, 경기 · 충청의 장토문적에서는 '역'이라는 표현이 18세기에만 사용되었던 것으로 확인되며,[36] 19세기에 들어서면 더 이상 그러한 표현이 사용되지 않았다. 이는 앞에서 살펴본 바와 같이 19세기에 들어 진행된 권리의 표준화가 반영된 것으로 이해할 수 있으며, 신분이나 직역을 초월한 유통시장의 성립을 의미한다.[37]

기존 연구에서는 이와 같은 여객주인권 유통시장의 발달에 대한 단적인 지표로 그 가격의 변동을 거론하는 것이 일반적이었다. 여객주인권의 가격이 장기적인 상승 추세에 있었다는 점은 이미 단편적인 사례를 통해 지적되어 왔으며(金容燮 1964 : 622; 李世永 1983 : 243~252), 다양한 지역 사례를 통해 일반화되기에 이르렀고(李炳天 1983 : 154~164), 후속 연구에서도 수용된 바 있다(류승렬 2002 : 214; 이정수 · 김희호 2007 : 246~257). 그리고 그러한 가격 상승의 원인에 대하여, 지역주인권으로의 발전과 주인권의 집중(李炳天 1983 : 130), 신해통공을 계기로 상품유통체계에서 발생한 여객주인의 지위 변화(高東煥 1998 : 340) 등이 주장되었다. 1870년 전후의 외방주인권 가격 급등에 대해서는 인플레이션이 거론되기도 하였고(이정수 · 김희호 2007 : 256), 상업세의 내용과 범주가 변화한 것이 여객주인권 가격 상승의 원인이 되었다거나, 거기에 더하여 주인권에 포괄된 상고의 범주가 확대되었다는 점도 지적된 바 있다(류승렬 2002 : 213~214).

하지만 실증적 근거를 설득력 있게 제시한 주장을 찾아보기는 쉽지 않다. 18~19세기의 물가, 지대, 이자율 등 제반 경제 지표 일반의 변동 추세와 적극적으로 연계하여 여객주인권의 가격 변동을 해석한 연구는 없으며, 이는 여객주인권 가격의 장기 추이가 가지는 의의가 공인

36　경기88책의 20번 문서(1703년), 32번 문서(1791년). 경기89책의 4~5번 문서(1787년), 21번 문서(1784년). 충청05책의 18번 문서(1778년). 충청34책의 51번 문서(1769년), 58번 문서(1749년), 63번 문서(1794년), 64~65번 문서(1751년).

37　洪淳權(1985 : 86)에서는 '여객주인지역'이라는 표현을 근거로 "봉건적 직역체계하(職役體系下)에서 특정한 국역(國役)을 담당하던 포구의 주인층이 상품유통의 발전에 따라 직업적인 상인으로 전신해 나가고 있었다"고 보았는데, 오히려 주인권의 소유가 상인층을 넘어서는 전 계층으로 확대된 것으로 보아야 할 것이다.

권 등 기타 권리의 가격 변동과는 다른 차원의 것일 수도 있음을 시사한다.[38] 기존 연구에서 제시한 여객주인권 가격의 장기 추이를 근본적으로 재검토하기 위하여, '동질'의 여객주인권에 대한 가격 변동 추이를 확인할 수 있는 경기·충청 지역 사례를 한 데 모은 것이 〈그림 1〉이다. 여객주인권의 내용(지역 또는 규모)에서 차이가 있으므로, 명목가격에 상용로그를 취하여 하나의 그림에 표시해 보았다.[39]

우선 확인되는 사실은 17~18세기 못지않게 19세기 전반기에도 여객주인권의 가격은 크게 변동하지 않았다는 점이다. 1806~11년간, 1824~25년간, 1867년 이후의 세 구간에서 단절적인 점프가 발생하는 점을 제외하면, 연속적인 변동 추세를 확인하기는 어렵다. 기존 연구에서 소개한 19세기의 권리 이전 사례 중 하나에서도 가격의 고정성을 확인할 수 있다(李榮昊 1985 : 114). 즉, 충청34책의 19~20·26~27번 문서에 따르면, 명온공주궁(明溫公主宮)에서는 1838~39년에 두 차례에 걸쳐 양한건(梁漢楗)으로부터 8,000냥(= 3,500냥 + 4,500냥)에 매득한 권리를 1860년에 남판서댁(南判書宅)에 8,000냥에 방매하였다. 20년 이상 경과하였지만 가격에는 변동이 없었던 것이다. 이러한 여객주인권 가격의 장기 고정성은 해당 가격이 시장 요인에 의해 변동한 것이 아니라[40] 외생적 요인(exogenous shock)의 영향이 컸음을 보여준다. 1860년대 이후의 변동은 당백전(當百錢)이나 당오전(當五錢) 등의 화폐 요인임에 의심의 여지가 없다.

이처럼 장기 고정적이면서 단절적 변동을 보이는 추이에 대해서 기존 연구는 왜 장기적 상승 추세 또는 연속적 변동이라는 인식을 하게

---

38 공인권 가격의 추이에 대해서는 이정수·김희호(2007) 및 박기주(2008)를 참조하라.
39 실질가격으로의 변환은 별개의 문제이다.
40 시가(市價)의 추세에서 통상적으로 나타나는 단기 파동(short-term fluctuations)이 관찰되지 않는다는 점도 하나의 논거가 된다.

그림 1. 경기·충청 여객주인권 가격의 변동 추이

자료 : ① 고마수영·보령(경기88책). ② 광주·안산A(경기88책). ③ 광주·안산B(경기88책). ④ 남양(경기89책). ⑤ 당진·해미(경기89책). ⑥ 서산A(충청05책). ⑦ 서산B(충청05책). ⑧ 서산C(충청05책). ⑨ 결성 성호포(충청19책). ⑩ 비인·남포(충청22책). ⑪ 결성 성남포(충청34책). ⑫ 안흥(충청34책). ⑬ 당진(李炳天 1983 : 156). ⑭ 아산·평택·백석·직산·격량(李炳天 1983 : 157). ⑮ 서부 용산방 곽계·도화동내계(이정수·김희호 2007 : 250).
주 : 명목가격의 상용로그값. 동질의(또는 불변의) 권리에 한정.

되었던 것일까? 그 이유는 세 가지로 판단된다.[41] 하나는 여러 가지의 서로 다른 여객주인권을 늘어놓고 섞어서 비교하였기 때문에 발생한 착시(錯視) 현상이다. 예컨대, "50냥 내외였던 여객주인권 매매가는 18세기 말 이후 200~500냥으로, 다시 19세기 중엽에는 1,000냥 내외, 개항 이후 5,000냥 내외로 급격하게 상승하였다"는 표현[42]은 마치 1970년대 어떤 중소기업의 주가와 2000년대에 다각화한 어떤 기업집단(대기

---

[41] 李憲昶(2012 : 140)의 그림 3-4에는 이 세 가지 오류가 모두 포함되어 있다.

[42] 高東煥(1998 : 340)에서 李炳天(1983 : 130~132 · 154~164)을 이해한 방식이다.

업)의 주가를 하나의 선상에 놓고 비교하는 것과 마찬가지이다.

다른 하나는 인플레이션이 본격화하는 시기를 분리하지 않고 장기 시계열을 비교하였기 때문이다. 즉, 1860년대 이후의 시계열이 포함된 여객주인권 가격 추이에 대해서 "68년 동안 20배의 가격 급등"(결성 성남리)이라거나 "67년 동안 약 16배의 가격 급등"(결성 성호리) 등으로 표현하는 것(이정수·김희호 2007 : 256~257)은 독자로 하여금 지수추세(exponential trend)를 선형추세(linear trend)로 오판하게 할 수도 있는 과장된 평가이다. 만약 1860년대 이후를 분리하고 생각한다면, 몇몇 지점에서의 단절적인 단기 변동만이 관찰될 뿐이므로 장기적 상승추세는 허상일 수도 있다.

마지막 하나는 '다른 모든 조건이 동일하다면'이라는 대전제(ceteris paribus assumption)를 무시하였기 때문이다. 예컨대, 규장각 고문서를 활용하여 "112년 동안에 110배의 엄청난 가격 상승을 보"인다고 평가한 김포 8개 면의 사례(이정수·김희호 2007 : 250~253)는 방매 대상 권리의 내용이 변동한 점을 감안하지 않았으므로 받아들이기 어렵다.[43] 이는 권리가 중첩되면서 가격이 상승한 경우, 즉 지역주인권으로 발전과 주인권의 집중(李炳天 1983 : 130)에 따른 결과에 해당하는 것일 뿐이기 때문이다.

최근 진전된 공가(貢價) 연구에 따르면(이헌창·조영준 2008 : 203~249), 18~19세기의 공가는 시장가격보다 높은 상태에서 2세기 이상 장기적으로 불변이었다. 19세기 중엽 이후 맞이한 인플레이션으로 인해 시가가 공가를 넘어서게 되자 공물 제도가 위기를 맞이하게 된다. 여객주인권의 가격 역시 해당 권리에 대한 수요와 공급이 만나서 결정된 시장가격(市場價格)이라기보다는 17세기에 창출된 이래로 1860년대에 이르기

---

43 시곡주인권과 어물주인권의 통합 방매, 주인권과 가옥의 통합 방매 등.

까지 거의 변하지 않았던 공정가격(公定價格)이었던 것이 아닐까? 일부 가격 변동분은 권리의 지역화 또는 집중화가 반영된 결과로 이해할 수 있을 정도이지, 상업 발전이나 유통시장의 확대를 의미하는 것으로 적극적인 해석을 하기에는 무리가 따른다.

6. 맺음말

왕실 재정의 수입 경로에 존재한 토지 및 여객주인 관계 문서뿐만 아니라 지출 관계 자료까지 포괄되어 있다는 점에서 장토문적은 왕실을 정점으로 하는 조선 후기의 경제상을 다양한 관점에서 종합적으로 접근할 수 있게 하는 훌륭한 자료이다. 하지만 지금까지의 연구에서는 장토문적을 단편적으로 발췌하는 형식으로 활용하였기 때문에 오류 발생의 가능성을 낮추기 어려웠다. 본 논문에서는 경기·충청의 장토문적 중 여객주인에 관계된 총 8책을 전수(全數) DB화하여, 여객주인 및 여객주인권에 대한 종래의 이해를 재검토해 보았다. 그 결과, 20여 년 전에 집중적으로 수행되었던 여객주인 연구의 개선 가능성이 일부 확인되었다. 장토문적과 같은 유용한 자료군의 DB화가 가지는 강점을 보여준 동시에, 이를 활용한 한국학 연구의 새로운 가능성을 제시할 수 있었던 것이다.

물론 본 논문은 경기·충청의 장토문적만을 활용하였다는 점에서 한계를 지닌다. 경기·충청이 아닌 다른 장토문적에도 경기·충청의 여객주인에 관련된 정보가 수록되어 있으며, 또 경기·충청의 사례가 다른 지역의 여객주인에 대해서도 일반화될 수 있다는 보장이 없기 때문이다. 따라서 본 논문의 한계를 극복함과 동시에 여객주인 뿐 아니라 다양한 분야에서의 연구가 활성화되도록 하기 위해서는 장토문적 전체의 DB화가 절실하다. 이에 규장각 장토문적의 DB화를 통한 연구 방향을 제시함으로써 글을 맺고자 한다.

우선, 장토문적의 다각적 활용을 위해서는 기타 방계 자료와의 결합 연구가 필요한데, 크게 세 가지 자료군과 연결 분석이 요구된다. 첫째는 규장각 홈페이지에서 목록 서비스를 제공하고 있는 10종의 '장토문적 류(庄土文績類)'(奎 19299, 奎 19300, 奎 19301, 奎 19302, 奎 19303, 奎 19304, 奎 19305, 奎 19306, 奎 19307, 奎 19312) 외에 규장각에 추가로 소장되어 있는, 동일한 성격 의 자료들이다. 규장각 종합 목록의 검토만으로도 쉽게 확인되는,『도서 문적류(圖書文績類)』(奎 20125),『도서문적류(圖書文績類)』(奎 22016),『도서문 적류(圖書文績類)』(奎 22017),『충청남도태안군귀목리소재처명례궁제출도 서문편류(忠淸南道泰安郡鬼木里所在處明禮宮提出圖書文編類)』(奎 26351) 등이다. 둘째는 궁방의 도서패지(圖署牌旨) 및 기타 문서들을 등서한 등록류인 『용동궁등록(龍洞宮謄錄)』(奎 19573),『용동궁공사책(龍洞宮公事冊)』(奎 19574), 『수진궁등록(壽進宮謄錄)』(奎 18980),『수진궁도서책(壽進宮圖署冊)』(奎 19105) 등[44]을 비롯한, 각종 완문(完文), 절목(節目), 수세성책(收稅成冊) 등이다. 셋째는 왕실의 받자책[捧上冊], 차하책[上下冊], 회계책(會計冊), 정간책(井間冊) 등 회계장부류이다. 이상의 모든 자료들은 가급적 DB를 구축하는 편이

---

44 여기서 '등록(謄錄)'은 주로 '도서패지(圖署牌旨)'를 등서하였음을 의미한다. 또한 '공사(公事)'는 '도서공사(圖署公事)'의 약칭으로서, '도서(圖署)' 또는 '도서패지(圖署 牌旨)'와 동의어이다. 따라서 이들 4종의 자료는 성격이 동일하다.

분석에 용이할 것이다.

　다음으로, 장토문적에 포함되어 있는 소지(所志), 입안(立案), 등급(謄給) 등 분쟁이나 갈등의 구체적 양상이 드러나는 자료의 내용을 꼼꼼하게 복원할 필요가 있다. 소송의 경과와 조정 결과 등을 명확히 하고, 관련 문서의 전후 관계를 재구성한 후에 문서의 내용을 적절히 인용하는 방식으로 연구에 활용해야 할 것이다. 그리고 장토문적 자체의 DB화를 진행하는 과정에서 아직까지 유형화되지 않은 문서들에 대한 이해 수준을 높일 필요도 있다. 이상과 같은 몇 가지 과제를 성공적으로 수행하기 위해서는 개별 연구자의 단발적 노력보다는 전문 연구자 집단의 공동연구가 절실하다. 앞으로 관련 연구가 활발히 전개되기를 기대한다.

(조영준)

부록 1
『성호향약(星湖鄕約)』의 「좌목(座目)」[*]

① 상하계 좌목 (1786년)

상계(上稧)
김순행(金順行)
김이실(金履實)
김희순(金義淳)
김이상(金履庠)
김이평(金履平)
김양순(金陽淳)
김석순(金錫淳)
김(金)
김준근(金㒸根)

하계(下稧)			
김색이(金色伊)	김영태(金永泰)	편덕만(片德萬)	박끝솔(朴㐓松)
천선명(千善明)	박칠중(朴七中)	정가다이(鄭加多伊)	윤분만(尹分萬)
맹덕원(孟德元)	정득룡(鄭得龍)	최귀돌(崔貴㐓)	김귀광(金貴光)
김명휘(金明輝)	김우진(金右珍)	김덕만(金德萬)	유연득(劉連得)
함시달(咸時達)	김덕흥(金德興)	정철석(鄭哲石)	서성손(徐聖孫)
김한남(金漢男)	박중득(朴重得)	고거리쇠(高巨里金)	김계득(金啓得)
천노미(千老味)	김흔복(金欣福)	안복산(安福山)	박만년(朴萬年)
박육산(朴六山)	맹보철(孟保喆)	김상만(金尙萬)	김쇠만(金金萬)
김명학(金命鶴)	이춘흥(李春興)	김점득(金占得)	맹인득(孟仁得)
김명봉(金命鳳)	맹택성(孟澤成, 1755~1809)	김진태(金辰泰)	주만복(朱萬福)
김춘득(金春得)	박득천(朴得千)	김상건(金尙巾)	맹승손(孟承孫)
김험쇠(金險金)	유상금(劉尙金)	맹택순(孟澤順)	김취득(金就得)
맹적철(孟迪喆, 1746~1808)	김오십산(金五十山)	김복흥(金福興)	유호돌(劉好㐓)
홍성복(洪聖福)	황개돌(黃介㐓)	박대복(朴大福)	박용득(朴龍得)
박민돌(朴敏㐓)	유엇남(劉㐓男)	문잉쇠(文荕金)	이대성(李大成)
김북례(金北禮)	김득쾌(金得快)	김명득(金明得)	원위봉(元渭奉)
맹덕명(孟德明)	맹의상(孟義商)	맹의제(孟義悌)	맹증갑(孟增甲)
맹석봉(孟錫奉)	정이순(鄭以順)	맹용철(孟龍喆, 1765~1831)	맹순철(孟順喆)
윤엇산(尹㐓山)	강모진개(姜毛辰介)	김음쇠(金陰金)	정순석(鄭順石)
김영찰(金永察)	김홍흥(金弘興)	김몽치(金夢致)	김감소회(金磬所回)
김종남(金從男)	황해창(黃海昌)	최순득(崔順得)	맹상갑(孟尙甲)
윤희동(尹喜同)	문관득(文官得)	맹승백(孟承伯)	고섬쇠(高暹金)
이천쇠(李千金)	김귀동(金貴同)	김득빈(金得彬)	김순복(金順福)
유복근(劉福根)	박쾌석(朴快石)	맹시대(孟始大)	김쇠득(金金得)
서태산(徐泰山)	맹인철(孟麟喆, 1722~1816)	이이재(李以才)	함용갑(咸龍甲)
맹무촌(孟茂寸)	박득만(朴得萬)		

② 상하 및 부계좌목 (1837년)

상계(上稧)

김순행(金順行)
김이실(金履實, 1755~1808)
김희순(金羲淳, 1757~1821)
김이상(金履庠, 1742~1813)
김이평(金履平, 1763~1831)
김양순(金陽淳, 1776~1840)
김석순(金錫淳, 1787~1838)

부계(下稧)

김복흥(金福興)	김거복(金巨福)	맹복득(孟福得)
김채흥(金采興)	맹복록(孟福祿)	강위빈(姜渭濱)
박기룡(朴基龍, 1770~1842)	김지손(金芝孫)	맹유철(孟儒喆)
맹승손(孟承孫)	김산천(金山川)	서삼철(徐三喆)
김조흥(金肇興)	맹기대(孟基大)	김재환(金在煥)
김순흥(金順興)	맹최대(孟最大)	맹천만(孟千萬)
장제신(張濟臣)	김백순(金百舜)	박계업(朴啓業)
김성철(金聖喆)	김수관(金秀寬)	맹신대(孟信大)
유득광(劉得光)	함인갑(咸仁甲)	맹윤옥(孟允玉)
김낙흥(金樂興)	함소갑(咸小甲)	맹방통(孟方通)
구응(具膺)	남철대(南喆大)	맹성길(孟聖吉)
맹원대(孟元大)	이귀재(李貴在)	박의손(朴義孫)
홍대갑(洪大甲)	강인수(姜仁秀)	박의성(朴義成)
전일귀(田日貴)	봉순안(奉舜顔)	구조원(具調元)
홍철갑(洪喆甲)	박최항(朴最恒)	김재안(金在安)
김석흥(金碩興)	함계적(咸啓績)	맹정록(孟貞祿)
이문성(李文成)	김응철(金應喆)	맹성록(孟聖祿)
맹예대(孟禮大)	김분갑(金分甲)	김춘실(金春實)
맹중철(孟重喆)	김장일(金章日)	남완달(南完達)
맹시철(孟時喆)	김조일(金曺逸)	유대동(劉大東)
김재선(金在宣)	홍한갑(洪漢甲)	전봉운(田鳳雲)
김재관(金在寬)	유일손(劉日孫)	정연복(鄭連福)
김재규(金在圭)	박흥운(朴興云)	황연손(黃連孫)
김재명(金在明)	박성길(朴聖吉)	김상관(金上寬)
유한욱(劉漢郁)	이윤배(李潤培)	홍삼록(洪三祿)
유한창(劉漢昌)	김원철(金遠喆)	김악이(金岳彛)
맹행대(孟幸大)	이노적(李老積)	우고읍(禹高挹)
고계손(高季孫)	맹치원(孟致遠)	김준문(金俊文)
유득갑(劉得甲)	정종대(鄭宗大)	전천길(田千吉)
맹봉돌(孟鳳乭)	서삼돌(徐三乭)	이대득(李大得)
박차손(朴次孫)	박한갑(朴漢甲)	봉치손(奉致孫)
맹응록(孟應祿)	김인갑(金仁甲)	김동세(金東世)
맹윤갑(孟允甲)	맹경대(孟敬大)	김명관(金命寬)
맹순갑(孟順甲)	박쌍득(朴雙得)	김명득(金命得)
맹이철(孟二喆)		

<table>
<tr><td colspan="3" align="center">하계(下稧)</td></tr>
<tr><td>김명돌(金命乭)</td><td>최소성(崔小成)</td><td>김별쇠(金別金)</td></tr>
<tr><td>김일성(金日成)</td><td>이갑손(李甲孫)</td><td>김대근(金代根)</td></tr>
<tr><td>김이관(金二寬)</td><td>김엇쇠(金旕金)</td><td>유영복(劉令卜)</td></tr>
<tr><td>이부월(李富月)</td><td>김백문(金百文)</td><td>김지영(金之永)</td></tr>
<tr><td>이춘옥(李春玉)</td><td>김노적(金老積)</td><td>최아기(崔牙其)</td></tr>
<tr><td>유탱복(劉撑卜)</td><td>윤유득(尹有得)</td><td>이춘실(李春實)</td></tr>
<tr><td>김원손(金遠孫)</td><td>백운학(白雲鶴)</td><td>양용이(梁龍伊)</td></tr>
<tr><td>김춘성(金春成)</td><td>김한욱(金汗郁)</td><td>이(李)</td></tr>
<tr><td>백대철(白大喆)</td><td>정삼손(鄭三孫)</td><td>김수업(金秀業)</td></tr>
<tr><td>김정득(金丁得)</td><td>안관갑(安判甲)</td><td>▨▨▨(▨▨▨)</td></tr>
<tr><td>이동옥(李東玉)</td><td>주천심(朱天心)</td><td>황장손(黃長孫)</td></tr>
</table>

「전령(傳令)」[*]

傳令 沙村里 龍山 三湖

東湖 孔德里 金湖

　　玄湖 西湖 等 三所任

　　及旅閣主人處

爲知悉擧行事本宮

所管元山瑞山泰安京

江主人基內諸島所産

魚鹽等物及各樣穀物

他船之不得私貿私

賣之意已有所令飭

是去乙挽近以來人心

不古不遵令飭暗自

貿來恣意私賣云事

極駭然乙仍于玆又

令飭爲去乎到卽汝

矣各里所任等申明

知委於該浦育民及

---

[*]　이 자료는 『내수사장토문적(內需司庄土文績)』(奎 19307-1)의 134번 문서로서, 李炳天(1983：104~105), 高東煥(1998：256), 류승렬(2002：216)에서 소개된 바 있다.

船主處京江到泊後

依他主人例施行是

矣如是令飭之後若

有如前携貳生梗之

弊則汝矣等與該犯

段斷當別般嚴處

矣除尋常惕念擧行

無至抵罪之地宜

當者

　　丙申十月　日

明禮宮

　　後　　　　　捧甘

西江 群山主人 文俊成【手決】

　　　京旅閣 邊鴻鎭【手決】

　　　　　　李致日【手決】

　　　　　　金君圭【手決】

　　　三所任 高致鼎【手決】

玄湖 江華主人 李雲成【手決】

　　　海州主人 朴元七【手決】

　　　延安主人 張大鉉【手決】

　　　金浦主人 朴星七【手決】

　　　高陽主人 張聖寬【手決】

　　　烟島主人 朴元七【手決】

交河主人 朴景範【手決】

京旅閣

三所任　鄭敬道【手決】

土亭里 水原主人 卓聖函【手決】

濟州主人

漣川主人

京旅閣

三所任 李喜甫【手決】

東湖 平壤主人 朴陽瑞【手決】

靈光主人 孫熙一【手決】

末灘主人 金聖泰【手決】

白川主人 金潤行【手決】

丁匣植【手決】

京旅閣

三所任　禹鎭榮【手決】

三湖 安山主人 吳寬逸【手決】

南陽主人 金應先

江華鹽主人 崔敬萬【手決】

通津主人 南麟祐【手決】

豊德主人 韓啓千【手決】

富平主人 李敬煥【手決】

長湍主人 南命祐【手決】

積城主人 金思謙【手決】

昌陵主人 韓時亨【手決】

德積主人 金鎭燮【手決】

京旅閣

三所任 崔春基【手決】

龍湖 京旅閣 金道贊【手決】

三所任 鄭千石【手決】

沙村里 京旅閣

三所任 李彦煥【手決】

『궁내부각궁소관각항세급주인성책(宮內府各宮所管各項稅及主人成冊)』 *

宮內府內藏司

景慕宮烟草旅閣稅

雲山金礦稅

鐵峴鎭吹鐵稅

泰安安眠島

坡州汶山浦旅閣主人

南陽西七浦柴鹽分稅

洪州府用川面挿矢島漁機鹽田

東萊府漁鹽船稅及管下沿海慶州蔚山機張長鬐延日興海各漁機鹽田及船稅

安東府管下沿海寧海盈德淸河各漁機鹽田及船稅

江陵府管下沿海平海蔚珍三陟江陵杆城高城通川襄陽歙谷各漁機鹽田及船稅

洪州府管下林川舒川庇仁韓山藍浦鴻山定山靑陽保寧洪州大興各松田

豊德京江主人

康翎鹽井骨獨魚箭

平壤大同江船稅

明禮宮

安山京江主人

---

* 　이 자료는 규장각에 소장되어 있으며(奎 19520), 高東煥(1985 : 275~276)에서 소개된
바 있다.

元山瑞山京江主人

礪山黃山浦

興德沙浦

扶安茁浦

全州完長浦

泰仁舟所浦

咸悅熊浦

羅州映仙浦

臨陂羅浦

萬頃南浦

載寧草尾浦

梁山院洞浦鹽稅

嶺營土稅

釜山港營業稅

金川助浦旅閣

仁川柴炭主人

南陽鹽主人

鹽醢廛主人

德山禮山兩處浦口都船主旅閣主人

龍洞宮

南陽京江主人

恩津江景浦

於義宮

豊德望石浦船稅

景祐宮

　兒峴蘆笠稅

　水原甕浦主人分稅

　鳳山唐浦土稅

　　　禾易浦土稅

　　原

　建陽元年六月　日

부록 4

『군무질(郡無秩)』[*]

各郡田畓宮有郡無秩

　明禮宮所管

安山京江主人　　收稅葉錢四百兩

元山京江主人 ⎤

瑞山京江主人 ⎦ 收稅葉錢二千四百兩

牙山 旅閣

禮山 ⎤

德山 ⎥ 旅閣

恩津 江景浦 ⎦

礪山 黃山浦

全州 完長浦

泰仁 舟所浦

咸悅 熊浦

羅州 映仙浦

臨陂 羅浦

萬頃 南浦

---

[*]　이 자료는 규장각에 소장되어 있으며(奎 20735), 1905년(光武 9年)에 작성되었다. 전체 내용의 장단점 및 통계에 대한 소개는 조영준(2009a : 215~216)에서 이루어진 바 있으며, 여기서는 여객주인 관련 내용만을 발췌하였다.

宗正院所管

氷漁船稅錢四百兩

宣禧宮所管

載寧等郡草尾浦稅 十三津稅

熊川 中德沙汰漁磯稅

金山 金泉場客主

咸悅 熊浦稅

義親宮所管

延安 京江主人韓昌淳 每朔稅納錢一百兩葉

참고문헌

단행본

姜萬吉,『朝鮮後期 商業資本의 發達』, 高麗大 出版部, 1973.

高東煥,『朝鮮後期서울商業發達史研究』, 지식산업사, 1998.

권태억·심재우,『庄土文績類에 대한 서지학적 기초조사』, 서울大 奎章閣, 1996.

朴元善,『負褓商 : 韓國 商法史上의 行商制度研究』, 한국연구원, 1965.

서울大學校圖書館,『奎章閣韓國本圖書解題 V : 史部 2』, 서울大 圖書館, 1982.

吳浩成,『朝鮮時代의 米穀流通시스템』, 국학자료원, 2007.

이승렬,『제국과 상인 : 서울·개성·인천 지역 자본가들과 한국 부르주아의 기원, 1896~1945』, 역사비평사, 2007.

이영훈 편,『수량경제사로 다시 본 조선 후기』, 서울대 출판부, 2004.

이헌창 편,『조선 후기 재정과 시장 : 경제체제론의 접근』, 서울대 출판문화원, 2010.

李憲昶,『韓國經濟通史』(제5판), 해남, 2012.

韓㳓劤,『韓國 開港期의 商業研究』, 一潮閣, 1970.

홍희유,『조선상업사(고대·중세)』, 과학백과사전종합출판사, 1989.

논문

姜萬吉,「朝鮮 後期 商業資本의 成長 : 京市廛·松商 등의 都賈商業을 中心으로」,『韓國史研究』1, 1968.

______,「京江商人 研究 : 朝鮮後期 商業資本의 成長」,『亞細亞研究』14(2), 1971(姜萬吉,『朝鮮後期 商業資本의 發達』, 高麗大 出版部, 1973 재수록).

高東煥,「18·19세기 外方浦口의 商品流通 발달」,『韓國史論』13, 1985.

______,「浦口商業의 발달」,『韓國史 市民講座』9, 一潮閣, 1991.

金容燮,「司宮庄土의 管理 : 導掌制를 中心으로」,『史學研究』18, 1964(金容

變, 『朝鮮後期農業史硏究』I (증보판), 지식산업사, 1995 재수록).

류승렬, 「朝鮮後期 客主의 成長·分化와 商業收稅의 變遷 推移」, 『江原史學』17·18, 2002.

박기주, 「貢人에 대한 경제제도적 이해」, 『經濟學硏究』56(4), 2008(이헌창 편, 『조선 후기 재정과 시장 : 경제체제론의 접근』, 서울대 출판문화원, 2010 재수록).

裵英淳, 「韓末 司宮庄土에 있어서의 導掌의 存在形態」, 『韓國史硏究』30, 1980.

스카와 히데노리[須川英德], 「시전상인과 국가재정 : 가와이[河合]문고 소장의 綿紬廛 문서를 중심으로」, 이헌창 편, 『조선 후기 재정과 시장 : 경제체제론의 접근』, 서울대 출판문화원, 2010.

양선아, 「18·19세기 도장 경영지에서 궁방과 도장의 관계」, 『한국학연구』36, 2011.

吳美一, 「18·19세기 貢物政策의 변화와 貢人層의 변동」, 『韓國史論』14, 1986.

______, 「조선 후기 상품유통 연구현황」, 『韓國中世社會 解體期의 諸問題』下, 한울, 1987.

劉敎聖, 「서울六矢廛硏究 : 李朝都市商業의 一考察」, 『歷史學報』8, 1955.

______, 「忠淸右道苧山八區 商務社右社 : 李朝末期 褓負商의 組織과 機能에 對한 一考察」, 『歷史學報』10, 1958.

______, 「忠淸右道苧山八區商務社左社 : 李朝負商의 硏究」, 『歷史學報』17·18, 1962.

李炳天, 「朝鮮後期 商品流通과 旅客主人」, 『經濟史學』6, 1983.

李世永, 「18·19세기 穀物市場의 형성과 流通構造의 변동」, 『韓國史論』9, 1983.

이시카와 료타[石川亮太], 「개항기 한국화교의 상업활동 : 서울대학교 소장 同順泰 자료를 중심으로」, 서울대 규장각한국학연구원 학술세미나, 2008.6.19.

李榮昊, 「19세기 浦口收稅의 類型과 浦口流通의 性格」, 『韓國學報』41, 1985.

李 旭, 「18세기 말 서울 商業界의 변화와 政府의 對策」, 『歷史學報』142, 1994.

이정수·김희호, 「18~19세기 流通資産의 매매를 통해 본 商業構造 변화」, 『朝鮮時代史學報』43, 2007.

이헌창·조영준, 「조선 후기 貢價의 체계와 추이」, 『韓國史硏究』142, 2008(이헌창 편, 『조선 후기 재정과 시장 : 경제체제론의 접근』, 서울대 출판문화원, 2010 재수록)

전우용, 「근대 이행기 서울의 객주와 객주업」, 『서울학연구』24, 2005.

조영준, 「조선 후기 궁방(宮房)의 실체」, 『정신문화연구』 112, 2008.

______, 「조선 후기 왕실재정의 구조와 규모 : 1860년대 1司4宮의 재정수입을 중심으로」, 『한국문화』 47, 2009a(이헌창 편, 『조선 후기 재정과 시장 : 경제체제론의 접근』, 서울대 출판문화원, 2010 재수록).

______, 「19~20세기 보부상 조직에 대한 재평가 : 元洪州六郡商務右社를 중심으로」, 『경제사학』 47, 2009b.

______, 「조선 후기 왕실의 조달절차와 소통체계 : 문서와 기록을 통한 재구성」, 『古文書硏究』 37, 2010.

차명수 · 이헌창, 「우리나라의 논가격 및 생산성」, 『경제사학』 36, 2004(이영훈 편, 『수량경제사로 다시 본 조선 후기』, 서울대 출판부, 2004 재수록).

최병무, 「리조 시기의 시전」, 『력사논문집』 2, 1958.

洪淳權, 「「開港期」 客主의 流通支配에 관한 硏究」, 『韓國學報』 39, 1985.

아유카이 후사노신[鮎貝房之進], 「京城に於ける商業一班」, 『韓半島』 2(3), 1906.

연구진 소개

고민정(高旻廷 Ko, Min-jung) 강원대학교 사학과를 졸업하고 태동고전연구소를 수료하였으며 '조선 후기 사족의 가계계승'을 주제로 박사논문을 준비하고 있다. 주요 논저로 「남양홍씨 익산군파의 춘천이거와 정착」, 『국역 의암집』(공역) 등이 있다. 현재 강원대학교 사학과 강사로 있다.

김혁(金赫 Kim, Hyok) 경희대학교 사학과를 졸업하고 한국학중앙연구원에서 「조선시대 완문에 관한 연구」로 박사학위를 받았다. 주요 논저로 『특권문서로 본 조선사회』, 「조선시대 지방관의 선물정치와 부채(扇)」, 「조선시대 혼서의 서식 변화를 통해서 본 혼례의 양상」 등이 있다. 현재 전북대학교 쌀·삶·문명연구소 학술연구교수로 있다.

안혜경(安惠敬 Ahn, Hye-gyeong) 서울대학교 윤리교육과를 졸업하고 안동대학교 민속학과에서 석사를, 한국학중앙연구원에서 「경기남부지방의 가신신앙 연구」로 박사학위를 받았다. 주요 논저로 「가정신앙에서 남·여성의 의례적 위치」, 「현몽계시 꿈의 양상과 의의」, 「'택길(擇吉)' 관련 서를 통해 본 가정신앙의 역사성」 등이 있다. 현재 지역문화연구소 연구위원으로 있다.

양선아(梁善雅 Yang, Son-a) 서울대학교 국어교육과를 졸업하고 인류학과 대학원에서 「조선 후기 간척의 전개와 개간의 정치」로 박사학위를 받았다. 주요 논저로 「18·19세기 도장 경영지에서 궁방과 도장의 관계」, 「조선 후기 대규모 간척지 조성과정과 기술적 특징」, 「갯논의 관리와 전통기술」 등이 있다. 현재 농촌진흥청 전문위원으로 있다.

정승모(鄭勝謨 Chung, Seung-mo) 서울대학교 인류학과를 졸업하고 한국학중앙연구원에서 「조선 후기 지역사회구조 연구」로 박사학위를 받았다. 주요 논저로 『시장의 사회사』, 『조선 후기 지역사회구조 연구』, 『한국의 족보』 등이 있다. 지역문화연구소 대표이사로 재임하던 중에 이 책의 출간을 앞두고 작고하였다.

조영준(趙映俊 Cho, Young-jun) 서울대학교 경제학부를 졸업하고 동대학원에서 「19세기 왕실재정의 운영실태와 변화양상」으로 박사학위를 받았다. 주요 논저로 「『부역실총』의 잡세 통계에 대한 비판적 고찰」, 「조선 후기 왕실의 조달절차와 소통체계」, 「19~20세기 보부상 조직에 대한 재평가」 등이 있다. 현재 한국학중앙연구원 한국학대학원 사회과학부 조교수로 있다.